歓待と戦争の教育学

国民教育と世界市民の形成

矢野智司――[著]

東京大学出版会

父母の戦争の記憶のために

Education from the Perspective of Hospitality and War:
National Education and World Citizenship in Struggle
Satoji YANO
University of Tokyo Press, 2019
ISBN978-4-13-051342-5

目次

III　歓待と弔いの作法の学へ

初出一覧

以下にそれぞれの章の初出を明記しておく。本書を制作するにあたり、初出時の発表論文を大幅に加筆修正している。

序　章　書き下ろし

第1章　「それからの教育学に向けてII──死者との関わりから見た教育思想への反省」二〇一二年度日本教育学会近畿地区研究会報告書『震災の記憶と教育──阪神・淡路大震災の想起と追想をめぐる討議』、二〇一三年、一八─四三頁、後に書き直して、「それからの教育学──死者たちとの関わりからみた教育思想への反省」山名淳・矢野智司編『災害と厄災の記憶を伝える──教育学は何ができるか』勁草書房、二〇一七年、二三一─二五七頁。

第2章　「『贈与と交換の教育人間学』という問題圏」教育思想史学会『近代教育フォーラム』第一七号、二〇〇八年、九三─一〇六頁。

第3章　「教育人間学が自己変容する『限界への教育学』という運動──語ることの不可能性と可能性」平野正久編『教育人間学の展開』北樹出版、二〇〇九年、三三〇─三四八頁、「教育の語り方をめぐる省察」香川大学教育学研究室編『教育という「物語」』世織書房、一九九九年、三六─四八頁。

第4章　「『子どもの人間学』の新たな転回に向けて──ランゲフェルト‐和田の教えへのオマージュ」和田修二・皇紀夫・矢野智司編『ランゲフェルト教育学との対話──「子どもの人間学」への応答』玉川大学出版部、二〇一一年、三〇─四八頁。

第5章　「境界線に生起する臨床教育学──人間／動物を手がかりにして」矢野智司・西平直編『臨床教育学』協同出版、二〇一七年、一一─三三頁。

第6章　「子ども論の生命論的転回のほうへ──対称性の知性を育む生成‐発達論」『変容する子どもの関係』佐藤学・秋田喜代美・志水宏吉・小玉重夫・北村友人編『岩波講座　教育　変革への展望』第三巻、岩波書店、二〇一六年、一八七─二一六頁。

第7章　「ケアの倫理と純粋贈与──ケアのアマチュアリズムを讃えて」西平直編『ケアと人間』ミネルヴァ書房、二〇一三年、四三―六一頁。
第8章　「マナーと礼儀作法の人間学の再定義に向けて――儀礼論から贈与論へ」矢野智司編『マナーと作法の人間学』東信堂、二〇一四年、三―三三頁、「はじめに」矢野智司編『マナーと作法の人間学』東信堂、二〇一四年、i―vii頁。
第9章　「世界市民の作法としての歓待と弔いのマナー――和辻哲郎の『土下座』を通して」矢野智司編『マナーと作法の人間学』東信堂、二〇一四年、一〇〇―一二九頁。
第10章　「愛と自由の道徳教育――スピリチュアルな道徳教育のための簡単なスケッチ」鎌田東二編『スピリチュアリティと教育』『講座スピリチュアル学 第五巻』ビイング・ネット・プレス、二〇一五年、一五二―一七四頁。
第11章　「序論　倫理への問いと大学の使命」位田隆一・片井修・水谷雅彦・矢野智司編『倫理への問いと大学の使命』京都大学学術出版会、二〇一〇年、i―xv頁。
附　論　「有能な人材養成を超える大学教育の課題」『日本学術新聞』二〇一三年九月二五日。
第12章　「厄災ミュージアムの建築プラン――記憶し物語り伝達し公共的に活動する場を目指して」山名淳・矢野智司編『災害と厄災の記憶を伝える――教育学は何ができるか』勁草書房、二〇一七年、三〇四―三二六頁。本章第2節の一部には、図書紹介「ミヒャエル・パーモンティエ著、眞壁宏幹訳『ミュージアム・エデュケーション』」（教育哲学会『教育哲学研究』第一〇七号、二〇一三年）から、一部を加筆修正のうえで使用している。
終　章　書き下ろし

序　章――歓待と戦争の教育学

1　希望のプロジェクトとしての教育学の挫折

教育が、新たな時代の理想的な社会を実現するもっとも人間的で有益なプロジェクトとして、真剣に考えられていた時代があった。一九世紀の終わりに、プラグマティズムの哲学者ジョン・デューイは、『学校と社会』（一八九九年）のなかでつぎのように語っている。

明白な事実は、私たちの社会生活が徹底的で根本的な変化を受けたということです。もし私たちの教育が生活にとってなんらかの意味をもつべきであるならば、それは同様に完全な変容を遂げなければなりません。この変容は、突発的に生ずるものでもなければ、意図的に一日にして成就できるようなものでもありません。そしてこのことはすでに進行中のことでもあります。……中略……このことを実行することは、私たちの学校の各々をそれぞれ一個の胎芽的な社会生活たらしめることです。すなわち、より大なる社会生活を反映する諸々の典型的な仕事によって、活動的で、そして、芸術や歴史や科学の精神がすみずみにまで滲透しているような、胎芽的な社会生活たらしめることを意味しています。学校が、社会の子どものひとりひとりを、このような小社会の一員たりうるところにまで導き、訓練し、そして奉仕の精神をしみこませ、有効な自己指導の諸手段を供するとき、私たちは、価値の高い美しく調和のとれた大社会の実現に対する、最高のそして最善の保証をえることになるでしょう。［Dewey 1899: 19–20、強調は矢野］

デューイが、コミュニケーションの思想家G・H・ミードらとともに実験学校を立ちあげたのは、移民が流入して人口がふくれあがり、急速に都市化が進んだシカゴであった。英語のできない新たな移民たちは、生活習慣も価値観も信仰もアメリカ合衆国を建国した人々とは異なっており、共同体の文化的同一性は揺さぶられ、住民もそれまでの伝統的な生活がもはや維持できなくなっていた。そのような異なる人々が寄り合って、権力による統制や伝統的な慣習による政治ではなく、自由なコミュニケーションによって新たに互酬的な共同体・コミュニティーをどのように作りだすかは、避けることのできない思想的・実践的課題であった。そのとき教育は、まぎれもなくこの課題を解決する希望のプロジェクトであった。

このような試みはアメリカにかぎられたことではない。資本主義経済が発展し、合理的な損得計算が支配する市場交換が、伝統として築きあげられ伝承されてきた多様な贈与交換の諸制度・習俗の細やかな互助の連関を解体させ、あるいは吸収し、変容させていくことで、交換形態の中心をなすようになった。それは一方で地縁・血縁に基づく息苦しく制約的な人間関係から個人を解放したが、他方で贈与交換に基づく共同体の互酬的な人と人との絆を弱体化させた。そのような状況にたいして、欧米や日本の社会改革者たちは、前近代の共同体のような地縁・血縁には基づかない、それでいて互いに扶助しあう互酬的な贈与交換を基調とした、自由な契約に基づく高次元の共同体を新たに構想し構築しようとした。[1]

同様な課題意識から、新教育運動や改革教育運動は、社会批判のレベルでの程度の差異はあるものの、学校を理想的な共同体を構築するための拠点や、あるいは共同体の実験モデルとして位置づけた。教育思想家であることと、教育実践家であることと、そして社会改革者であることとが一つに溶け合い、コメニウスやペスタロッチやフレーベルといった偉大な教育改革者の遺志と情熱とを自ら受け継ぐかのように、人々はさまざまな形で教育の革新を実現しようと試みたのだ。デューイの実験学校、リーツらの田園教育学舎、ケルシェンシュタイナーの労働学校、シュタイナーの学校、あるいは大正新教育の私立学校の数々……。

しかし、多くの協同組合やコミュニティーやコミューンの革新的な試みと同様、新教育の学校空間は計画的で人工的なものとなり、そのため長い年月をかけて自然に成長する複合的で多様な贈与交換の諸制度を欠いていた。さらに共同体を外部へと開く契機ともなりえる法外な贈与の体験の機会は排除・無視されてしまい、理想的社会の雛型たろうとした教育空間は、躍動的な生を育むには歪なものとならざるをえなくなった。第一次世界大戦前後に生まれた、理想的社会の建設を目指した教育運動の多くは、挫折しあるいは変質していった。

さらには、この新教育運動の理念を受け継ぎつつ、敗戦後の新生国家の建設に寄与しようとした日本の戦後教育（学）は、つぎつぎと現れる深刻な「教育問題」に直面している。新しい人間を形成し、新しい社会を作る……、教育はかつてのような輝きをもった希望のプロジェクトではすでになくなっている。

2　グローバリゼーションとナショナリズムそして厄災

現在、冷戦が終了し、新興国が新たに驚異的な経済成長を遂げるなか、経済のグローバリゼーションにより、市場交換はますます空間的拡大をつづけ世界全体を覆うようになり、さらに情報化・金融化の次元で深化している。そのなかで、教育においては、社会的経済的有用性の立場に立つ教育への要請がこれまで以上に強くなり、教育行為は、「経営」や「成果」や「エビデンス」、あるいは「コストパフォーマンス」や「PDCA（計画・実行・評価・改善）サイクル」といった経済行為のカテゴリーのうちに組みこまれ、貨幣と交換することが可能なサービスと等しいものとなりつつある。またPISAテスト（OECD生徒の学習到達度調査）に見られる学力の国際比較テストの実現は、学力という特定の状況内において意味をもつはずの人間の諸能力を、共約でき測定可能な能力として標準化することを促進する。その意味で、学力もまた交換可能なもの（国際基準に基づく商品）に転換され再編成されつつある。

このことは、これまで教育的価値の裏に隠されてきた「人的資源」という経済的価値に基づく教育理解が、前面に押しだされ、教育世界に滲透しつつあることを示している。このような状況が、翻って、また教育をサービス（労働）という言葉にふさわしいものに変えてもいる。教師が経済学的カテゴリーにおいて労働者の一員であることは間違いでないにしても、もし教育行為のすべてが労働概念でもって包摂しうるものであるなら、教育をサービスの一種として捉える教育観に対抗しうる原理はなくなるだろう。人間はたんに生産の能力をもった抽象的労働力（手段）となり、学校や大学は世界標準にかなった有用な能力を生産するための教育工場となり、そして教師は対価に値するだけのサービス提供者にすぎなくなる。そしてそのとき、多次元的な教育は平板化され市場交換のうちに全面的に回収されることになるだろう。

しかし、この経済のグローバリゼーションが、一方において国境の意味を低減させ国家間の経済的相互依存をこれまでになく高めているにもかかわらず、そしてまた宗教や文化や言語の違いを均一化する方向で進んでいるにもかかわらず、このことが民族主義的排外主義的なナショナリズムを克服するようにはなっていない。むしろ事態は反対の方向に進んでいる。人や物や情報の交流・交通が飛躍的に高まるにしたがって、経済をめぐる競争は激しさを増し、雇用は不安定となり、格差は拡大しており、他方でそれまでの共同体をまとめあげていた互酬性に基づく紐帯は弱体化し、人々は安定した同一性による自己画定（アイデンティティ）を有《も》つことができにくくなっている。このことで、宗教的原理主義の台頭や偏狭な愛国主義・民族主義の高揚や、移民・難民・外国人の排除といったように、多くの地域で人々は、かえって宗教や国家や民族への過剰ともいえる帰属意識をもち、他なる者・異なる者を暴力や差別によって排除することで、安定した同一性をとりもどそうとあがいているように見える。

　伝統的な共同体を維持する交換の原理は、仲間の間で交わされる互酬的な贈与交換である。対面的な贈与交換は、経済的な関係にかぎらず社会的関係全体に関わっており、互いの精神的感情的な関わりを育み、人間関係を維持し、構成員の間の関係を緊密にしてきた。しかし、共同体の成立は、法に先立つ初源の暴力ともいうべき出来事としての「贈与の一撃」を起源としている。この共同体出現の「贈与の一撃」は、すぐに既存の贈与交換のサイクルへと回収され、出来事ではなく「贈与の物語」として語られ伝達されるものとなる。共同体を誕生させた初源の贈与者の自己犠牲の物語が、誇らしく勇ましく英雄的にときには悲劇的に語られることで、共同体の構成員に対する負い目を生みだすのだ。この土地、この血と骨、この命、この言葉、このどれ一つとして私たちが自身で生みだしたものはなく、すべて祖先から受け継いだものであり、それは贈与者の尊い自己犠牲によるものである。この「贈与の物語」（神話・伝説・物語・記憶）への負い目が、共同体における文化伝達という教育事象の駆動力となる。

　この在り方は、国民国家（nation-state）においても変わらず、むしろ実質的な贈与交換による連帯が不可能な分だけ、「想像の共同体（imagined community）」［Anderson 1983=1987］を構築する必要から、犠牲者（贈与者）による「贈与の物語」が国民統合にとって不可欠なメディアとなる。例えば、有名なフランス国歌「ラ・マルセイエーズ（La Marseillaise）」は、血と戦いを生々しく描写し尊い革命の犠牲者の記憶を呼び覚ますことで、国民に団結と連帯との共同感情を生みだす国歌だが、国家の象徴ともいうべき国歌（national anthem）の多くが、国家の独立と自由とを讃え、その起源に思いを馳せるような歌詞になっているのはもちろん偶然ではない。ちなみに「ラ・マルセイエーズ」は、フランス革命に干渉する外国との開戦が近づく緊張感と高揚感のなか、国境の都市ストラスブールの一士官によって義勇兵たちを鼓舞するために一夜のうちに作詞作曲されたものである。

いざ祖国の子らよ
栄光の日は来たれり
我らに向かって、圧政の
血塗られし軍旗は掲げられたり
血塗られし軍旗は掲げられたり
聞こえるか、戦場で
あの獰猛な兵士どもが唸るのを？
奴らは我らの腕の中にまで
君らの息子を、妻を、殺しに来る
（以下リフレイン）
武器を取れ、市民諸君！　隊伍を整えよ
進もう！　進もう
不浄なる血が　我らの田畑に吸われんことを

［吉田 1994: 239、句読点の一部を変更している］

「ラ・マルセイエーズ」の歌詞はまだ七番までつづくのだが、それらでは暴君と外国からの侵略軍への容赦のない非難と市民軍の勇敢な姿が描かれている。ちなみに最後の七番目の歌詞は後で別の作詞家によって付け加えられたものだが、「子どものための詞章」と呼ばれており、「僕たちの活躍の番が来るだろう、年長者たちがもはやいなくなった時には」という詩句ではじまる。国歌が国民教育の重要なメディアの一つであることは疑いがない。

ところで、事象の探究において、二つの事例の検討は一つの事例の検討よりも勝るというのが方法論の鉄則である。それというのも、単純に情報が量的に拡大するだけではなく、二つの事例は相互に比較することで、第三の新たな視点を与えてくれるからだ。そこで二つ目の事例、中国国歌「義勇軍進行曲（行進曲）」をとりあげてみよう。もともと抗日救国映画『風雲児女』の主題歌として作られたもので、文化大革命時に作詞家への批判などもあったりし、紆余曲折を経て国歌と認められたものである。

起て！　奴隷となることを望まぬ人びとよ！
我らが血肉で築こう新たな長城を！
中華民族に最大の危機せまる
一人びとりが最後の雄叫びをあげる時だ
起て！　起て！　起て！
もろびと心を一つに、
敵の砲火をついて進め！
敵の砲火をついて進め！
進め！　進め！　進め！

［岡崎　2015: 163-164］

「ラ・マルセイエーズ」の影響も考えられるとしても、またもや血であり、進め！進め！である。革命・内戦・外国からの侵略といった事態が類似しているとはいえ、両者の歌詞の近さは、政治体制の違いに比べて驚くべき近さというべきだろう。この二つの国歌に、米英戦争（一八一二年）のさなかに作詞されたアメリカ合衆国の国歌「星条旗（The Star-Spangled Banner）」をさらに加えて見るとよい。そしてそのうえに、「伏兵や暗殺者らの手から神よ我らが女王陛下を守りたまえ」と唄うイギリスの「女王陛下万歳（God Save the Queen）」、『古今和歌集』からとられたという日本の「君が代」を加えて比較検討してみればよい。もちろん国歌にかぎられるわけでなく、維新の士（贈与者）・国家誕生の父（贈与者）・革命の犠牲者（贈与者）・戦争の犠牲者（贈与者）への負い目を生みだし、団結を呼びかける閉じた物語が、民衆を「国民」として統合する力として利用されてきたのだ。そして、それらのさまざまな「贈与の物語」が、国民教育のための有力なメディアであっただけでなく、国民教育を強力に駆動してきた力の源泉でもあった。公教育の教師たちに、国民教育への使命感を強く抱かせたのも、このような物語であった[2]。

こうした強力な物語群を前にして、「国民国家は想像の共同体にすぎない」といったところで、共同体内部での仲間同士での共同感情によって増幅された、想像上の互酬的な民族感情に強く規定されているため、国民教育には、差別と排除とを引きおこす民族主義的排外主義的なナショナリズムを原理的には克服することができない。国民教育は、国民形成のための教育として、同一の言語を「国語」として教え、同じ歴史観（歴史という物語）を共有させ、国民の共同感情と連帯感とを育成し、国民としての帰属感を強化し、国民ならざるもの（他の国の国民・移民・亡命者・難民・無国籍者……このリストはどこまでもつづく）との間に境界線を描きだしつつ、国民ならざるものとの関係の仕方を示すことを中心的な課題としているからだ。国民／非国民の境界線の構築。このことは国語（なぜ「日本語」ではなく「国語」なのか）・歴史（かつては「国語」のように「国史」と呼ばれていた）・道徳（「修身」という身体への規制）といった教科が、過去においてどのような役割を果たしたか、あるいは現在果たしているかを考えればよく理解できるだろう。国民教育は、直接に差別や排除の形態をとって排外主義を志向し支持するものではないとしても、国民教育が世界市民の形成と結びあわせてなされないときには、境界線を描きだすということにおいて、すでに潜在的に排除と包摂をもたらす政治的実践となる。

さらにここに、経済のグローバリゼーションと国民国家と教育と結びついた新たな課題がある。それは「厄災」と呼ばれる破局＝カタストロフィとして捉えられる問題である。厄災のなかには、地震や津波のような自然災害から、戦争やテロリズムや公害や温暖化のような環境破壊まで含まれる。もちろん人知のおよばない自然災害と、明らかに人間の意志によって引きおこされる戦争や環境破壊とは、同じ次元の問題ではない。しかし、東日本大震災とそれにつづくフクシマの原発事故を見れば明らかなように、自然災害はいつも人為的な政治・経済の営みと結びついて被害規模を拡大しており、今日の厄災はどのようなものであれ、自然と人為との境界線を無意味化している。さらにまた環境問題は人間と自然との関係の問題といった抽象度の問題にとどまらず、具体的には先に述べた経済のグローバリゼーションが引きおこしている問題であり、その問題の解決を阻んでいるのが主権をもった国民国家という国際政治の枠組みである。つまり経済のグローバリゼーションと偏狭なナショナリズムの蔓延と厄災(破局＝カタストロフィ)とは、互いに複雑な因果で結びついて巨大な問題群を構成しており、この解決のためには、カントが『永遠平和のために』(一七九五年)において提案したような、理念(統制的理念)として国民国家が主権を放棄する「世界共和国」の建設がどうしても必要となる。

3　二一世紀における教育学の新たな挑戦

一方における、経済のグローバリゼーションによる市場交換の地理的拡大と生活全般を覆う質的深化、そのことによって生じる経済格差や金融危機、他方における、ナショナリズムを「開かれた郷土愛」(作田啓一)にではなく排外主義へと方向づける「贈与の物語」の蔓延、そしてあらゆる生きものの絶滅の可能性をもつ厄災による、人類の進歩といった近代の歴史観(大きな物語)の終焉。このような隘路のなかで、教育はどのようなものであるべきなのか。

教育現実の反省運動態としての教育学は、この時代の教育の姿をどのようにして問うべきなのか、また問うことができるのか。

このことは、教育学的思考が直ちに経済学や政治学の知見をとり入れて、教育学的な経済学やあるいは教育学的な政治学へと変質することを意味しない。また私たちが直面している深刻なさまざまな「教育問題」にたいして、目をふさぐことにもならない。むしろ本書が進もうとする道は、踏みならされた既存の道ではなく、それらとは反対の方向に向かう道なのだ。経済のグローバリゼーションと偏狭なナショナリズムの蔓延のような課題に応えようとすることが、かつてデューイらが試みたように、ふたたび社会生活（経済と政治）へと教育からの通路を開くこととなる。また同時に個別的な「教育問題」に近視眼的に貼り付いていた教育学的思考を、広い領野とその領野に内蔵されている深い生命性への通路を開き解放することになる。そうすることで、「教育問題」の捉え方や意味づけの仕方自体を変更することになる。

ＰＩＳＡテストにおける学力の定義と大学入試制度の変革をめぐるカリキュラム設計に関わる問題群、日の丸・君が代・道徳教育にみられる一連の国民教育の再構築をめぐる問題群、繰り返される「いじめ」「校内暴力」「体罰」という学校・教室空間に生起する三重の暴力の問題群、「学級崩壊」に「スクールカースト」という学級秩序の崩壊と再構築をめぐる問題群、あるいは「不登校」と「引きこもり」という心の変容と教育制度との葛藤に関わる問題群、「児童虐待」に「モンスターペアレント」という教育をめぐる家族の暴力に関わる問題群……つぎつぎと名称と姿形を変えて表れる多重で多様な「教育問題」にたいして、個別に一つの問題だけをターゲットにして解決しようとする「教育問題」解決のための教育学的思考そして教育的実践は、例えば、「いじめ根絶のための教育」といったものがそうであるように、教育としては不健全で歪なそして貧しいものとなる。現実に密着した狭い視野からではなく、思想と理論の力を借りて、「あいさつすること」や「遊ぶこと」や「ペットを飼うこと」といった日常のささいにみえる事象に孕まれた、多重な次元を縦深的に捉え、多様な学的領域を横断し結合することで、「教育現実」の境界線の作られ方を捉え直し、「教育問題」の構成の仕方を問い直すことが必要である。教育学的思考の問いとは本来こうしたものであるべきではないだろうか。

　経済のグローバリゼーションと偏狭なナショナリズムの蔓延、そして破局＝カタストロフィとしての厄災という、私たちが直面している三重の課題に向かいあい、教育学的思考が問うべき問いの立て方とはどのようなものか、つまり教育学的思考の進むべき方位とはどこかという疑問に対する、私の立場「生成と発達の教育学」そしてその具体化した「贈与と交換の教育学」からの回答はこうだ。教育学は、純粋贈与と他者に関わる生成の出来事への問いを「絶対的な問い」として選び、語ることのできないこれらの出来事をあえて語ることによって、教育学的思考の活路を開かなければならない。「絶対的な問い」のもとで教育を問い直すとき、ありふれた教育の景色は一変し、一切の見返りを求めない無条件の純粋贈与、「贈与の物語」を超えた出来事としての贈与が、生産労働に還元することも、贈与交換や市場交換では説明することもできない過剰なXとして姿を現す。教育には、いつもすでに、人間中心主義・ロゴス中心主義において考えられた「人間（人間の固有性）」なるものを壊すような法外な異事が孕まれている。教育の現場に、贈与交換や市場交換に回収することのできない純粋贈与の風が吹き抜けるとき、私たちは教育という法外な出来事によって共約不可能な「個人」として生成変容する。そして制度化された教育空間に未聞の新たな共同性が立ちあがる［矢野 2008a］。

　この純粋贈与は、経済のグローバリゼーションの等価交換による水平化・貨幣化・標準化の力に抗し、同時にナショナリズムという「想像の共同体」の擬制の贈与交換をもとにした道徳秩序を深く侵犯し、負い目の共同感情をもたらす「贈与の物語」を無効にし、すべての生命存在を留保なしに歓待する世界市民の倫理の扉を大きく開く。未来の教育の知を開く教育学的思考の深化として、「生成と発達の教育学」は、このように「絶対的な問い」をあえて問い続けることで、繰り返し過剰な出来事に身を曝し、臨界点にいたり沸騰し、生成変容を遂げるのである。そしてそこから主権を放棄した国民国家による「世界共和国」(カント)を、統制的理念として自らの行為の判断とする世界市民形成の教育学へ……。このように結論だけを述べれば、夢想的な教育物語に聞こえるかもしれない。この教育学的思考の自覚的な歩みを通して指し示す方位(……へ)が、課題に応答する思想と実践の可能性としてどれほどの妥当性をもつものなのかは、本書を読んで判断いただくしかない。

「生成と発達の教育学」ということでは、本書は『贈与と交換の教育学――漱石、賢治と純粋贈与のレッスン』(二〇〇八年)の続編をなすものである。本書の基本的な思考の枠組みの多くは、このテクストの考察に基づいているが、しかし、本書では前作のテクストのキーワードであった「贈与」「他者」「物語」そして「子ども」に、さらに「戦争」「災厄」「グローバリゼーション」「国民国家」「歓待」「弔い」「世界市民」「世界共和国」「動物たち」といった用語を新たに加えることになる。その理由は、本書での具体的な論述を通して明らかとなるが、「戦争」と「災厄」とが本書の課題の極限の在り方を示すとともに、「グローバリゼーション」と「国民国家」とがすでに述べたようにこの極限の課題を条件づけており、「歓待」と「弔い」、そして「動物たち」と「世界市民」そして「世界共和国」とが、決まり切った教育学的思考の問いかけの仕方を、これまでとは別のものへと変容させる糸口となるからである。

経済のグローバリゼーションにおける教育の商品化、国民教育が生みだすナショナリズムにおける排外主義、そして生命の絶滅へと向かう環境問題という現代の教育(学)の課題を、災厄・戦争・暴力・差別といった問題事象、そして死者・子ども・異邦人・世界市民・動物たち・自然といった登場人物、さらにそれらに結びつく純粋贈与・歓待・弔い・ケア・マナー・倫理といった出来事を手がかりに問うことで、本書は既成の教育学的思考を象ってきた組成自体を組み直す試みとなる。本書の『歓待と戦争の教育学――国民教育と世界市民の形成』という多分に刺激的ともいえる表題は、本書の課題の深刻さに極めて正確に対応しており、また理念としての「世界市民の形成」へ向かうという方位を的確に示してもいるはずだ。

重要なのは、状況によって要請される課題にたいして、従来の教育の問いを主題として捉え直して、思想史のなかで整理され理解されてきた歴史的なテクスト群を思想史の枠から解き放ち互いに重ね合わせ、かつ従来の教育学領域を越えた複数の学問領野を横断し結合するように、多方面的に探究していくことである。こうした教育学的思考の主題群を、つぎの四つの問いの主要な領野に分けて、考えてみることができる。「第I部　教育学的思考の臨界点へ」「第II部　外から来る子どもの歓待の学へ」「第III部　歓待と弔いの作法の学へ」「第IV部　世界市民の教育学へ」。これが本書の構成となる。以下、簡潔に四つの問いの領野の見取り図を明らかにしておこう。まず第一の問いの領野は、教育学的思考と教育学的思想自身の出自とその特色を捉えることである。

4　教育学的思考の問うべき世界市民の形成

4―1　教育学的思考の臨界点へ

「第I部　教育学的思考の臨界点へ」では、経済のグローバリゼーションの外圧と、弱体化した境界を補強し再編成しようとするナショナリズムの同一性に向けての内部からの力とが、相互に影響を与えながら強化されるなかで、教育学的思考の枠組みをあらためて問い直し、今日における「生成と発達の教育学」の新たな形を構想する。そのとき思考の中心となる論理は、自己に回収することのできない他者と出会う「他者論」と、無条件の贈与というべき純粋贈与に関わる「贈与論」と、語ることの不可能性と可能性との間を開く生成する物語の「物語論」である。第I部には、「それからの教育学」「贈与と交換の教育学」「限界への教育学」といったように、教育学に異なる名称が付与されて登場するが、それらはそれぞれ他者論・贈与論・物語論を論理の中心に据えることで立ち現れた、運動態としての「生成と発達の教育学」の諸相を示している。

まず第1章「『それからの教育学』のかたち――死者との関わりからみた教育思想への反省」では、「それからの教育学」といういささか奇妙な表題の論考から開始される。「それから」とは、厄災のように過剰さゆえに明確な言葉によっては名指しえない集合的に体験された出来事（それ）を起点としてはじまる、それ以降の時間のことである。戦争とは、本書の「第Ⅳ部　世界市民の教育学へ」で詳細に述べるように厄災の一つであり、「それから」の「それ」にあたるものである。これまで明示的に指摘されることがほとんどなかったことだが、近代教育学の誕生と発展において戦争が重要な役割を果たしている。ナポレオン戦争の敗戦後においてフィヒテによって提唱された国民国家を中心とする教育学も、また戦争孤児たちとの出会いからはじまったペスタロッチの臨床的な教育学も、その誕生の契機は戦争にあるといってよい。重要なのは、日本の「戦後教育学」がそうであったように、「それからの教育学」は戦争犠牲者である死者たちへの負い目と深く結びついていることである。他者としての死者への弔いと教育思想のはじまりとの内的なつながりを考えなければならない。

第2章「『贈与と交換の教育学』の問題圏――国民戦争と国民教育学の向こう側」では、歴史的に捉えた「それからの教育学」を、「生成と発達の教育学」という本書の根幹をなす思想的枠組みにおいて捉え直すことになる。そうすることで、死者への負い目、とりわけ戦争犠牲者への負い目によって国民教育が駆動されてきた動態をつぶさに捉え、そこから贈与交換に基づく負い目を乗り超える、純粋贈与の原理による教育の可能性について明らかにする。このようにして「生成と発達の教育学」による国民教育学の乗り超えをはかるのだが、これは不可能性（外部）に触れることで臨界点へと連れだす「限界への教育学」への転回を意味する。しかし、この臨界点に触れてしまう「限界への教育学」は、いったいどのように語ることができるのだろうか。

第3章「『限界への教育学』という運動――語ることの不可能性と可能性」では、この語ることの不可能性と可能性について、近代教育思想の成立過程ならびに戦後教育学での展開を再検討することを通して明らかにする。そこでは「教育」あるいは「発達」という従来の概念用語では語りえない、しかし生成変容において見逃すことのできない過剰な出来事――私はそれを「生成」と呼んでいる――が、縮約されてわかりやすい機能的な用語で書き換えられたり、あたかもはじめからなかったかのように無視されたり排除されたりしてきた歴史が明らかとなる。このような考察を通して、物語論から「生成する物語」としての「限界への教育学」という教育学的思考の動態を描きだす。

こうした教育学自体を対象化するためには思想史的研究が不可欠である。私たちが教育について考えるときには、すでに教育についての前理解があり、既存の教育用語群があり、その用語群を組織的に提供する教育を考えるときによって立つべき基盤としての必須の古典群（カノン）があって、教育学的思考が発動する思考圏の周囲に張り巡らされている。その用語群の選択や古典のテクスト群の編成の基準が、どのような原理で誰によって決定されているのか、私たちの教育学的思考を枠づけているポリティクスを知ることは、私たちが教育学を、そして教育を問い直すうえで、不可欠なことであるからだ［矢野 2010］。このことは先行研究を学ぶといった既存の学問体系のうちで習熟することを目的とする態度とは、根本的に異なるものである。むしろ既存の学問体系の成り立ち自体を疑い問い直すところから出発する態度だといってよい。

私は、戦後教育学によって描かれてきた、戦前から戦後にかけての教育学説史・教育思想史研究の主流のストーリー「講壇教育学から教育科学へ」や、あるいは教育哲学研究者の間に膾炙している欧米の教育学の「送迎・展示」（森昭）に終始してきただけだといった評価は、当時の思想研究の現実を無視した極めて不十分な理解にとどまっていると考える。そこでは、西田幾多郎と田邊元を二つの中心とする京都学派の哲学が果たした、教育学研究者への圧倒的な影響力がまったく捉えられてはいない。それは近年再評価が高まっている西田の弟子の木村素衞の教育学にかぎられたことではない。大方の理解とは異なり、むしろ大正新教育から戦後の一九六〇年代にかけてまで、日本の教育学研究は西田哲学や田邊哲学を共通の基盤として、「自覚の教育学」というべきハイブリッドな独自の教育学を構築しており〔矢野 2013b〕、東京文理科大学の篠原助市や広島文理科大学の長田新の教育学もまた、京都学派の哲学に連なるものである〔矢野 2014e: 129-212〕。さらにまた西田哲学の行為的直観の思想は、三木清の技術論を通して、城戸幡太郎・山下徳治・海後勝雄らの教育科学の潮流とも連なっている。さらに国民形成を課題とした国民道徳論ということでは、戦前の和辻哲郎から戦後の高坂正顕までつづく京都学派の哲学者たちが重要な役割を果たしている。

一見海外の教育学・教育思想の輸入による展示のように見える場合でも、京都学派の哲学を基盤とすることで独自の文献選択と解釈とがなされており、この土台のうえに海外文献が引用され配置されていた。つまり、海外から輸入した教育思想が無関係に並び立っているだけのようにみえる日本の教育思想界は、教育学的思考が運動する共通の思想場というべきマトリクスとして京都学派の哲学があり、互いに応答したり滲透しあったりそれに抵抗し反発したりすることで再編成される、動的な交流の世界であった〔矢野 2013a〕。日本の教育学的思考は、ある時期までこうした思考の運動の場のうえで展開してきたのである。さらにいえば、本書の課題である人類世界と国民国家との関係をめぐる議論は、京都学派の「世界史の哲学」の中心主題であり、歴史における功罪両面に注意を払いつつ、京都学派の哲学の検討は世界市民の形成を考えるうえでも、避けて通れない課題である〔矢野 2019〕。以上のような理由から、本書でもこれから田邊元・和辻哲郎・九鬼周造・高坂正顕・木村素衞・長田新・森昭などといった京都学派の系列の哲学者・教育学者が多数登場することになる。

4―2　外から来る子どもの歓待の学へ

子どもは、西欧の思想的系譜において「人間の固有性」として見なされてきた理性能力や言語能力を、未だ十全にはもたない者として理解されてきた。その意味においても、子どもとは、動物であり、未開人であり、異邦人であり、言語ゲームを共有してはいない他者（動物的存在者）にほかならない。しかし、子どもが「他者」として立ち現れるのは、このような理由からばかりではない。

子どもたちは私たちの世界の外からやって来る。新たな人間の「誕生」という出来事が端的にそのことを示している。それまで存在しなかった新たな人間の出現は、生殖に関わる生物学的な知識を無意味にするほどに、不思議な出来事であり、奇跡的な性格を帯びている。親だけがそのように感じるのではない。もちろん生まれてきた子どもが、自分の分身でありながら、自分とは異なるユニークな新たな世界を生きる、独立した取りかえることのできない個であることの意味は、とりわけ親にとっては大きなものであろう。しかし、その理由は血縁のような私的な理由にとどまりはしない。神ならぬ死すべき者として運命づけられている人間にとって、私たちの生きているこの世界は、新たな人間の到来なしにはやがては無に帰して消滅してしまう世界である。私たちの生を象る意味や価値は、それらを受け継ぐ受贈者の新たな誕生によって支えられている。私たちは、過去の名も知らぬ「多くの誰か」の存在なしにはいまここに存在しえないのだが、これから未来に生まれて来るであろう未だ名をもたない子どもの誕生なしには、いまここでの生の意味も価値ももちえないのである。つまり新たなはじまりを可能にするとともに、時の連続性をも可能とするこの一人の子どもの誕生は、私たちの現在の生を深部へとつらぬく、決定的で神聖な出来事なのである。

このように考えるならば、「教育」とは、この外から来る他者としての子どもを、私たちの世界に迎え入れる作法、つまり歓待の作法の一つである。教育が歓待の作法であるなら、教育学は子どもの歓待の学というべきものである。教育学的思考は、子どもという生の在り方にたいして、倫理的でなければならない。オランダの教育学者マルティヌス・ヤン・ランゲフェルトの提唱した「子どもの人間学」とは、このような外部から来る子どもという生にたいして目を向けた最初の教育学であった。しかし、その後の思想の進展のなかで、「子どもの人間学」はさらなる深化を必要としている。教育学が、心理学の「心」や人類学の「文化」のように、人文科学において固有の問いと思考対象の領域をもつとするなら、それは「子どもという生の在り方」とその生と関わるライフサイクルの領域にほかならず、そのため教育学は「教育学はどのような学問なのか」を問い直すうえでも、子どもという生の在り方について問い続けなければならないだろう。「子ども の人間学」という教育学的思考の形は継承され深化されなければならない。

そこで「第II部　外から来る子どもの歓待の学へ」はつぎのように構成される。第4章「『子どもの人間学』の新たな転回――ランゲフェルト‐和田修二の教えへのオマージュ」では、この他者としての子どもに出会う「子どもの人間学」の成果というべきランゲフェルト‐和田修二の教育思想を継承しつつ、贈与論とつながる「子どもの人間学」の新たな転回の必要性を明らかにする。また第5章「人間と動物の境界線に生起する臨床教育学――子どもという生の在り方をめぐって」では、「人間の固有性」を析出するさいに、これまで明示的あるいは暗示的に論じられてきた人間／動物の境界線に関わる思想の問題点を指摘し、さらに思想史・系譜学として解明することによって、「子どもの人間学」の新たな思想的課題を捉え直す。「人間の固有性」を不十分にしか満たさない子どもは、人間／動物の境界線においてしばしば動物的存在の側に位置づけられてきたが、「子どもは他の動物的存在者たちとは異なり成長すると境界線を越境する、潜在的に人間となる動物的存在（非人間）という両義的二重性を有したダイナミックな運動性そのもののような存在者である」［矢野 2017d: 105-106］。この子どもという生の位置づけの仕方に、教育学的思考の特質を見いだすことができるのである。

しかもこの人間／動物の二項対立問題は、もう一つ重要な教育的課題と結びついている。それは本書の中心主題である国民国家を超える生の在り方にとって不可欠な課題である。それというのも、この人間／動物の二項対立は、すべての二項対立について考えるうえでの一つの範型を示すものであって、人間／動物の境界線に関わる思想問題は、人間と人間ならざるものとの間の差別や排除を生みだす認識と深く関わっているからである。この境界線との関わり方の変更が、世界市民の倫理的な在り方として考えられ、この二項対立を超える生の在り方に向けられている。こうした議論を踏まえつつ、さらに第6章『「子どもの人間学」の生命論的転回の方へ——対称性の知性を育む生成－発達論』では、人間／動物の境界線を越える「対称性の知性」の必要性というところから、遊戯論・動物論・物語論を中心に考察し、「子どもの人間学」の刷新に向けて、生命論的に転回する方向を指し示す。このような対称性の知性の形成は、先に述べた差別や排除を生みだす二項対立を乗り超えるものでもあって、世界市民の形成と深く関わっているのはいうまでもない。世界市民の形成実現のための「子どもの人間学」からの条件を考える作業となる。

4—3 歓待と弔いの作法の学へ

「第III部　歓待と弔いの作法の学へ」では、第I部・第II部で論じた「生成と発達の教育学」の論考をもとに、他者との関わりを中心に、教育と関連の深い隣接領域の課題を論じる。ケアとマナーとは、両者とも他者への気遣いや配慮ということでは教育とよく似ている。しかもノディングズに見られるように、ケアの概念で教育が捉え直されたりするように、ケアには教育とつながる点が少なくない。またマナーや礼儀作法の習得が教育カリキュラムの中心をなしていた時代はすでに遠い過去のものとなったが、それでも生徒・学生の服装や態度や話し方が、学校での生徒指導の中心をなしていることを考えれば、教育におけるマナーの学習の重要性は今日でも低いものとはいえないだろう。

しかし、この二つの事象を本書でとりあげる理由はそれだけではない。ケアとマナーとは、たしかにケアではそれを職業としているプロフェッショナルな介護士がいるし、また挨拶には挨拶が返礼として返ってくるが、その事象を探究すればわかるように、ケアはサービスのように貨幣による市場交換の商品として全面的に回収できるものでもないし、マナーも義務としてのお返しがやってくる贈与交換の事象として割り切れるものでもない。ケアもマナーも、ありふれた日常の事象でありながら、その根は深い生命性から力をえており、仲間への「親切」や「配慮」といった贈与交換の原理を超えた、歓待＝純粋贈与という他者への倫理の課題と緊密につながっているのである。

、非国民＝国民ならざるもののリスト（他の国の国民・移民・亡命者・難民・無国籍者……このリストにさらに動物たち・植物・鉱物とつづけることを「生成と発達の教育学」では論じてきたのだが）にあげられた人々、仲間だけでなく仲間ではない見知らぬ者（モノ）と手をつなぐことは、どのような原理によって可能なのか、仲間でない他者を無条件に歓待する世界市民の倫理はいかにして可能なのか、そのように考えるとき、ケアとマナーの領域への「生成と発達の教育学」からの越境は、教育学的思考の深化にとっても有益な試練となる。さらに、マナーの考察では、他者を迎え入れる歓待と死者を弔う作法とが究極の課題としてとりあげられるのだが、これは本書の諸論考の教育学的思考による探究が相互に結びあう「世界市民の教育学」にとっても不可欠な課題である。死者を弔う作法は、「贈与の物語」による負い目に基づく共同性を克服するための重要な課題である。

以上のような理由から、本書ではつぎの三つの議論を必要としている。すなわち第7章「ケアの倫理と純粋贈与――ケアのアマチュアリズムを讃えて」では、ケアの原理について、商品としてのサービス概念と対照しつつ論じ、ケアの中核には純粋贈与が生起していることを明らかにする。第8章「マナーと礼儀作法の系譜学――なぜ人は見知らぬ者にも挨拶をするのか」では、マナーと礼儀作法の思想史的系譜をたどることで、社会的な準ルールといった中間的な理解に収まらない、マナーと礼儀作法の教育学的重要性を解明する。第9章「世界市民の作法としての歓待と弔いのマナー――和辻哲郎の『土下座』を通して」では、和辻哲郎の短編エッセイ「土下座」（一九二一年）を手がかりに、仲間の間の「倫理」に限定された和辻倫理学の問題点を摘出しつつ、他者を迎え入れる歓待と死者との関わりを作り直す弔いの作法とが、世界市民の作法となることを明らかにする。

4―4　世界市民の教育学へ

このような思考のプロセスを経て、私たちは「世界市民の形成」という課題と向かいあうことになる。カントは、アメリカ革命とフランス革命の後の「それから」を意識して書かれた『永遠平和のために』(一七九五年)のなかで、「一つの世界共和国」の設立という積極的な理念を提示しつつ、博愛からではなく世界市民法として歓待の権利を論じている。地球は球体であるので、人間は地球表面上で無限に分散していくことはできず、結局は並存することを互いに忍びあわざるをえず、根源的には何人も他の人より以上に多く、大地のある場所を占有する権利をもっていない。そのために、人間は地球の表面を共同で使用する権利があり、その権利に基づいていかなる者も他の国に訪れる権利を有するというのである[Kant 1795=2000: 274-277]。しかし、これは訪問の権利を論じているにすぎず、ここには宿泊する権利は含まれてはいない。つまりここでの歓待は制限されたもので、無条件の歓待ではないということになる[Derrida 1997b=1996: 310]。このことが、無条件の歓待(そして弔い)へと開く世界市民の作法とその教育とが問われる理由でもある。

「第IV部 世界市民の教育学へ」では、これまでの議論を踏まえ、世界市民形成の具体を構想する。まず第10章「境界を超える愛と自由の道徳教育――ベルクソンを手がかりとした世界市民への道徳教育」において、ナショナリズムの共同性のうちに閉じた道徳を、大胆に人類そして生命全体へと開こうとするベルクソンの『道徳と宗教の二つの源泉』(一九三二年)の道徳論の読解を手がかりに、同胞(国民・民族・仲間)の境界線を乗り超える歓待の道徳教育の可能性について論じる。これはベルクソンをもとに世界市民形成に向けた道徳教育論をデザインする試みである。もともとベルクソンのこのテクストが、第一次世界大戦の経験を踏まえた国民国家の国民・民族に限定された道徳を乗り超えようとする問題意識で書かれた、「それ(戦争)から」の戦後思想であったことは銘記されておいてよい。

第11章「専門家教育・市民教育から世界市民形成へ――大学における倫理の教育の可能性」では、大学が世界市民形成の場であることを論じる。リベラル・アーツの伝統とつながる大学という場は、ネオリベラリズムを主導原理するグローバリゼーションの猛烈な風圧のなかで混迷を深めているが、それでもなお経済的利害の関心と偏狭なナショナリズムとを超えて、ローカルな価値を超えた「研究における真理への献身」と「教育における純粋な贈与」とを実際に実現している倫理の場である。そのことにおいて大学はもともと世界市民を形成する場であるはずである。そして、事実、大学という学問共同体での日々の教育・研究の実践のなかに、世界市民の形成へとつながる実現可能な条件があることを明らかにする。

第12章「世界市民性が立ち現れる厄災ミュージアム——厄災を前にした人類連帯の可能性を開く場所」では、「厄災ミュージアム」というバーチャルなミュージアムの構想を通して、人類の死滅という地球規模の破局＝カタストロフィを前にした、世界市民教育の必要性と重要性を明らかにする。私たちが直面している破局の兆しは、もはや局部的な破壊にとどまらずこの惑星全体の次元にいたっている。原水爆の発明や深刻な環境破壊に見られるように、自然災害ではなく人災が人類全体に降りかかる厄災としてこの世界を破壊するところまできた。カントが歓待の権利を保証した、惑星の表面を使用する権利自体が、根底から揺さぶられているのである。しかし、同時にここに絶対的な破局を前にすることで人類連帯の可能性を捉えることにもなる。主権国家の利害調整では解決不可能な事態が出現してきたことのうちに、「世界共和国の建設」と「世界市民の形成」という課題実現の可能性を見ることになる。

こうして、戦争の「それから」にはじまった教育学的思考の自覚の多様な思考実験の試みは、「希望のプロジェクトとしての教育学」の挫折を経て、未来の破局という「これから」の絶望的な課題を通して、「世界市民の教育学」へとつながることになる。これは未来の破局から顧みた世界市民の形成論である。終章となる「明日の世界市民と今日の教育的課題——地球規模の厄災に抗する教育哲学の歴史的理念とは何か」では、統制的理念としての世界共和国の立場に立つ世界市民の形成を考える。カントは、カテゴリーのように対象を構成する構成的理念と、「あたかも〇〇であるかのごとく」といったように仮象として対象を統制する統制的理念とに、理念を分けている。本章の冒頭で論じた新教育の共同体論は多くの場合において、実現されるべき理念としての構成的理念を示している。この理念の挫折が、希望のプロジェクトとしての教育の挫折として解されたものである。それにたいして、統制的理念は実現することはできず、ただ近づくことができるだけのものである。しかし、その理念の存在が、私たちに日々の思考や行為に方向を与えてくれる。私たちは行為の判断において、市民であるとともに、世界市民として判断することが求められる。もとよりこのような教育学的思考が恣意的な夢想でないのは、グローバリゼーションという現実的条件と厄災という未来からの要請があるからである。

I——教育学的思考の臨界点へ

第1章——「それからの教育学」のかたち

死者との関わりからみた教育思想への反省

東日本大震災では多くの人たちが亡くなった。このことを教育学研究者としてどのように受けとめ、どのように語るべきか思考するとき、死者について語ることへの反省は、同じく死者の語りを課題とした戦後教育学への新たな見方を生みだすことになる。戦後教育学とは、その名の通り、戦争の後に生まれた教育学であるだけでなく、戦後という「それから」を生きなければならない生き残った者の教育学であり、つまり戦後教育学とは死者と向かいあう教育学ではなかったのか。さらに、戦後教育学にかぎらず、制度化された教育学の以前の教育思想の誕生には、戦争や革命や内乱による孤児のみならず死者が契機となっており、あらためて死者との関係から教育学を問うことは、教育思想の根本的な問い直しのための展望をもたらしてくれるのではないだろうか。

戦後教育学は教育関係者の戦時期の戦争協力への反省と、戦前・戦中の国家主義的教育とその教育を先導した教育学への批判から出発した。しかし、その戦後教育学もまた戦争犠牲者＝死者の声を代弁すると語ることで、他者としての死者を手段化し、死者の声を盾にして国家への奉公を論じた戦前の国民国家（nation-state）の教育学と、同型の思想にとどまることになったのではないだろうか。「それから」の反省を手がかりに、その思考法を問い質すことで、経済のグローバリゼーションのもとでふたたび力をもちはじめたナショナリズムに回収されず、なおかつ死者との関係を考える「それから」の教育思想の可能性を模索する。

1 戦争と震災、それからの思想

「それから以後どうだい」。友人とのなにげない会話の一部として交わされもするこの「それから」という言葉は、「それ」が指し示す出来事が何であるかによって、とめどもなく切実な言葉にも変貌するものである。夏目漱石は一九〇九年六月二一日「東京朝日新聞」に、新たな小説『それから』の連載をはじめるにあたり、つぎのような予告文を寄せている。

色々な意味に於てそれからである。「三四郎」には大学生の事を描《かい》たが、此《この》小説にはそれから先の事を書いたからそれからである。「三四郎」の主人公はあの通り単純であるが、此主人公はそれから後《あと》の男であるから此点に於ても、それからである。此主人公は最後に、妙な運命に陥《おちい》る。それからさき何《ど》うなるかは書いてない。此意味に於ても亦《また》それからである。［夏目 1995（1909）: 285、強調は漱石］

この五行ほどの短い文章で、漱石は「それから」という言葉が孕む人間学的な時間の構造を凝縮して描きだしている。「それから」を「それから先」と捉えるとき、ある過去の出来事を想起しその出来事を起点としてつぎの出来事との連続性に注意の焦点があたる。それにたいして、「それから後」と捉えるときには、焦点はある過去の出来事からいったん離れて、そのうえで新たな出来事へと移動する。そしてさらに「それから先どうなるか」では、ある出来事を起点としてつぎの出来事が収束し、さらにその後の開かれた未来へと、焦点は移るのである。漱石はこの短い予

告文のなかで、「それから」についての時間を三つの位相に区別することで、私たちの経験に生起する「それから」という時間への関わり方を、正確に語っている。この分節化には深い普遍性があるように見える。私たちは、いつもすでに、この「それから」の諸相のいずれかの相を人生の課題として生きているのだ。しかし、私たちが「それから」というかぎり、私たちはいつも「それ」と指す出来事につなぎ止められており、「それ」は私たちの現在の経験に浸透し、私たちを方向づけ象っていくことになる。[1]

「それから」の「それ」が具体的に何を指すのかについては、当然のことながら個人によって異なるだろう。しかしながら、個人に固有の人生において、それ以前とそれ以後とを画してしまう大きな切断点や臨界点をもたらす事件や出来事があるように、共同体や国家においても「それから」と呼ぶべき大きな出来事の「それ」が起こることがある。同時代を生きた者がみな共有する、あるいは共有させられてしまう経験や体験というものがあり、そのとき「私たち」の「それから」がはじまる。こうした出来事の代表的なものに、厄災である戦争と災害がある。「それから」の「それ」は忘れがたく、「それ以前」と「それ以後」とでは世界の成り立ちそのものが異なってしまうような出来事である。

私たちにとって「それから」の「それ」は、一九四五年八月一五日の日本の敗戦のことであるとともに、一九九五年一月一七日の阪神・淡路大震災、同年三月二〇日の地下鉄サリン事件、あるいは二〇一一年三月一一日の東日本大震災のことを指すようになるだろう。「それから」と語りはじめるとき、時間の流れは理不尽にも突然に切断され、それまでとは異なる時間が生起していく。その時間の流れの切断の意味を問い直しながら、「それから」の時間の流れを語るには、新たな言葉を必要とするだろう。私たち生き残った者たちと死んでいった者たち、そしてこれから生まれてくる者たちとをつなぐ正しい物語を探しだしていかなければならない。それは「それから」を生きる者すべてに共通する生の課題である。しかし、それとは別に、教育を研究する者に課せられた「それから」の課題がある。

思想の誕生が、時代の不安な気分や危機の感覚と密接に関係しているとするなら、危機が顕在化した戦争や革命と思想とのつながりについては、いまさらいうまでもないことだろう。思想とは端的に「それから」の思想であるといえる。ペロポネソス戦争後のソクラテスにはじまり、ナポレオン戦争後のフィヒテとヘーゲル、普仏戦争後のマルクスとニーチェ、南北戦争後のプラグマティズムの思想家たち、[2]第一次世界大戦後のベルクソンとローゼンツヴァイクとハイデガー、あるいは第二次世界大戦後のホルクハイマーとアドルノとアレント、ラカンとレヴィナス、丸山眞男と吉本隆明と鶴見俊輔など、例はいくらでもあげることができる。とくに二〇世紀が、世界戦争と革命、あるいは独立戦争と内戦とテロリズムが、互いに複雑に錯綜し連鎖して生起した世紀であったことを考慮すれば、以上に述べたことは、ほとんど意味がないことかもしれない。しかし、未来を作ることに加担してきた教育思想も、「それから」と関わる思想の一つではないかと思いいたると、あらためて「それから」との関係を問うことが、教育思想の誕生という謎に近づくための新たな道を開いてくれることになるだろう。そして、今日の教育的課題の広がりと奥行きを思想として捉え直すうえでも有益だろう（この後半の課題は終章で詳しく論じることになる）。

2　戦争と臨床的教育思想の誕生

それからのペスタロッチ

教育思想もまた「それから」の思想の一つではないかと考え、教育思想の誕生と戦争や内戦と内在的なつながりについて考えをめぐらすとき、もっとも直接的なつながりは戦争孤児の問題であることに気がつくだろう。戦争や内戦は、それまでの日常の生活を根底から破壊するが、それは同時に子どもが育つ家庭と地域とを破壊することである。戦争において生みだされた戦争孤児のホスピタリズムの問題が、教育学的な思考を駆動してきたことはまちがいない

［田中 1993］。三〇年戦争のコメニウス、フランス革命の混乱期のペスタロッチとフレーベル、ロシア革命期のマカレンコ、第一次世界大戦後のナトルプやノール（むしろ「フィヒテ的意識」というべきか）、そして第二次世界大戦を体験したランゲフェルト、彼らはそれぞれ家庭や地域社会（養育・教育のシステム）が壊されて庇護と教育を剝奪された戦争孤児たちの問題に直面した。その困難な状況のなかで、子どもたちと新たに信頼感をもとにした人間的交流を生みだそうとする試みが、従来の制度的な枠組みを超えた教育実践と教育学的思索の再構築とを駆動させてきたのだ。つまり、これらの教育思想はどれも「戦後教育学」なのであり、「それからの教育学」であるといってよい。

ここへやってきた子どもたちの多くは、やって来た時にはひどい状態でした。それは人間の自然本性が極度に無視されるとどうしたってこんな状態に陥らざるをえまいと思われるような、ひどい状態でした。ほとんど歩行もできない位に症状の進んだ疥癬を患って入ってきた者がたくさんいました、頭の腫れ物が潰れたままの子ども、ダニやシラミのたかったボロ服を着ている子ども、骸骨のようにやせて、黄色っぽくなり、頰はこけ落ち、眼はいかにも不安そうで、額には不信と疑惑の皺が深く刻まれている子ども、そういう子どもたちもたくさんいました。［Pestalozzi 1799=1980: 12］

一七八九年にはじまるフランス革命は、周辺の国々にさまざまな余波を与えた。スイスでは一七九八年のフランス軍の武力干渉によってスイス連邦が崩壊しスイス革命が起こった。「友よ、私はまた夢をみていました。私の仕事がめちゃめちゃにされ、私のなけなしの力が無駄に使い果たされた例の夢を、また見ていたのです」という、印象的な書きだしではじまるペスタロッチの『シュタンツ便り』（一七九九年）は、スイス革命運動の支持者への書簡の形式をとって書かれている［長尾 1980: 140］。ペスタロッチは当然のことながら革命支持者であったが、そのシュタンツ村は革命に対して最後まで抵抗したためにフランス軍の容赦のない攻撃によって破壊され、多くの戦争孤児が生まれた村であった。『シュタンツ便り』には、孤児となった子どもたちの心を開かせようと、ペスタロッチが子どもたちと生活をともにし、子どもひとりひとりと真剣に向かいあっている姿が感動的に描かれている。

ペスタロッチのテクスト群が、長年にわたりドイツのみならず多くの国々において教育者・教育学研究者の聖典（カノン）の地位を保っていたのは、彼が贈与的な「最初の先生」（本書四七頁参照）として、民衆教育の創始者でありかつ行動力に富んだ指導的実践者であり、教育方法の優れた実践者であるだけでなく、あるいはまた比類ない教育の著作家・思想家であったからだけでもない。ナポレオン戦争の後においても繰り返し、教育関係者がペスタロッチが直面した事態と同様の事態に直面することになったからでもある。彼らにとって、ペスタロッチのテクストは、「古典」といった書斎での学問的研究の対象というより、現場でのきわめてリアルな実践の手引き書であった。しかも、戦争を体験した教育関係者にたいして、ペスタロッチは教育学的な知見や実践の指針を与えるとともに、よるべなき子どもに向かいあう力を与えもした。

日本の代表的ペスタロッチ研究者である小西重直が敗戦後に戦争孤児の救済をし、またその小西の弟子である長田新が被爆した子どもたちの声を集めたのは偶然のことではない。彼らの「それから」の教育学は、ペスタロッチの「それから」の教育学と深くつながっていた。ちなみに、小西は『新日本建設とペスタロッチー』を、そして長田は『ペスタロッチー教育学』（再版）をそれぞれ一九四七年に出版している。[3]

臨床教育学のランゲフェルト

第二次世界大戦を体験したランゲフェルトがあげている例は、日本で「臨床教育学」へと発展することになる「子どもの人間学」の成立と戦争との関係を明示的に示している。当時一一歳だったユダヤ人少女は、母と妹とともにナチスの強制収容所に連行される。食料も乏しいなかで妹は亡くなり、わずかな食料をすべて子どもに与えてきた母親も死に瀕しているとき、母親は娘に「私はもうすぐ死ぬでしょう、ヤニナ。でも、おまえとずっと一緒にいられて私は幸福だったよ」と告げると、娘は「お母さん、大きくなったら私も子どもを生む！　そして、みんなで幸福になる！」と応えた。戦争が終わり一人生き残った少女は、一六歳になったときに自身では解決できない深い精神葛藤に陥ってしまい、養父母によってランゲフェルトのもとに連れられてきた。

> 彼女はその時一六歳であったが、彼女はあの時はたして将来自分と自分の子どもが幸福になると母親に言ったのがよかったのかどうか、疑い始めたのであった。何故なら、彼女が私に言うには、彼女は「あれから世の中についていろんなことをたくさん見てきたので、もう自分たちが間違いなく幸福になれるという確信がもてない」というのである。そこで、私はとにかく人生をもっと生きてみなければ、彼女が幸福になるか不幸になるかわからないということを、彼女に気づかせようとした。つまり、彼女が将来のことをただ思い患うのではなく、彼女が実際にこれから生き続け、一人の母親の生活を送るようになった時、はじめて彼女は幸福になるはずだからである。しかし、繰り返すまでもなく、彼女の幸福は機械的な結果としてではなく、彼女が自分の生活から、また彼女の夫と子どもたちの生活からつくりあげた所産として可能になるのである。それ故、彼女はあの時、実は母親に「約束」をしたのである。つまり、彼女は自分が生き続けるということ、しかも人生を創造的な課題として積極的に生きてゆくことを約束したのである。自分が実現しなければならなかったのは、実はこの約束だったのだ、と彼女は数日後、私に言った。
> [Langeveld 1980: 63-64、強調はランゲフェルト]

この後で少女が成人し結婚して母親となった話がつづく。これは日本でなされた「おとなであることの意味」という題の講演からの引用である。この事例は、子どもとはどのような存在なのか、子どもを援助するとはどのようなことか、子どもと関わる大人とはどのような存在なのか、大人であることの意味とは何か、ランゲフェルトの「子どもの人間学」において核心の主題に関わる特別の事例であったにちがいない。[4] ランゲフェルトの教育学において、学校教育にではなく、子どもと大人との人間学的な関係の考察に中心がおかれているのは、ランゲフェルトが戦争を経験した子どもたちと出会ったときの治癒的な遣りとりによるものであろう。もとよりいつの時代においても、これらの問いはなされていたということもできようが、それらの課題が戦争孤児という存在に集約されて、戦争の「それから」の実践的思想的課題として浮かびあがってきたのである。

3　戦争と国民教育学の誕生

国民に呼びかける教育による国家の再生

教育思想を戦争「それから以後」の思想としているのは、子どものホスピタリズムにたいしてだけではない。戦争と教育との内在的な関係の一つは、戦争を契機とする民族主義あるいは国民国家の自覚と国民教育の成立との関係である。戦争の敗北による国家意識の台頭そして祖国再建のための国民教育の構築というつながりで、フィヒテを例にとりあげてみよう。フィヒテは、ナポレオンの軍隊にドイツ（プロイセン）が敗北したことによって、「人類文化的立場」から「民族文化的立場」へと立場を転回したといわれている。そして、そこから国民教育の重要性を論じたことで知られている。なぜフィヒテは思想的立場を転回することになったのか。このことを理解するには、フランス革命戦争とそれにつづくナポレオン戦争とが、人類史においてもつ重要な新しさに着目しなければならない。

ロジェ・カイヨワが、『聖なるものの社会学』（一九五一年）で、そしてさらに詳細に『戦争論』（一九六三年）で述べているように、フランス革命以前の戦争は、今日のような国家と国家の戦争ではない。戦争は王家や貴族同士が互いに戦いあうものにすぎず、実際に戦う者も国民軍兵士ではなく、憎悪も戦意もない金のために戦う雇い兵たちであった。そのため戦闘は細かく儀式化され作法が重んじられ、ルールあるゲームのように実行された。そして戦争の勝敗も民衆にとってはたんに支配者が交代するだけのことで、生活にほとんど変化を与えはしなかった。しかし、フランス革命によってそれまでの戦争の形態は一変してしまう。フランス革命は国民国家を誕生させたために、革命軍はそれまでの王の雇い兵からなる軍隊ではなく、市民の自発的な祖国愛に燃えた義勇軍からなる国民軍として登場することになる。徴兵制もこの時代の発明で、市民は国政に参加する主体である以上、自ら銃をとって国防に参加することが当然の義務となったのである。兵役は選挙権とならんで共和国の市民が獲得した尊厳の一つであり、市民は実際に戦争に参加することで、自分たちこそが国家の力であることを知ったのである。そして、この祖国愛に駆動された市民が銃を手にとって戦闘に出ることによって、戦闘はもはや以前のような貴族的儀礼的な性格を失い、無制約で仮借のない大量殺戮へと変わっていったのである［Caillois 1963=1974］。

重要なことは、このフランス軍と戦った国の民衆もまた民族意識・国民意識・国家意識に目覚めたことである。例えば、一八〇八年のスペインでは、占領したフランス軍にたいして、スペインの民衆は民族意識に目覚め、史上はじめて近代的な正規の軍隊に対して民衆による非正規闘争（パルチザン活動）が開始されたといわれている［Schmitt 1963=1995: 17］。またドイツではフランス軍に敗北したことで、それまでになかった「ドイツ国民」という民族意識が急速に高まってきた。フランス軍占領下のベルリンにおいて、フランス軍の厳しい検閲下で生命を賭けて一八〇七年から翌年にかけて一四回に分けてなされたフィヒテによる連続講演の記録『ドイツ国民（民族）に告ぐ』（一八〇八年）は、祖国愛・民族主義を喚起させたものとして以後の政治と教育において重要なテクストとなった。私たちにとって重要なのは、この講演においてフィヒテが祖国愛と結びつけて国民教育の必要性を論じているところである（第九講演）。フィヒテはつぎのように語っている。

ほんとうの祖国愛を身につけるのも、地上の生命を永遠の生命として理解させてくれるのも、かく、地上の生命を永遠の生命として知るための唯一のよりどころは祖国であると教えてくれるのも、すべて、かの、［われわれの新しい教育の力によってもりあげられる］精神である。かく教えられた祖国があってこそ、おのずと、祖国を防衛するために勇敢にたたかおうという人間も、法をまもり平和な正しい国民になろうという人間も、生まれているのである。これらはすべて、新しい教育がめざしているもっとも手近かな目的であるが、このような教育によって達成されるものは、けっしてこれだけにはとどまらないであろう。すなわち、偉大なる目的が徹底的な手段によって追求される場合には、つねにそうであるが、われわれの教育によっても、この教育がめざしている具体的な目的以上のものが達成されるのである。すなわち、われわれの教育によって得られるものは、肉体的かつ精神的な意味での、全人間の徹底的な完成である。従って、このようにして完成された人間は、およそ人間にとって必要な一切の物質的・精神的目的のために、完全に有能な人間となるであろう。［Fichte 1808=1955: 319、括弧内は訳者］

この講演集のなかでは、ドイツ語のみがギリシア語と同様に「根源的言語」であるといった、ドイツ民族中心主義のイデオロギー的な言辞がちりばめられてもいるが、フィヒテの教育思想は、愛国主義の教育を単純に扇動しているわけではなく、祖国愛の教育を国家を超えた普遍的な人類全体の完成と結びつけて論じてもいる。このことが祖国愛をナショナリズムとは異なる次元で論じるものとして評価されてもきた。しかし、ナショナリズムの本質は、特殊主義的な志向性と普遍主義的な志向性の交叉にある、という大澤真幸の定義にしたがえば［大澤 2011: 16］、むしろフィヒテの教育思想こそナショナリズムの教育思想ということができる。そのことでいえば、フィヒテが戦争の敗北と新しい国民の形成との関係のなかで、民族の言語と国民教育とを論じていることに注意しておく必要がある。つまり国語（この場合はドイツ語）の成立と、国民教育の成立と、さらに祖国愛をもつ国民軍の成立とは、互いに緊密に関係しあっており、国民国家が成立するさいの基本的エレメントをなす事柄である。さらに付言するなら、国民教育学は、国民形成と人間形成という矛盾を孕んだ緊張関係のなかで、学問としての性格を次第に獲得していくのである。

前節で述べたこととの関係でいえば、フィヒテはこの講演のなかで、孤児問題に触れつつ、ペスタロッチの教育実践を高く賞賛していることも付け加えておかねばならない。フィヒテはペスタロッチと個人的な交流をもっており、ペスタロッチの教育思想と仕事とがドイツで注目されるようになったのは、フィヒテの評価によるものが大きい。もとより、子どもの臨床教育学的な課題から深められたペスタロッチの教育思想と、国民教育学の課題を担おうとするフィヒテの教育思想とは、さまざまに差異があるが、どちらもナポレオン戦争に端を発する「戦後教育学」なのである。解放戦争がはじまると、フィヒテは自ら兵役を志願するが受け入れられず、篤志看護婦として病院勤務をした妻がチフスに感染し、妻を看護するうちに自らもチフスに感染し死去することになる［細見 2009: 90］。しかし、この解放戦争を準備した志願兵部隊の組織者のなかには、一八〇八年のこのフィヒテの講演に熱狂した青年聴衆が含まれていたといわれる［Balibar 1990=1997: 215］。

繰り返される『ドイツ国民に告ぐ』

第一次世界大戦は、第二次世界大戦がはじまるまでは、たんに「世界大戦争（World War）」あるいは「大戦争（Great War）」と呼ばれていた。その名の通り、国家間の戦争として世界史において、それまで誰も経験したことのない空前絶後の総力戦となった戦争であったからである。[5] 第一次世界大戦の総力戦を経験しなかった日本は、総力戦を研究するために戦争のさなかにも情報収集を行っていた。文部省も欧米の教育政策の把握を目的に、情報を収集し翻訳し資料集を作成した。そこで彼らは、ドイツの総力戦体制構築における国民教育の聖典（カノン）として、フィヒテの『ドイツ国民に告ぐ』に目をつけた。ドイツ帝国政府の指令によって、『ドイツ国民に告ぐ』は前線のすべての兵士が読むように、弾薬入れに入れて携帯することができるようにしていたのである。『ドイツ国民に告ぐ』は、一九一七年に『時局に関する教育資料特別輯第3』としてまず文部省によって翻訳され、一九二八年にこれが大津康訳として岩波文庫から出版された［鵜飼 1997: 271］。さらに戦時下の一九四一年にも、富野敬邦が教育に関わる箇所だけを抄訳・意訳した『フィヒテ　ドイツ国民に告ぐ』を玉川学園出版部から出版したように、総力戦において民族意識・国家意識・国防意識を高める有益なテクストとして理解されていたのである。補追で「フィヒテとナチス教育改革の精神」をつけたこの抄訳の「序」において、富野はつぎのようにこのテクストの意義を述べている。

実にアドルフ・ヒットラーは或る意味でフィヒテの精神の継承者であるとも云へる。即ちヒットラーが国防国家の建設に当たつて、先づ教育の建設から着手したことは周知の事実である。ヒットラーユーゲントの教育の中にフィヒテの生々しい国民精神の鼓吹が浸透してゐることは否み難き事実である。……中略……非常時国防国家と云つてもそれを担う者は人即ち国民であつて、人の素質と教養の優劣はやがて国防国家の強弱を決する根本的原因となるのである。すなわち人の教育を無視しては国防国家は建設もされなければ強化もされないのである。蓋し如上の理由に鑑み、今日に於て独逸精神復興の祖フィヒテより吾人の学ぶべきもの決して少しとはしないのである。〔富野　1941: 6-7〕

実際には、『ドイツ国民に告ぐ』はフィヒテの政治思想の孕んでいる両義性によって、直ちに「祖国愛」を喚起する「総力戦」のための総動員を可能とするイデオロギーに単純に回収されたわけではなく、もう少し複雑な理解のされ方をしている。京都学派の教育学者で、戦前における優れたフィヒテ研究者でもあった木村素衞は、一九三八年の夏に教育会の依頼を受けて長野県松本市で教育関係者に向けて講演をしたさい、このテクストをとりあげている。その講演をもとにした『国民と教養』（一九三九年）では、偏狭な国家主義・民族主義に批判を加えつつ、国民文化と人類文化との対立と矛盾とを、フィヒテのように「人類文化的有的普遍」ではなく、西田幾多郎-田邊元の哲学をもとにした「世界文化的無的普遍」へと転換することを論じている。国民文化と対立する一つの文化であるかのような「人類文化」という概念を退け、それぞれ独自で多様な国民文化の「間国民的」な交渉のうちに成立するものとして

「世界文化」を提示するのだが、それは国民文化と並び立つような有としてではなく、「無的媒介者」として解されているのである［木村 1939a: 196-197］。木村は「序」において、『ドイツ国民に告ぐ』を「時局」と結びつけて、つぎのように述べている。

『独逸国民に告ぐ』に於てフィヒテは国民の教養や教育に就て所信を披瀝してゐるのであるが、併し彼の教育思想にはイェーナ期以後大きな発展があつた。ナポレオンの軍隊が独逸を蹂躙したと云ふ事件が教育に関する彼の考へを初期の人類文化的立場に立つ態度から一転して国民文化的立場へ進ましめたのである。このことは我々にとつても極めて興味あることであり、今日国民主義や国民教育が強く叫ばれてゐることと連関して少からず我々の関心を惹く事柄である。私は昨夏の責を想ひ、また今日の我国の事情を思ひ、……中略……フィヒテが如何に国民なるものを理解したか、また祖国愛や国民の教育に就て如何なる考へを持つてゐたかを書き綴つて見ることが無意義なことではないと思ふやうになつた。［木村 1939a: 2-3］

この著作の後、木村は一九四一年の春から四四年の春まで、戦時中もこの「世界文化的無的普遍」をさらに発展させ、戦後すぐの著作『国家に於ける文化と教育』（一九四六年）においては、「世界史的文化的絶対無としての表現愛」としてまとめている［木村 1946: 264］。木村においては、この思想は戦後においてあらためて変更する必要のない政治思想として理解されていたのである。

フィヒテの政治思想は、現在のフィヒテ研究者の間でも、国家主義の政治学なのかあるいは国家主義の狭隘さを超えて人類へと開く普遍的な政治思想なのかをめぐって、その両義的性格が議論されている。フィヒテの『ドイツ国民に告ぐ』は、価値観が根本から変わったように見える敗戦直後においても高く評価された。「惨憺たる敗北であります。軍事的経済的のみでなく、道徳的に於ても我が国民は如何に脆弱であるかといふことを曝露しつつあるのであります。

私は日本人といふ者に対して殆んど失望を禁じ得ないのであります」［矢内原 1946: 61］。敗戦から三カ月後、戦前からファシズムを批判し平和主義を唱えていた、内村鑑三門下のキリスト者にして新渡戸稲造門下の植民政策学者であった矢内原忠雄は、木村素衞が講演した同じ長野県にある東筑摩郡の国民学校で、教育の指針を見失っていた教員たちを前にして語りはじめる。矢内原は、同様に祖国の敗戦に直面した思想家の反省としてフィヒテの『ドイツ国民に告ぐ』をとりあげ、ナチスの思想との異同を丁寧に腑分けしながら、世界的普遍的な理念の立場に立つものとしてフィヒテの思想を高く評価し、アメリカ軍の占領下、自らがフィヒテその人であるかのように、敗戦を契機に新しい教育目的を立て、「新しい人を造る」ことの重要性を教育関係者に向けて熱く語っている。この講演の記録は、翌年『日本精神と平和国家』（一九四六年）の表題の下で岩波書店から新書として出版された[6]。そして、これに呼応するかのように、一九四七年には岡倉書房から戦前の河合哲雄訳『ドイツ国民に告ぐ』が再版されている。

いまさらに驚くべきほどのことではないのかもしれないが、戦後においてもフィヒテの『ドイツ国民に告ぐ』は、玉川大学出版部の「世界教育宝典」、明治図書の「世界教育学選集」のなかに入れられ、教育関係者にとって聖典（カノン）の一つとなったのである［矢野 2010］。それは敗戦からの祖国の再建に向けて新しい人間を形成するための教育改革という、戦いに敗れた国民国家にとって、新教育による復活物語の原型であったからである。

4 敗戦の体験と戦後教育学の誕生

国家と歴史に死者の声を回収する

国民国家において、死者への負い目によって駆動される教育が際だつのは、戦争犠牲者への負い目である。国民国家でもっとも重要な死者は、独立や革命といった建国に関わる贈与者＝犠牲者と、祖国の存亡に関わる戦争で倒れた贈与者＝犠牲者（英霊）である。とりわけ戦争の贈与者＝犠牲者への追悼は、国民国家にとって重要な意味をもつ。このことは、どのような政体の国家にとっても、無名戦士の墓がどれほど重要な位置を占めているのかを思いだすことによってでも理解することができる。『ドイツ国民に告ぐ』の最後の講演（第一四講演）は、フィヒテは祖国のために亡くなったさまざまな死者たちの声に耳を傾けることを促すことで終わる。

この講演と声を一つにして諸君の祖先たちも、諸君によびかけている。われわれ［祖先たち］の名をけがすな。われわれはおまえたちに、いささかのけがれもない名誉にみちたわれわれの名を、ドイツ民族の名を、つたえた。そして、おまえたちはわれわれの名をたたえ、われわれの子孫であることに誇りを感じていたではないか。おまえたちも、おなじようにしてこの名を、おまえたちのつぎの世代たちに伝えてもらいたい。……中略……諸君の古い祖先たちのこの声に交って、もっと後代になってからの祖先たちの声もきこえている。これらの祖先たちとは、宗教と信仰の自由のためにたたかわれた、神聖な戦いでたおれたドイツ人たちのことである。彼らは、こうよびかけているではないか。われわれの名誉も救ってほしい。われわれは、なんのためにたたかったのか、十分にはっきりとわかってないのだ。……中略……この精神に自由をあたえ、りっぱに発展させて、一個の独立した力にまで生長させたかったからこそ、われわれは血を流してたたかったのである。おまえたちの力で、この精神を世界の支配者としてもらいたい、そして、この精神にその本来の使命を達成させてやってもらいたい。これが、われわれの犠牲を意義あらしめるとともに、われわれの犠牲が正しかったことを証明する、唯一の方法である。［Fichte 1808=1955: 416-417、括弧内は訳者］

死者たちの声は、その死者の死が無駄な死に終わることなく意味づける努力を生者に促す。このようにして、死者の死を意味づける作業は、生き残った者に課せられた重い課題となる。歴史のなかで、なぜこれほどまでに多数の無辜の血が流されなければならないのか。戦争犠牲者の数が増せばますほど、この問いは重いものとなっていく。この問いは歴史への反省的な問いとなるだろう。フィヒテと同じくナポレオン戦争を経験したヘーゲルは、『歴史哲学講義』(一八三七年)のなかでつぎのように問うている。

わたしたちが、民族の幸福や国家の知恵や個人の徳を犠牲に供する屠殺台として歴史をながめるとき、当然のことだが、このおそるべき犠牲は、だれのために払われ、どんな最終目的のために払われたのか、という問いを思いうかべざるをえない。[Hegel 1837=1994: 45]

ここからヘーゲルは、歴史の究極目的としての自由を現実化する手段としての歴史、そしてその自由の実現体たる国家について論を展開していく。ヘーゲルにとって戦争はもはや悪ではなく、理念の担い手である国家が私的な生活に安住している個人を揺さぶり全体へと統合するための、支配のための必要不可欠な手段となる。こうして、生き残った者をどこまでも駆動する死者の声は、歴史の究極目的の実現へ、その実現体たる国家へと結びつけられ、最終的に意味づけられることによって、どの個人の死も聖なる国家に殉じた聖なる死の物語へと回収されていくことになるばかりか、生者の生を国家へと捧げる根拠となる。[7] そして、この問いの作りとそれに応える物語の作りは、死者の声を聴く者によって、それから以降の、さまざまな時期のさまざまな場所で、さまざまなバリエーションを生みだしつつ、何度も繰り返し反復されていくことになるだろう。

『原爆の子』における死者の声

フィヒテにみられるように、またとくに国民国家成立以降がそうであるように、「敗戦」の体験は敗北した国家における既成の価値観の大きな転換をともなうものであった。教育についても同様で、戦争は敗北した国の「戦後」の教育に大きな影響を与えてきた［Schivelbusch 2003=2007］。日本の第二次世界大戦の「敗戦」においても同様である。しかも、この戦争は「日本人」がはじめて経験した総力戦であったことから、敗戦の経験はこれまでにない全国民的な経験となった。以上のように、戦争と教育との内在的関係を捉え直すとき、私たちにとって戦後教育学をどのように評価するべきなのか、またその問題点をどのように捉えるべきなのかが明らかになってくる。

日本の戦後教育学は、「戦後」という言葉に示されているように、戦争体験に強く規定された教育学であった。その意味でいえば、生き延びた者が死者によって問い詰められる「戦後文学」「戦後政治学」という言葉がそうであったように、戦後教育学は戦争‐敗戦なしには成立しえない教育学の形態であったといえよう。アジア太平洋戦争の体験は、祖父母のそれのような「栄光に満ちた」祖国の防衛でもなければ、欧米列強に伍するための国家興隆を示すものでもなく、またアジアの植民地を欧米の帝国主義的支配から解放するという「世界史的使命」が実現されるものでもなかった。戦後教育学は隣国の人々にたいして未曾有の苦しみと被害を与え、またそれまでになかった悲惨な損失を受けた戦争への深い反省と、戦争犠牲者への償いきれない負い目によって駆動されていた（思想的倫理的反省が十分になされたとはいいがたいものではあったが）。したがって、戦後教育学が継続していくためには、その負い目を伝達力とするだけでなく、つぎの世代にもその負い目を反復して生みだしていく必要があった。

無着成恭の編集による子どもたちの文集『山びこ学校』（一九五一年）は、「それから」を切り開く戦後民主主義教育の可能性を実現した教育実践であった。ちなみに、この本が出版される前年の一九五〇年に朝鮮戦争がはじまっており、いわゆる特需景気とともに、他方で戦争の生々しい記憶とつながり、ふたたび戦争へ巻きこまれることへの恐怖が広がってもいた。この山形の農村でなされた教育実践は、二重の意味において敗戦以後の「それから」と向かいあっていた。一つは、子どもたちの間に「勝手だべ」という言葉がはやり、子どもが学校や教師や大人への不信状態にあったこと。もう一つは、この地域が戦時期に国策としての満州開拓への移住を積極的に推進していた地域で、そのため引き揚げのさいに親を失った子どもも多く、また農地解放が元地主の妨害によってすすまず、農民の生活は非常に困窮しており、子どもの日々の生活の基本的な支えさえ十分でなかったことである［佐野 1992: 85-109］。そのなかで、新任教師の無着はペスタロッチのように子どもと生活をともにしながら、子どもとの信頼関係を作りだし、生活綴方を通して子どもの社会や世界を見る見方を開いていった。よりよい生き方を求めて、貧困や迷信や不正と真正面から闘う子どもたちの姿を描いたこの綴方は、人々に大きな感動と希望とを与え、『山びこ学校』はこの年のベストセラーとなった。戦後教育学は、この教育実践を日本の戦後教育の原点として捉え、何度も振り返ることになる。

ところで『山びこ学校』が出版された同じ年、戦後を代表するもう一つ重要な子どもによる記録が出版された。それは広島で原爆を体験した子どもたちの作文集だった。自らも広島で被爆した教育学者の長田新の編集によって、被爆した子どもたちの作文が集められ、『原爆の子——広島の少年少女のうったえ』として一九五一年に岩波書店から出版された。ちなみに戦没学徒兵の遺書を集めた『きけ　わだつみのこえ——日本戦没学生の手記』が出版されたのは二年前の一九四九年で、その年のベストセラーとなっている。『原爆の子』が『山びこ学校』と同様に子どもの文集であったことは、偶然ではなかっただろう。その後も一九五八年の『つづり方兄弟』や翌年の『にあんちゃん』のように、子どもの文集がつづけてベストセラーになっていることも偶然ではない。民衆にとって、加害者であることから免れ、戦争にたいして罪をもたない子どもの声は、過去への反省と未来への希望とをつなぐ声でもあったからだ。私たちの関心は、『原爆の子』の「序」のなかで、長田が死者への負債感と戦後教育への決意を述べているところである。

生き残った人たちは、今はもう語ることのできない人々に代って、またその人々と共に、訴えているのではないか［長田編 1951: 17-18］。……中略……私たちは尊い彼らの犠牲を無駄に終らせるようなことがあってはならない。犬死をさせるには余りにも崇高な彼らの死であったではないか〔同書 28〕。……中略……道徳が社会の一員としての責任を問題とする以上、あらゆる人間にとって、特に第二次世界大戦において重大なあやまちを犯して、今や戦争責任を痛感しているわが日本国民にとっては、「平和にたいする責任」こそ、社会に対する最も本質的な責任でなくてはならない。〔同書 32〕

生き残った者は、死者にかわって、死者の遺言をつぎの世代に伝達しなければならないと考える。それが生き残った者の責務であり使命だと考えることによって、生き残った者もまた生き残っていることの理由とその意味を得ようとするのである。しかし、何ものにも交換不能な他者の死にたいして、生者は自分だけが生き残ってしまったことの負い目を完済することのできる理由や意味はない。それだからこそこの負い目は、戦争責任への自覚へとつながり、「平和への教育」は民主主義の教育とともに教育関係者を強く駆動し、戦後教育学と戦後教育とを特徴づける重要なファクターでありつづけた〔佐藤 1995〕。

しかし、死者への負い目の継承＝反復の強調は両刃の剣でもある。それというのも、これまでの議論からも推測されるように、そしてまた事実がそうであるように、死者への負い目は戦後教育学の駆動力であったばかりか、同時に民族主義的な教育論へと回帰するための駆動力でもあったからである。両者は互いの歴史観に反発しつつも、死者への負い目を教育の駆動力とすることで、リベラルな戦後教育学も民族主義的な教育論も同様に「想像の共同体（imagined community）」〔Anderson 1983=1987〕としての国家形成を強化するとともに、他者に対する閉ざされた共同体形成を促している。死者の声を響かせるフィヒテの政治思想とそれに基づく国民教育学が、戦前においては国家主義を擁護する思想として、また戦後においては人類へとつながる普遍の思想として聖典（カノン）となりえたのは、どちらにおいても国民国家とそれに基づく国民教育にたいして疑いをもっていなかったからである。

5 「それから」の「それ」に触れる教育思想

戦争と教育思想との関係はどのようなものであるか、そして今日教育思想は死者とどのように関わるのかが本章の問いである。私たちは、戦争との関わりにおいて「それから」の教育思想が立ちあがるさまを、同じくナポレオン戦争を体験したペスタロッチとフィヒテにおいて捉えた。

両者はともに戦争以前から教育に関心をもっており、教育に関わるさまざまな論考を発表してもいた。ペスタロッチはすでに『隠者の夕暮』(一七八〇年)や『リーンハルトとゲルトルート』(一七八一―八七年)の執筆活動をし、またノイホーフに貧民院を開き教育の実践をしてもいた。フィヒテにしても、『ドイツ国民に告ぐ』の講演は一八〇四年からはじめられており、それはプロイセンが敗北しフランス軍が駐留する以前のことである。したがって、戦争によって急に教育について考えはじめたというわけではない。しかし、ナポレオン戦争は、両者の教育についての考察を、飛躍的に異なる次元へと押し上げることになった。ペスタロッチは戦争孤児と向かいあうことで、自覚的に教師となることを決意し、教育の臨床的な領域を極限まで押しひろげることになった。またフィヒテは国民国家と国民教育との関係を捉え、新しい教育による国民の形成を通して国家を再建するという教育思想の原型を生みだした。彼らの教育思想は、この意味において、戦争という出来事を契機にした「それから」の教育思想であるといってよい。そのためナポレオン戦争以後、戦争が起こるたびに、彼らと同じ教育的課題に直面した教育関係者や為政者たちは、何度もこの名を呼びだし、そこから事態を語る言葉と実践の指針と行為する勇気とを引きだしてきた。その事例として「日本」の戦後教育学と戦後の教育実践をとりあげ検討した。

敗戦からすでに七〇年以上がたった。戦争を直接に体験した人々が周囲に少なくなり、現在が戦争の記憶から遠く離れた「戦後」になろうとしている。そしていま、歴史の証人として死者が呼びだされ、「正しい歴史」を求めるとし、歴史の犠牲者として死者の声に耳を傾けることに注意が促され、ナショナリズムに基づく教育論が声高に論じられてもいる。このような状況のなかで、死者への負い目を駆動力とする教育の在り方自体を問い直し、死者との関係を新たに結び直す道を探ることは、アナクロニズムではなく教育学の重要な課題である。

死者への負い目を駆動力としない他者に開かれた教育の可能性は、ソクラテスの哲学的対話やブッダやイエスの教えなどの世界宗教において純粋贈与の出来事として示されてきた。私は『贈与と交換の教育学』(二〇〇八年)において、教育の起源論について、死者への負い目を駆動力とする互酬的な贈与交換論をもとにした共同体内部を起源とする原理とは別に、過剰な純粋贈与によって共同体と外部との境界線に生起する出来事を起源にするものがあることを明らかにした。教育の歴史を制度論的な視点で捉えれば、どこまでも制度的な贈与交換に基づく教育の歴史しか捉えることはできないが、原理的な想像力を駆使することができれば、共同体の贈与交換を基調とする価値観を侵犯するようにして、繰り返し贈与的な教師が「最初の先生」として出現する姿を見いだすことができるはずである[矢野 2008a]。そしてペスタロッチもこの意味で贈与的な教師の一人と考えられる。このような立場から、戦後教育学と死者との関わり方をさらに一層吟味する必要がある。

考えてみれば、「それから」の「それ」が、忘れようにも忘れえないものとして再帰してくるのは、言葉によって「それ」の指す出来事を語りえぬからである。「それ」について明晰に語ることができれば、「私の経験」として「私の物語」「私の所有物」にすることができるが、戦争・災害・死の出来事はこのような物語とはならない。たしかに戦争や災害についてはこれまでにもさまざまな人が語り、膨大な量の文書が書かれてきた。しかし、戦争・災害・死そのものは語られたことは一度もない。その理由は、出来事を体験した者に語りそして叙述する表現の技術が欠けているとか、何事かを意識的に隠蔽しているためとかいったことではなく、言葉で表現するうえでの原理的問題に属することである。戦争や災害や死のような出来事のなかでは、体験している者の意識は裂けてしまい、夜の闇のなかのように対象との距離が失われることから、原理的に言葉による語りや叙述が不可能となることによる。高橋哲哉はこのことについて端的に、「出来事の核心を物語りうるのは出来事の核心にいた者だけだろう。ところがこの出来事は、出来事の核心にいた者がまさに核心にいたからこそ物語る能力を失ってしまう、そういう出来事なのである」と述べている［高橋 1995: 26］。このような言葉とならない声は、それでもなお出来事の「それ」を指しつづけている。生き残った者は、たとえ「出来事の核心にいた者」が死者となろうとも、また語られた言葉が明晰な言葉にならずとも、「それ」を出来事の「それ」として繰り返し受けとめなければならない。[8] それというのも、このことが死者の死を、国家や歴史の意味の編み目へと回収しようとする在り方への抵抗となりえるからである。

本章では、このことについてあらためて考察する紙幅はもはや残されてはいないが、「それから」の教育学は、「それから」の「それ」に触れつづけなければならない。そして、ここから「それから」の教育学は、いま新たにはじまる戦後教育学として、死者を手段とせず、負い目を教育の駆動力とせず、なおかつ死者にたいして応答し責任を果たす倫理の方位を求めるのである。それは、他者を歓待し死者を弔うことを倫理とする、「世界市民の教育学」となるはずである。

第2章——「贈与と交換の教育学」の問題圏

国民戦争と国民教育学の向こう側

1 贈与論からみた教育の二つの起源[1]

贈与と教育の起源

「してあげる」「してもらう」という日常語が示してもいるように、私たちは日々さまざまな交換のうちに生きている。交換には、売る－買う、語る－聞くのような遣りとりされる行為が同型でない非対称型の交換と、あるいは挨拶する－挨拶を返すのような同一の行為が遣りとりされる対称型の交換とに大きく分類することができるが、実際に見ることのできる形態は多様である。また交換する相手はなにも人間とはかぎらない。神の恩寵に対する供犠による返礼もまた交換の一つの形態である。そして均衡の原理が働くところには交換が生起する。道徳において、同害報復にかぎらず正義に関わる行為は、均衡の回復であり交換の原理にしたがっている。さらには学問もまたそうである。学問は「現実」に対する「思想」の等価物を発見することによって均衡をえようとする行為であるから、交換の一形態である。

ところで、交換の代表的形態の一つである「市場交換」は貨幣によって開かれた共約可能な場において、貨幣と等価な商品とを交換するという合理的な計算に基づく交換である。交換つまり二者の比較が可能となるためには、このような共約可能な市場が不可欠なのである。このことは市場交換にかぎらない。[2] 同様に、コミュニケーションとは interaction であり Wechselwirkung であり、すなわち交換であり、人間相互の関係を記述し考察する枠組みとしてニュートラルなものと見なされているのだが、相互にコミュニケーションが可能となるためには、それに先だちコミュニケーションの場＝関係が成立している必要がある。コミュニケーションの当事者がすでに同じ言語ゲームに参加している必要がある。

このように、私たちは交換のうちに生き、交換を基準に思考することに慣れているために、交換に先だって共約可能な場がいつもすでに存在していると考える。しかし、日常生活では自明で明快に思えるこのことも、思想として捉え直すなら事態はそれほど明解ではない。原理的に「起源」を考察するとき、マルクスが価値形態論で価値尺度としての貨幣形式の起源で格闘したように、どのようにして貨幣が異質な商品の間に共約可能な場を開くかは自明ではないからだ。そのことに気がつくと、コミュニケーションが可能となる場がどのようにして成立するかもまた問いとなる。

そして同じ問いは、コミュニケーションの一形態である教育にも問える。教育を「教えること」と「学ぶこと」の相互作用（非対称型の交換）として捉えたとき、すでにその相互作用が成り立つ場＝「教育関係」が前提にされている。ところが、どのようにして「教えること」と「学ぶこと」の交換の場＝教育関係が成立可能なのかは問われることがない。この交換がスムーズに機能しているときはもとより、機能しないときですら、この交換の原理自体は疑われることがない。それというのも、教育＝交換が機能しないときにも、交換を基準とする教育学的な思考法は自動運動のごとく、どのようにすれば教育的な機能（交換）を回復することができるのかと問うことで、かえって交換原理の正当性を強化してしまうからである。

この交換という原理自体を、一度括弧に入れてみればどうだろうか。そうすると「先生」と呼ばれる以前の二者に生起する、交換に回収することのできない出来事が見えてくるようになる。一切の見返りを求めない「純粋贈与」と呼ばれている出来事がそれである。例えば、ニーチェによって造形されたツァラトゥストラがなしたように、「教える」ということが同時に贈与であるような出来事が教育に生起している。ツァラトゥストラは「贈与をしたい」と欲し、自ら山から下り、ふたたび共同体のなかに入ってくるのである。この贈与という出来事は、これまで教育学でほとんど問われることのなかった「人間学的事象」である。「贈与と交換の教育人間学」という問題関心から、あらためて従来の教育学のテクストを読み直すなら、古典的なテクストのうちにもその記述を見つけることができないわけではないが、むしろその差異を際だたせて主題化されてはこなかった人間学的事象といういい方がより正確かもしれない。この出来事としての贈与を問うことが、「教える」-「学ぶ」の交換のコミュニケーションではなく、「教える - 学ぶ」の新たな次元を明らかにするのである。

贈与者としての最初の先生

それではこの「贈与としての教育」は何をもたらすのか。それは交換（市場交換・贈与交換）によって形成された共同体の原理を侵犯し、その在り方を変容させるのである。例えば、ソクラテスの問いかけがそうであるように、交換に基づく共同体の道徳の解釈図式が崩れるのは、共同体の意味世界の外部からこうした過剰な「問いの一撃」が生起したときである。このとき過剰な「贈与の一撃」としての問いは、この出来事にたまたま遭遇してしまった者にとって、もはや生涯忘れることも逃れることもできない人生の中心課題となる。この贈与の一撃は、共同体の内部で安んじて交換に生きる人間から、その生の根拠を奪いとる（死を与える）ことで、その人間に恐れとともに生命の次元に触れる体験を与えるのである。

贈与という過剰な生の力が、一人の人間の姿をとるとき、そのような人物は「最初の先生」と呼ばれる。先に名をあげたツァラトゥストラとソクラテス、さらにイエスやブッダ、彼らは共同体の外部から到来し贈与する「最初の先生」である。[3] そして、彼らの最大にして最後の贈与とは、自己を差しだす「死」という贈与である。ソクラテスやイエスの死がそうであるように、彼らの死は供犠としての贈与であり、どのような等価物も見いだすことのできない法外な贈与である。したがってそのような贈与を受けた者は、その贈与にたいして返済することが不可能である。

弟子たちのなかには、一方で先生の死の贈与を完済不能な債務として捉え、その負い目から先生の教えを伝達する贈与＝犠牲のリレー者もいる。彼らは先生の言行を人々に語り伝え、それを文章に書き残し後生に伝えようとする。しかし他方で、その先生による死のレッスンを一切の見返りを求めない純粋贈与として生き、溢れ出る一切のものを惜しげもなく贈与する贈与者へと転回し、贈与のリレー者となる者も現れるのである。もっともこのような弟子の区分は、理念的なものにすぎず、実際には贈与が贈与と認知されるかぎり、弟子の負い目を完全に払拭することはできない。

このような贈与者としての「最初の先生」は、なにも古代に出現しただけではなく、私たちの世界に繰り返し登場し、私たちに贈与の謎と法外な力とを、そして同時にその危険性とを示してきた。文学作品はそのような先生の生身の姿を垣間見ることのできる優れたメディアである。夏目漱石の『こころ』（一九一四年）に登場する「先生」もまたこの「最初の先生」であり、その自死もまた供犠であり、それを語る「私」は贈与のリレー者へと転回するが、それでも完済不能な贈与にたいして負い目を抱く弟子でもある。「先生」の遺書から重要な箇所を引いておこう。

私は其時心のうちで、始めて貴方を尊敬した。あなたが無遠慮に私の腹の中から、或生きたものを捕まへやうといふ決心を見せたからです。私の心臓を立ち割つて、温かく流れる血潮を啜らうとしたからです。……中略……私は今自分で自分の心臓を破つて、其血をあなたの顔に浴せかけやうとしてゐるのです。私の鼓動が停つた時、あなたの胸に新らしい命が宿る事が出来るなら満足です。［夏目 1914: 158］

「私」は「先生」の死の贈与によって変容を遂げるが、「先生」の自死は謎を残し（それは死の贈与と等価となるような合理的な説明を見いだすことができないからだ）、その謎は「私」の人生の問いとして生きつづける。「私」は「先生」の語り部となって、私たちにこの贈与の出来事を語りはじめるのである。読者はこの物語がイエスの死という出来事と響きあっていることに気がつくことだろう。しかし、『こころ』という作品は、古代の「人類の教師」のようにディテールが抜け落ちた物語にはない生々しさをもって、共同体の原理を侵犯する力の過剰さを描きだすのである。

このような「最初の先生」の贈与と弟子の転回のダイナミズムを、つぎのように言い表すことができる。「最初の先生」とは、死＝エロス＝非‐知の（贈与の）体験のうちに生まれ、己の死＝エロス＝非‐知の体験を贈与とすることによって、弟子に死＝エロス＝非‐知の（贈与の）体験を伝える者のことである。つまり「最初の先生」とは、死の体験を贈与するイニシエーターであり、その意味で「最初の先生」とは「個人」を生みだすものである。そればかりか、その純粋贈与のレッスンを通して、自ら内奥へと果敢にダイブする「個人」の姿でもある。そしてその決死のダイブによって自身が死の体験にいたるのである［矢野 2008a: 281-282］。そして死の体験を贈与された弟子は、贈与＝犠牲のリレー者ではなく、贈与のリレー者となる。

死者への負い目と教育の駆動力

しかし、「贈与の一撃」が伝達を駆動するなら、それは共同体の法＝掟においても同様である。先にも述べたように、交換も最初から交換として存在するわけではない。交換という制度が駆動するためには、最初に贈与がなければならない。言いかえれば、共同体が共同体として成立するためには、贈与の一撃が不可欠なのである［浅田 1983］。しかし、共同体を生みだすこの贈与の一撃は、「最初の先生」による純粋贈与とは異なり、義務として見返り（返礼）を要請するものであった。すべての共同体の構成員は、この命、この土地、この掟を、「神」「神々」あるいは「祖先」といった共同体を創始した者によって贈られたのだから、この贈与者にたいして後の世代は感謝する義務を負うことになる。後の世代は先行する世代にたいして大きな負い目を抱えており、その負い目の刻印が後の世代の生き方を拘束するのである。最初の世代＝死者からの贈与によって、文字通り身体に刻みこまれた負い目の刻印から、この最初の贈与の物語は負い目とともに伝達され、終わることのないサイクルとなって動きつづけることになる。彼らは、贈与＝犠牲のリレー者として、儀式や儀礼を通して、負い目を駆動力にして、共同体の教えを後の世代へと伝達するのである。

ところで、この負い目による教育の在り方は、国民国家においても反復されている。「国民教育」の教師が教えるべき事柄は、なにより国民国家の「起源（贈与）の物語」であり「歴史（国史）」であり「国語」である。それが「独立」の物語であろうと、「革命」の物語であろうと、そのような国家の起源の物語が国家の正当性とともに教育の正当性を保証している点で共通している。国民国家のエージェントとしての教師の声は、教師個人から発するものとは異なり、国民国家を代理した声であり、ちょうど教会の聖職者の声がそうであったように、権威をもつものとして発せられるのである。そして、このような声によって、学校では民族全体の祖先の、維新の志士の、独立戦争の英雄の、建国の父の、革命の指導者の、そして無名戦士の墓に代表されるような犠牲となった無数の人々の「贈与の物語」と、その贈与への感謝（返礼）が繰り返し教えられる。そのような贈与者＝犠牲者への感謝の念を共通にもつことで、農業共同体のように人々はそれぞれが互いに直接に互酬的な交換をすることがなくても、またどれほどお互いの境遇が異なっていようとも、同じネーションの一員同胞として形成されていくのである［矢野 2007b］。

教師は不定型な子どもという在り方に「国民」という同一性（アイデンティティ）を与えるために、このような神聖な「贈与の物語」を語る。「祖先が連綿と伝えてきた」とされる「国語」を通して、「数々の危機に直面しながらも困難を乗り超えてきた不屈の民族・国民」といったような歴史＝物語を通して、そして過去の無数のテクスト群から国民国家の文化を形づくったとされる「古典（canon）」の選別とその伝達によって、さらにそれを共同的身体の記憶として刻みつけるさまざまな儀礼を通して、「想像の共同体」が誕生するのである。ネーションのような「想像の共同体」にとって、このような民族・国家の起源を語る「贈与の物語」が不可欠であり、国民国家はそのようにして国民の生のみならず死にも意味を与えることで、国民の生全体の管理を目指した。それというのも、そのような神聖な「贈与の物語」なしには、国民は「祖国」のために自らの命を捧げることなどはできず、戦争の遂行など不可能だからである［矢野 2007b］。

「贈与」を装う教育勅語

日本の場合を考えてみよう。戦前の天皇制教育において、「教育ニ関スル勅語（以下では「教育勅語」と略す）」（一八九〇年）が教育現場になぜあれほど大きな力をもちえたのか、その理由はただ法的・制度的な強制力だけを考えても十分ではない。それは、国民形成として個人を国家のうちへと統合する「政治技術」であるのみならず、個人が自分自身を「外的な制御の権力」に結びつける主体化の過程にあって用いる「自己の技術群」としても機能したからにほかならない［Agamben 1995=2003: 12］。それはどのようにしてなされたのか。

「教育勅語」は「教育基本法」のように法律としてではなく、「朕は汝等軍人の大元帥なるぞ」と告げる「軍人勅諭」（一八八二年、起草は西周だが、「教育勅語」と同様に井上毅の手が入っている）と同じく、直接に天皇が臣民にたいして下賜（贈与）するという形態をとった。「教育勅語」と「軍人勅諭」、この二つが同じ下賜の形態をとったのは、義務教育制（「学制」領布一八七二年）と徴兵制（「徴兵令」一八七三年）の両方が、ほぼ同時期にはじまったことと無関係ではない（前章のフランス革命の論述を参照）。さらに戦前において、国家による全学給付で学ぶことのできた中等高等教育機関が、教員を養成する師範学校・高等師範学校と職業軍人を養成する陸軍士官学校・海軍兵学校であったことも同様である。国民国家は、国家のために命を捧げる国民の形成なしには成立しえないものである。「軍人勅諭」が天皇から下賜されたために、統帥権の独立のみならず、陸軍においては自らの存在を超法規的存在として捉える捉え方があったことが知られている。同様に、この純粋贈与を真似た形態をとることによって、「教育勅語」もまた通常の法規を超えた法外な価値と力とをもちえたのである[4]。この両者が戦前とりわけ戦時期の国民形成を課題とする「国民道徳」の聖典（カノン）として大きな影響力をおよぼしたことを考えると、この下賜（贈与）の意味は大きいといえる。つぎに「教育勅語」の全文を引用しておこう。原文ではなく、牧野宇一郎の研究にしたがって、三つの段落に分け、句読点をつけて読みやすくしている［牧野 1969: 17–18］。

朕惟《おも》フニ、我カ皇祖皇宗、國ヲ肇《はじ》ムルコト宏遠ニ、徳ヲ樹《た》ツルコト深厚ナリ。我カ臣民、克ク忠ニ克ク孝ニ、億兆心ヲ一ニシテ、世世厥《そ》ノ美ヲ濟《な》セルハ、此レ我カ國體ノ精華ニシテ、教育ノ淵源、亦實ニ此ニ存ス。

爾《なんじ》臣民、父母ニ孝ニ、兄弟ニ友ニ、夫婦相和シ、朋友相信シ、恭儉《きょうけん》己レヲ持シ、博愛衆ニ及ホシ、學ヲ修メ業ヲ習ヒ、以テ智能ヲ啓發シ、徳器ヲ成就シ、進テ公益ヲ廣メ世務ヲ開キ、常ニ國憲ヲ重シ國法ニ遵《したが》ヒ、一旦緩急アレハ義勇公ニ奉シ、以テ天壌無窮ノ皇運ヲ扶翼スヘシ。是ノ如キハ、獨リ朕カ忠良ノ臣民タルノミナラス、又以テ爾祖先ノ遺風ヲ顯彰スルニ足ラン。
斯ノ道ハ、實ニ我カ皇祖皇宗ノ遺訓ニシテ、子孫臣民ノ倶《とも》ニ遵守スヘキ所、之ヲ古今ニ通シテ謬《あやま》ラス、之ヲ中外ニ施シテ悖《もと》ラス、
朕爾臣民ト倶ニ、拳々服膺《ふくよう》シテ、咸《みな》其徳ヲ一ニセンコトヲ庶幾《こいねが》フ。
明治二十三年十月三十日
御名御璽

今日ではなじみのない用語も多いので、少しだけ注釈を加えておくと、「恭儉己レヲ持シ」とは「みずからは慎み深く」、また「天壤無窮ノ皇運ヲ扶翼スヘシ」とは、「天地とともにきわまりない皇室ないし皇位の昌運をたすけねばならない」、「拳々服膺シテ」とは、「この道を大切に捧持し、身につけて実行し」の意味である［牧野 1969: 100-101］。明治期の公文書の文体である漢文訓読体で書かれたテクストは意外に短いものであるが、大人にとっても理解が容易な文章とはとてもいえない。しかし、短くて暗唱しやすいことによって、このテクストは大きな力を発揮した。「教育勅語」は、徳目としての忠孝の強調といった儒教的な思想内容が問題にされることが多いが、天皇から「臣民」への「贈与」という形態をとったということ自体から問い直される必要がある。つまり、これらのことを、贈与と交換に由来する死者への負い目を駆動力とした教育として捉え直すことが必要である。国家の起源に立つ「皇祖」、そしてその「皇祖皇宗ノ遺訓」とは、国家的儀式や祭式といった国民統合のためのさまざまな「儀礼的装置」［今村・今村 2007］とともに、「臣民」（「国民」ではない）にたいして、その存在全体において組織的に負い目を与える思想的装置なのである。そのなかで、忠孝の道徳的義務（没我献身）の強調は、実際の力をえることができたのである。

「教育勅語」は、日常生活ではまず使うことのない難解な漢語が連なるゴツゴツとした文章の意味内容を、理解することによってではなく、ただ声に出して自らに向けて日々復唱する訓練によって、また四大節（元日の四方拝・紀

元節・天長節・明治節）や勅語奉読式といったさまざまな儀式において、天皇・皇后の「御真影」が「奉掲」されるなか校長によって厳粛荘重に「奉読」されるという「儀礼的装置」を介することによって、身体化されていった。[5] もともと訓読体の文体は、漢文を素読するときのもので、頼山陽の『日本外史』にみられるように、朗誦しやすいように練られた文体であり［齋藤 2014］、子どもにとっても声に出して読みやすかった。国歌を合唱することがそうであるように、声に出すこと、唱和することが、個体を超えて身体間に共鳴や共振を引きおこし、貧富と階級の格差や性と年齢の違いといった、あらゆる差異を消し去り、連帯感や一体感を生みだしていく。このようにして臣民の共同的身体が生まれる。贈与された天皇の聖なる言葉が生みだす厳かな異音の響きとリズムとを、そのまま身体のうちに溶けこませ、自己へと刻みこみ、ともに声に出す臣民的身体の集合態となる。

2　国民教育の駆動力としての戦争犠牲者への負い目

「祖国のために死ぬ」ということ

国民国家において負い目によって駆動される教育が際だつのは、戦争犠牲者への負い目においてである。日本はこの七〇年間、朝鮮戦争や湾岸戦争など実際にはさまざまな戦争に加担しているにもかかわらず、直接には交戦したことがなかったため、教育と戦争との関係についての教育哲学・教育思想史研究者の関心は貧困なままにとどまっている。しかし、教育と戦争との関係は、たんに教育者・教育学者の戦争協力といった外的な関係にとどまるものではない。

先に述べたように、国民国家でもっとも重要な死者は、独立・革命といった建国に関わる贈与者＝犠牲者と、祖国の存亡に関わる戦争で倒れた贈与者＝犠牲者（英霊）である。とりわけ戦争の贈与者＝犠牲者は重要な意味をもつ。

このことはどのような政体の国家にとっても、無名戦士の墓がどれほど重要な位置を占めているのか、あるいは日本でいえば靖国神社の問題がなぜあれほどの大問題になるかということからも知ることができる。

贈与と交換の教育人間学という観点から、教育と戦争との内在的関係を考えてみよう。こうした教育と戦争との内在的な関係の一つは、戦争を契機とする民族主義の自覚あるいは国民国家の自覚と教育との関係である。この例として、前章ですでに私たちはナポレオン戦争におけるフィヒテの「祖国愛」についての例を見た。それにしてもなぜ「祖国愛」なのか。戦争の局面においては、教育は「祖国愛」の教化によって国家のなかで戦争と結合されていく。それは「国家のために死ぬ」という犠牲（贈与）を国民に強いることになる。しかし、いま「強いる」という言葉を使用したが、事態はそれほど単純なものではなく、フランス革命の義勇軍がそうであったように多くの青年は自ら進んで戦地へ赴いていったのである。それは「国家のために死ぬ」という大儀が青年に受容されたためである。

歴史学者のカントロヴィッチは、この「祖国のために死ぬ」という観念の歴史を明らかにしている。「祖国は私にとり、私の命より貴い」というキケローの言葉が残されているように、古代ギリシア・ローマでは国家のために死ぬことは尊敬されるべきことであったが、キリスト教はそのような観念を否定した。しかしながら、もともとキリスト教においてキリストの身体そのものを示していた「神秘体」という観念が、やがて教会を象徴的に意味するようになり、それが転じて一三世紀あたりには法的人格としての国家にもあてはめられるようになった。さらにアリストテレスの共同体を「道徳的政治体」と捉える捉え方が、教会の用語である「神秘体」と結びつけられるようになった。こうして「ひとたび『神秘体』が、人民の『道徳的政治体』と同一視され、国家や『祖国』と同義になると、『祖国のために』、すなわち法人的な神秘体のための死は、以前の高貴さを回復するのである。祖国のための死はいまや、真に宗教的な観点からみられている。つまりそれは、教会の『神秘体』と同じように現実性をもつ国家の『神秘体』のための犠牲として現れるのである。それは、まさに古代ギリシア・ローマではっきり見てとれるが、初期中世には事実上存在しなかった、世俗国家についての倫理的価値や道徳的感情の回復を意味している」[Kantorowicz 1951=1993: 21-22]。十字軍の戦士の死のように「天上の超越的な共同体のための自己犠牲」は、国民国家を防衛するための兵士の死のような「地上の形而上学的な共同体のための自己犠牲」へとつなげられ、祖国のために死んだ兵士たちも英霊として神聖化されていくのである。そして儀礼や儀式を通して、広くそして世代を越えて伝達されていくのである。

イエスの犠牲、それにつづくさまざまな宗教的犠牲から派生し、世俗国家は国民国家として新たな聖性を獲得し、さらにその国家への犠牲もまた聖性を帯びるにいたる。先に述べたフランス革命以後に登場した市民からなる「義勇軍」は、フランスにおいてはもちろん、またフランスに敗北したドイツにおいても、王家のためにではなく「祖国」のために身を犠牲にしよう（贈与しよう）とした人々からなっていた。彼らにとって祖国のために死ぬことは、聖なるもののために死ぬことと同義であった。義勇軍においては、戦争がもたらすものとして道徳的な徳目がつねに掲げられていたことに注意しておく必要がある。戦争は人を真に道徳的存在へと高めるのである！

「国家のために死ぬ」ということ

ふたたび日本での例をとりあげてみよう。戦時期の田邊元の講演である。田邊の「種の論理」にも死による復活の原理が語られている。ここでは表現が平明な「歴史的現実」（一九四〇年）から引いておこう。これは京都帝国大学学生課主催の日本文化講義において前後六回なされた講演の記録である。

> ところで我々が死に対して自由になる即ち永遠に触れる事によつて生死を超越するといふのはどういふ事かといふと、それは自己が自ら進んで人間は死に於て生きるのであるといふ事を真実として体認し、自らの意志を以て死に於ける生を遂行する事に外ならない。その事は決して死なない事ではなく、却て死を媒介にして生きることにより生死の対立を超え、生死に拘らない立場

に立つといふ事である。具体的にいへば歴史に於て個人が国家を通して人類的な立場に永遠なるものを建設すべく身を捧げる事が生死を越える事である。自ら進んで自由に死ぬ事によつて死を超越する事の外に、死を越える道は考へられない。[田邊 1964 (1940): 168]

この文章の少し前に以下のような文章があるところから、ここで述べられていることの意味はより明らかなものといえるだろう。

日本の国家は単に種族的な統一ではない。そこには個人が自発性を以て閉鎖的・種族的な統一を開放的・人類的な立場へ高める原理を御体現あそばされる天皇があらせられ、臣民は天皇を翼賛し奉る事によつてそれを実際に実現してゐる。[田邊 1964 (1940): 166]

このほかにも田邊には、一九四三年に京都帝国大学で学生に向けて語られた講演「死生」が残されており、そのなかでも国家との関係で死の問題が平明に語られている。ハイデガーの人間自覚存在の立場からの死の覚悟を生きる在り方を、生の立場から死を観念的に捉えたものであるとして批判し、それにたいして、「自分を向ふへ投げ出して死を脱却する」という「決死」の在り方こそが実践的であるとし[田邊 1964 (1943): 257]、その具体的な在り方として国家に身を捧げることを主張する。田邊は一方で国家に身を捧げることを論じながらも、「国が真に個人を生かし、真に正義を発現するやうな傾向を促進することが我々に要求されている」[田邊 1964 (1943): 261] として、現在の国家が正義から離れている場合の可能性を示唆しており、田邊が現状の国家をそのままで肯定しているわけではないところにも注意を払う必要があるだろう。しかし、「歴史に於て個人が国家を通して人類的な立場に永遠なるものを建設すべく身を捧げる事」というのは、表現こそ異なるが、先に見た西欧の原理と共通しているといえるだろう。戦争への参加は、きわめて道徳的な用語を通して語られ、こうしたレトリックによって青年を動員していくのである。

「敗戦」の体験と「戦後教育学」という問題

前章でも詳しく述べたように、教育思想の発展は戦争と不可分の関係にある。フィヒテにみられるように、とくに国民国家成立以降の「敗戦」の体験は、いつも敗北したそれぞれの国の「戦後」教育に大きな影響を与えてきた[Schivelbusch 2003=2007]。新たな教育思想とはいつも「戦後の思想」=「それからの思想」ということができる。日本の第二次世界大戦の「敗戦」においても同様である。しかもこの戦争は日本人がはじめて経験した総力戦であったことから、敗戦の経験はこれまでにない全国民的な経験となった。このように教育と戦争との内在的関係を捉え直すとき、私たちにとって「戦後教育学」をどのように評価するべきなのか、またその問題点をどのように捉えるべきなのかが明らかになってくる。

日本の「戦後教育学」は、戦争犠牲者への負い目によって駆動されていた。したがって「戦後教育学」が継続していくためには、その負い目を伝達力とするだけでなく、つぎの世代にもその負い目を反復して生みだしていく必要があった。しかし、死者への負い目の継承=反復の強調は同時に民族主義的な教育論へと回帰するための駆動力でもあった。現在が「戦後」であるとともに可能性としての「戦前」であることに思いいたるなら、こうした死者への負い目ではない教育の駆動力を求めることこそが問われなければならない。

そこで、私たちはふたたび贈与へと立ちもどることになる。贈与は他者との新たな次元の関わりを明らかにするものである。贈与とは、共同体内部の共約可能な同質性をもとにした仲間同士の道徳ではなく、共約できない異質性を前提とする共同体外部の他者との倫理に関わる出来事である。それというのも、仲間うちでの贈与交換とは異なり、贈与とはなにより仲間ではない他者に向けられるものであるからだ。そして贈与とは他者への差別と排除を乗り超える可能性に関わる出来事でもある。したがって、教育の駆動力を、共同体の交換に回収される死者＝犠牲者への負い目ではなく、他者への絶対的な開けともいうべき贈与から論じることは、ナショナリズムを超える可能性を開くためにに不可欠なのである。

古代・中世の教師たちは、多くの場合、贈与＝犠牲のリレー者ではあったが、他方で「最初の先生」を自らのモデルとして捉えてもいた。そのため、このような哲学者・聖職者・僧侶・儒者・修行者たちのなかから、贈与のリレー者が出現したりもした。近代の学校教師も、国民国家のエージェントであるとともに、本人が意識するとせざるとにかかわらず、この「最初の先生」の受贈者の一人でもあるのだ。このことが教師という在り方を、たんなる国民国家のエージェントとしての役割に囲いこむことのできない陰影に富んだ存在にしてきたのである。このように一方で死者への負い目による共同体の教育の駆動力を明らかにし、美しい自己犠牲といった「贈与の物語」を批判し、他方で教育の系譜学のなかで「最初の先生」による贈与という出来事を描きだすことで（それは不可能性の可能性ともいうべき困難な語りではあるが）、教育と呼ばれてきたものの在り方は多次元的なものとなる。

3 国民教育学としての教育関係論と関係を侵犯する贈与

それにしてもなぜカイヨワの『戦争論』（一九六三年）の第二部の表題が「戦争の眩暈」なのか。「戦争は、聖なるものの基本的性格を、高度に備えたものである」［Caillois 1963=1974: 155］とカイヨワはいう。戦争は祭りと同様に恍惚と法悦をもたらす聖なる体験なのである。そのとき日常生活を象ってきた現実意識は裂けてしまい、眩暈に見舞われるのである。[6] 戦争の体験はこれだけではない。同時に、レヴィナスの名をあげるまでもなく、贈与の思想は他者論とともに戦争体験と深く結びついてもいる。贈与の思想は、戦争によって顕わとなった無慈悲な暴力のなかで、それでもなお他者とどのように向きあうことができるのかという反省として培われてきたものでもある。このように戦争は人間中心主義・ロゴス中心主義あるいは啓蒙といった近代の「大きな物語」を根底から問い直し、「人間」なるものを呑みこむ「外部」への自覚を深める体験でもあった。ここに「贈与と交換の教育学」が出会う戦争論の新たな問題圏が存在するのである。

しかし、戦後教育学は、戦前・戦中に日本の教育思想にも孕まれていた「外部」と触れる思想を、国民の犠牲を強いる「贈与の物語」とともに封印してしまい、人間中心主義・合理主義・民主主義の戦後思想と結び、「平和と教育」は論じても肝心の戦争体験（外部）と思想的に向かいあうことをしてこなかった。[7] この贈与という出来事は、「外部」を排除し交換を基調とする戦後教育学にたいして、根本的な転回を要請するものである。このことは、教育理論のすべての領域と無関係ではありえないが、従来の教育理論の変更をもたらす領域の一つに教育関係論がある。

「贈与」や「歓待」のような新たな思想が現れると、教育学は精力的にそれらをこれまでの既存の教育的‐教育学的マトリクスにとり入れようとしてきた。しかしながら、これまでの議論から推測されるように、贈与の思想を教育関係論のうちに組みこむことはできない。交換のように反復され制度化されたものとは異なり、贈与は一回的な比類のない出来事である。この出来事としての贈与は、関係の一形態ということができるのだろうか。たしかに交換は関係の一形態ということができる（あるいは関係とは相互にルールを共有した行為の交換のことである）。交換においては、与える者と受けとる者が同時に生起し、そののちに両者の役割関係が逆転する。このように関係とは、お互いが相互に遣りとりする行為によって作られるものである。つまり関係とは二者・二項の分割と統一という働きによって成立している。しかし、贈与は、何者かが主体として何者か客体に何事かをなすことではない。それというのも、純粋贈与とは、そのもっとも厳密な定義が示すように、贈与が生起した刹那に、誰が誰に何をなしたのかを忘却することである［Derrida 1989a=1989: 110］。それでなければ、純粋贈与は即座に返礼を求める交換へと変質してしまうのである。言いかえれば、純粋贈与は主体による関係と見なす行為などではなく、体験として生起する語ることのできない出来事なのである。こうであるならば、純粋贈与を関係と見なすことはできないだろう。

むしろ純粋贈与が生起するところでは、関係を侵犯するような過剰な脱自・陶酔の体験が生ずる。それはブーバーがいうような「我 - それ」関係が「我 - 汝」関係へと変わることではない。この出来事が生起する瞬間とは、従来の交換による関係が関係であることをやめてしまう事態である。なぜ贈与が生起するのかその理由を先行する行為に求めることができない。つまり関係をもとにした行為ではないのだ。したがって、贈与は日常的な有用性の原理に支えられている交換を基調とする関係を破壊してしまう。純粋贈与者の先生である「ツァラトゥストラ」や「ソクラテス」と出会うとは、そのような底抜けの法外な出来事である。

いずれにしても、関係は、関係を超えた出来事との関係において、これまでにない新たな関係となる。なによりも、この「出来事」と「関係」とを峻別することが重要である。「他者」は、相対的に自分とは異なる意思をもち、相対的に意思の疎通が困難な「他人」などではなく、言語ゲームを共有しない、つまり交換をしない何者かである。そうした他者とははじめから「関係」を前提にして関わることなどできない。それは見知らぬ者（余所者・異邦人）との関係ではなく、関係の手がかりそのものが欠けていることを意味する。無条件に他者を迎え入れる「歓待（hospitality）」が、贈与の体験として主客の区分自体を破壊してしまい、もはや主人（host）と客人（guest）という関係の経験ではないように、他者とは関係に回収することができないXである。

従来の教育関係論は、成熟した人間の成長しつつある人間への情熱的関係というヘルマン・ノールの古典的な定義がそうであるように［Nohl 1935=1987］、親子関係といったすでにある関係が成立しているなかでの「教育関係」という教育上の特殊性が議論されてきた。つまり教育関係論とは、共同体の内部に立つ理論である。そこでは、「子ども」

あるいは「被教育者」は十分な仲間ではないにしても、すでに同じ言語ゲームを共有しつつあるものと見なされているのである。教育関係論は、国民国家における国民教育という地平において成立する議論であり、他者を相対の他者へと回収することで、教育の不可解さや「教える‐学ぶ」の不思議さを隠蔽する議論でもある。教育関係論は、第一次世界大戦に従軍しフィヒテ的意識に目覚めたノールが、民族の再建という課題を実践するための原理として構築したものである。

教育における贈与‐他者論は、あらためて教育関係論のイデオロギー性を批判的に明示化することになるだろう。レヴィナスやデリダといった思想家の贈与‐他者論を教育学に応用し、教育関係論のなかに組みこもうとするさまざまな教育学的な試みは、根本的な錯誤に基づいているのではないだろうか。絶対的な倫理を問い質す思想は、相対の道徳を問う思想（共同体の道徳）に回収することはできないし、またそのようなことがなされてはならない。むしろその絶対性に立った教育思想の不可能性の可能性をこそ考究すべきなのだ。それでは純粋贈与の出来事に立つ本章はどうなのだろうか。当然これまでの教育的‐教育学的マトリクスに安住するのではすまないだろう。純粋贈与に出会った教育（人間）学は、その不可能性（外部）に触れつつ臨界点にまで連れだされ、「限界への教育学」へと転回するのである。

4　純粋贈与による「限界への教育学」への転回

次章で詳しく述べることになるが、学問も交換の原理に支配されている。戦後さまざまな教育論争が繰りひろげられてきたが、「論争」という思想の交換が成立するためには、ちょうど異質なモノ同士を「商品」という交換可能なものに変換することのできる市場が存在しなければならないように、共通の尺度によって思想間の共約可能性を生みだす場がなければならない。当然、教育学もそうであって、思想の間に共通の尺度によって共約可能性を生みだす場としての「教育的 - 教育学的マトリクス」が不可欠なのである（コミュニケーションと同様、ここでも交換の原理が支配している）。

私たちの教育についての思考形式や実践形式を枠づけて規制し方向づけ、その枠を逸脱したときにはもはや教育的思考や教育実践とは見なされず、しかしそれでいて、その規制をもたらす規則を明示的に捉えることのできない、ゲームの場としての教育的 - 教育学的マトリクス。そして、それはこれまで述べてきたように、意識しようとしまいと有用性の原理にしたがう交換に基礎づけられ、国民国家を前提とした国民教育学のうちにある。そして、この支配的に君臨する教育的 - 教育学的マトリクスの存在が、私たちが自明のごとく語りあうことのできる「教育」という「現実」を構成してきたのである。

これまでこの教育的 - 教育学的マトリクスは比較的堅固なものであった。マルクス、ニーチェ、フロイトと、これら近代批判の思想家の思想は（近年ではバタイユやレヴィナスやデリダの思想がそれにあたるのだが）、本来なら近代の産物としての教育という教育的 - 教育学的マトリクス自体を破壊しかねないものであったにもかかわらず、新教育運動や改革教育学の思想や実践として、この教育の幅に縮減され「教育思想」としてとりこまれてきた。そのため彼らの思想は、教育という教育的 - 教育学的マトリクスを変更しないどころか、従来の教育思想では見落とされていた教育の新たな側面を照らしだし教育思想研究を活性化する思想的ツールとして、機能してきたのである。そして、反対にこの教育的 - 教育学的マトリクスを無視したテクスト解釈は、哲学・思想の研究にすぎず、教育学者は教育の原理と現実を知らない者の研究として評価しない［矢野 2003c］。

「教育とは何か」という教育哲学の最初にして最終の問いは、一見すると一切の自明性を疑う根源的な問いかけの装いをとりながらも、実際には多くの場合において、教育的 - 教育学的マトリクス上で発せられた安全な問いかけであり、拠って立つ教育という地平自体へと差し向けられることはなかった。そこでは教育的‐教育学的マトリクス上に描かれる構図の出来映えが問われたにすぎない。しかしながら、教育的‐教育学的マトリクスの特質とその限界は、教育という世界の区切り方が外部と接触するときに顕わとなる。教育という教育的‐教育学的マトリクスの全能性を脅かすのは、言語ゲームを共有しない子どもという他者であり、共同体内部でなされる交換による教育を贈与としての教えによって破壊する「ソクラテス」のような共同体の外部から到来する「最初の先生」であり、法外な純粋贈与や歓待である。ここにも「贈与の一撃」が生起する。

もう少し詳しく述べよう。これまで「発達としての教育」が、「教育」という名の教育的‐教育学的マトリクスの特徴的な図柄を構成してきた。社会から教育を考えれば、当然その共同体に有用な能力を発達させることが教育の中心課題となるのは当然である。役に立つことが基本で、善も美もこの有用性の原理のうちに回収されていく。こうした発達を促すのは、手段を駆使して企図した目的を実現する経験であり、経験は労働に顕著にみられるように、相互作用を通してそれまで未知であった世界を自己のうちにとりこみ、自己の同一性（アイデンティティ）を失うことなくどこまでも拡大していくプロセスである。人は経験によって発達し成長していく。

ところが、供犠・聖なるもの・戦争・死・他者・歓待そして贈与、これらは経験の限界点にあり、自己と世界との境界線が溶解してしまう脱自・陶酔の「溶解体験」「非‐知の体験」であり、経験として回収できないものである。このような異質で多様な体験は、有用性の原理を超えて生命の全体性に触れる体験ではあるが、能力を高めるわけでもなく、能力の育成といった有用性の観点からみれば無価値・無意味な経験といえるだろう。そしてこの体験は、これまで論じてきたように、自己と世界との境界線がなくなるため、体験を対象として距離をとることができず、言葉によって描きだすこと自体が困難なものである。体験とは語りえぬものなのである。

この体験に基づく教育の次元を、私は「生成としての教育」と呼んでいる。「生成としての教育」の次元に着目すれば、生成変容はこのような脱自・陶酔の体験と深く関わっていることがわかる。それはなにも美的体験や宗教的体験のような特別な場合だけではない。例えば、遊びの体験がそうである。「発達としての教育」の観点に立つかぎり、遊びは発達の手段として見なされ、能力の育成という結果からしか評価されないが（このような捉え方をすることが「教育」という名の教育的－教育学的マトリクスの規制力なのである）、「生成としての教育」からみれば、遊びは経験に回収できない溶解の体験であり、概念的用語によってはテクスト化されない脱自・陶酔の体験である。労働のように有用性に基づく世界との関わりは、モノや人やあるいは自分さえも目的－手段関係において評価するようになるので、世界とは断片的で部分的な関わりしかもつことができない。それにたいして、遊びは、本来であれば有用なことに費やすはずの貴重な時間やエネルギーを惜しげもなく蕩尽することだが、無価値・無意味であることによって、遊びは有用性に基づく世界との関わり方を破壊してしまい、世界との十全なつながりをとりもどすことになる［矢野 2000］。

このように、教育を「生成としての教育」と「発達としての教育」という同一平面で捉えることのできない異質な二つの次元の複雑に交錯するダイナミズムとして考えてみる。そうすると、「教育」という名の教育的－教育学的マトリクスは、もはや回収しきれない異質性を抱えこみ、どこまでも完結することがない運動態となる。「生成としての教育」の次元をも生きる語り手は、物語としての対象化が不可能な体験の描写不可能性に直面しつつ、なおかつ「教育の物語」を教育的－教育学的マトリクスに描くが、いたるところに語ることのできない外部の穴が穿たれた物語が仕上がることはけっしてない。つまり贈与のような過剰な出来事と出会う教育学は、交換を基調とする学問の臨界点に連れだされ、ついには「限界への教育学」へ転回せざるをえないのである。

これが「贈与と交換の教育学」から捉えた問題圏の諸相である。[8] 純粋贈与とは、言葉によって語ることとの不可能性の可能性に関わるものである。それにもかかわらず、文学とは出来事を言葉によって語ろうとする賭であり、文学作品とは言葉によって出来事を生起させるメディアである。贈与を論じた拙著『贈与と交換の教育学』では、純粋贈与という語ることの不可能な可能性に向かうために、一義的な概念的用語によって記述することや定義することを避け、夏目漱石や宮澤賢治の文学作品にしたがいつつ、出来事としての力の出現を実現しようとする語りの繊細さを最大限に考慮し、限界に触れる教育学の語りとはどのようなことであるのかを示そうとした。しかし、本章は贈与をダイレクトに概念のごとく語ることで、「出来事としての贈与」を裏切りかねないものである。その意味では、本章は『贈与と交換の教育学』の註の一つにすぎないのである。しかし、この註はもう少し深められる必要がある。次章では、この語りの問題を論じることで、「限界への教育学」がどのような運動なのかを明らかにする。

第3章――「限界への教育学」という運動
語ることの不可能性と可能性

1 「限界への教育学」の学的性格

教育学は、学問として自己を象る過程において、非 - 知の体験ともいうべき言葉によって言い表すことの困難な過剰な出来事を、非教育的または反教育的なるものとして排除した。あるいは、その出来事の力を縮減することで、教育の物語に回収することによって、自己の学的な枠組みを強固にしてきた。私は『贈与と交換の教育学』において、そのような排除され、あるいは教育の物語に回収されてきた、純粋贈与を中心として死・蕩尽・供犠・歓待・遊戯・エロティシズムといった生成に関わる出来事が、どのように生成変容を生起させるのか、教育人間学として探究しようとした。そして、こうした過剰な出来事と関わる教育人間学を、「限界への教育学」と名づけた。

そこでは、「限界への教育学」と既存の教育学とを対比するために、贈与／交換、蕩尽／生産、倫理／道徳、体験／経験、遊び／労働、生成／発達、といったように、抽象の水準が異なるさまざまな二項図式が提示されている。一見すると、このような図式は、構造主義でなじみの深い二項対立図式として理解されるかもしれない。しかし、この二項のうちの前項と後項との対立は、同次元、同平面上での対称的な対立などではなく、次元の異なるもの同士の非対称な対立である。より正確には、両者の関係は対立関係などではなく、二項のうちの前項は出来事であり体験であり、贈与が交換の環を侵犯するように、どこまでも異質なものとして後項を侵犯する関係なのである。

しかし、この一連の二項関係の前項は、いずれも人間が深く生きるうえで不可欠な出来事であるにもかかわらず、近代以降の共同体の生活においては、有用性の観点から「労働」や「生産」や「交換」に代表される後者の項の補助的あるいは補完的な事象として評価され位置づけられてきた。また学問研究においても、同様に後項こそがメインテーマであり、それにたいして前項は後項の研究において補完的な位置を占めてきたにすぎない。それは近代の学問＝科学と呼ばれてきた実践自体が、後項の原理で構築されてきたからでもある。「限界への教育学」を語るためには、このような近代の学問の地平から、あらためてその異質性を提示し直す必要がある。

本章では、「限界への教育学」の学的性格を明らかにしたい。そのために、まず日常を侵犯する過剰な出来事と対比して、思考の経済学に立つ近代の学問の性格を明らかにし、そのうえで、そのような過剰な出来事を、教育学という学問のなかで、どのように語ることができるのか、その語りの不可能性と可能性とを明らかにし、最後に、過剰な出来事を語ろうとすることで、教育人間学が「限界への教育学」へと生成変容せざるをえない、その理由を示したい。

2　交換と生産を基調とする学問

近代の学問を前進させてきた合理的な思考とは、労働を典型とする「経験」を組織的に方法化したものである。合理的な思考は、企図の観念によって有用なものを生みだすということでは、労働の一形態にほかならず、また最小の努力で最大の成果を求めるという経済（市場交換）の原理にしたがっている点でも、労働と同じである。この思考の特徴は、出来事の一回性にたいして同一性の構造を与え、個々の出来事のもたらす雑多で過剰な知覚の差異の渦に呑みこまれることなく、世界の安定した永続的性格を維持するために役立ってきた。その意味で思考は、貧弱な本能しかもたない人間にたいして、個別の状況に対応することからの負担を免除する機能をもっているといえる。

この思考における経済的節約の性格は、思考が規則性と対称性とリズムに執着する体系的傾向をとることにおいても明らかである［Jankélévitch 1994=1996: 145-192］。そして、学問研究とは、この合理的な思考が厳密な規則によってより体系化され組織化されたものである。学問研究が、シンメトリー（均衡）の枠に制限され、本来的に交換の原理に限定されているのは当然といえよう。また、理論は説明対象のデータよりも単純でなければならないのも当然である。この理由からも、体系的思考としての学問研究が、二項のうち後項の「交換」「生産」「労働」などを主な研究対象とするだけでなく、それらのより有効な発展を担うものとして、自身を発展させてきたのは、当然のことといってよい。

例えば、「還元」という思考の形式は、複雑で多様にみえる事象や出来事を、「AはBにほかならない」というより単純な事象や要素の組みあわせの命題へと捉え直すことなのだが、それは多様な使用価値を有する品々を一律に商品と見なし、それらの間に共約可能性を作りだす貨幣価値に置きかえることと同様、多様な事象間を共約する普遍的な基本単位を求めるという点において、それ自体経済的な思考法ということができる。もともと学問研究における説明「AとはBのことである」とは、「Aの原因あるいは結果はBである」という因果関係、あるいは「Aの目的はBである」という合目的関係を見いだし、均衡の原則にしたがって事象の原因や理由の言語的等価物を見いだすことであるから、その意味では学問研究自体がどこまでも交換の原則にしたがった行為なのである。また因果関係とならんで重要な思考の形式の一つ「AとBは相関する」も、事象Aと事象Bとの間の相関関係を言い表すもので還元的思考とは異なるが、この思考の形式も二つの事象の間に共約可能性を見いだすことであり、「AとはBのことである」の形態の一つである［作田・井上 1986］。したがって、人間諸科学ではなじみ深いこの思考の形式も、経済的思考の一形態ということができる。

さらに学問研究の成果は、流通可能な一義的な概念的言語でもって新たな意味が生産され、学問共同体において交換されまた知識として蓄積される。学問自体もその意味で「生産」と「交換」に基づく社会的制度の一つである。そのため、共約不可能なしかも概念的用語による世界の区切り方を揺さぶる詩的言語は、学問共同体にとっては研究対象となることはあっても、それ自体が交換価値をもつことがなく、学問共同体における交換の環から排除されることになる。

したがって、後項の事象にとって異質であり、そのため共約不可能である前項の「贈与」や「蕩尽」といった出来事は、学問研究においては後項を記述するための用語群「交換」や「生産」でもって暴力的に翻訳されることになる。このようにいったん後項の用語群に翻訳された後に二項対立図式へと組みかえられ、さらに後項の脇役的で補完的な対立項として位置づけられ、後項がより高次な様式へと進化するための契機という名のもとに馴致され、最終的に後項のうちに回収されるのである。つまり、学問研究では、共約不可能な他者性を共約可能で合理的な言語体系へと翻訳し理解し解釈することで、すべての他者性を自己の物語に回収する擬人法が支配してきたのである。

さらにまた、人間諸科学には、経済的原理が強調される理由がある。それというのも、近代に生起した人間諸科学は、ダーウィンの進化論による生物としての人間の発見によってはじまっただけでなく、成立以後も進化論から大きな思想的影響を受けてきたからである。その結果、長年にわたり機能主義的な「適応の原理」が、人間理解の中心的な解釈の枠組みになってきたのだが、この適応の原理では、人間のどのような行為も自己にとってなんらかの有用な結果を最大限にもたらそうと目指すものとして解釈されるのである。つまり、適応の原理では、生活体の環境との遣りとり「交互作用」は交換として理解されているのである。したがって、人間の諸活動のより基底的な原因を求めようとする思考法は、この生物学的な概念に還元するところで終了することになる。例えば、心理学で「適応」とは、環境との遣りとりにおける均衡であり調和的な交換である。この適応の原理に立つとき、贈与も結局のところ社会的適応の一形態であり、そこでは直接的な返礼がなくとも相手に負い目を与えたり、友好関係を築いたり、感謝を引きだしたり、あるいは自身の自尊感情を高めたりといったように、なんらかの利益を得ていると解されるのである。つまり、適応の原理にしたがうかぎり、純粋贈与など存在しないのである。

しかし、よく知られているように、ダーウィンの動物理解は、ダーウィンの生きていた時代のイギリス産業社会の社会観と人間観の影響を強く受けたものである。ダーウィンの進化論は、擬人法によってなされている。言葉をかえれば、人間の社会の理論を生物の世界にあてはめたものであった。したがって、その生物理論が翻って人間に適用されたときに、その生物理論が人間社会に適合するのは当然であった。このようにして、進化論は、当時の産業社会を支持するイデオロギーとして、大きな力を発揮してきたのである[1]。

3 発達を基調とする戦後教育学の問題点

贈与や体験や生成といった出来事をめぐる学問研究における状況は、教育学研究においてもまた同様である。戦後教育学は、「経験」「労働」「発達」「人間化」といった後者の項を中心にして理論的枠組みが作られてきた。教育の実践が生起しまた教育学が教育と教育ならざるものとを区別する教育的‐教育学的マトリクスは、教育学者による学問共同体と教師集団による共同体において流通するこのような概念的用語群によって、構築されてきたのである。そして、その共同体において、「体験」「遊び」「生成」「脱人間化」といった前項の出来事は、偶然の事象あるいは無意味な事象として無視されるか、反教育的な事象として否定し排除されるか、あるいは後項の用語群に翻訳され、制度を補完する二次的な事象として理解されてきた。

発達の論理は、この教育学研究における論理的構図をもっとも明快に示しているといえよう。発達の論理は、贈与や蕩尽や歓待や供犠といったユニークな一回性の出来事を、偶然の事象として排除するか、とるに足らない無意味な事象として無視するか、反教育的事象として位置づけるか、あるいはまた発達へと導く媒介項にまで切りつめて位置づけることでより高次の統合という物語に回収してきた。発達の論理にとって、弁証法はこのような法外な出来事をもシステムのうちに位置づけるための強力な論理装置であった。歴史学が弁証法によって贈与の最初の一撃を制度上の機能や効果として論じることで、その出来事自体を隠蔽し、その力を歴史法則という「大きな物語」に回収してきたのと同じように、教育学は弁証法によって人生に生起するさまざまな法外な出来事を、現在の自分へと成長・発達するための契機として捉え直すことで、連続した成長の物語・発達という物語を語ることができたのである。

戦後教育学を構成してきた「経験」や「発達」といった中心的概念は、「経験と体験」あるいは「発達と生成」といった両項の差異を区別することなく、前項の「体験」や「生成」を無造作に後項にとりこんできた。「発達」という用語は、「発達」と「生成」との差異、「経験」と「体験」との差異、そして「交換」と「贈与」との差異といったあらゆる次元の差異を呑みこんでしまうマジックワードとなっている。例えば、戦後教育学の代表者の一人堀尾輝久が社会的文化的諸事象を「発達と教育の相」において捉えようというとき、それは子どものすべての生成変容の出来事にもおよんでしまい、そのため前項と後項は同じ平面上に位置づく程度の差異の問題として捉えられてしまうのである［堀尾 1991］。

そのような教育的 - 教育学的マトリクスにおいて贈与の重要性を論じると、自動的にその対概念である交換の重要度が下げられたと理解されるようになる。このマトリクス上では、いつもどちらがより重要かという問いとなる。また同じ理由から、戦後教育学の論者からみれば、『贈与と交換の教育学』で戦後教育学について論じたことには、議論の正確さと公平さを欠いていると感じられるのである。戦後教育学の論者は、「体験」も「生成」もそして「贈与」も、すでに発達の思想のなかに入っているのだと主張する。しかし、そのように異質なものが区別されることなく、一方のうちにとりこまれていること自体が問題なのである。

両者の次元の差異を区別することなく、同じ概念のもとに混在させてきたため、教育の理論もそして現場も混乱してきた。例えば、教育学において「遊び」は「発達」と結びつけられ全面的に教育的意義に回収されるために、遊びは教育のための手段となってしまう。教育研究者の問いは、「遊びの教育的意義とは何か」という問いかけの形式となり、その答え方は、当然のごとく、遊びが結果としてもたらす発達的側面の実証的な検証から導かれるものとなる。またそれに呼応するかのように、現場の保育者の問いは、「いかに発達とつながる遊びを作っていくか」という問いの形式となり、保育者は子どもの遊びと発達との関係を、あたかもインプットとアウトプットの関係であるかのように直線的に捉えるようになる。そのとき、外部にいかなる目的ももたないエネルギーの蕩尽という遊びの中心的性格が見失われるばかりか、同時に、子どもの遊びの伸びやかさや、善悪を超えた法外な力も、弱められることになる。

「遊びの教育的意義とは何か」と問い、さらには「動物を飼うことの教育的意義とは何か」と問い、……といったように、教育学的思考に駆動された問いは果てしなく増殖し、子どもの生活のすべての事象や、出来事を教育的観点から細部にわたり吟味することになる。その結果、生成と発達、経験と体験との繊細なしかし重大な差異は無視され、すべての出来事が、教育のための手段として捉えられることになる。例えば、「動物を飼うことの教育的意義」の場合も、課題の設定がこのような問い方であるかぎり、答えは「遊び」についての問いに対する答えと同じ構造をもつことになる。動物を飼うことで、子どもの豊かな感性を育み、生き物の世話をするということで子どもの責任感や自尊心や自制心を高め、そして動物の死は子どもにとって死の準備教育となると……。しかし、ここには他者としての動物という視点が最初から欠落しているために、動物は教育のためのたんなる手段になる。

発達の事象を語るさいのおきまりの述語群、「認識力を高める」「責任感を深める」「感受性を育む」「社会性を育てる」等々が、それぞれの言葉の意味することがあたかも自明であるかのように、あらかじめパッケージ化されて理論の貯蔵庫にストックされており、どのような事象や出来事に出会おうとも、「〇〇の教育的意義とは何か」と問うかぎり、その貯蔵庫から適当にとりだすことで、オートマティック（経済的《エコノミック》）に「教育学的」な解答を作りだすことができる。こうして動物の死も、場合によっては人の死さえも、「命の大切さ」を教えるために教育によって手段化され、発達を語る用語群のうちに回収されるのである。

「遊ぶこと」「動物を飼うこと」……といった主題が正しく問われるためには、まずこの生成と発達、体験と経験、贈与と交換といった二項の次元の差異を探りつつ、その関係をあらためて捉え直すことが求められているのである。このような二項を二項対立的に捉え、その関係を逆転することではなく、この両者の次元の差異を明らかにして、二項の関係を正しく理解することである。そもそもどちらがより重要かといった問いは、その問い自体が最初から両者を共約可能なものとして同じ平面に位置づけて捉えてしまっている点で不適切な問いでもある。この両項がどのように関係づけられなければならないのか、この両項の次元の差異をできうるかぎり正しく明らかにすることの必要性を論じてきたのである。しかし、それだけでは十分ではない。すなわち従来の学問的方法においては語りえない前項の出来事、「贈与」「供犠」「蕩尽」などにおける生成変容を、言葉によって語る不可能性と可能性とを明らかにしなければならない。このことについて『贈与と交換の教育学』では、「限界への教育学」という運動によって方向づけられる「生成する物語」として論じたが、ここで「生成する物語」が従来の教育学にたいしてどのような位置にあるかを、物語論を手がかりにあらためて定位しよう。

4　物語論からみた近代教育学の語りの地平

物語としての「成長」あるいは「発達」

歴史学は、近代において神学から抜けでて、自然観察をするように歴史的事象を史料に基づき論証する実証科学となった。リアリズム史学では、確実に生起した過去の事件を、主観的要素をできうるかぎり排除して、史料に基づいて客観的に正確に書き記すことを目標としている。そのとき歴史的史料という変わることのないたしかな証拠が、唯一の手がかりとなる。ここでは禁欲的な実証主義の態度、つまりなにもつけたすことなく、またなにも引くことのない学者の態度が要請される。しかし、そのようなことが本当に可能なのだろうか。歴史の解釈がしばしば論争的となるのは、事件がそれをとりあげ叙述する歴史の語り手の言語行為に依拠しているからではないだろうか。

分析哲学者のアーサー・C・ダントは、『物語としての歴史』（一九六五年）において、分析哲学的な手法でもって歴史学について考察し、解釈学者と同様の結論に到達した。すなわち歴史とは物語られたものであると。ダントは、過去に生起したあらゆる事件を、細大漏らさずすべてにわたり記述するという理想的年代記の作者を仮定してみせる。そして、彼の仕事をもって歴史学という学問が実現できるかを問うている。答えは否である。歴史学はすべての事件をとり扱うわけではなく、あるパースペクティブにしたがって事件を選択しなければならない。さらに単一の事件の記述だけでは歴史学にはならず、複数の事件を選択し、さらに選択した事件同士を結び合わせる必要がある。このときはじめて歴史叙述が成立するというのである。そして二つ以上の事件を言葉によって結び合わせるとき、それらの事件の関係について語ることになるのだが、それは物語ることと同じことである。したがって、歴史叙述とは物語るという行為によって成立するということができる。こうしてダントはリアリズム史学の素朴な実証主義を批判し、歴史が物語であることを積極的に評価しようとするのである［Danto 1965=1989］。

このようにダントは、歴史を語ることは、複数の異なる時間の事件を相互に結び合わせることで「物語」とならざるをえないことを明らかにしたが、このことは経験や成長や発達を語るときにも妥当する。私たちは時間の流れを言葉によって分節化し構造化する。私たちが、「私は経験をした」と述べるとき、自分が関わった出来事が、明確なはじまりがあり、そして展開部がつづき、さらに他の出来事との区切りとしての終局部からなる、一つの構造をもった物語として把握したことを意味する。経験とは構造化された時間であり、言葉によって分節化され構造化された物語なのである。そして、物語は不定形で流れ去る時間に構造を与え、時間を人間化する営みとして理解することができる。成長や発達はこうした無数の経験が組織化されたものである。自伝や伝記が「物語」の構造をもつのは当然といえる。

そして、時間を軸にしてみると、通常、教育は被教育者である他者の未来の変容に向けて、彼らの現在に意図的に働きかけることを意味していると考えられている。この事態をイメージしやすい言葉で語れば、例えば「子どもが大人になることを助成する」ということになる。この文章は「子ども」と「大人」というそれぞれが異なる時間を結び合わせて関係づけており、すでに物語の構造を有している。したがって、教育の言説も、歴史の言説と同様に、一連のプロセスをまとめあげる特有の「物語」の構造を有している。このように教育の言説を捉えるとき、教育学のテクストもまた歴史学のテクストと同様、「物語」の一形態と見なすことができよう。「生成する物語」の位相を明らかにするために、教育学の語り方に着目し、近代教育学の語り方の変遷についてラフなスケッチを描いてみよう[2]。

曖昧なジャンルとしての教育思想

教育学において、教育という物語の語り方を見直すとき、近代の教育物語の原型をルソーの『エミール』（一七六二年）にみることができる。教育を語る語り方自体がまだ未確定なとき、私たちが見慣れている教育の物語とは異なり、奇妙なことにルソーはエミールを主人公とする「小説」と教育論としての「考察」という二つのジャンルを混淆した語り方をしている。物語の語り手は作者ルソーと同一ではなく、しかも、エミールが成長し小説の主人公としての自律性をもつようになるにしたがって、語り手は作者としての「私」から家庭教師としての「私」へと移動していくのである。森田伸子は『テクストの子ども――ディスクール・レシ・イマージュ』（一九九三年）において、『エミール』が〇歳時から二四、二五歳までの年齢を対象とした、当時において特殊なテクストであることを指摘し、さらにこのテクストの正確な表題『エミールあるいは教育について *Émile ou de l'éducation*』が、小説（エミールを主人公とする）と考察（教育論）という二つのジャンルの混淆したものであることに注意を向ける。そして、このジャンルの混淆を、「近代人が子どもを語ろうとしたときにまず出会った困惑、あるいは困難」を暗示しているのではないかと問うている。

森田は、ヘイドン・ホワイトのディスクール（直接自分の言葉で、自分が想定する相手に向かって、自分の考察したこと、観察したことを述べるという主観的な語り方）と、物語（語ろうとする内容を一連の時間の流れで生起した過去の出来事として物語化し、客観的に第三者ふうに語るという語り方）という区別を採用し、ルソーの著作をこの基準をもとに区別する。そうすると、例えば、『学問芸術論 *Discours sur les sciences et les arts*』（一七五〇年）や『人間不平等起源論 *Discours sur l'origine et les fondements de l'inégalité parmi les hommes*』（一七五五年）はディスクールであり、『新エロイーズ *Julie ou la nouvelle Héloïse*』（一七六一年）は物語にあたる。このディスクール（考察）と物語（小説）という二つのジャンルは、ルソーにおいて、それぞれ異なったかたちで人間の問題にアプローチをする仕方と結びついていたという。そして、森田はツヴェタン・トドロフのルソー論を批判的に吟味し、二つのジャンルの混在する『エミール』において、ルソーは人間の問題にアプローチする第三の道を模索していたのではないかという大胆な仮説を提示する。

『文明社会』が生みだした葛藤を、より完全な文明の技術（＝教育）によって克服し、より高度な均衡を実現する道と、葛藤を引き受け、葛藤のうちに生きることに、絶対的ではないがより人間的な「はかない幸福」（『エミール』第四編）を見いだす道との間の中間的な、あるいは、その両方の道を同時に選択する第三の道こそが、『エミール』が描こうとしたことだったのではないだろうか、と問うてみることが可能なのである。［森田 1993: 44］

そして、森田は『エミール』の語り手である「私」という一人称がいったい誰かという問いから出発し、それが「一八世紀フランスの社交界の寵児にして貴族夫人の良き友人たるルソー」「教育を論ずるディスクールの担い手としてのルソー」「自らの人生の物語を語る告白者ルソー」、そして「小説『エミール』の虚構の語り手である若い家庭教師」と多重な「私」であることを指摘する。さらに『エミール』の展開過程で、「私」の姿は変容していくのであるが、その「私」の変容にともなって、そこで語られるエミールの姿も変貌していることを明らかにしていく。

子どものときのエミールは、小説の主人公としての自律性がほとんどないが、思春期を迎える頃から、少しずつ様子が変わり、第五編で恋人ソフィと出会う頃から主人公として振る舞うようになり、『エミール』も小説の趣をみせるようになるという。このころから教育論者である「私」にかわって、家庭教師としての「私」が物語の場面にふたたび登場することになる。こうして最後の第五編にいたって、ディスクールとして出発した『エミール』も、教育論というジャンルと小説というジャンルとが、ある種の幸福なバランスに到達したかにみえるようになる。しかし、『エミール』は小説としては中途半端なまま終わるため、ルソーはこの続編『エミールとソフィあるいは孤独な人々 *Émile et Sophie, ou les solitaires*』（未完、ルソーの死後一七八〇年に刊行）を書かねばならなかったという。こうして、

	『エミール』の区分 第一編〜第四編	『エミール』の区分 第五編	続編『エミールとソフィあるいは孤独な人々』
人生段階	子ども時代	青年時代	成人時代
人生段階の特徴	事物だけを求める絶対幸福の時代	他者との関係で自己を実現することを求める社会的存在	決して自己と同化できない他者との間の葛藤に満ちた関係を自ら生きる道徳的自由をもつ
家庭教師の「私」の在り様	家庭教師としての「私」も事物のような存在でなければならない	独立した主体をもつ他者の一人でなければならない。しかしこの他者は本当の他者ではなく、他者を演じている教師	家庭教師の「私」の退場
語り手	小説の登場人物としての「私」は不要な存在となり、教育論を語るルソーその人に吸収される	小説の登場人物としての「私」は個性ある顔をもったものとして語られるようになる。しかしこの他者も本当の他者ではない	エミール自身が語り手となる
ジャンル	ディスクール	ディスクールと小説の混在	小説

主人公のエミールは、ディスクールの対象から、物語の主人公へと次第に変容していくことが明らかにされる。森田のこの考察をシンプルに図式化すると次表のようになる。

近代教育思想のテクスト

次世代の教育学作家たちのテクストに、ルソーのような教育を語るうえでのジャンルの混淆をめぐる戸惑いや工夫といったものが、受け継がれたわけではなかった。このことは、直ちに『エミール』のような小説と考察とが混淆したテクストから、学問的な考察形式のテクストへと移行したからだと簡単に言い切ることはできない。例えば、ペスタロッチもまた『リーンハルトとゲルトルート』(一七八一―八七年)のように、小説という形式で教育を語っているからである。ところが、このテクストでは、ペスタロッチは神のような超越的な視点から全体を捉えており、ルソーにみられるような語り手をめぐる曖昧さを残してはいない。

ただ、ルソー以後の教育学のテクストの場合でも、ペスタロッチやフレーベルといった教育実践のなかで教育を語ってきた人たちのテクストは、『シュタンツ便り』（一七九九年）にみられるように、作者と語り手と主人公とが同一であり、自伝と同型の構造をもっていた。そこには、語り手である現在の「私」からの回想とはいえ、「私」と「子ども」との両者に共通して流れる時間があり、「子ども」の変容のみならず、「子ども」との交流における「私」＝語り手＝作者の変容が、作者の意図を超えた豊かさをもって語られてもいた。第1章でも述べたように、「それからの教育学」でもあったペスタロッチのテクストには、外の教育学者には見られない深さで、他者としての子どもとの出会いが描かれてもいた。

しかし、国家によって教育制度が整備拡充され、教育学が教員養成とつながり発展していく過程で、教育学のテクストは別のものに変わる。新参の学問として教育学は、自己の地位を確立するため、既存の学問を手本に学的な独自性を目指して構築されることになる。そこで、大学や師範学校の教師たちは、教育者と子どもという二つの固有の時間が出会う場を客観的に観察し語ることのできる超越的な観察者・語り手として自分たちを位置づけたため、教育学のテクストは超越的な語り手によって語られる物語となった。このようにして、教育の物語は、反省によって抽象化されたメタ物語となり、レトリックが駆使された生き生きとした文体から、一義的な意味を伝える科学的な文体へと変わり、ペスタロッチのような古典的な教育学の作者たちの物語がもっていた読者を変容させる生成の力を失うことになった。

この超越的な視点からの語り方が、近代教育学の問題の捉え方を形式的に規定してきた。例えば、近代教育学は、子どもを中心に捉える児童中心主義か、あるいは、教科に内在する体系を中心にすべきか、また子どもの興味や自発性に重きをおくべきなのか、あるいは、教師の指導力に重きをおくべきなのか、といった二項対立的なモデルの克服に関心を向けてきた。この二項対立問題は、教育学では、「教育における二律背反問題」と呼ばれてきたが、むしろ

「教育のパラドックス問題」というべきものである［矢野 1996a: 173-202］。この問題の解決のために、どちらか一方の原理を切り捨てることは、教育学では妥当性を欠くと見なされてきた。もし子どもの自発性を中心にして、教科の構造を無視してしまうならば、それは教育ではなく、連関のない経験の連なりとなってしまう。反対に、教科の構造にしたがい子どもの自発性への配慮を欠くならば、教育は一方的な教え込みとなってしまい政治的プロパガンダや洗脳との区別を失ってしまう。教育であるためには、両者の要求の正当性と妥当性を認めざるをえない。したがって、教育学は両者の要求のバランスを目指して調停するほかはなく、弁証法的な思考方法によって、解決が図られてきたのである。このような二項対立モデルの構造化は、物語る作者の視点が、教育者と子どもの二つの時間の内側から、外部へと移行することによってはじめて生じたものである。その結果、この二項対立モデルは、主体と客体とをめぐる近代認識論とパラレルな問題構成となっている。このような理由からも弁証法的な物語の様式が強化されたのである。

二〇世紀の教育学テクストの作者たちに、教育を語ろうとしたときのルソーの戸惑いをみることはない。彼らは、あたかもすべてを見通すことのできる全能の伝記作家のように、教育者の時間と子どもの時間の二つの時間の出会いの場を、見下ろすような場所に視点を設定し、そこから「教育という物語」を語る。語り手＝作者がテクストの外部に立つことによって、教育の物語は語り手である教育学者のモノローグが響くだけの物語となった。その結果、教育の物語は、社会化－発達の物語を超えた生成の底抜けの豊穣さを語る言葉を喪失し、陳腐な筋立てと、レトリックを否定し硬直した文体によって、理論としては論理的な説得力を欠き、思想としては人間の全体性への理解の膨らみをもたない、規範や理念だけが声高に語られる物語となった。

現在日本において「教育」という名で呼ばれている生の変容のプロセスを言葉によってもっとも明確に語っているのは、すでに指摘したように、「発達」の物語である。被教育者としての子どもの時間は、固有名が削ぎ落とされて客観化され空間化された発達の図式に位置づけられる。現在も、未来も、そして過去も、標準化された発達図式との関係において測られ、それからの逸脱は矯正されなければならないものと見なされる。つまり「発達」は、教育者が教育場面において子どもの変容を語るさいの物語の範型となっているのである。

森昭の新しさ

しかし、教育の物語を客観的で実証的な発達の図式に由来するものではなく、ときに体験のうちへと溶解し言葉を失う生きた人間自身が、臨界点において語りだす物語として捉えるときには、教育の物語は従来のものとはまったく異なったものとして現れる。それはもはや発端があり結末がある閉じた発達の物語ではなくなる。ここで求められるのは、超越的な位置から生成を捉える教育物語ではなく、生成の内部に息づき、生成に力動的な形を与え、生成を肯定する物語である。客観的で普遍的な発達の図式ではなく、固有名をもった生成する人間の立場に立って、人間の生涯から教育を捉えようとした教育学者に森昭がいる。

当初、森は戦後教育学の記念碑的大著『教育人間学』(一九六一年)において、人間の教育を、教育学・哲学だけではなく社会学・心理学・人類学・生物学といった経験諸科学の成果をもとに、総合的統合的に考察しようとした。そのなかで、森は人間の発達を段階づけて、それぞれの段階に固有の教育的課題を設定している。人間の生涯は、客観的に段階づけられた枠組みのもとに捉えられている。ここで、森は人間の生涯を冷静に客観的に観察する者として、被教育者の生の外部から被教育者の時間を再構成し物語っているのである。ところが、後になって森は『教育人間学』を失敗作と断じて、生きている人間の立場から人間の生涯を捉えようとする『人間形成原論』を構想した。森はこのテクストを完成することなく逝ったが、遺稿として『人間形成原論』(一九七七年)が出版された。『教育人間学』が体系的で、包括的で、多角的な視点の総合からなるモノローグの閉じたテクストであるのにたいして、『人間形成原論』は断片的で部分的で未完の、それゆえ無数の物語に開かれたテクストである。しかし、両テクストの間にはこのような形式的な差異以上に大きな違いがある。

『教育人間学』では、時間が幼児期・少年期・青年期・成人期といったように、空間化された人生の諸段階として捉えられているのにたいして、『人間形成原論』では、時間は「彼方に想いを馳せる者」が、主体的・自覚的に意味を求めて自己形成を成就していく生きた人間の生のプロセスとして捉えられている。そして、大人と子どもという異世代の者たちが、相互に「生涯成就」「自己成全」するものとして教育が語られている。そのとき、人間は、世界に開かれる者、自己に目覚める者、彼方に想いを馳せる者として、「基本的な三つの積極的創造的な在り方」において捉えられる。さらに、生涯にわたって自らの生の意味を問い深め世界へと冒険する者として、ちょうど未来へと架けられた「生命鼓橋」を作る者として理解される。言いかえれば、『教育人間学』では教育を語る作者はテクストの外部に立ち、超越的な視点から被教育者の生全体を見下ろしているのにたいして、『人間形成原論』では作者自身がテクストのなかの時間に定位し、自身の生成と形成の関わりを自身の生涯全体の課題として問い、その答えを見いだそうとしているのだ。この二つのテクストの間で生成変容を語る語り方において大きな転回がなされているのである。

客観化され標準化された発達段階論の物語から、固有名をもった生きる主体に定位した時間理解に基づく物語への転回によって、森はダイナミックな「生成の物語」の可能性を開いた。森の理論に立つとき、教育という物語は、超越的な視点からの語りという性格をもつことはない。教育の場における「私の物語」として語られるが、そこではこの「私の物語」は、「彼／彼女の物語」と重なりあうのである。このとき、「私」は確定した不動の「私」ではなく、子どもから大人へ、つまり教育される者から教育する者へと変容する者としてあり、しかも「彼／彼女」もまた同様に変容する者であり、両者の出会いは、両者の変容を促すものとして捉えられている。親は子どもをもち育てることによって親として成熟し、子どもはこの親によってはじめて大人となることができるのである。したがって、ここでの物語は、生の外部に固定したパースペクティブから、誕生から死まで同じ明確さをもって伝記的に語られるモノローグの物語ではなく、また現在から回想された自伝的な物語でもなく、未来に開かれたまま複数の声が互いに響きあう物語となるのである。その意味で、ペスタロッチのような古典的な教育学テクストの作者よりも、教育の時間を語る語り方という点においてより自在になる可能性を開いている［矢野 1996b］。

しかし、森昭が切り拓いた新しい教育の物語の地平、「私の物語」と「彼／彼女の物語」とが重なる物語として教育を語ろうとする物語の地平は、「私」と「彼／彼女」とが単一の首尾一貫した「自己の物語」を作りあげていくように設定されている点において、まだヘーゲルの語りの圏内にとどまっていた。「私の物語」もそして「彼／彼女の物語」も、同じ共同体の言語ゲームにしたがって語られる「自己の物語」である点では共通している。「私」と「彼／彼女」とはルールをすでに共有しており、互いに了解可能なものである。したがって、語る声は複数となっても複数の声によって語られる物語は同じプロット・同じストーリーの集合体にすぎない。そして、この教育の物語も、矛盾や葛藤を乗り超えて主人公が成長していく教養小説の語りのように、他者の物語を弁証法的に「自己の物語」のなかにとりこんでしまうのである。したがって、どれほど実存的な生の次元の重要性を強調したところで、「生成の物語」も社会化‐発達の物語の改訂版にすぎない。

教育の語りが力動的な形を与えられ生成を生起させるためには、視点が生成する者の内部に移行し声が複数となる「生成の物語」ではまだ十分ではないのだ。本当に多数多様な存在者たちの声が響きあうポリフォニックな語りは、「私」と同じ共同体に属している「彼／彼女の物語」を組みこむことだけでは実現しない。森の企てをさらに教育学的思考の臨界点にまで推し進めるためには、共同体の外部から来る、共同体に共通した言語ゲームを超える他者（共同体の外部から来た最初の先生・子ども・死者・動物……）、あるいは贈与・死・供犠・蕩尽・歓待・エロティシズム……を必要としているのである。

5　「限界への教育学」という運動と「生成する物語」

教育にはさまざまな物語が溢れている。私たちは、物語を通して自己と世界との関係を構築しているとするなら、そうした物語の多くは、人から教えられたり、知らないうちに人から聞いた物語を模倣したものだ。国民国家の成立にとって国民文学は不可欠なものであるが、学校は国民教育によって国民国家を形成し維持し発展させる機関として、このような国民の物語を流布することに大きな影響力をもってきた。教師は、国語・歴史・道徳の教育において国民の物語を伝達してきた。しかしそれだけではない。教師はまた社会や理科の教育においても、世の中の仕組みや自然の法則を言葉で語ることによって、言葉で組織されたさまざまな「物語」を子どもたちに伝えてもいるのである。進化論は遺伝についてのある程度の科学的理解ができるまでは「物語」以外の何ものでもない。このような教材としての物語、あるいは教育関係のなかで交わされる物語を、ここでは「教育における物語」と呼んでおこう。

また、この教師と子どもとの関係についても、私たちは多くの物語をもっている。夏目漱石の『坊っちゃん』（一九〇七年）や壺井栄の『二十四の瞳』（一九五二年）のような教師が主人公の小説から、『3年B組金八先生』（一九七九―二〇一一年）のような学校が舞台となって描かれる学園ドラマ、またフィクションではなく教育事件を報道する新聞やネット上の記事にいたるまで、教育をテーマにした物語は日々語られ、ときには少なからず感動をもたらし、そして消費されている。その物語の幅は広く、一方では文学・芸術として優れた水準の物語として語られ、また他方では「美しい師弟愛」とかあるいは「行き過ぎた指導」といった陳腐な題名の物語として、何度も繰り返されてきた凡庸なプロットで語られてもいる。このような教育の関係についての物語を、「教育についての物語」と呼んでみよう。

さらに八〇年代あたりから、教育学研究の領域では、近代の「大きな物語」を支える理念が批判されるにしたがい、教育もまた近代の「大きな物語」にすぎないということ、そしてこの教育という物語は、正当性を主張する根拠をもはやもってはいないことが論じられもした。このような「大きな物語」としての教育の物語を、「教育についての物語」と区別して、「教育という物語」と呼んでみる。

　そうすると、教育の物語は、実践レベルで交わされる物語としての「教育における物語」と、その実践レベルを語る物語としての「教育についての物語」と、そのような「教育についての物語」をまとめあげる「教育という物語」という、抽象レベルの異なる三つの物語の複合体として捉えることができる［矢野 2003b: 309-310］。

　教育と物語との関係は、これまでにもさまざまに論じられてきた。例えば、範型としての凡庸な「教育についての物語」に黙従することなく、懐疑の力によって形骸化した物語を批判して、生の真実を覆い隠すようになってしまった既成の物語をたえず突破していくことの重要性が指摘されてきた。また物語の開示性と隠蔽性の両義的な在り方を自覚し、教師と生徒が紡ぎだす「教育についての物語」の教育的作用の重要性が指摘されてきた［矢野・鳶野編 2003a］。あるいは教育はリオタールの指摘する近代の「大きな物語」の一つであることが指摘され、「教育という物語」としてポストモダンに立つ教育学者によって批判的に語られ、この「大きな物語」に回収されない無数の「小さな物語」を紡ぎだすことが、教育学においても有効な戦術としてとりあげられてもきた。この「教育という物語」は、教育のメタ物語である「教育についての物語」にたいして、さらにメタ・レベルに位置づく物語ということができる。

　しかし、物語ること自体は、語られた物語がどれほどユニークなものとみえようと、その物語が出来事を生起させる通路をもたないかぎり、共同体の物語に回収されるのではないだろうか。また「教育という物語」という批判の仕方も、物語の臨界点へと向かう自覚なしに語られるときには、学問共同体の内部で流通する新たな物語となり、物語を侵犯する最初の問いの一撃であったことを忘却しているのではないだろうか。

　それにたいして、純粋贈与の体験、他者との出会いの体験は、共同体の物語へ回収されることを拒否する。純粋贈与や他者との出会いは経験ではないし、物語のこれまでの定義にしたがえば、「自己の物語」として物語ること自体が不可能な非‐知の体験なのである。非‐知の体験は、どこまでいっても意味として全体を掬いとることができないために、物語に空白部分を作りだす。物語が「生成する物語」(「生成の物語」ではない)として、どこにも収束することなく、それゆえいつまでも片がつかないために忘却することができず、運動をしつづけるためには、物語のなかに欠落した空白や語ることのできない縁が不可欠なのである。こうして、「生成する物語」となることによって、教育の物語はそれ自体が生成を生起させる出来事となり、他なるものをとりこみ自己増殖する弁証法的なシステムのうちに閉ざされた言説空間、教育的‐教育学的マトリクスを侵犯することができるのである。閉じた物語の特質とその限界は、教育という世界の区切り方が外部と接触するときに顕わとなる。

これまで発達が教育の物語の特徴的な図柄を構成してきた。社会の側から教育を捉えようとすれば、その社会に有用な能力を新たな構成員に発達させることが教育の中心課題となるのは当然である。学ばれるべき知識や技能や技術も、社会生活に役立つことが基本で、真も善も美もこの有用性の原理のうちに回収されていく。このような発達を促すのは、社会的な経験であり、この経験は労働に顕著に見られるように、相互作用(交換)を通して世界を自己のうちにとりこみ、自分をどこまでも拡大していくプロセスである。ところが、他者・贈与・死・供犠・蕩尽・歓待・エロティシズムは経験の果てにあり、経験という生の在り方を侵犯し、経験としてまとめあげることのできないものである。そうした経験に回収できないものとして、自己と世界との境界線が溶解してしまう体験がある。体験は有用性を超えて生命の全体性に触れるが、必ずしも能力を高めるわけではなく、能力の育成といった有用性の観点からみれば「無価値・無意味な経験」といえるだろう。なによりこの体験は自己と世界との境界線がなくなるため、体験を対象として距離をとることができず、言葉によって描きだすこと自体が困難なものである。体験とは「語りえぬもの」なのである。

このような体験に基づく教育の次元を、私は「生成としての教育」と呼んできた。生成としての教育に着目すれば、生成変容はこうした脱自の溶解体験と深く関わっていることがわかる。それは日常では体験しえないような美的体験や宗教的体験のような特別な場合だけではない。例えば遊びの体験がそうである。発達の観点に立つかぎり、遊びは発達の手段として能力の育成という結果からしか評価されないが（このような捉え方をすることが「教育」という名の物語の規制力なのである）、生成からみれば、夢中になって我を忘れる遊びは、経験に回収することのできない溶解体験であり、言葉によっては十全に表現しきれない脱自・陶酔の体験である。労働のように有用性に基づく世界との関わりは、ものや人やあるいは自分さえも目的 - 手段関係において評価するようになるので、世界と断片的・部分的な関わりしかもつことができない。それにたいして遊びは蕩尽であることによって有用性に基づく世界を破壊し、その結果、世界との十全なつながりをとりもどすことになる。

教育を、生成と発達という同一平面では捉えがたい異質な二つの次元で考えてみる。そうすると、「教育という物語」も回収しきれない異質な次元を抱えこみ、そのような物語はどこまでも完結することがない。すなわち生成の次元をも生きる描き手は、対象化が絶対的に不可能な体験そのものの描写不可能性に直面しつつ、なおかつ教育という出来事を物語に描こうとするが、いたるところに描きえぬ空白の穴を穿ってしまい、その物語が完結することはけっしてないのである。だからこそ「生成する物語」は、出来事を生起させ、読者を共同体の外部へと開いていくのである。

物語論の位相で述べるなら、『贈与と交換の教育学』で試みたのは、他者・贈与・死・供犠・蕩尽・歓待・エロティシズムといった生成変容に関わる過剰な出来事を論じることで、出来事の異質性を同一性の原理でもって回収しようとする弁証法の物語を脱臼させ、概念的な教育学的思考を臨界点にまで推し進めることで、出来事の異質性を思考するための方途を開き、「生成する物語」として物語る語り方を、実現することであった。そのため『贈与と交換の教育学』の語りでは、教育学的思考の道筋は経済原理に強制されて直線的に進むことなどせず、夏目漱石や宮澤賢治といった人々の交換不能なそれゆえ臨界点を生みだす文学作品や詩が多用されることになったのである。

交換と生産を基調とした人間・社会・労働・経験・発達の諸概念によって作りだされてきた戦後教育学の教育的－教育学的マトリクスを、生成変容に関わる過剰な出来事を論じることで臨界点にまでもたらすこと、このことは教育人間学に変容をもたらす。それというのも、純粋贈与は従来の教育人間学がテーマとしてきたような人間学的事象にならびうる人間の事象ではなく、「人間」を超える、あるいは「人間」を破壊する出来事であるところから、教育人間学が想定してきたような「人間への問い」自体が、この贈与をテーマとすることで破壊されてしまうからである。むしろ贈与に関わることで、「人間から教育を反省する」ことから翻って「教育から人間を反省する」こと、あるいはその逆、という教育人間学の往復運動を可能としてきた語りの地平＝教育的－教育学的マトリクスそれ自体が、あらためて根底から問い直されることになる。このようにして、従来の教育的－教育学的マトリクスに贈与を導入することが、「限界への教育学」への変容なしには不可能であるのと同様、教育人間学にとっても、自ら臨界点において「限界への教育学」へと変容することなしには、贈与について考えることも語ることも不可能なのである。このような意味において贈与 Gift は、教育人間学の主題を豊かにするプレゼントであると同時に、教育人間学という枠組み自体を破壊する毒《ギフト》でもあるのだ。

II——外から来る子どもの歓待の学へ

第4章——「子どもの人間学」の新たな転回

ランゲフェルト - 和田修二の教えへのオマージュ

私たちの生はすべからく「子ども」として始まり、子どもとともに生きることによって「大人」であることを自覚するようになる。子どもにおいて、私たちは世界を区切るさまざまな境界線を知るとともに、これらの境界線を乗り超える術を学び、大人となることによって無償の愛を生きることを学ぶ。世界市民のための準備はいつもすでにできているのだ。第II部は「外から来る子どもの歓待の学へ」と教育学的思考を定位する。

1 「子どもの人間学」という思想の衝撃

理論と思想とは、しばしば同義の用語として使用されているが、理論がニュートラルな道具で貨幣のような普遍性をもつのにたいして、思想はパーソナルで共約することが困難なものだ。理論はその理論を生みだした者にかぎらず、誰にでも一定の手続きを踏めば使用が可能であり、したがって他国語への翻訳によって理論が歪められたりすることもない。自然科学における理論は、理論のモデルというべきものであり、例えば、アインシュタインの相対性理論がそうであるように、アインシュタインのみならず、アインシュタインを直接知らない日本の科学者でも、その理論を使って研究することができる。理論は科学者の間では共通貨幣として流通するのである。社会科学では経済学理論がそのような理論の代表としてある。しかし、思想になるとこのような一般的な流通は困難となる。思想は語りえぬものを語ろうとする不可能性と真正面から向かいあっている。そのため思想はその表現された言葉や文体と不可分であり、その言葉や文体を無視した要約を無意味にし、また他国語による翻訳をきわめて困難なものにする。

ランゲフェルトの「子どもの人間学」とは、そのようなパーソナルな思想の一つである。さらに私の場合、「子どもの人間学」にはもう一つ別のパーソナルな思想が付け加わることになる。それというのも、私にとって「子どもの人間学」という思想は、ランゲフェルト単独で完結する思想ではなく、ランゲフェルトの思想を「存在の思考」から独自に発展させた和田修二の思想と、いつも不可分に結びついているからである。つまり私にとって「子どもの人間学」とは、ランゲフェルト‐和田の「子どもの人間学」なのである。

この「子どもの人間学」という名前で言い表されたランゲフェルト‐和田の教育思想は、それまでの教育学者の教育を語る語り方とはまったく異質なものであった。それは先にも述べたように、「子どもの人間学」が思想であり、その思想を語る思想家の生と不可分な関係にあることによる。もちろんそれまでにも、ペスタロッチの教育実践の報告『シュタンツ便り』（一七九九年）がそうであったように、教育実践に献身した人物の教育についての語りには、当然このような教育者の実存をかけた思想が不十分な展開ながら含まれてはいた。しかし、教育学がアカデミックな学問として整備されるなかで、自然観察者のように教育事象の外に立ち、厳格な方法にしたがって教育事象を対象として捉え、そこから教育事象の全体を見渡しながら論じるような語り方に変わってきた。そのような語りの変化は、近代の学問の枠組みに依拠し、科学として教育学を構築しようとする立場からは、当然のことといえよう。そのような教育学の科学化の流れに抗して、「子どもの人間学」では、現象学に立って具体的な教育状況のなかで、「経験的実践的規範的な学としての教育学」を語るのみならず、考察し実践する人間自体の生の在り方をも語ることになる。教育という事象が、人間の生に関連するあれこれある諸事象の一つではなく、生を根本において意味づける中心的な事象として捉えられることになる。つまり「子どもの人間学」では、「教育とは何か」を問う教育学的な思想のうちに、「私」はなぜ子どもを産み育てるのか、という問いにとどまらず、この「私」は何ものか、「私」はなぜ生きるのか、という人間の根本的な問いに対する答えが、どこからもたらされるのかが示されているのだ。

私はランゲフェルト＝和田の「子どもの人間学」によって、教育学的思考と哲学的思考とが内在的に結びあった教育の思想が可能なことをはじめて知った。「子どもという生の在り方」を問うことが、全体としての人間を問い探究する通路となりうることを知った。教育の問題に、心理学や社会学といった他の学問の応用としてではなく、教育の思想として応答する主題や問いのあることを知った。教育を哲学することのできる地平に出会ったのである。言葉をかえれば、このことは、心にも社会にも還元することのできない教育に固有の領域があるということを意味しているだけでなく、その教育に固有の領域を明らかにしようとする問いによってしか、教育の問題を解き明かすことはできないことを意味している。

そのときの衝撃を正確に語ることはできないが、私の思索は、このランゲフェルト＝和田の「子どもの人間学」を出発点としただけではなく、今日にいたるまで、この教育思想との対話のなかで展開されてきたといっても過言ではない。さらにいえば、私の教育思想もまた「子どもの人間学」なのである。しかし、ランゲフェルト＝和田の「子どもの人間学」をそのまま受容したわけではない。「子どもの人間学」から主題と問いとを受けとった者として、その主題と問いとを、現代の教育的課題と関わる思想として、新たなものへと転回させる必要があると考えた。

「子どもの人間学」に対する批判的吟味は、実存主義への批判的思想として登場した構造主義以後の、ポスト構造主義、そしてポストポスト構造主義と呼ばれるこの四〇年間の思想的成果と結びつけて理解される必要がある。この思想的変遷は、たんなるファッションの流行のように見かけの意匠の変更などではなく、経済のグローバリゼーションがもたらす諸問題とナショナリズムによる排外主義という、現在が突きつける課題と緊密に結びついており、私たちが誠実に現代と向かいあおうとするかぎり、無視することのできないものである。この思想的営為のなかで、「子どもの人間学」にとってもっとも重要な思想的成果は、純粋贈与をはじめとする贈与論の展開であった。この一切の見返りを求めない純粋贈与は、他者に対する倫理の可能性に関わる出来事であるところから、贈与論は他者論と緊密に関係しているといえる。さらにまた、この純粋贈与は言葉によって語りえる経験ではなく、脱自の体験であって、概念的な言葉によっては語ることのできない出来事である。この法外な体験の「語り」をめぐる問題の議論は、構造主義以後の物語論の理論的展開なしには不可能であった。贈与論・他者論・物語論は、それぞれが緊密に結びあっているだけでなく、「子どもの人間学」の主題と問いとに深く関わっており、この思想的営為に立って「子どもの人間学」の新たな転回の必要があると考えたのである[1]。

　本章では、ランゲフェルト－和田の「子どもの人間学」を、贈与論・他者論・物語論から吟味し、「子どもの人間学」の新たな転回の方位について述べる。以下では三つの論点を中心に論じる。第一は「子どもの人間学」における「人間学」の在り方について、第二は経験概念について、第三は「無償の愛と献身」についてである。第一の論点は、「子どもの人間学」の教育人間学という学問の枠組みを、有用性の原理と人間中心主義を批判する「動物－人間学」から問い直すものであり、第二の論点は、「子どもの人間学」において子どもの発達を論じるさいの中心概念である経験概念を、他者論と出来事としての体験の思想から問い直すものであり、第三の論点は、「子どもの人間学」の教育目標である大人の在り方としての「無償の愛と献身」を、贈与論における出来事としての純粋贈与から捉え直すものである。

2　人間中心主義の人間学から動物－人間学へ

「野生児」という問題圏

教育人間学がその出発点にした哲学的人間学の吟味からはじめよう。哲学的人間学は、人間についての個別諸科学の知見を問題にするのではなく、「全体として人間とは何か」を明らかにしようとする哲学的営みである。そのさい、哲学的人間学は、人間と動物との差異を手がかりに、「人間の条件」を明らかにしようとしてきた。例えば、カント主義に立つ生物学者ヤーコプ・フォン・ユクスキュルの環境世界論のような生物学の知見が、哲学的人間学の研究に大きな影響を与えた。この環境世界論をもとに、シェーラーやゲーレン、プレスナーらは人間学的成果として「全体として人間とは何か」について論じている。「世界開在性」（シェーラー）、「欠陥動物」や「負担免除」（ゲーレン）、「脱中心性」（プレスナー）、これらはいずれも人間を他の動物と比較することから導きだされ、人間の特殊性（動物にはけっして回収されえない人間的特質）を明らかにするキーワードとなったのである。

哲学的人間学の研究成果は、一見すると、先入見をすべて括弧に入れて、人間についての諸事象を考察していると考えがちだが、実際のところ、このような人間と動物との差異を論じる論じ方には、古代ギリシア哲学の理性とユダヤ－キリスト教の魂を根本とする西欧の歴史に由来する人間観において、最初から有用性の原理と人間中心主義・ロゴス中心主義とが働いていた。哲学的人間学の成果をもとにする教育人間学も、そのような根本的な人間の原理を哲学的人間学から引き継いでいる。

人間と動物との差異の考察のなかで、教育学者がとくに強い関心をもってきたのは、「野生児」という存在だった。野生児をめぐる教育学の議論は、それだけで一冊の本を書くことができるほどに多くの事例の発見と多様な解釈とを生みだしてきたが、このことは人間が自身と動物との間の境界線の画定にどれほど深い関心をもっているかの証でもある。それというのも、人間と獣とのはざまを生きる野生児にたいして、人は畏れや穢れやおぞましさとともに、いい知れぬ生命的な魅力を感じるというアンビバレントな強い感情を抱くからである。そして教育学者は、この野生児に人間学の知見を結びつけて「教育の必要性」を論じてきた。

ランゲフェルト自身は、それほど積極的に動物や野生児について語っているわけではないが、よく知られているように、ランゲフェルトが「人間は教育されなければならない動物であり、また教育する動物なのである（animal educandum et educans）」と人間を定義するとき［Langeveld 1972: 161–162］、そこには古代ギリシア哲学以来の動物との比較による人間理解を見ることができる。このような人間の定義の形式は、人間を動物と結びつけつつ動物性を否定することで人間の価値と特性とを際だたせる語り方である。そしてこのような人間の定義の形式では、動物性の否定と人間化の必要性とが直結することになる。つまり教育学においては、このような人間の定義がそのまま教育の目的論へと読みかえられてきたのである。

そして、日本の教育学においては、「狼に育てられた」アマラとカマラといった野生児の事例と、このランゲフェルトの人間の定義とが、「教育の必要性」を説明する原理として、安易に結びつけられてきたことに注意を払う必要がある[2]。神道や仏教のように、人間と動物との境界線の乗り超えを容認する日本の思考の伝統では（儒学ではこの境界線は明確であるが）、古代ギリシア哲学の伝統とユダヤ‐キリスト教に生きる西欧の人間学者のように、人間と動物との間に明確な境界線を画定しなければならないという思想的切実さと、その境界線が超えられたときへの戦《おのの》きが共有されているわけではない。西欧の教育人間学においても、野生児の事例から「教育の必要性」へと向かう思想の道筋は、動物存在への畏れや穢れやおぞましさといった禁忌の感情に強く支配されているのである。近代教育学の祖、コメニウスは『大教授学』（一六五七年）でつぎのように述べている。

特筆するべき例によれば、幼い頃に猛獣にさらわれその間で育てられた人間は、猛獣以外のことはなにも知りません。いや、今一度人々と暫くの間交わらなければ、口のきき方も手足の動かし方も、動物と少しも変わらないのであります。一、二の例をあげましょう。一五四〇年頃、ヘッセンのある森の中の村で、両親の不注意から、三歳になる幼児がゆくえ不明になったことがあります。なん年かののち村人たちは、狼と一緒に走っている、ある異形の動物を見ました。四つ足ですが、顔つきは人間に近いのです。……中略……〔やがて生け捕りにされる〕太守の命令で、人々の間で世話されたところから、次第におとなしくなり、やがて後ろ足で立ち、二本足で歩き、最後には人語を話して、つまり人間になり始めたわけです。思い出せる限りの話では、狼にさらわれ、狼の乳をもらい、いつも狼と一緒に獲物をつかまえに行った、ということであります。[Comenius 1657=1962: 84、括弧内と強調は矢野]

野生児を「野生人」として命名し、霊長類のなかのホモ・サピエンスの一員として位置づけたのは、博物学者であり分類学の祖であるリンネである。リンネは『自然の体系』（一七五八年）の第一〇版において、人類を「ホモ・サピエンス（Homo sapiens）」と命名し、その「ホモ・サピエンス」を「野生人（Ferus）」「アメリカ人」「ヨーロッパ人」「アジア人」「アフリカ人」「奇形人（Monstrosus）」の六種類に分類している。「野生人」の特徴は、四足歩行であること、言葉が話せないこと、体毛に覆われていることである。このとき、リンネがこの「野生人」としてとりあげている例は、リトアニアの熊少年、ヘッセンの狼少年、ヒベルニアの羊少年、ハノーヴァーの少年、ピレネーの子どもたち、レオディケアのヨハネス（後の版では、さらにバンベルクの牛少年、トランシスラーナの少女たち、シャンパーニュの少女たちなどが付け加えられる）である［岡崎 2006］。リンネの『自然の体系』に先立つこと三年前に、ルソーが『人間不平等起源論』（一七五五年）において、一方でオランウータンに言及しつつ、他方で「一六九四年にリトアニアの森のなかで熊どもといっしょに生活しているのを発見された子どもも同様であった。……数年前イギリスの宮廷につれてこられたハノーヴァーの未開人の少年は、両足で歩けるようになるのにありとあらゆる苦労をした。それから、一七一九年には、ピレネー山中でまた別の二人の未開人が発見されたが、彼らも四足獣のように山々を駆け廻っていた」[Rousseau 1755=1972: 136] と野生児についても論じていることを想起すれば、この時期、人間との境界線を揺さぶるオランウータンやチンパンジー（人間のような動物）をどのように位置づけるのかという問題とともに、野生人・野生児（動物のような人間）の存在が「人間」なるものをめぐって問題化していたことがわかる [Fontenay 1998=2008: 326-349、矢野 2017d、Sebastiani 2017]。このことについて、ジョルジョ・アガンベンは『開かれ――人間と動物』（二〇〇二年）においてつぎのように述べている。

> 人間についての諸科学がその相貌の輪郭を描きはじめたときに、ヨーロッパの辺境の村々に頻繁に現われるようになる野生児は、人間のもつ非人間性の使者であり、人間のアイデンティティが脆弱であること、人間に固有の顔が欠如していることを告げる証人なのである。これら言葉をもたぬ不確実な存在に対して、アンシャン・レジーム期の人々が彼らのうちにみずからの姿を認識し、彼らを「人間化」しようとして傾けた情熱から垣間見えてくるのは、この時代の人々がいかに人間の不安定さを自覚していたか、ということである。[Agamben 2002=2004: 50-51]

「アヴェロンの野生児」の発見が一七九九年であることをさらに付け加えるなら、そして第1章で見たように、その年がペスタロッチが『シュタンツ便り』を出版した年であることを思いだすなら、この時期の野生児の背後に多数の捨て子や孤児たちが存在したことを想像することができるだろう。リンネが自然の体系において人間の位置を確定しようとしたときに、つまり人間科学のはじまりのときに、動物との境界線の画定が野生人（野生児）によって動揺させられたように、教育学的思考も野生児によって「人間とは何か」の確証が揺さぶられつつも、その子どもと向かいあうことで人間化への技術を考案し組織化して進もうとしていた。「アヴェロンの野生児」ことヴィクトールと向かいあった医師イタールは、「アヴェロンの野生児という名で知られた子どもが、感覚をすべて自由に使えるようにせられ、比較や洞察や、判断もでき、遂には彼の教育に関係ある事物に対してその理解力のすべてを注げるようになったという結論を引きだすことができる。……中略……彼を教育することは可能だという結論になるだろう」[Itard 1801=1975: 63-64] と語る。たとえ動物のような「野生児」であろうとも、適切な方法によって教育（人間化）は可能なのだ。ところで、このような動物性の否定による人間化という教育観は、人間／動物の境界線を画定する「人間学（人類学）機械」（アガンベン）である西欧の人間学に、深く規定されたものではなかっただろうか。そして哲学的人間学もまた人間／動物の境界線を画定する西欧の原人間学の子孫ではないだろうか（このことについて次章で改めて詳しく検討する）。

人間化という問題

近代教育学に通底した課題とは、子どもの動物的な野生・野蛮（不作法）を克服し、理性的な人間へと啓蒙することであった。子どもの「動物性」は、教育によって人間化・文明化に向けて克服されるべきものであった。ところが人間化だけが生の変容なのではない。前章でも述べたように、人間化を侵犯する脱人間化の脱自の体験が、人間というダイナミックな運動に不可欠なのである。たしかに、動物性を否定して人間化を進めることで、人間は企図の観念をもち、労働する主体へと形成されることになるのだが、それはまた世界を目的‐手段関係で捉え、自己の生をも手段化することになる。世界は断片化し、全体との生きたつながりを失ってしまう。人間化の運動は、有用性の回路に回収されないような財貨の蕩尽や、有用なものに使えるはずの時間とエネルギーとを惜しみなく無用なものに使い果たす遊びといった体験によって再度否定され、有用性の原理に生きる生は、侵犯されなければならない［Bataille 1967（1949）=1973, 1976=1990］。純粋贈与をはじめとするさまざまな体験、死、供犠、蕩尽、歓待、エロティシズム、遊び、……このような「否定の否定」の体験において、脱人間化は生起するのである。

純粋贈与、死、供犠、蕩尽、歓待、エロティシズム、あるいは遊びといった体験は、沸騰する脱自の体験であり、自己と世界との境界線が溶解する法外な体験である。[3] このような体験は、自他の境界線が溶解するため、自他の距離がなくなり、「私の体験」として概念的な言葉によってこの体験を語ることができない。体験が主体としての「私」を呑みこんでしまうときに、「私の体験」として体験は語りえない。したがって、この語りえぬ体験は、概念的な用語による一義的で明晰な学問的記述法自体を、根本から揺さぶるものである。

野生児がいい知れぬ生命的な魅力をもつのは、この野生の存在者に、脱人間化の体験を見ているからである（『ジャングル・ブック』や『ターザン』のようなフィクションはその表れだ）。有用性の原理の外を生きる優美な生の形を見ているのだ。人間化と脱人間化のダイナミズムの理解は、翻って、動物との近接性（換喩）や類似性（隠喩）で語られてきた「子どもという生の在り方」に対する語り方の転換とも関係していく。動物性と同じく世界との連続性を生きる溶解体験を基調とする「子どもという生の在り方」は、一方で人間化に向けて克服されるべきものであるとともに、同時に、その在り方自体が、芸術や文学といったメディアによって、脱人間化としてより深い体験へとさらに深められるものとなる。このように考えるなら、人間化とともに、脱人間化もまた教育の主題となるのである。「人間学」は、その名称が暗黙的に語っているように、動物との差異によって人間の特徴を語ってきたが、いまやその基本原理である有用性の原理と人間中心主義・ロゴス中心主義とを括弧に入れて、動物性を否定する人間化と、それを侵犯する脱人間化という、ダイナミックな運動としての人間の学を生起させる「動物-人間学」へと、名称を変更する必要がある［矢野 2002］。

この考察は、次節で述べる発達の問題と深く関わっている。人間学のこの構築の仕方が、結局のところ道徳的主体としての人間化の方向へと、発達を一次元的に方向づけることになる。それは人間化へと方向づける有用で意味ある経験を価値づけ、動物性と結びつく連続性、内奥性の生起である脱人間化の体験を無視したり否定したりすることになる。つまり、この動物との非連続性を強調する人間学の構築の仕方と、人間的意味や価値を実現する経験の重視とは、対の関係にあり、どちらにしても、有用性の原理と人間中心主義・ロゴス中心主義のうちに、とどまることになるのである。

3　意味を生みだす経験から非‐知の体験へ

ヴィルヘルム・ディルタイは、『教育学体系の草稿』（一八八四―一八九四年）のなかで、教育を「成年が青少年の心的生を形成しようと試みる計画的な活動」[Dilthey 1884-1894=2008: 417] と捉え、その成年と青少年との関係、すなわち教育関係の解明を教育学の課題とした。ここから教育人間学に先行するノールやリットやシュプランガーといった精神科学的教育学の研究者たちは、解釈学によって教育関係を教育事象における中心主題と見なした。この主題のうちに、主体形成をめぐる自立と教育とをめぐる二律背反という近代問題が反映されており、この問題の解明と解決こそが、近代教育学の自立性と有意義性とを示すものであると理解されたのである。

しかしながら、この教育関係は、関係が成立した事後において解釈されたものである。教育関係そのものは、自然過程のように家族における養育関係の延長上で生起するものと理解されている [Dilthey 1884-1894=2008: 420]。ここで対象とされている教育事象は、共同体の内部で同じ言語ゲームを有する者同士の関係として解されているといえる。したがって、関係がすでにできていることが前提とされているのである。このように、精神科学的教育学において、教育とは共同体内部での共同体成員の子弟の教育であり、より具体的にいうなら国民教育である。そして目指されている教育学の在り方は当然のことながら国民教育学である。このことは、精神科学的教育学が「文化教育学」と名前を変えることで、その教育学の性格が一層明らかとなる。

第2章でも述べたように、教育関係論における教育関係とは、どこまでも言語ゲームを共有する共同体内部の仲間うちでの大人（成長した者）と子ども（成長しつつある者）との関係である。民族の言語の語源的解釈を通して生の在り方の手がかりを得ようとする解釈学は、文化的歴史的同一性（アイデンティティ）を強化し、このような国民国家に閉じられた国民教育学を構築する方法として、とてもよく機能する学問手法であったといえる。もともと近代国家の成立と母国語の成立とは軌を一にしている。第1章で見たように、『ドイツ国民に告ぐ』においてフィヒテがドイツ語をギリシア語と同様に「根源的言語」と呼んでいたことを想起すべきだろう。また解釈学に目を向けるなら、第9章に登場することになる和辻哲郎が、解釈学によって「人間」の語源的解釈を論じながら日本語の優位を論じていることも付け加えてもよい。解釈学は国語ナショナリズムと相性のよい手法なのだ。そして、このことは言葉をかえれば、精神科学的教育学の学的枠組みは、最初から言語ゲームを共有しない他者を潜在的に排除するものにほかならない。教育人間学は、精神科学的教育学から主題設定とともに理論的限界をも受け継いでいる。ランゲフェルトもまた、教育の本質を大人と子どもとの間の交渉とみている。しかしすべての交渉が教育と呼ばれるのではない。子どもの自主性の助成を目標とし、権威関係の出現をもって教育関係が成立すると捉えている［Langeveld 1944］。このように、ランゲフェルトの「子どもの人間学」も、教育関係論の展開として理解することができる。

戦争体験が、ランゲフェルトの教育思想の形成に大きな意味をもっていることは、いまさらあらためていうまでもない。むしろこの世代の教育学者で戦争が意味をもたなかった者はいないだろう。しかし、戦争と教育思想の深化との関係は偶然ではない。なにより戦争体験と教育の実践・反省とは、深い内在的関係のうちにある［矢野 2008b］。すでに第1章でも詳しく述べたように、三〇年戦争のコメニウスやスイス内乱のペスタロッチがそうであったように、戦争は戦争孤児に見られるように深刻なホスピタリズムを生みだし、ホスピタリズムは大人の教育責任を自覚させ、教育思想と実践とを深化させた〔田中 1993〕。ランゲフェルトもまた親や共同体によるケアを奪われた戦争孤児たちと向かいあっていた。そこでは教育関係を支える共同体の再建が焦眉の課題であった。そのため言語ゲームを共有する者同士の間での教育が語られているのは、当然といえば当然のことである。しかし、そしてこのような教育の語りが可能なのは、他者を排除することによってである。そのことはランゲフェルトの経験概念を見るときより一層明らかになる。

主体から出発する哲学、あるいはそのような哲学に基づいて主体の形成を論じる教育思想の最高の思想形態は、ヘーゲルに見いだすことができる。それはヘーゲルに対する実存哲学による批判の後においても同様であり、ランゲフェルト－和田の「子どもの人間学」における意味と価値の実現においても、ヘーゲルの主体形成に関わる経験概念の影を見ることができる。まずランゲフェルトの基本的な子ども理解を示す箇所を引いておこう。

……そこで、「児童期」において全体としての人間の一時期が、すなわち世界に対する実際的関係の中で自己自身を解釈する存在、環境の枠組みの中にありながらもなお自分で自分を規定してゆく存在としての人間の一時期が理解されなければならない。その際、人格と世界と世界像とは切り離すことのできない一つの「三位一体」的な全体であって、われわれはこの全体がいつも一人の人間の中に、したがってまた児童の中にも、実現しているのを見出すのである。〔Langeveld 1973: 56、強調はランゲフェルト〕

このとき、人格とは「自己自身を一個の決断する存在として、またいつも自己決定する存在として把握する。したがって、存在すると同時に未だ存在しない、すなわち未だでき上がっていない誰かとして、自己自身を把握する」

[Langeveld 1973: 57]。このような子どもを人格＝人間として捉える見方が、子どもの主体的な自己解釈、自己創造、世界創造をもとにした発達理解を生みだした。和田はランゲフェルトにしたがって、「子どもの発達」について、つぎのように簡潔に述べている。

子どもの発達とは、それ故、周囲の自分よりも大きな人間達の言動や指導を手がかりとして、子ども自身がより偉大な存在になろうとして行う努力、換言すれば、まだ自分がそれでないところの「未来」の可能性との関係において、子どもが行う積極的な自己投企、自己経験の過程であるといってよい。[和田 1982: 122、強調は和田]

「まだ自分がそれでないところの『未来』の可能性との関係において」行う自己投企・自己経験とは、労働において端的に見いだされる人間の生の在り方である。「努力」とは、未だ「ない」ものを未来において「ある」ものへと転換する労働の別名である。ここでは、ヘーゲルが『精神現象学』(一八三一—一八四五年)で明らかにした労働をモデルとした経験概念が踏襲されているといってよい。もちろんランゲフェルト－和田の「子どもの人間学」が、ヘーゲルに依拠していると主張しようというのではない。このヘーゲルの労働の哲学から絶対精神への確信を抜いたとき、後に残るのは人間形成における近代的な経験についての優れた哲学的反省であり、その意味で、ランゲフェルト－和田の「子どもの人間学」の発達の思想において、ヘーゲルの思想が踏襲されるのは当然のことといえよう。そして、当然の如く大人の在り方も、この労働経験と深く結びついているのである。大人とは、このような経験を経ることによって到達される在り方であって、責任性・有能性・信頼性をもつ者のことをいうのである(後に詳しく見るように、和田はこのことにさらに子どもに対する「無償の愛と献身」を付け加えるのだが)。このような「子どもの人間学」の子どもの理解、子どもに対する大人の在り方への考察は、今日でもなお、あるいは今日だからこそ一層評価されてよい。問題は他者である。

もちろんランゲフェルト－和田の「子どもの人間学」にも「他者」という用語は登場する。「自分の『同一性』『主体性』と他者に対する『連帯性』『責任性』に目ざめてゆくことが、子どもが『道徳的に成長する』、『成熟した人格に発達する』ということである」［和田 1982: 123-124、強調は和田］。繰り返すが、このような教育人間学は、基本的にヘーゲル以来の近代の経験概念に立つ人間観と深く結びついている。そして、ここでは他者は、どこまでも自己同一性をもとにした自己の拡大（人間化）を促す他者であり、最終的に自己のなかに回収される他者ではないだろうか。このプロセスは、人は人生という旅のなかで出会うさまざまな苦難を努力によって乗り超え、見知らぬ者（例えば異性）との出会いのなかで大きく成長していくという、教養小説のモチーフと同型である。ここでブーバーの思想をもちだしてきても、その基本的な枠組みはかわらない。意味と価値の実現を経験として捉えるかぎり、経験される他者はどこまでも相対的な他者にとどまるのではないだろうか。

私がここで問題にしている他者とは、このような自己同一性を破壊する者として現れる者のことである。他者がもたらすのは、意味や価値を獲得する有用な経験などではなく、その意味や価値の体系を侵犯してしまう脱自の体験である。体験とは、このような自己同一性を破壊することとして生起する。この体験を生起させる他者として、本書第2章では、共同体の外部から来る「最初の先生」として論じた。ニーチェが描いたツァラトゥストラや、あるいはソクラテスやイエスが、このような「最初の先生」の代表者である。純粋贈与に見られる生の過剰な力が、一人の固有の人物の姿をとるとき、そのような人物は「最初の先生」と呼ばれるのだ［矢野 2000: 49-103, 2008a: 30-50］。

ここでは「最初の先生」について詳述するゆとりはないが、差別と排外主義を生みだす偏狭なナショナリズムを超え、また国民国家の枠を超えて生きる「個人」を生みだすのは、「最初の先生」による「贈与の一撃」においてである。このような「純粋な贈与」の一撃（例えば、ソクラテスの問答における問いかけ）は、弟子の自己同一性を臨界点にまでもたらし、脱自の体験を引きおこし、脱人間化というべき生成変容をもたらす。そして、その純粋贈与という出来事が、互酬性を生みだす贈与交換を原理とする共同体（国家）の道徳を侵犯し、開かれた倫理の在り方を指し示すのである［矢野 2008a］。そして教育とは、「最初の先生」によるこの「贈与の一撃」を繰り返される「起源」として生起しているのである。

本書冒頭でも述べたように、市場経済の世界的規模での拡大という意味でのグローバリゼーションの一方、それと対抗するかのように、信仰や文化や言語やナショナリズムによる同一性（アイデンティティ）への希求はむしろ高まっている。自己同一性への要請は、他者への差別や暴力をもたらす。そのような意味で、自己同一性を侵犯する他者と体験を教育において明らかにすることは、教育人間学にとって避けることのできない今日的な課題である。

ランゲフェルト‐和田の「子どもの人間学」について、その人間学がもつ有用性の原理と人間中心主義・ロゴス中心主義について、そしてつぎに発達の理論と経験概念について、その有効性の範囲を限定し、問題点を指摘し、そこから新たな「子どもの人間学」の転回の向かうべき方位を示してきた。この二つの論点は、ランゲフェルト‐和田の「子どもの人間学」の中心に関わる思想への問題提起であるといってよい。しかし、このような批判は、実のところランゲフェルト‐和田の「子どもの人間学」の半面にしか意味をもたない。それというのも、次節で見るように、彼らの思想には、すでに他者と関わる脱自の体験が組みこまれていたからである。

4 「無償の愛と献身」と純粋贈与

ランゲフェルト‐和田の教育思想では、これまでに明らかにしたように、意味や価値の次元、すなわち主体の有用性の次元が重視されていた。しかし、意味や価値に回収されない次元の主題が同時に語られてもいた。それはランゲフェルトでは、「愛」として語られているものである。第1章で述べたように、ランゲフェルトは強制収容所で生き残った子どもたちと向かいあっていた。よるべない他者としての子どもに出会ってもいた。「われわれの動物の理解が人間中心的、擬人的だとすれば、子どもについてのわれわれの理解は大人中心的、Adultomorphie（擬大人的）であるといえよう」と述べるように［Langeveld 1972: 160］、ランゲフェルトの子どもの人間学は、子どもの生きている意味世界へ最大限の細心の配慮を要請するものであった。しかし、理論は主体の論理であった。そのためランゲフェルトにおいては、この二つの次元が異なる次元のものとして、明確に分けられてはいない。結局のところ、愛もまた意味や価値の延長上に位置するものとして、あるいはそれ自体が意味や価値の一つとして捉えられることになった。ランゲフェルトの教育思想の解釈が、意味や価値をめぐってなされてきたのは、必ずしも誤読というわけではない。

和田の「子どもの人間学」は、一見すると、ランゲフェルトと同じ意味の次元にとどまるどころか、その意味の次元をさらに「人が生きる意味全体」にまで拡大させることで強化したようにさえ見えるかもしれない。しかし、他方で、和田は「無償の愛と献身」という主題を入れることで、意味や価値を生みだす経験とは異なるもう一つの道である脱自の体験への道を開いてもいたのである。「無償の愛」とは、純粋贈与と同様、いかなる意味においても交換に回収されることのない出来事を指しており、そのこと自体のためであって他のことの手段とはならないことを意味する。そこにはいかなる理由も目的もなく、したがってそこで見いだされる意味は、通常の有用性と結びつく意味とは次元を異にするものである。なによりそれは、豊かな意味や価値を求める在り方からの根本的な転回を意味していたからである。和田は『子どもの人間学』の最終部で、つぎのように述べている。

若者はやがていかに努力しても自分の能力には限りがあるし、あらゆる責任を完全に果たすことは不可能であること、己の力の

> みを恃むことの根源的な愚かさと空しさに気づき、無力で頼りないのは子どもだけではなく、人間存在そのものの実相であること、それ故にこそ人間は互いに信じ合い、扶け合うことが必要であり、良識の尊重と相互の信頼性が不可欠であることを学ばなければならないのである。そして、この「責任性・有能性・信頼性」というおとならしさの特徴は、人が自分の根源的な頼りなさにもかかわらず、敢て自分よりも更に非力で頼りない者達のために、進んで生活の負担を引き受けようとする、「無償の愛と献身」の中に、最も明瞭かつ純粋な形で、統合的に実現されるのである。［和田 1982: 205-206、強調は和田］

和田の『子どもの人間学』をはじめて読んだときがそうであり、今日でもそのことは変わらないのだが、私がこのテクストのなかでもっとも心が惹かれたのは、この引用した箇所である。「大人とは何ものか」が最終的に明らかにされ、そしてその自分のよるべなさにもかかわらず子どもへと向かう「無償の愛と献身」に生きる大人となること自体が、教育の目的であると示されている箇所である。教育の本質を「無償の愛と献身」に見るということは、たしかに平凡な事実への回帰である。また「教育は愛である」とは、教育を語るさいに誰もが一度は口にする凡庸な言葉ではなかったか。しかし、本当にそれはどこにでも見られる平凡な事実であり、それを語る言葉は真実から遠い凡庸な言葉なのだろうか。

そのようにしてしまったのは、今日、愛という言葉が、そして教育愛という言葉が、その力を失っているだけでなく、ある種のいかがわしさを帯びてさえいるからである。しかし、教育愛の場合のいかがわしさは今日にはじまったことではなかった。教育愛はその歴史的な出自からしていかがわしさをもっていた。それというのも、シュプランガーに由来する教育愛という用語は、日本では戦時期に教師が自身の身を犠牲にしてまで学生・生徒に尽くすという意味で広まったといわれている［佐々木 1996: 267］。さらに、それ以上に教育愛が問題なのは、それが人間中心主義・ロゴス中心主義に基づいて相手側に意味や価値を生みだそうとする企図の観念に指導されていたことである。したがって教育愛について語るさいに、ソクラテスからエロスを、さらにイエスからアガペをとり入れてこようとも、そこにはいつも意味や価値の実現が予定されており、何ものの手段とも道具ともならない無償性と向かいあっているという理論的認識が欠けていた。

しかし、有用性の原理とのつながりを断ち切るとき、そこに現れてくるのは、何ものの手段とも道具ともならない純粋なそして過剰なXである。「愛」の前にわざわざ「無償の」という言葉がつけられていること、そして「献身」が「無償の愛」にさらに付け加えられているのは、そのためである。この「無償の愛と献身」とは、私の用語に引きよせて言い直すなら、一切の見返りを求めない純粋贈与のことである。引用文中で著者によってわざわざ傍点が打たれている「にもかかわらず」という文言は、「にもかかわらずあえてなす勇気」という、和田が若いときから親しんだティリッヒの存在論的勇気論と響きあっている。「にもかかわらず」とは、合理的な計算や判断を超えた転回・覚醒を意味している。もし「にもかかわらず」が、たんに別の意味の発見へとつながるものにすぎないのなら、「無償の愛と献身」は言葉によって説明が可能であり、それは別の何か有益なもののためになされるのであり、もはや無償ではなくなる。

このように、「にもかかわらず」は、たんに前項を否定し新たに別の意味へと向かう反転などではなく、そのような意味への希求から解脱する絶対的な転回、覚醒＝脱自の体験によるほかはない。絶対的によるべない他者としての子どもが、この転回を生起させるのである。それだけではない。有用性の原理を破壊し至福の体験を生きる他者としての「子どもという生の在り方」が、あるいは、一切の見返りなしに贈与する他者としての「最初の先生」が、この転回を生起させるのである。

六〇年前、若き和田はハイデガーの「存在の思考」に導かれ、論文「ニヒリズムと思考の転回——教育的世界の存在論的考察への序説」（一九五九年）のなかで、「教育 παιδεια の本質は、実はプラトンの洞窟の比喩に明らかな如く、事物の本質の隠された場所から、隠れなく顕われた場所に慣れ変わることであり、人間全体を存在の開けの覚醒 Erweckenへと回転することにこそあったのである」［和田 1959: 138］と述べた。ランゲフェルトの「子どもの人間学」は、このようなハイデガーの「存在の思考」から理解され解釈されることで、その教育思想のもつ可能性が極限にまで示されることになったが、それをさらに教育の方へ推し進めることになったのは、絶対的によるべない他者としての子どもを迎え入れることによる。こうしてランゲフェルト‐和田の「子どもの人間学」となったのである。

5　生成する「子どもの人間学」

「ニヒリズムの克服」という和田の初期からの思想的課題は、新たな意味や価値をどこまでも求めることではなく、むしろそのような意味や価値の希求自体を放棄することにある。私たちは、ときに生きることが虚しくなり、「何のために生きるか」と自問することがあるが、このような問いはすでに有用性の生に疑問もなく立つことによってなされるものであり、そのような問いを問うこと自体が、現在の生の手段化をもたらすことになる。そのような問いかけは、ニヒリズムそのものへと立ちもどることである。後期ハイデガーの「存在の思考」から出発した和田は、そのことをよく理解していた。私はかつて和田の教育人間学を論じたなかで、つぎのように述べたことがある。

和田の著作はどれもそうなのだが、読んでいると、これまで自明の自然過程のようにみえた、子どもを持つことや育てること、あるいは教育することが、突然に陰影をもつ際だった事象として立ちあがってくるのである。その理由はなんだろうか。

それは和田が、根拠のなさ、虚無や無を自覚しながら教育世界を描いているからである。先に、和田の文章を引用したが、ふたたびそこにもどって読み返してみればよい。意味や価値の基盤を奪ってしまう無に晒されながら、「にもかかわらず」の逆対応的な転回によって、「愛」も「信頼」も獲得されるのである。つまり、教育が際だつ理由は、教育の周囲に無の深淵がいつも開いていることを告げ知らせるからである。そして、教育はわたしたちが「にもかかわらず」の「勇気」を喪失した瞬間に、調教や条件づけへと形を変えてしまうデリケートな営みであることを知るのである。［矢野 1999b: 278］

和田の教育人間学は、意味や価値の実現に関わる人間学であるにとどまらず、その意味や価値の実現を超えでる存在論に基づく教育人間学といえる。ランゲフェルト‐和田の「子どもの人間学」は、後期ハイデガーの「存在の思考」から脱自の体験を組み入れており、その意味において、他者を歓待する贈与の教育学の先行形態と呼ぶことができる。本章での考察を踏まえるとき、子どもという他者と向かいあうことで、ランゲフェルト‐和田の「子どもの人間学」は、「絶対的な問い」を孕んだ「限界への教育学」ということができる。そして、このように見てくると、拙著『贈与と交換の教育学』で展開した他者を歓待する純粋贈与の教育学は、ランゲフェルト‐和田の「子どもの人間学」へのオマージュであり、その非連続性の連続性ともいうべき贈与のリレーの一つの表現ということができる。思想のリレーは、たんに後の者がその思想課題に目覚めることによって生起するだけでなく、先行者からの贈与がもたらす比類なき喜びゆえに生起する。思想とはその意味でもパーソナルな、それゆえに本質的にかけがえのない贈り物でもある。

第5章——人間と動物の境界線に生起する臨床教育学

子どもという生の在り方をめぐって

「しかし私は、思考を欠いた人間を思い描くことはできない。そんなものがあるとすれば、石ころか獣だろう。」

パスカル『パンセ』より[1]

思考する人間を、他の存在とは切断された、固有の存在として捉える見方は根強い。しかし、近年、生命論（生態学）的転回と関わるポスト・ヒューマニズムは、このような人間中心主義・ロゴス中心主義に疑問を投げかけ、人間と非人間（人間でないもの）との接続に焦点化して捉えることで、人間と非人間との関わりをダイナミックにトータルに捉え直し、伝統的な人間／非人間そして人間／動物の二項対立を、これまでとは異なる形で表現しようとする。人間／動物の二項対立は、文化／自然と同様に、教育を考えるときの教育学的思考のもっとも重要な枠組みを提供してきた。本章は、人間／動物がどのように教育と教育学とを根拠づけ、また教育の目的を創出してきたかについて、その歴史をシンプルに概観し、今日問い直されている人間と動物との境界線上に、どのような臨床教育学の課題が生まれるかを明らかにする。

ところで、ギリシア神話のオイディプス物語のなかに、顔は人間で体はライオンの半人半獣のスフィンクスが、オイディプスに「朝は四本足、昼は二本足、夜は三本足になるものは何か」というなぞなぞをだす場面がある。その答えはすでによく知られている。「人間」である。それにしても四本足・三本足のとき、それは人間なのだろうか。またなぞなぞを与えるスフィンクスは、なぜ人間と動物とのキメラなのだろうか。答えることができなければキメラの怪物に食べられてしまう命を賭けたなぞなぞ、ここには人間／動物の境界線をめぐる課題の特質が凝縮されているのではないだろうか。

1 人類史の根本課題としての人間／動物という問題

教育学的思考は、古代より動物との関係のなかで人間を考え、人間形成についての思考を深めてきた。家畜は、人間とともに暮らし、食料や衣服の材料や使役のための有益な所有物であったが、ライオンやジャガーのように、野生の動物の獰猛さは恐れを抱かせるとともに、敏捷さや優美さをそなえた動物は畏怖すべき他者であった。狩猟採集を糧としていた人々にとって、人間についての知とは、動物との関係がその思考の枠組みを規定する「動物−人間学」であった。そして、その具体的な内容は神話として語られている。神話は、動物や植物といった具体的な自然物を通して、宇宙や自然や人間について体系的に考えた「はじまりの哲学」といえるものであるが〔中沢 2002b〕、そのなかで、人間と動物とのつながりが深い共感をもって語られている。通過儀礼（とりわけ入社式）は組織的な意図的教育のはじまりとして考えられてきたが、そこで子どもが大人の仲間入りをするときに教えられたのは、この宇宙と自然と人間の謎や秘密を明かす神話であった。その神話では、例えば、自分たちは実は熊の子孫であること、そのため熊を狩るときには敬意を払わなければならないことが語られたりする。しかし、このような分離された動物との間に回路を開く対称性の教えは、一神教の成立の後には別のものにかかわる。

ユダヤ教・キリスト教・イスラム教の教えのように、超越的で絶対的な唯一の神を信仰する一神教は、神の姿をイメージすること自体を否定し、古代エジプトや古代ギリシアの神話に登場する動物や半人半獣の姿をした神々のイメージを一掃した。旧約聖書にしたがうなら、この一神教の世界では、人間も動物も神の被造物だが、人間だけが神の似姿として創られ、他の動物たちはその人間の手段として創られ、人間は動物の管理を神から委ねられているとされる。失楽園以後のノアの箱舟の物語は、原罪以前のアダムが動物たちに名前を与える物語や動物供犠の物語とならんで、人間中心主義に基づく生命の位階秩序の根拠を語る、旧約の動物 - 人間学の要をなす物語である。

重要なことは、一神教においては、人間と動物とが截然と区別されていることである。人間と動物との間には、跳び越しがたい絶対的な境界線があり、人間が動物になることも、また動物が越境して人間になることも考えられない（許されない）ことである。こうして特権を有する「人間」という在り方が、自然（動物を含む）から際だった形で象られることになる。それでも自然とのつながりが濃密だった前近代の人間にとっては、生活感情としては、依然として動物への共感に満ちた感情が生きつづけていく。しかし、原理的には動物との対称性の絆は断ち切られることになる。

それにたいして、ギリシア哲学では、魂の輪廻転生を神話として保存しており、一神教ほどに人間／動物の境界線が明確に引かれているわけではない。例えば、プラトンの『パイドロス』のなかでは、かつては人間であったものが蟬へと生まれかわることについての物語を語ったり、あるいは『国家』では、人間だったものが死後に動物に生まれかわる転生の物語について語っている。ソクラテスは議論の相手から思考を麻痺させる「シビレエイ」と呼ばれたり（『メノン』）、自分のことをアテネ市民を目覚めさせるために刺す「虻」と称したりもしている（『ソクラテスの弁明』）。しかし、それでも動物との境界線は、人間に関わる定義において示されることになる。例えば、代表的なところでは、動物にも霊魂を認めていたアリストテレスは、「人間は政治的動物である」という。人間は理性やロゴスをもとに考えられてはいるが動物とのつながりを残してもいる。このような人間の定義の仕方は、以後繰り返し人間を考えるときに立ちもどってくる定義の雛型であった。さらにキリスト教と結びついて以後は、哲学は西欧の動物－人間学を方向づけるうえで大きな力を発揮した。

哲学の動物－人間学は、「人間の固有性」「人間の条件」すなわち人間と非人間とを画する境界線の原理を明らかにする営みであった。とりわけ重要だったのは動物との間の境界線である。その動物との差異は、人間のみが理性・精神・意識あるいは責任＝応答可能性をもつことに求められた。「人間は理性的動物（animal rationale）である」、あるいは「人間は言語をもつ動物である」といったように、「人間は（だけが）〇〇できる動物である」ことが語られた。反対に、動物にはこれらの能力が欠如している、あるいは奪われている、と解された（アリストテレスの「ステレーシス（欠如・剥奪）」の論理）。これらの人間の定義は、人間中心主義・ロゴス中心主義の人間学に基づいたものであるが、人間を動物から切り離しつつもつなげる二重の作用のある論理表現といえるだろう。

しかし、近代哲学の祖というべきデカルトは、コギトによって、動物とつながる痕跡を全面的に消去しようとした。デカルトは「人間は理性的動物である」という定義を中断し「理性的動物」を括弧に入れて、「私はある」から「私は考える」へと思索を進めていく。ちなみにデカルト主義者たち（デカルトではない）は、自我あるいは自己が欠落しどのような反省もなさない動物とはただの機械であるとし（動物機械論）、自動機械にすぎない動物にはどのような容赦も必要ないと考えた。いずれにしても、近代の哲学においては、動物たちはロゴスをもたないものとして、言葉を話さないものとして、思考や反省のないものとして、応答がなく責任＝応答可能性がないものとして、つまりは重要な能力が欠如したものとして、人間にたいして絶対的な劣位におかれ、ここから人間／動物の支配／被支配の関係が正当化されてきたのである。

このような動物－人間学の伝統をもつ西欧の思想圏において、動物との生物学的連続性の立場から人間を捉える進化論の出現が、宗教的のみならず哲学的にどれほど大きな衝撃を与えたことかは、繰り返す必要もないことであろう。進化論以降の科学的な人間理解では、人間と動物との差異は、本質的なものではなく相対的なものと見なされるようになる。人間は動物の一種にすぎない。生命や動物についての新たな発見、霊長類の知能研究の進展、人間についての経験科学の手法で明らかとなる実証的知見の爆発的な蓄積は、西欧の伝統的な人間観を根底から揺さぶることになるが、そこからあらためて自覚的な問いとして「人間とは何か」という問いを生みだすことになる。二〇世紀の人間学・人間存在論はこうして誕生する。

2　近代教育学における野生児をめぐる動物 - 人間学

西欧の動物 - 人間学の歴史について、古代から進化論の出現までを簡潔にスケッチしてみた。私たちに重要なのは、この近代哲学の人間／動物の差異の原理が、近代教育学の根拠を作りだし、また教育の目的をも決めていたことである。つまり動物と比較することによって明らかにされた「人間の固有性」が、人間への未熟な新参者（具体的には子ども）にたいして、体罰も含めて肉体的精神的に働きかける教育の必要性・正当性を保証し、動物性（その内容が具体的に何を意味するかは、あらかじめ確定されているわけではない）を否定し、人間性を実現することとして教育を特徴づけるとともに、同時に教育の向かうべき目的を決めていた。子どもは、「未開人」や「野蛮人」と同じく、未だ十分には人間性を実現させてはいないその分だけ動物性に占められた存在と見なされていた。

近代教育学が成立するとき、初期の教育思想家は、教育をまったく受けることのなかった「人間」の衝撃的なイメージを発見する。それは「野生児」と呼ばれているものたちである。野生児というのは、なんらかの理由で、人間による養育・教育を受けることのなかった子どもたちで、そのなかには動物に育てられたとするものも少なくないが、言葉を話さず四足歩行することを特徴としている。この野生児は、人間と動物との境界線に出現する不確定な存在で、人間／動物の境界線を揺さぶりつづける。リンネは『自然の体系』（一七五八年）の第一〇版において、人類をホモ・サピエンスと名づけ、そのなかに「ヨーロッパ人」や「アメリカ人」などとならべて「野生人」を分類しているが、教育思想家の野生児への関心はその一〇〇年も前からある（野生児の系譜はもっと古く、ローマ建国神話では狼に育てられた兄弟が建国の始祖である）。デカルトやパスカルと同時代を生きたチェコの宗教者・教育思想家コメニウスの『大教授学』（一六五七年）には野生児がつぎのように登場する。すでに前章でも引用しているので、重要なところだけ引いておこう。

なん年かののち村人たちは、狼と一緒に走っている、ある異形の動物を見ました。四つ足ですが、顔つきは人間に近いのです。……中略……〔やがて生け捕りにされる〕太守の命令で、人々の間で世話されたところから、次第におとなしくなり、やがて後ろ足で立ち、二本足で歩き、最後には人語を話して、つまり人間になり始めたわけです。思い出せる限りの話では、狼にさらわれ、狼の乳をもらい、いつも狼と一緒に獲物をつかまえに行った、ということであります。［Comenius 1657=1962: 84、括弧内と強調は矢野］

人間性を失った野生児の事例を導き入れ、ここからコメニウスは、「以上のことは皆、すべての人に教育が必要なことを物語っております」と結論づける。野生児のトピックは、以後の教育思想のテクストにも繰り返し登場することになるだろう。そして、野生児と同様に、動物たちの影が近代教育学のテクストをいつも横切ることになる。例えば、カントの『教育学講義』（一八〇三年）では、動物と比較するなかで、動物性は克服され人間性へと変えていくべきものとして捉えられている。カントは博学な地理的人類学的知識と透徹した人間観察をもとに、教育がどのようなものであるべきかを描きだしている。冒頭の箇所を引用しておこう。

人間は教育されなければならぬ唯一の被造物である。言いかえれば、教育とはここでは養護（扶養、保育）と訓練（訓育）と教授ならびに陶冶との意味に解されるのであるが、これに従って人間は乳児であり――生徒であり――そして学生であるのである。……中略……訓練または訓育は動物性を人間性へと変えてゆく。動物はその本能だけですでに一切であり、ある他の理性がすでに動物のためにすべてを世話しておいたのである。ところが人間は自分自身の理性を必要とする。人間は動物のような本能をもたず、自分で自分の行動の計画を立てなければならない。しかも人間は生まれると直ぐからそうすることができるというわけではなく、むしろ自然のままで世に出てくるのであるから、他の人々が代ってそれをしてやらなければならぬのである。／人類は人間性のそなえる一切の素質を自己自身の努力によって自分のうちから漸次に表してゆくようにすべきものである。［Kant 1803=1959: 331-332、強調は矢野］

「人間は教育されなければならぬ唯一の被造物である」という文章は、前章で見たように、後にオランダの教育人間学者ランゲフェルトによって、人間学的に別の言葉で定式化されることになるものだ。いずれにしても、教育の語りは動物との比較からはじまり、人間の固有の特質が示され、教育の必要性が述べられる。近代教育学のテクストは、こうしたカントの論述を主題とした多様な変奏曲として理解することができるだろう。そして教育学のテクストとは、人間の内なる粗野な自然性としての動物性を克服し、人間に固有のものを実現していくための指南書である。動物性はそれ自体は悪ではないが悪とつながるものだから、教育（啓蒙）によって克服されなければならない。

人間の動物性が具体的な姿をとるのが野生児である。野生児が本当に動物によって育てられたのかどうかは、ここでは問題ではない。野生児は精神的な障碍をもった子どもだという解釈もあるが、むしろ戦争や自然災害によって親を失った孤児や捨て子たちの姿だった可能性が大きい。第1章でも述べたように、近代教育学に大きな影響を与えたスイスの教育者ペスタロッチが、社会改革者から教育者へと大きく転換させるきっかけの一つは、ナポレオン戦争によって生まれた戦争孤児たちとの出会いであった。ペスタロッチは、非人間的状態＝動物状態にいる戦争孤児たちの人間性を回復し、さらにより高く人間性を実現しようとすることによって、教育の思想と実践を象っていく。このとき戦争孤児たちは人間的な姿を剝奪された「野生児」である。教育学は、こうした戦争孤児という野生児を前にして、自らの理論を深化させていくことになる。

しかし、前項で述べた進化論が論じるように、人間が動物と連続しており、人間に固有なるものが不確かであるときには、教育はその人間学的な根拠と目的の正当性とを見失い、子どもにたいして意図的にときには強制的に関与することができなくなる。根拠もなく本人が望むこともなく教育を課することは、ただの暴力とどこが異なるのか説明がつかなくなる。人間学・人間存在論の思考は、二〇世紀の教育学的思考にとっても大きな意味をもっていた。

3　教育人間学における人間／動物問題

進化論は人間を動物の延長で連続して捉える見方を可能にした。人間についての科学的手法による研究は、人間を動物として捉える科学としてますます発展する。そのようななかで、ポルトマンの生理的早産説やボルクのネオテニー（幼形成熟）説といった、生物学や動物学の最新の成果を手がかりにして、そこからあらためて「人間の固有性」を見つけだすという哲学的な試みがなされるようになる。なかでも哲学的人間学が注目したのは、カント主義の認識論に立つ動物学者ユクスキュルの環境世界論であった。環境世界論は後に「動物行動学」へと発展するのだが、人間学にとっては、「人間とは何か」という問いにたいする新たな答え方を方向づけるものであった。

動物は、その動物にそなえられた知覚器官の種類や能力とその数、そして配置の場所によって、それぞれの種に固有の環境である「環境世界（Umwelt）」に生まれながらに緊密につながっているという。例えば、ダニは光を感じる知覚、獲物が近づいたことを知る酪酸の臭いを感ずる嗅覚、獲物に触れたことがわかる触覚、そして獲物の皮膚の方向を知る温度知覚の四種類の知覚器官によって切り取られた、とてもシンプルな環境世界のうちに生きている。ダニにとって、その四種類の知覚器官に関わらないモノやコトは意味をもたない。しかし、ダニはその単純な知覚器官によって、まちがうことなく確実に枝の下を歩く獲物を発見し、その獲物の体のうえに着地し、吸血し、地面に落ちて土のなかに産卵して、子孫を残して寿命を終えることができる。このようにして動物は、種それぞれに生まれながらにして異なる環境世界を生きているという。蜜蜂は蜜蜂の、梟は梟の、そして犬は犬の環境世界を、それぞれに生きているのだ。もちろん人間も例外ではない［Uexküll 1921=2012, Uexküll & Kriszat 1934=1973］。

哲学的人間学のマックス・シェーラーは、『宇宙における人間の地位』（一九二八年）において、ユクスキュルの理論を承けることで、動物との間に新たな差異の原理を見いだし、「世界開在性（Weltoffenheit）」という用語でもって「精神」の思想史にこれまでにない息吹を吹きこんだ。動物は環境世界に繋縛されているのにたいして（環境世界緊縛性）、精神を有する人間だけが世界に開かれていると。たしかに人間もまた動物ではあるが、人間は動物のように生得的に決められた環境世界をもたない。人間にも知覚器官に規定された環境世界はあるが、動物的な感情衝迫や本能にたいして人間は「否」ということができる。人間は自身を対象化することで環境世界の外部に立ち、そのことによって人間にだけ「環境世界」ではなく「世界」が開かれる。この世界は環境世界のように確定されてはおらず、人間とともにどこまでも変わりゆくものである。人間は世界を作りかえ、それによって反対に人間自身が作りかえられてもいく。シェーラー自身の言葉を借りれば、「人間とは、無制限に『世界開在的』に行動しうるところのXである」［Scheler 1928=1977: 51］。つまり精神を有する人間は確定しえないXであって、たんなる動物ではないのだ。

ユクスキュルからヒントを得て、あらためて「人間の固有性」の探究を試みたのはシェーラーだけではない。同時期、新カント学派のカッシーラも、『シンボル形式の哲学』（一九二三―一九二九年）において、ユクスキュルの説を手がかりにして、人間を端的に「シンボルを操る動物（animal symbolicum）」と定義している。またメルロ＝ポンティもユクスキュルの動物学に大きな影響を受けたものの一人である。そのような哲学者のなかでも、本論においてとくに重要なのはハイデガーである。

ハイデガーは、彼の存在論における世界内存在の思想の成立において、ユクスキュルの環境世界論がヒントを与えたことはよく知られている。シェーラーのテクストが出版された翌年の一九二九年―三〇年の講義『形而上学の根本諸概念』（出版は一九八三年）において、ハイデガーは石と動物と人間とを世界との関係において論じて、つぎの三つのテーゼとして命題化し、それぞれの差異を明確にしている。すなわち、「石には世界がない」、「動物は世界に貧しい」、それにたいして「人間は世界形成的である」。このとき動物の「世界貧乏性」の「貧乏性」とは、たんに「多少」の「少」や「大小」の「小」がいわれているのではなく、「欠如している」ことを意味している［Heidegger 1983=1998: 316］。つまり、ここで一端は動物も世界を生きるものとして人間ともつながっているように見せながら、存在様式として動物には世界が欠如していると論じることで、動物と人間との絶対的な切断を図るのである。つまり動物は生きてはいるが存在しているわけではない。動物と人間とは無限の深淵を隔てて異なっているのだ。こうしてハイデガーは動物との比較のなかから、比較自体の不可能性を導きだし、人間を動物とは本質的に異なる世界形成的な存在者として捉え、さらにその存在論的考察を練りあげていく。

さらにハイデガーは、『形而上学入門』（一九五三年）において、「人間とは何か」という人間学では見慣れた問いの形式がもつ問題性を指摘している。この問いは、人間を動物として捉えており、その回答を「動物学的な定義」としているというのだ。ハイデガーはパルメニデスに立ち返り、「人間とは何か」という問いは、存在について問うことのなかでのみ問われうるものであるという。そして「人間とは何か」に代えて、存在はどうなっているのかという問いとの本質的な連関において、「人間とは誰か」と問うべきだという。つまりハイデガーは、動物を参照項にして「人間の固有性」を考えてきた哲学の伝統を不十分なものとし、ソクラテス以前のイオニアの思想にまで遡ることで、あらためて存在論から人間を問い直そうというのである。参照項にすることからも動物の痕跡をとり除き、人間を現存在として存在論において論じようとする。

『形而上学の根本諸概念』が重要なのは、こうした動物学的定義を形而上学から排除する過程で、ハイデガーがユクスキュルらの動物学をくぐり抜ける思索の歩みを知ることができるところにある。このテクストは、テクストの成り立ち自体の問題がこれまで指摘されてきたが、この動物と関わるハイデガーの論考が、次節で見るように、ポスト構造主義の思想家たちによって集中的に論難されることになる。[2] しかし、その議論に入る前に、シェーラーやハイデガーの動物－人間学の成果を、教育人間学が教育の思想としてどのように発展させたかを簡単に見ておこう。

シェーラーらの哲学的人間学やハイデガーの人間存在論の哲学は、ドイツやオランダを中心にして教育人間学のなかで教育の思想として読み換えられ、それまで教育学では顧慮されなかった教育の出来事への関心を深めた。このとき教育人間学の研究者にとって重要だったことの一つは、「子ども」という在り方への新たな知見が開かれたことであった。教育人間学が導きだした結論は、人間の子どもは不十分ではあってもすでに人間に固有な在り方をしていることの発見であった。哲学者は人間について問うとき、すでに意識をもち言葉を話し、二足歩行ができることを自明なこととして捉えている。そうして考えられた「人間の固有性」が、子どもに当てはめられるとき、「人間の固有性」を子どもが十分に満たしていないことは明らかだ。しかし、人間の子どもはすでに最初から動物とは異なる固有性を有する人間として生きているのではないだろうか。そのさい、ユクスキュルの環境世界論だけでなく、先に述べた生理的早産説やネオテニー（幼形成熟）説などが援用されたりした。

ランゲフェルトの「子どもの人間学」は、その意味で画期的な意味をもっていた。ランゲフェルトは、哲学者が子どもという存在についてこれまで真剣に考えてこなかったことを鋭く指摘し、あらためて子どもという存在を問う「子どもの人間学」を提唱した。ランゲフェルトは、ユクスキュルが動物種の固有の世界を明らかにしたように、子どもにとっての身体や空間や時間がどのようなものとして生きられているのかを、子どもの生活世界の解釈学的現象学研究に基づき解明した。このように、子どもの生きている生活世界を解明することによって、ランゲフェルトは、あらためて「人間は教育されなければならない動物であり、また教育する動物なのである（animal educandum et educans）」と人間を定義することになった［Langeveld 1972: 161-162］。つまり、「教育されなければならない動物」というように教育を必要とするだけでなく、教育をすることも「人間の固有性」として捉えられることになった。この定義は教育人間学の大きな成果といってよい。そしてこの教育人間学の定義も、アマラとカマラという狼に育てられた野生児を事例とすることで拡がったことも付け加えておこう。

こうして教育人間学は、人間学・人間存在論の動向と連動しながら、人間／動物の新たな境界線の作り方を模索し、教育の思想へと発展させてきた。そこでは、子どもは「動物」としてではなく大人とは異なる生活世界を生きる「人間」として論じられることになった。しかし、ここにきて人間／動物の境界線を揺さぶる自然観・生命観の地殻変動がはじまっている。その知の変動は、新たに境界線の引き方をどうするかという問いにとどまってはいない。そこではこの二項対立の思考自体が問われている。

4　人間／動物の境界線をめぐる新たな問い方

人間学・人間存在論は動物との切断を計ってきたが、ここで厳密に論じられた動物との差異から、亀裂や齟齬もなく純粋に「人間の固有性」を導きだし論じることができたのだろうか。近年、人間と動物たちとの関係を再検討する重要なテクストが数多く出版されるようになっている。こうした再検討が進められている理由を、一概に確定することは困難であるが、つぎのような問題関心が考えられよう。まず地球規模となった環境破壊に対するエコロジーへの関心の高まり、それと連なる遺伝子組みかえやクローンなどの生命技術への批判的反省、動物実験での虐待、家畜の薬漬けの飼育法や屠殺にたいする動物愛護の立場からの問題指摘、動物の道徳的地位を認め動物の解放を目指すトム・リーガンやピーター・シンガーらの「動物の権利・福祉」を提唱する倫理学の拡がり、あるいは人間／非人間を横断するブルーノ・ラトゥールらの技術的媒介の哲学、その影響を受けた多自然主義に立つ文化人類学者ヴィヴェイロス・デ・カストロらによる西欧とは異なる地域での動物－人間学研究の発展、ミシェル・フーコーに由来する生政治学との関係など、さまざまな思想的潮流と問題関心とが交錯し、複雑にリンクしているといえる。

しかし、そのなかでも、ポストモダン状況において顕わとなった西欧の人間に関わる思想の諸前提（私・主体・思考・言語・法・主権……）が、動物との関係の作られ方から問い直されている事態がもつ意味は重要である。ポスト構造主義の議論で、先に見たハイデガーの『形而上学の根本諸概念』における「動物は世界に貧しい」というテーゼを詳細に検討することで、ハイデガーの存在論の成立の陰で隠蔽されている動物思想を明るみにだし、存在論自体が問い直されていることは見逃すことができないことの一つである。こうした新たな思想課題の出現は、ハイデガーの人間存在論のみならず、「人間とは何か」を主題的に論じてきた哲学的人間学、そしてそれらに強く影響を受けて人間と教育との関係を論じてきた教育人間学にとっても、無関心ではありえないはずだ。

ポスト構造主義の議論のなかで、動物についてもっとも重要な議論はジャック・デリダによってなされたものである。デリダの動物の問いに関わるまとまったテクストは、一九九七年の講演をもとにした『動物を追う、ゆえに私は（動物で）ある』（二〇〇六年）である。いかにもデリダ的というべき奇妙な表題のテクストにおいて、デリダはデカルト、カント、ハイデガー、レヴィナス、ラカンらを召喚し、「人間の固有性」をめぐるさいの彼らの動物についての思考を吟味する。彼らはその思想の違いにもかかわらず、いずれも動物たちを応答性＝責任性がなく、「私」が欠落しているものとして捉えている点において共通しており、また「動物たち」の間の差異を考慮することなく「動物なるもの」動物一般としてひとまとめに捉え、さらに動物たちの性差にも無頓着である点などで共通しているという。そして、動物たちへの暴力を容認する彼らの動物‐人間学を論難する。例えば、レヴィナスは動物たちをけっして「他者」としては認めない。つまり「殺すなかれ」は「顔がない」とする蛇のような動物には適用されないのだ。そうすることで、デリダは動物との比較で描かれ「確証」されてきた彼らの人間の捉え方（人間中心主義・ロゴス中心主義）を批判している。

猫の眼差しによって自身の裸の姿を恥じることからはじまったデリダの人間／動物をめぐる思索は、「生けるものたちの異質的な多数性」をもとにした、動物たちと人間との新たな関係を語る言葉と文法を見いだそうとする試みである。その語りの実践が、この奇妙な表題『動物を追う、ゆえに私は（動物で）ある *L'animal que donc je suis*』に集約されている。ここでは、デカルト以来の哲学における動物たちについての語り方を批判的に問い直すことで、人間／動物の境界線を区切る行為自体を宙吊り（決定不可能）にすると同時に、「私は……」として語りはじめるきわめて人間的営みと見なされてきた「自伝」の語り方自体を、宙吊りにするようにもなっている。デリダの多くのテクストがそうであるように、デリダのここでの議論を要約的にまとめたところで、このテクストによってもたらされる、人間／動物に関わる常識的な思考が揺さぶられ、動物たちから見つめられていることへの奇妙な居心地の悪さとともに、新たにふたたび動物たちと連なることの不思議な快感を伴う読書体験を、正確に伝えることはできない。しかし、読者は、このテクストでは西欧の哲学という思考の系譜のなかで、「動物たち」がそしてそれを語ってきた「人間」が、その両者の関係の在り方が、新たな問いの次元へと押し上げられていることに気がつくことだろう。動物たちからの眼差しが、私たちを動揺させ、「私は……」の同一性なるものを強く揺さぶるのである。

この講演の後、二〇〇一年から二〇〇二年にかけてふたたび動物と関係する連続セミナーがなされる。この連続セミナーの講義記録が『獣と主権者』（出版は二〇〇八年）である。これはデリダ最期の講義記録でもある。デリダは主権に関わるところで動物について論じている。正確には、『動物を追う、ゆえに私は（動物で）ある』でとりあげられた「動物（animal）」ではなく、動物のみならず虫や怪獣・怪物などをも意味する「獣（bête）」である。このセミナーでは、フランス語の「獣（bête）」をめぐる用語法に着目しながら論を展開していくので、「動物」でなされた議論と交叉しながらも、用語上「獣（bête）」と連なる「愚かさ（bêtise）」の探究や、ホッブズのリヴァイアサンへの言及など、「動物」とは異なる論点を拓いていく[3]。

この講義の内容は多岐にわたるもので、要約すること自体意味をなさないが、動物たちとの関係なしには人間の主権もまた論じることはできないことを示している点が、動物たちと同様に応答し責任をもつことのできないとされる子ども観と関係しており、教育学にとっても重要である。デリダによれば、近代の政治主体の成立自体が、そして自由や責任や権利主体といった近代の政治学を形成している主要な観念の成立自体が、人間／動物の分割に負って「人間の固有性」を定義づけることによって、つまり動物たちを排除することによって成立しているというのである。このデリダの理論を教育へとつなげて考えるなら、「人間の固有性」つまり人間性を未だ十分に実現していない子どもに教育を強いる正当性も、また同様の原理によってなされているのではないだろうか。動物はどこまでも動物にとどまりつづけるが、人間の子どもは人間性を実現することによって、応答し責任をもつ主権者になることができる。教育が調教＝躾とつながりつつそれ以上のものとして意味づけられる根拠を、こうした動物たちを排除しつつ確立されていく近代の主権論と結びつけて理解することができるだろう。その意味でいえば、近代の教育学は人間／動物の境界線上の典型的な存在として野生児を必要としているのだ。

さらにデリダの論に、ジル・ドゥルーズの「生成変化の哲学」における一連の動物論を付け加えるなら、本章での人間／動物に関わる問題提起がたんなる個人的な関心によるものではなく、人間に関わる知の巨大な地殻変動が、動物との関わりで起こっていることがわかるだろう（もっとも「動物」とはいったい「誰」のことを・「何」のことを指しているのかについては、注意を払う必要がある）。あるいは、私たちは自然観・生命観をめぐる人類史上の歴史的転回時に遭遇しているといい直してもよいだろう。しかも、ここでドゥルーズがとりあげるのも、ほかならぬユクスキュルのダニであり、そのダニの世界の「貧しさ」なのだが、スピノザやライプニッツの哲学を経てドゥルーズが描きだすダニは、ハイデガーの論とは異なり、「世界をもっている」というのだ。[4]「『ダニ』を見るのだ、この動物を賞賛するのだ、ダニは三つの情動〔光覚と嗅覚と触覚に対応する情動〕によって規定される、それはダニを合成する諸々の関係＝比に応じてダニに可能となるすべてのものだ、三極の世界、そしてそれがすべてだ！」［Deleuzea et Parnet 1977=2011: 105、括弧内は矢野］。

ダニの有限の情動とその情動と結びついた有限の世界とを、ドゥルーズは賞賛してやまない。ここでは、ハイデガーの『形而上学の根本諸概念』が直接的に言及されているわけではないが、ドゥルーズがこのテクストでのハイデガーの議論を念頭においてダニを賞賛していることはまちがいない。『アンチ・オイディプス』（一九七二年）において「動物への生成変化」を論じたドゥルーズにとって、この動物への言及は思想を生気づけるためのたんなるエピソードといったものではなく、また無制限な接続過剰による一体化を批判するドゥルーズにとって、この切断され分離され区別された有限の世界を生きるダニへの賞賛は本気なのだ。

デリダとドゥルーズの動物をめぐる議論をたどってみて明らかなように、この人間／動物の境界線に関わる問題提起は、多岐にわたる論点を孕んでおり、動物のみならず生命的自然、そしてモノをも含む非人間全体と関わる広範囲な問題圏と結びついている。これらの思想家の思考を踏まえて、あらためて従来の人間学・人間存在論とは異なる観点から、動物‐人間学を再考する必要がある。ポスト・ヒューマニズムの議論は、教育思想にたいして直接向けられた議論ではないが、人間／動物への根本的な反省は、その歴史と存立構造から考えても教育思想の根底を揺さぶらないではおかないだろう。人間と動物たちとの境界線の作り方のうちから、「人間の教育」という領域を捉え直す必要がある。しかも、大事な点はこの問題提起がたんに教育思想といった学問領域での思想的課題にとどまらず、きわめて実践的な課題でもあることである。

5 人間／動物の境界線に生起する臨床教育学の課題

人間／動物の境界線で例外者を生みだす人間学機械

生命論的転回によるポスト・ヒューマニズムにおいて、人間中心主義・ロゴス中心主義が批判的に吟味されるようになり、あらためて人間学・人間存在論と教育学との共犯関係が明らかになってきた。こうして人間中心主義・ロゴス中心主義に立つ人間学・人間存在論が問い直され、動物との差異において「人間の固有性」を考えるのではなく、動物たちとの差異と連続性とのはざまにおいて人間／動物の境界線の原理を考えるときに、いったい教育の原理はどのように考えられるのだろうか。教育学的思考はここから先にどのような次元を開くことができるのだろうか。

人間／動物の境界線の問題が、どのような実践的な課題とつながっているかをまず考察しよう。人間／動物への問いを問うたアガンベンの『開かれ――人間と動物』（二〇〇二年）を手がかりに、政治学的な次元での具体的課題を見てみよう（このテクストで、アガンベンもまたデリダやドゥルーズと同様に、ユクスキュルのダニに言及し、ハイデガーの『形而上学の根本諸概念』を批判的に論じているのだが、そのことについてここでは深入りすることはできない。ただハイデガーの存在論も人間学機械の一部をなしていることを心にとどめておこう）。私たちにとっては、アガンベンの「人間学（人類学）機械（macchina antropologica）」論が重要である。彼は、人間／動物の境界線を生みだす思想や規範を「人間学機械」と呼んでいる。問題は人間と動物との境界性の画定が常識で考えられているほど自明ではないところにある。そのため人間学機械が発動したときには、人間でもあり動物でもあるような、あるいは人間でもなく動物でもない、例外状態をこの境界線の画定において生みだしてしまうことにある。そしてこの例外状態におかれるものが差別や暴力の対象となる。

アガンベンは、排除と包摂という用語でもって、この例外状態の生起をつぎのようにいっている。「人間学機械は、一種の例外状態、つまり外部が内部の排除でしかなく内部が外部の包摂でしかないような未確定の領域を現実に生み出すのである」[Agamben 2002=2004: 59][5]。決してわかりよい表現とは言えないが、「例外状態」とは決定不能な「未確定な領域」であって、その未確定な領域において内部と外部との関係が、排除と包摂という相対立する在り方によって生みだされるということである。このとき排除と包摂とは同時的であって、排除しつつ包摂し、包摂しつつ排除するのである。つまり、人間学機械が稼働するとき、「人間」と「動物」とをより分けつつ、「人間」から排除されることを通じて同時に「人間」に包摂されている「例外状態」を生みだすのである。その「未確定な領域」に位置づくのは、動物的人間（動物のような人間）から人間的動物（人間のような動物）まで、原理的には無限のバリエーションがありうるだろう。

アガンベンは、この人間学機械の具体的な稼働の在り方として、「古代人の人間学機械」と「近代人の人間学機械」という二つの対称的な形態をあげている。どちらにおいても排除と包摂の弁証法が働いていることを前提とした上で、「古代人の人間学機械」では内部が外部の包摂によって獲得されるという。例えば、他者を「異民族」や「野蛮人」として括り、彼らを人間の姿をした動物と見なし、家畜と同様の「奴隷」として扱うような在り方である。それにたいして、「近代人の人間学機械」では内部を排除することによって外部が生みだされるという。すでに内部として見なされていた人間を、人体の特徴など何らかの特徴をもとに特定の人間たちだけを動物化し、人間の枠から外部へと排除するのである。こうした「近代人の人間学機械」の発動の延長線上に強制収容所が生まれる。動物化された人間は、例外者として一方で秩序によって排除されながら、同時にその秩序によって包摂されることになる。このようにして強制収容所では、国家によって排除された存在が国家の領域に包摂されるという、例外状態が通常態として現実化されるのだが、領土のなかでは効力のある法秩序も適用されない場所となる［Agamben 1995=2003: 230］。強制収容所では、固有の名前が奪われ番号に代えられ、服がはぎ取られ、「人間の条件」をことごとく剝奪されることで、人間は「動物」として処理されることが可能となる。

人間学機械の稼働が、人権の問題とともに動物の権利の問題とも深く関わっていることがわかるだろう。「人間的だから」という理由で霊長類を人間に包摂し人権を与えるといった思考法では、人間学機械を問い直す契機を失うことになるだろう。動物たちの解放は、同時に、人間中心主義・ロゴス中心主義に閉ざされた人間自身の解放でもあって、この人間学機械の在り方自体の変革でなければならない。野生児は当然のことながらこの人間学機械のもとでは例外状態に属することになる。野生児は、人間的な姿をした動物か、あるいは動物的な姿をした人間である。人間として包摂されようと、動物として排除されようと、「未確定な領域」に野生児がいることによって「人間」の同一性は強化され、動物たちとの交通の回路は固く閉じられることになる。教育学は、野生児によって教育の境界線を象るだろうが、同時にその境界線上にさまざまな問題を生起させることになるだろう。またこのマシーンの発動は身近なものでもある。学校での暴力事象には、生徒から教師への校内暴力や、教師から生徒への体罰や、生徒同士の喧嘩・いじめといったことがあるが、なかでもいじめは同級生を「動物」や「モノ」へと変えることで排除し、暴力的な仕打ちをしても、良心の痛みを感じなくてもすむようになる。

人間学機械は、人間／動物の境界線というだけでなく、人間／非人間の境界線の問題ともなる。このように境界画定をめぐる問題は、人権そのものの成り立ちに関わる哲学的政治的課題であるとともに［Agamben 1995=2003: 175］、生／死に関わる医学的そして倫理的宗教的課題でもあり、簡単には判断することのできない臨床的課題であることがわかる。しかし、この課題に応える方向が、境界線のなし崩し的な消去でないことは明らかだ。それは制限のない暴力の蔓延をもたらすことになるだろう。人間／動物の境界線画定の決定不可能性のなかにあっても、それでもなお特定のコンテクストの前では、私たちは境界線を吟味するだけでなく、態度決定の決断を下さなければならない。そのとき境界線への根本的な態度変更、文字通りの「転回」が求められているのだ。この境界線の原理自体を宙吊りにしつつ、視線を人間中心主義・ロゴス中心主義にしたがって中心から外部に向けるのではなく、転回して外部から中心に向き直すとき、つまり外部の沈黙する動物たちからの視線に自身の視線を合わせるとき、風景は一新し生命の位階秩序はこれまで見たことのないものとなるだろう。このとき私たちの視線はデリダの猫の眼差しとつながるのだ（ハイデガーにしたがえば動物たちは人間を見てはいないというだろうが）。

人間学機械を超えて世界市民の形成へ

従来の人間学機械が生みだしてきたのは、次章でも詳しく述べることになるが、結局のところ、動物たちとの分離を乗り超える対称性の関係を欠いた、人間が動物たちを支配するという非対称の関係であった。さらにこの境界線の作り方は、動物たちのみならず「動物」と呼ばれた人たち（「子ども」「女性」「ユダヤ人」「黒人」「障碍者」「貧民」「移民」「難民」「未開人」「野蛮人」……このリストはどこまでもつづく）への暴力を呼びこみ、その暴力を正当化するものであった。いまここでは、分離する非対称性と分離を乗り超える対称性との間の、新たな原理を求める生命論的転回が不可欠である。その転回の契機となるのが対称性の体験である。

対称性の体験とは、すなわち「人間が動物になること」と同時に「動物が人間になること」であり、非対称性の分離を乗り超えて互いに種の境界線を横断する体験のことである。「精神の生態学」を唱えるグレゴリー・ベイトソンによれば、人間と動物たちとの接続という種‐横断的な回路は、多様かつ多重な形で開かれており、思考とは人間の器官内にとどまらず人間を超えたネットワークの全体がなすことである。このように思考を捉えるならば、潜在的には、私たちの生はいつもすでに境界線を乗り超えているともいえる。それだけではない。子ども時代には、こうした異種との接続は異常な事態などではなく、むしろ日常的なことであって、「動物になること」は遊びというメディアを通してしばしば実現されることである。犬や猫といった動物たちは、子どもの信頼できる友人であり、生命世界へと誘う優れた媒介者でもある。このことは、絵本やあるいは児童文学などにおいて、動物たちが頻繁に登場することからも理解することができる。そして、その動物たちの物語の主題が、一切の見返りを求めない純粋な贈与や、異種の動物たちを無条件に迎え入れる歓待であることも同様である［矢野 2008a］。こうした子どものための文学は、作品の性格にもよるが、一方で「人間の固有性」を捉え人間化への途を方向づけるとともに、他方で、子どもの思考を広く「他者としての動物」へ、そして生命世界へと開き、人間を超えた自然とともに考えるネットワークを作りだしもする［6］。

生命世界へと開く物語において、作品構成における技法の眼目は擬人法にある。通常、擬人法は他者である動物の動物性を括弧に入れて希釈し、人間に理解可能な存在に変えて、人間世界の仲間へととり入れることを可能にする。しかし、擬人法には人間化をもたらすものだけではなく、動物世界の側へと脱人間化＝世界化する技法もある。宮澤賢治が心象スケッチで描いた世界への回路の開き方がこうした擬人法の典型例だが、この擬人法は通常の擬人法と反対の作用をもつことから、私は「逆擬人法」と呼んでいる［矢野 2008a, 2017b］。作品でいえば『なめとこ山の熊』や『鹿踊りのはじまり』などがそうだ。後者では、一見すると鹿が擬人化されているようにみえるが、実はそうではなく、鹿たちの踊りを見ている人間が鹿の言葉と姿に魅せられて鹿化しているのだ。人間‐鹿あるいは鹿‐人間の出現である。その鹿とのエロス的接続の比類ない歓喜の体験が、「鹿踊り」という芸能（芸術）の起源となるという物語だ。こうした異種との接続の体験は文学作品にとどまらない。「鹿踊り」がそうであるように、身体活動や芸術活動などでも実現される。遊びや造形活動のように、自己が溶解し脱人間化する逆擬人法と同等の体験をもたらす技法は、教育にも内蔵されており、これまでにもその力を発揮してきた。とりわけ幼児教育はこうした脱人間化を実現する技法の宝庫でさえある［矢野 2014a, 2016］。

しかし、教育は一般に社会的に有能な労働者の育成と国民の教育として機能しており、人生の最初期に開かれた人間の領域を超えた生命世界から、人間の集団へと思考と関心の通路の境界領域を縮小させていく傾向が強い。また近代教育は同様に近代的な意味での主観＝主体＝私に思考の領域を内閉化していく傾向が強い。いずれにしても、動物たちへのそして生命世界全体への回路は貧しく限定的なものへと変えられてしまう。近代社会においては、このような貧困化によって、つまり子ども的生の特徴である対称性から、大人的生の特徴である非対称性へと変わることによって、人間中心主義・ロゴス中心主義はますますその力を発揮するのだが、そのことによって大人は人間を超えたものとのつながりを失い、境界線は固定され強化されて、その結果、自己も動勢をもたない同一性へと回収され、止めどもなく貧しいものとなる。大人は他者としての動物たちを迎え入れる歓待の作法とはいったいどのようなものかも忘れてしまうのだ。

こうした人間／動物の境界線に関わる問いが、教育の現実とは無関係な思想遊戯と見なされるとしたら、それは排外的な民族主義やナショナリズムにかぎらず差別や偏見の克服という課題と結びついた、国民でも市民でもない世界市民の形成という理念への関心を、私たちが見失ってしまっているからだ。国民形成や市民形成として教育を考えるときには、人間性＝「人間の固有性」を明らかにしようとする人間／動物の考察は必要ではなく、教育の根拠も目的も、社会や国家の機能として自足的に導きだすことができ、制度的に現実化することができるように思えるかもしれない。しかし、本当に社会や国家の必要性という論理でもって、教育を根拠づけ方向づけることができるのだろうか。

人間／動物の境界線をめぐる課題は、現生人類の誕生以来の根本課題であり、そのためその境界線の理解とともにその境界線を侵犯して越境する課題は、教育の根本課題である。私たちは人間化を目指して境界線の作られ方を理解するだけではなく、脱人間化へと越境を体験しなければならない。私たちが「人間」を非人間から切り離された固有の課題として捉え、その課題にのみ専心するときには、結果として私たち自身をも深く損なうことになる。この境界線の閉じ方（画定の仕方）と開き方（侵犯の仕方）の正しい技法の伝達こそ、人類史の立場から見たときの教育の課題である。人間学機械を発動させ境界づけることによって立ち現れる「我々」の範囲は、拡張したところで同胞としての我々（家族・近隣・民族・国民）の内にとどまるのか、あるいは同胞愛を超えて人類愛へと開くのか、さらには種の壁をも超え種‐横断的な回路を見いだし生命世界全般へと開きうるのか、……世界市民の形成において、人間／動物の境界線の作り方がその試金石となる。[7]

まちがえれば食べられてしまうスフィンクスの問い、それは人間／動物の境界線上から人間か動物か確定不能な半人半獣によって贈られた謎であり、その答えは「それは人間だ！」である。正しく答えることができなければ、つまり正しく境界線を引くことで切り結ばなければ呑みこまれかねない、底なしの混沌の渦と、ポジティブな言葉でいい直せば、無限の野生の力というべきものと、人間は日々向かいあっている。[8]四本足（動物）であり、二本足（人間）であり、三本足（人間＋モノ）でもある人間は、非人間とりわけ動物たちとの危険な、それだからこそ代替不能な大切な関わりを通して、人間としての自己の理解を深め、自己の形成を図ってきた。それと同時に、自己を開き異質で多様で多重な生命世界との接続＝交感のうちに生成してきた。自己形成・生成の手立ては、いつもすでに非人間とのインターフェイスの局面の作り方にあり、人間の生の課題も豊かな可能性もまたその接続面から生まれてくる。[9]

第6章——「子どもの人間学」の生命論的転回の方へ

対称性の知性を育む生成－発達論

1 子どもの多様で異質な生成変容と現生人類の基本課題

サウイフモノニ
ワタシハナリタイ

「雨ニモマケズ[1]」[宮澤 1980a: 200]

子どもが土で団子を作っている、子どもがイヌを散歩させている、子どもが魔法使いの物語を語っている、……。日常のありふれた子どもの姿だ。こうした光景はあまりに見慣れてしまっているので、子どもの自然な営みに見え、ここにはとりたてて重要な教育的課題もないように思うかもしれない。しかし本当にそうだろうか。学校教育における授業や勉強とは直接に関係しないように見えるこの子どもの姿を、自明と見なす自動的な思考を一度括弧に入れて、子どもの人間学＝人類学の視点から見直してみるとどうだろうか。

今日の人類の祖先である現生人類（ホモ・サピエンス・サピエンス）の出現以来の、三万年以上にわたる「人類史の基本課題」の実現という観点から見直してみるとき、そしてその課題を深化させ、流動する生命の表現という生命論の観点から見直してみるとき、これらの子どもの姿は、「人間」を象ることと解体することに関わる、正しいバランスをめぐっての諸力の結合と解除という、根源的な出来事が生起している場面であることがわかる。さらに、このことを教育学的思考の理論的な課題として捉えるとき、これまで教育と呼ばれてきた一次元的な事象の捉え方を、生成と発達の多次元的な言葉で語り直す必要があることがわかる。これから詳しく述べよう。

不登校やひきこもり、学級崩壊やいじめや校内暴力など、近年の子どものさまざまな「問題行動」が、子どもを取りまく環境の急激な変化に由来しているのはまちがいない。そうしたなかで、こうした「問題行動」の主要な原因を人間関係の変化に捉えようとすることは、理論的にも実践的にも妥当性のあることのように思えるだろう。しかし、このような問題把握は、十分に反省されているとはいいがたい支配的な子ども論（子ども観‐教育観）を前提としている。それは、子どもをたんに社会的有能性の欠如した未熟な存在と見なし、社会的有能性に向けて教育しなければならない対象と考え、さらに、その有能性に向けての教育において、子ども同士・親・教師・地域住民との関係といったように、人間の関係が子どもの成長をめぐる中心主題であると捉える見方である。

この子ども観と教育観とは緊密につながっている。人間中心主義的な世界観に立って、既存の社会への適応を教育の中心課題としている。人間中心主義的な子ども観‐教育観から出発するとき、あらゆる教育問題の出所は人間の関係の作り方と見なされるようになり、その解決策も当然のことながら、人間同士の直接的なコミュニケーション能力を開発することに帰着する。事実、コミュニケーション能力は、協調性を高めて人間関係を円滑にし、生産性を向上させるうえで不可欠な社会的能力であり、この能力の開発は経済のグローバリゼーションとも結びついて、幼児教育から成人教育にいたるまで、今日の教育的課題を語るときのキーワードとなっている。

しかし、この支配的な子ども観－教育観は、近代的な学校教育システム成立以後の百数十年ほどの歴史を背景にしたもので、近代以前の膨大な人類史のスパンで反省されてきた教育学的思考の形と比較すると、世界・自然・他者との非対称性の関係に偏した、きわめて人間中心主義的なものである。

たしかに、子どもは現代社会を生きる子どもであることはいうまでもないことだが、同時に人類史の基本課題を生きる子どもでもある。このとき人類史の基本課題とはいったい何か。この基本課題は本章全体で論ずるべきことなのだが、仮説的にいえば、人類史の基本課題とは、世界・自然・他者との間に、対称性と非対称性とのバランスのとれた関係を取り結ぶことである。

子どもの人間学＝人類学から、この人類史の基本課題を捉え直すとき、この課題は人間の生成変容の根幹に関わる重要な教育的課題と見なすことができる。人間の生成変容は、同時代の社会への適応という課題とともに、人類が連綿と担ってきた基本課題とも向かいあっており、社会への適応はむしろこの人類史の基本課題遂行の延長線上にある。教育問題を直ちに人間関係の問題として回収する問題理解は、対症療法的に人間関係の変更をターゲットとして、子どもの心への直接的な教育的介入をもたらしている。道徳教育の教科化もその現れの一つである。社会適応という観点からではなく、人類史の基本課題の実現という観点から、現代の教育を捉え直すとき、教育も教育問題もこれまでとは異なったものとして捉えられ、新たな言葉と文体で語ることができるのではないだろうか。

2　生成－発達の教育学と対称性－非対称性の思想

雲が風と水と虚空と光と核の塵とでなりたつときに
風も水も地殻もまたわたくしもそれとひとしく組成され

じつにわたくしは水や風やそれらの核の一部分で
それをわたくしが感ずることは
水や光や風ぜんたいがわたくしなのだ
「種山と種山ヶ原」［宮澤 1979a: 419］

人類史の基本課題と対称性の知性

人類史の基本課題とは、具体的にはどのようなものなのか。ここでは人類学者の中沢新一の「対称性の知性」が手がかりになる。認知考古学が教えるところによれば、現生人類の知的能力は、いまから三万数千年前に大脳組織が飛躍的に変化して以来、今日まで本質的な変化はしていないのだという。彼らがそれ以前のホモ・サピエンスたちとちがっていたのは、この新たな大脳組織の発達をもとに、「バイロジック（複論理）」という生きた野生の思考によって、神話や宗教や芸術、また社会や経済の仕組みを生みだしたことによる。

バイロジックとは、「自分の中に矛盾をはらみながらパラドックス的な思考をおこない、主客の分離をおこなうことがなく、部分の出来事をつねに全体のことにつなげながらものを考える『対称性の知性』と、ことばがほんらいもっている論理の働きと協同しながら合理的な思考を可能にしている『論理思考』という、作動の異なる二つの知性の様式を結合して思考をおこなう心の働きのことをさしている」［中沢 2006: 74］。

二項対立による境界線を堅持して、世界の区切り方を明確にしておく、合理的な非対称性の論理思考とは異なり、対称性の知性は境界線による分離を乗り超え、異質な領域の間に新たな回路を開く魔術的な知性である。その代表的な思考例を神話的思考法に見ることができるという。例えば、神話のなかでは、人間と動物との境界線は乗り超えられ、人間が動物となって動物との間に子どもを誕生させたりする。対称性の知性は、異なる種のクラスに分けられているはずの人間と動物との間を架橋し、両者の関係を説明したりする。このように対称性の知性は、無意識の働きであり心の基体をなすもので、この分離されたものの間につながりを実現する知性の在り方を、中沢は「流動的知性」とも呼んでいる。そして、この対称性の論理を作動させることで、バイロジックは表と裏や生と死のように論理的に分離されていたものを、メビウスの帯のようにひとつながりにつなぐというのだ［中沢 2006: 77］。

重要なのは、対称性の論理を作動させるバイロジックは、神話や宗教や芸術にとどまらず、社会制度や経済活動といった人間事象の広い範囲にまでおよんでいることである。さらに、私たちが今日でも、社会や経済や倫理を捉え直そうとするときには、対称性の論理を内蔵したバイロジックが、生命との関わりを取り結ぶ深い感情を巻きこんだ思想の生まれでる母体となっているということである。この「対称性」の体験は、ジョルジュ・バタイユの「連続性」と同様、異質なものの間に回路を開く体験である。したがって、これが実現されるとき、倫理の領域においては、仲間との交換を超えた他者への歓待の倫理を、経済の領域においては、一切の見返りを求めない無条件の贈与というべき純粋贈与を、さらにより包括的な自然の領域でいえば、人間に限定されない生命全体へと愛の原理を拡張する。

つまり、この対称性の論理という心の働きは、前近代の非合理な知性の残存として否定されるようなものではなく、無意識の働きとして私たちにも受け継がれており、人々の心を深部からつき動かし、近代的な思考法や社会制度や経済活動や倫理自体を、別物に変更する力が内蔵されているというのである。このような中沢新一の議論から、世界・自然・他者との間に対称性と非対称性とのバランスのとれた関係を取り結ぶことを、人類史の基本課題として考えることができるだろう。それでは、この人類史の基本課題は、教育とどのように関係するというのか。

人類史の基本課題と向かいあう生成 - 発達の教育学

既存の子ども論（子ども観 - 教育観）を一度括弧に入れて、人類史の基本課題という観点から子どもの生成変容の全体性を問い直してみる。そうすると、教育の基本課題は、子どもの生命性への深化と有能性への高次化の、二つの相異なる次元の、静止した均衡ではなく、ダイナミックでありながらバランスのとれた育成として捉えることができる。

子どもが大人へと成長する過程では、動物性を否定して有能性を高め「人間化」へと進む「発達」や「社会化」と呼ばれてきた事象がある一方で、それとは別に、近代的な意味での「人間」という在り方を侵犯し、生命性を深める「脱人間化」を促す過剰な出来事に出会ってもいる。そして奇妙なことに、その人間化を侵犯する脱人間化の出来事が、翻って人間を高次の次元へと押し上げる力ともなっていることに気がつく。

発達の理論は、教育を支える重要な理論領域として意味をもっていたし、これからもそうである。しかし、発達の理論が主題としてきた事象は、人間の多様で異質な生成変容の一部の事象にかぎられている。私たちが「教育」という言葉で最初にいだく素朴なイメージ、「子どもが一人前の大人になること」というイメージには、子どもが身体的にただ大きくなることではなく、市民や国民としての責任や義務を果たすことができるようになることや、社会的な有能性を獲得することや、その有能性の代表格である労働ができるための諸能力を獲得するといった事柄とつながってくる。このように従来の発達の理論は、既存の子ども観‐教育観によって定められた課題に制限されており、子どもの生成変容を、社会的文脈での有能性の発展として捉える傾向が強い。加えて、このような能力群は、観察と測定が可能な「経験」において捉えられるものに制限されてもいる。そのため、子どもの生成変容においてどれほど重大なものであろうとも、観察や計測になじまない事象ならざる事象＝「体験」の出来事は、視野の外におかれ研究対象から外れてしまうのだ。

私たちは遊びに夢中になって我を忘れてしまったり、音楽を聴いたり自然の風景に見とれて心を奪われたりするような体験をすることがある。自己を象っていた意識は大海に溶ける一粒の塩のようにすっかり溶解し、分離していた世界との連続性が起こる。このとき自己と世界との境界線が溶解するという「溶解体験」が生起している［作田

1993]。この瞬間、ある場合には比類なき自由と歓喜の瞬間となり、また場合によっては意味を喪失した無の瞬間ともなる。どちらにしても溶解体験においては、自己と世界との距離は失われるので、体験そのものを対象化することはできず、対象化できないがゆえに、分節化して言語で言い表すことが困難となる。このような体験は、有用性の経験のように直接的に能力の向上と結びつかないが、日常分離された生の異質な領域とのつながりをもたらし、生命性を深めることになる。このような在り方を「生成」と呼んでみる。

体験の思想家バタイユが『至高性』（一九七六年）において提示した原理を手がかりに命題化するなら、人間の生成変容には、動物性（連続性）の否定としての「人間化」（発達）と、その人間化を否定して、連続性を高次の次元でふたたび実現する「脱人間化」（生成）という二つの異なる次元の変容がある［矢野 2000］。発達や社会化といった一次元ではなく、生成 - 発達という多次元的な事象として子どもの生の変容に注目するとき、子どもをめぐる問題とは、人間関係の変容による問題にとどまらず、この人間化を侵犯する脱人間化の出来事に関わる問題でもあることに気づく。問題は、むしろ私たち自身が既存の子ども観 - 教育観に囚われて、子どもの生の変容に関わる多次元的な出来事を、捉え損ねていることにあるのではないかと考えられる。

対称性の論理と生成の体験

中沢が「対称性」と呼んでいるのは生成の体験のことであり、「バイロジック」と呼んでいるのはこの生成を発達とつなぐ論理のことである。生成は溶解体験として生起するため、一義的な概念用語によって語ることの困難なものであり、発達のように実証的な科学的思考によって説明される事象とは本性上異なる出来事である。人類史では、このような体験を語るためにバイロジックを駆使してきた。隠喩と換喩、言葉のうちにパラドックスを仕掛け意味を振動させ、字義通りの世界ではない、新たな世界を現出させる喩の言葉は、どれもみなバイロジックの働きによるものだ。

生成は、純粋贈与をはじめとするさまざまな体験、供犠・蕩尽・歓待・エロティシズム・遊びなどによって生起するが［矢野 2008a］、これらはいずれもバイロジックによって生みだされ、そしてバイロジックの語りによって語られてきたものである。神話にはじまり、詩や物語はバイロジックによって生まれ育まれてきた。また思想や哲学も単一な「論理思考」によってではなく、矛盾した事象をつなぐ「対称性の論理」を組みこみながら発展してきたといえる。生成はバイロジックの喩の働きによって、はじめて言葉として表現することができるし、言語世界のうちに生起させることもできる。例えば、宮澤賢治の詩（心象スケッチ）は、賢治自身が自然と全身でもって交感した生成の体験を鮮やかに描きだしているが、私たちは賢治の詩を通して、語ることの困難な深い交感の体験を捉え直すことができるとともに、世界の全体性への新鮮な知覚体験として感受することができる［矢野 2017b］。バイロジックの言葉は、世界を写し再現するものではなく、出来事自体を新たに生起させるものである。

今日、人類史の基本課題の実現、世界・自然・他者との間に対称性と非対称性のバランスのとれた関係を取り結ぶことは、このバイロジックの力の回復にある。本章では教育は、生成と発達とその両者を架橋するバイロジックの三者のつながりにおいて考えることになる。

教育は、パラドックス的思考法をもとりこんだバイロジックによって示される対称性の論理と、大人／子どもに代表されるように、人間／動物、文化／野生、精神／自然、といった二分法の非対称性の論理とが、理論的実践的に、また倫理的政治的に出会う場所である。近代の教育では、後者の論理が圧倒的に強力なものとなり、対称性の生の在り方を克服されるべき子どもじみた生き方と見なし、バイロジックを時代遅れの非合理で誤った論理として排除してきた。非対称性の論理が、子どもの生全体を支配することによって、子どもの心と子ども集団に、深刻な危機を引きおこしているように考えられる。

この非対称性の論理のスラッシュによって切り隔てられたものの間の絆を、前近代とは異なる新たな形で作り直すことが求められている。そして、この分離されたものの間の回路を新たに開く人間の形成という課題を、現代の教育は担っている。つまり教育における人類史の基本課題とは、この生成と発達とバイロジックとの正しくバランスのとれた関係を、子どもの生のうちに生みだすことである。そのためには、あらためてこの三者の関係を考察する必要がある。

遊戯・動物・物語による対称性のレッスン

教育学や心理学は、社会的に有用とされる能力の向上に関わる事象であり、かつ観察や測定や評価が可能な事象に限定して研究対象としてきた。このことは、こうした学問領域の学会誌の論考の多くが、主に発達概念によって包摂される学習や教育の事象を思考の対象としていることからもわかる。発達の社会的な重要性は疑いえない。しかし、人類史の射程において教育を捉えるなら、すでに述べたように、発達概念で包摂できる事象は、人間の多様で異質な生成変容の一部の領域にとどまっている。十全な生成変容の学の構築を目指すなら、発達に回収することのできない生成の出来事をも捉える必要がある。また生成の学の必要性は、こうした学の内的な要請からだけではなく、今日の教育学的思考を支配している非対称性の論理がもつ問題点からも指摘することができる。生成の論理であるバイロジックこそが、閉塞している教育学的思考に運動をもたらし、来たるべき世界を開くものといえるからだ。

そこで、次節以降では、子どもの具体的な生成の体験を手がかりに、これまで十分に考えられてはこなかった生成の出来事、ならびに生成と発達をつなぐ対称性の論理、そしてその思考表現としてのバイロジックを論じる。そのさい、生成をもたらすものとして、子ども時代の生成変容において際だつ生成の体験、遊戯すること（バイロジックの基礎レッスン）、動物と出会うこと（他者との対称性のレッスン）、物語ること（高次のバイロジックへと向かうレッスン）をとりあげる。この具体的な出来事の探究を経ることで、生成と発達とバイロジックとのつながりを、より明瞭に捉えることができるだろう。

人間関係の構築や有用な社会的能力の発達に限定されてきた、これまでの一次元的な子ども観‐教育観に対して、子ども論の多次元的な生命論的転回を試みる。現代の子ども観‐教育観の前提となっている思考法は、大人／子どもだけでなく、人間／動物、文化／野生、精神／自然、といった二分法である。この二分法は認識論上たんに二つに分けられているということではなく、二項対立として互いに対立しており、しかもその二項間には優劣関係がある。二項間のうちの前者の項を優位におく近代の常識的な議論を問い直すことで、二分法自体を問いに付し、スラッシュの区切り方を根本的に書き変えることになる。それは同時に、二項対立のうえに築かれた教育学的思考をいまとは別の形に変えることになるだろう。

3　遊戯論：遊戯世界へと導かれる子どもの体験

かねた一郎さま　九月十九日
あなたは、ごきげんよろしいほで、けつこです。
あした、めんどなさいばんしますから、おいでんなさい。とびどぐもたないでくなさい。
山ねこ　拝

「どんぐりと山猫」［宮澤 1980c: 8］

遊戯世界という溶けるような体験

乳児から幼児へと育っていくときに、誰もが経験しているが覚えてはいない事象から出発しよう。それは、人生のはじまりに遊び方を大人から教わったということである。このようにいえば、やはり人間関係ではないかといわれそうだが、ここでのポイントはそこではない。ポイントは、大人の世界では功利的で効率的な労働のための能力が要請されているにもかかわらず、その大人（親・祖父母あるいは保育者）によって、子どもが有用な能力や学力とは直接に関係をもたない遊びへと導かれているところにある。

遊びの具体的な場面を思い浮かべてみよう。土で作った団子を供する「ごっこ遊び」。土で作られた団子は、団子ではないが団子である、団子だが団子ではない（AはBではないがBである）。字義通りに受けとるままでは、土の塊はずっと土の塊のままで、いつまでたっても「団子」にはならない。このように、ごっこ遊びとは、論理学者のように同一律や矛盾律に厳格にしたがって、ものやことを字義通りに受けとるのではなく、BはBではないといった論理的なパラドックスを乗り超え、差異と同一性とを同時に捉え、あたかもそうであるかのように受けとり、その仮構の世界に専心して生きる体験である。幼児は、この土の玉をあたかも団子であるかのように、食べるふりをして楽しむが、まちがっても実際に口に入れることはない。このことは、子どもの目の前で土の団子をあえて口に入れることで、子どもの反応を観察した驚くべき実験によっても、子どもの遊戯世界を作りだす繊細でいて強力なバイロジックの働きをうかがい知ることができる。遊びは、このようなパラドックスを含んだバイロジックによる表現の一つといえるだろう。

そしてこの遊戯世界のなかでは、自己と世界とを分け隔てていた境界線は溶けてしまい、自由と歓喜に満ちた溶解体験が生起する。「ごっこ遊び」にかぎらず、さまざまな遊びは、メディアとして、慣れ親しんだ日常世界に魔法をかけて、瞬時に眼前の世界とは異なる別世界、日常世界では味わうことのできない鮮やかで生命感に満ちた世界への通路を開く。

たしかに遊びは、子どもの環境へのさまざまな適応能力を高め、人間関係の構築の術を身につけさせるうえで役立つこともあるだろう。しかし、それは遊びがたまたま結果としてもたらすものであって、遊びの副産物にすぎない。有用なことに活用できた時間とエネルギーとを、無用なことに惜しげもなく蕩尽する遊びは、何かのための手段であることをやめ、目的そのものとなる。有用な意味や価値のために生きることは、生きることそのものを手段化し、世界をその手段化された生のための素材や手段へと断片化させる。企図をもった労働はその典型的なものである。このことは動物性を否定し人間となるときに生じた事態だが、遊びはそのような人間化をさらに否定することで、ふたたび世界との十全な連続性を回復する。つまり対称性を実現するのだ。この対称性ゆえに、遊びははかりしえない自由と歓喜とをもたらす。世界に溶ける比類なき体験、それが遊びの極致だ。

遊びの導き手としての大人の転回

最初にも述べたように、この「ごっこ遊び」へといたる「見立て遊び」などの遊び方を、最初に子どもに教えるのは、他の子どもではなく大人である。大人はこの遊び世界へと導くことで、子どもに世界が多重であることを教え、多重世界の扉の開き方（遊び方＝遊びの技法）を伝授し、多重世界をめぐり歩く楽しさと技法とを伝える。

同じほど重要なことは、子どもに遊びを通して遊び方を教えることによって、同時に大人は子どもとの交通の仕方を学ぶということである。なぜ大人は子どもに遊び方を熱心に教えるのか、それはその教えるプロセスそのものが遊びでもあって両者にとって楽しいからだが、子どもとの共同行為が生起することで、大人と子どもがともに共有する世界を生みだすことができるからでもある。最初からルールが決まっているゲームとは異なり、遊びは遊びながら互いに新たなルールを提案しあい、そうしてルールを共有していく過程である。だから、遊びは共同行為を創造的に生みだす行為であり、相互の行為を理解可能なものに（交換＝交通可能なものに）変えていく行為でもある。

そのためには、互いの行為が相互的な行為となるように促す遊具＝道具（メディア）の存在が不可欠である。例えば、ボールはその代表的な遊具である。言葉によって自由に意思疎通ができないもの同士にとって、ゲームに先立ってルールの共有を当てにすることはできない。ルールが共有されないところでは、試行的に行為が提案されることからはじまる。まずボールが相手に向けて転がされる。ボールを転がされた側は、さまざまな試行錯誤を重ね、いつか転がしてきた者と同じ行為でもって返礼し、そのボールを最初に転がした側へと転がし返すだろう。またこの行為は繰り返される。こうして対称的に同じ行為の交換としてキャッチボールがはじまる。

このような遣りとりを通して、大人が幼児に見立て遊びやごっこ遊びの遊び方も伝授する。人形や遊具を媒介にし、ものを別様に見立てることや、何かのふりをするといったごっこ遊びの仕方を教え、幼児を一人前の遊び手へと導いていくのだ。大人による幼児への遊び方の贈与（遊びのレッスン）は、遊びながらなされるので、つまり子どもとの間に対称性の関係を生みだすことによってなされるので、幼児のみならず大人にとっても幼児身体と共鳴し共振する楽しい体験となる。こうして大人は教えることでふたたび子どもの時間を生き直し、遊戯世界へと開かれ、対称性の論理に触れることになる。産業社会の中心的な構成員として、非対称性の論理が支配する現実世界のなかで、もっとも忙しく活躍している時期に、大人が子どもと関わりのなかで対称性の論理の遊戯世界を再発見するということが、ライフサイクルのダイナミズムである。

多重世界を開き意味を増殖させるコミュニケーションの原型

子どもたちは、大人から贈られた遊びというバイロジックの作動を介して、世界に隠された未知のメディアを独自に探しあてたり、子ども同士の協働的活動によって、新たな遊びの形（メディア）を作りだしたりすることで、人間化に向けて経験をどこまでも高めるとともに、脱人間化に向け体験を果てしなく深めてもいく。この子ども自身によって作りだされたメディアは「子ども文化」と呼ばれ、子ども集団のなかで互いに共有され、新たな成員に伝授されることで、自律的な子ども集団の形成を可能にする。このように遊びに代表される子ども文化とは、遊びにおいて一人前となった子どもたちが自ら発明し伝達してきたメディアの集合体のことである。

こうした溶解体験をもたらす子どものメディアは、さまざまな伝承遊びやゲーム類、そしてボールや人形のような遊具ばかりではない。歌や踊りは、声や身振りやリズムによって、分離している身体を互いに共振させ結合させていくメディアである。溶解体験を生起させ、対称性を実現するもっとも有力なメディアの一つといってよい。さらに言葉遊びもまた、このような深く生命に触れる体験を開いていくメディアである。バイロジックなしには作りえない、言葉をレゴのブロックのようにバラバラな音に分解し、自在に組みあわせて遊ぶ駄洒落や回文、出来事を言語に固有の音韻体系の単純な音素の連なりに変換するオノマトペ（音喩）、言葉を意味から解き放ち、音の同一性だけに着目し無関係な単語を連ねていくしりとりといったナンセンスな言葉遊び、あるいはアナロジーをもとにしたなぞなぞ遊び。言葉遊びは子どもの大好きな遊びだが、身体行為を主とする遊びと同じように溶解体験を引きおこし、対称性を生みだし、他者との絆を生みだす体験となる。

遊びは、バイロジックによって心の基体をなす対称性の知性を実現する、原型的な行為である。コミュニケーションの豊かな陰影や予期しない意味の増殖も、字義通りでないものやことを発信したり、読みとったりすることで成立している。冗談や駄洒落に笑い、ユーモアによって苦悩や絶望を乗り超え、皮肉や風刺によって遠回しに非難や批判をする。さらに、喩からなる詩や物語によって言葉の原初の生命力に触れて、世界の奥行きの深さを感受する。これらのコミュニケーションの様式は、自己のうちにも深い奥行きを生みだすことになるのだが、すべて遊びというバイロジックの働きから生じるのだ。

さらにこのバイロジックは、一見して関連のないと見なされているものやことの間に、つながりをつける発見や発明の原理でもあることから、ホイジンガが『ホモ・ルーデンス』（一九三八年）で指摘したように、遊びは高度になれば、詩や芸術、思想や哲学へ、そして科学へと発展していく、世界・自然・他者との間に対称性のつながりを生みだし、生命に触れるメディアであるといえる。動物のように生得的な環境世界を生きていない人間の子どもたちは、自然のなかにただいるだけで、自動的に高い経験や深い体験が生じるわけではない。熟達した遊び手である大人の惜しみない贈与の開始によって、最初に遊びの扉が開かれるのである。その遊びの扉は、どこまでも深い文化の道へと通じているのだ。

4　動物論：動物との出会いによる生命世界の出現

しばらくしいんとしましたので二人はもう一度叫ばうとして息をのみこんだとき森の中から「凍み雪しんしん、堅雪かんかん。」と云ひながら、キシリキシリ雪をふんで白い狐の子が出て来ました。

「雪渡り」［宮澤 1980d: 139］

人間／動物の問題圏

ふたたび平凡な事象から出発することにしよう。私たちが子どもを育てるときに、「ママ」や「パパ」につづいて、いち早く「ワンワン」や「ネコ」という言葉を教え、さらに周囲では見ることのできない「クマ」や「ライオン」、「ゾウ」や「キリン」の名称を子どもに教えるのは、平凡な事象であるが、驚くべき事象である。また乳児から幼児期にかけて、玩具やぬいぐるみをはじめ絵本の主人公にいたるまで、動物が中心であることにも、驚くべきだろう。ブルーナの『ちいさなうさこちゃん』（一九五五年）、松谷みよ子・瀬川康男『いない　いない　ばあ』（一九六七年）、中川李枝子・大村百合子『ぐりとぐら』（一九六七年）、……。人間の子どもが最初に出会う絵本の主人公が、なぜ人間ではなくウサギだったりネズミだったりするのだろうか。どうしてこれほどまでに、動物が活躍する絵本の数が多いのだろうか。

動物は私たちを見つめ返す人間以外の唯一の存在者である。さまざまな形態と生態をもつ動物たちの存在が、人の心に畏怖や驚異や恐怖といった感情に分節化される以前の、強烈な聖なる根本的な感情を引きおこした。古代より動物は、食料や衣服の材料や使役のために貴重であったからだけではなく、人間にとって心が動かされる存在であり、思考の中心を占める対象でありつづけたのである。このことは、神話によっても知られるが、現存している人類のもっとも初期の芸術が、躍動する動物たちの姿を描いた洞窟壁画（ショーヴェ洞窟の壁画は約三万二〇〇〇年前、ラスコーの壁画は約一万五〇〇〇年前）であったことからも推測される。

この人間と動物との境界線の作り方は、古代よりさまざまに変化してきたし、風土のちがいや、採集狩猟なのか農耕なのかの基本的な生産様式のちがいや、宗教・歴史・文化のちがいによって、大きく異なっている。人間と動物との関係は、大人／子ども、文化／野生、精神／自然、のスラッシュ＝境界線の定義に関わる中心的問題であり、つまりは「人間」なるものを象ることにおいて根本的な主題群でありつづけた。ふだん直接に野生動物と向かいあう経験のほとんどない私たちにとっては、この主題はもはや実感をもって捉えにくくなってはいる。それでもこの境界線の定義は、私たちの数ある世界の区切り方においても、無視することの許されない根本的なカテゴリー問題でありつづけている。

視野の中心から消え去ってしまったかのように見えるこの二分法を、あらためて自覚することが重要である。それというのも、人間と動物という二つの種のクラスを混同することは、非対称性の論理にしたがうかぎり許されることではないからだ。この認識論上の厳格な区別は、いまでも日々の生活の重要な局面を規定している。商品としてパッケージ化されることで、動物たちが屠殺され解体される場面は注意深く隠されているために私たちは無自覚だが、毎日のように魚や家禽や家畜といった動物たちの肉を食べており、動物たちの生命を奪うことで己の糧としている。もしこの人間／動物の種の区分が厳格になされなければ、直ちに混乱を生みだすことになる。事実、この混乱はこれまでにも異文化が出会う場面ではたびたび起きてきた。例えば、クジラやイルカを高い知能をもつ生物として人間のカテゴリーに入れる者にとって、それらの肉を食べる者は恐ろしいカニバリズムの実行者と見えるだろう。しかし、人間／動物の区別が重要なのはこのことだけではない。

動物－人間学のポリティクスと「人間」をめぐる排除と包摂の歴史

動物は人間と共通しつつ差異をもち、また差異をもちつつ共通しているため、動物は人間以下であるとともに、ときには人間以上でもある。動物観と人間観とは切り離しがたく緊密に結びついており、人間の定義は人間ならざる動物を鏡としつつ、動物性を人間性から切り離し排除することによって成立している。人間の定義は、多くの場合において、人間を世界の中心に位置づけ、人間ならざる者の排除や差別を正当化する。ユダヤ－キリスト教世界では、人間は神の似姿として創造され、それにたいして魂をもたない動物は人間の僕《しもべ》として位置づけられた。そのため、動物は人間に従属する存在として位置づけられただけでなく、人間によって所有され自由に処分することのできるものとされた。つまり人間は特権的な存在とされたのだ。さらに、ギリシア哲学とユダヤ－キリスト教とを両輪として発展してきた西欧思想における人間中心主義・ロゴス中心主義の権力は、人間と動物との境界線をどこにどのように引くかの権限を実行することで、自分たちと別の信仰をもつ人間を、別の民族の人間を、別の国の人間を、そして別の階層・階級の人間を、「動物」として法の外に排除し、そのうえで包摂し掌握し支配した。

このように「人間とは何か」という問いは、哲学者が思索するアカデミックな研究主題にとどまらず、宗教的政治的なきわめて実践的な意味をもった主題であった。この神学的哲学的な「人間の条件」から例外者として外れるときには、「それ」は外観がいかに人間の姿かたちをしていても人間ではなく、人間以外の何者かつまりは動物的存在なのだ。「それ」が人間でなければ、当然のことながら「それ」にはいかなる人権もない。人間と動物との境界線をめぐる論争の歴史は、一六世紀スペインの神学者たちや修道士ラス・カサスらによるインディオ支配の正当性をめぐる論争が示すように、「インディオは人間か（あるいは人間に似た動物か）」といった問いが繰り返された、人間学機械による排除と包摂の歴史でもある。

　このことは他民族の問題にとどまらない。「文明化（文明開化）」の原理が「野蛮」な状態の否定であることを知るとき、文明化されていない非西欧の人々（野蛮人）と、礼儀作法をわきまえていない子どもとが、ともに動物の地位におかれていたことを教えてくれる。文明化されていない人間は、いわば動物的存在であり、それらは文明化されなければならないのだ。このことが「野生児」が教育思想家の関心を集めてきた理由でもある。言葉を話さず四本足で歩行する動物状態の子ども、野生動物によって育てられたとする野生児は、人間と動物との境界線を強く揺さぶるため、人間による人間化に向けての教育が、その境界線を構築するうえでいかに重要な営みであるかを示す例として、しばしばとりあげられてきた。教育が動物性を否定することで教育の正当性と必要性とを主張してきた歴史を知るとき、子どもと動物との間の境界線を描きだすことが教育学にとって中心的な主題でありつづけた理由もわかる。事実、コメニウスやルソーやカントといった教育を考察した哲学者や思想家、あるいは有名無名のさまざまな教育実践家たちも、野生児や子どもを動物的存在と見なす言説を数多く残している。[2]

他者としての動物との出会いと対称性の論理

人間と動物との関係に関わる課題を、以上のようにシンプルに整理したうえで、人類史の基本課題という観点から、子どもと動物たちとの関係をあらためて考えてみよう。この節の冒頭でも述べたように、子どもの人生は動物たちの名を呼ぶところからはじまる。子どもが最初に出会う絵本では、人間ではなく動物たちが生き生きと活躍している。さらに幼年文学でも、そして少年・少女の文学でも、動物たちはいつも子どものすぐ傍らにいて、子どもを別世界へと案内したり、冒険の旅にお供したり、苦難に陥っているところを助けたり、あるいは人間関係に傷ついた孤独感を癒やしたりもする。それが青年期になると、それまで親密な絆で結ばれていた動物たちは、次第に物語の前面から姿を消していき、いつのまにか恋人や友人やライバルとの関係が中心の人間だけの小説世界へと移行するのだ。それでも丁寧に小説を読むとき、出口なしの極限状況において、人間に生命的次元を開く贈与的な他者として、動物たちは登場したりする。

　動物たちとの関係は、表象世界にかぎられたことではない。子どもは、周囲の世界に関心をもちはじめ、自分の力で自由に探索ができるようになると、虫や魚やザリガニ等の身近な生き物にたいして強い関心を向けるようになる。子どもの知覚の特徴でもある純粋な関心のもと、動物たちへの関心が深まり、優れた捕獲者・観察者となる。そして、絵本や物語に促されつつ、自分だけの特別な動物が欲しくなり、昆虫や金魚からはじまり、小鳥やハムスター、さらには彼らとの意思の疎通が可能であるかのように、犬や猫といった小動物を飼うことを夢見たりするようになる。動物たちは子どもに人間関係とは異なる生命世界の秘密を開示するのだ。

　動物が人の言葉を解さないことは、早い時期から子どもにもわかっている。しかし、そのことを知りつつも、子どもはあたかも動物が言葉を解し応答するかのごとく動物に話しかける。このことは不思議なことではない。私たちもまた犬や猫が言葉を解さないことを知っているが、それにもかかわらず話しかけるのだから。重要なのは、子どもが人間／動物の境界線をやすやすと乗り超えて、動物になることができることであり、実際そうなることである。それも何か動物のふりをするというよりも、つまり擬人化された動物というよりも、もっと直接的に直に動物と接続する。

動物への生成変容が生起するのだ。このようにして、非対称性の論理によって分離された子どもは、その分離を乗り超えてふたたび動物と接続する。分離とともに結合が、「人間」の象りとともに「人間」の解体が、つまりは人間化とともに脱人間化が、バイロジックによってダイナミックに実現される。このようにして、他者としての動物たちとの交流は、人間との社会的関係とは異なる次元を開く。動物たちは人間世界に開かれた生命世界の開口部である。しかし、脱人間化して動物になることには大きな危険性がともなう。もはや人間ではなくなるからだ。このことについては、次節で論じることにしよう。

5　物語論：対称性の物語が開く外部への回路

ジョバンニはあゝと深く息しました。

「カムパネルラ、また僕たち二人きりになったねえ、どこまでもどこまでも一緒に行かう。僕はもうあのさそりのやうにほんたうにみんなの幸のためならば僕のからだなんか百ぺん灼いてもかまはない。」

「銀河鉄道の夜」［宮澤 1980b: 154-155］

物語による世界の多重化

これまでの二つの事例が示していることは、大人がそれと自覚することなく幼児期の子どもにたいして、心の基体としての対称性の知性を、バイロジックを通して育んできたということであった。そして、三度、誰もが経験したであろう事象から出発しよう。それは大人が子どもに空想的な物語を語るという事象だ。これもまたとても不思議な事象ではないだろうか。言葉や知識を教えるつもりなら、外国語の教師のように生活に役立つ言葉や事実から教えればよいはずだ。しかし、実際にはそのようなことを大人はしてはいない。大人はなぜ将来に役立つとも到底思えない物語を子どもに語るのだろうか。

物語について簡単に考察しておこう。形式的にいえば、物語とは異なる二つの事態の関係を言い表すことで生まれる言語表現だ。フィクションあるいはノンフィクションにかかわらず、二つの事態の言説をつなぎあわせるときに「物語」は生まれる。それまで併置されていたにすぎない別々の事態の言説は、つなぎあわされることで関係が生まれ、その結果、新たに奥行きが発生し立体的な物語世界が出現する。それはちょうど両眼で世界を見ることによって、はじめて世界に奥行きを発見することに似ている。右目に映し出される世界と、左目に映し出される世界とを重ねあわすことで、右目単独の世界にもそして左目単独の世界にもない、第三の情報である世界の奥行きがはじめて生みだされるのだ。

二つの事態の言説を重ねあわせるとき、二つの事態の関係は因果的であったり相関的であったり、継続的であったりする。例えば、単純に「そして」という接続詞で、二つの事態がシンプルにつなぎあわされたときでも、その物語世界には時間的前後という関係が生まれる。しかし、それはたんに前後継起の秩序が生まれるだけではない。二つの事態の接続という関係づけによって、その二つの事態の間に「そして」をもたらす意図や目的といった行為主体的な物語、あるいは必然と偶然、また因果や運命や究極の目的といった出来事の宇宙論的な物語のように、新たな次元を備えた物語世界が生みだされるのである。当然のことながら、そこに登場する人物の意志や自由も問われることになる。こうしていくつもの事態を相互に関係づけ、幾重にも織りあわせ組みあわせることにより、複雑で奥行きのある物語世界が生みだされていく。

フィクションの物語の言葉は、字義通りの言葉によってではなく、異なる意味が重ねあわされた喩（詩的言語）によって表現されることで、その物語世界の奥行きの深さは無限になる。バイロジックによる物語の登場である。国語教育の目的が、適切な用語を選択し正確な文法で文章を書いたり、あるいは人に伝達することができるようになったりすることであるなら、詩も小説も学校でことさら教える必要はないだろう。喩がそうであるように、詩の言葉は客観的な描写や正確な伝達の対極にあるものと見なされる。喩は、先に述べた土の団子の「ごっこ遊び」と同様、「AはBではないがBである」を、遊びのパフォーマンスによってではなく、言葉によって実現することである。

喩が生みだすパラドックスは、日常の言語世界の秩序を振動させ、一義的でプレーンな記号と化してしまった言葉を活性化させ、生命世界を出現させる。喩の多重な結合体である詩や物語は、この世界が機能的道具的に見いだされる目的‐手段関係の世界にとどまらず、生命的奥行きが秘められた無限の多様態であることを告げている。そしてなによりバイロジックに基づく喩によって表現される世界は、日常の言語世界以上に、より強い存在感と生命感を与えてくれる。このことが遊びによる世界の多重化と同じ構造にあることは、容易に理解できるだろう。

物語と遊びとの化学結合：こちらの世界からあちらの世界へ

「ごっこ遊び」に見られるように、物語が遊びと結合するとき、遊戯世界は飛躍的に複雑性を増すだけでなく、新たな深さをもった生命的奥行きを表現するものとなる。いわば化学結合のように両者が組みあわさることによって、それまでとは異なる新たな高次の世界を生みだすのだ。遊戯世界は、物語の力によって、身体的な「いま」「ここ」の制約を乗り超えて、自身が生まれる以前の歴史的時間とつながったり、見たことのない遠い場所をも遊びの舞台にすることができるようになる。このことは、幼児期の子どもに大人が差しだす物語世界が、そして絵本で描かれる物語世界が、子どもを主人公として「こちらの世界」から「あちらの世界」へと行き、ふたたびこちらの世界へと帰還する冒険物語を、繰り返し主題化してきたこととともつながっている。

エッツの絵本『もりのなか』（一九四四年）、センダックの『かいじゅうたちのいるところ』（一九六三年）、古田足日の『おしいれのぼうけん』（一九七四年）……、これらの物語では、まるで「ごっこ遊び」であるかのように、子どもは「あちらの世界」（動物世界＝生命世界＝対称性の世界）へと入りこみ、そしてふたたび「こちらの世界」へともどってくる（そのさいに、別の世界へと導くのが動物であったりするのは偶然ではない。動物こそ人間と生命世界との間をつなぐ媒介者であるからだ）。物語という言語表現によって、子どもの生きる世界は分節化され、「こちらの世界」と「あちらの世界」の二つの世界の境界線と同時に通路が生まれ、人間／動物、文化／野生、精神／自然、といったさまざまな境界線と交通路との原型となる。

子どもが想像力によって生命世界へと参入することを、絵本作家たちは祝福するべきことと考えている。しかし同時に、子どもがその生命世界にとどまりつづけてはいけないことも、絵本作家たちは語っている。動物になるとき、怪獣になるとき、子どもは言葉を失い、世界を区切る境界線を見失い、世界にどこまでも深く溶解する。『かいじゅうたちのいるところ』では、子どもの溶解体験は、月あかりのもとで怪獣たちとともに踊り咆哮するルナティックなエクスタシー＝脱自の姿として描かれている。しかし、子どもがそのまま怪獣島にとどまりつづけることが、[3]怪獣たちに「食べられてしまう」こと、そしておそらくはその子どもが怪獣となってしまうことを意味するように、絵本はこの体験の危険性をも語っている。生命世界は人間世界を侵犯する脱人間化の世界だから、子どもにとって魅力的な世界ではあるが危険きわまりない世界でもある。だから、子どもは「あちらの世界」にとどまらず、必ず「こちらの世界」にもどってくる必要があるのだ。もっともこの帰還のレッスンは、子どものためのものであって、大人向けにはむしろ生命世界の深部へのダイブに力点をおいたレッスンが必要となるだろう。そのときのメディアは、エロティシズムや文学、芸術や宗教のように、強力な強度を備えたものがふさわしい。ちょうど、ヘッセが『荒野の狼』（一九二七年）のなかで描いた、生命感を喪失した中年の主人公へのユーモアのレッスンのように［矢野 1996a: 147-172］。

いずれにしても、こうして子どもは詩や文学へと、さらには思想や哲学や科学へとつながっていく世界への通路の開き方を学んでいく。それは、どのように自己を象りつつ世界へと回路を開いていくかの、自己形成の高次化へと進むためのレッスンでもある。

物語がもたらす自己の象りと世界への溶解

私たちは、新聞や本やテレビや映画やネットで、数多くの物語を日々食事のようにとり入れている。それぞれの物語の世界は、それぞれのうちで完結し閉じているが、個々の閉じた物語世界は、別の物語世界と結びあわされ、これらの物語の連関がパーソナルにカスタマイズされて、トランスストーリーともいうべき、「私の物語世界」（世界観）へと織りあげられていく。このように私たちは、「私の物語世界」として編むと同時に、そこから物語の語り方や編集や構成の仕方といった栄養分を摂取して、私とは何者かという「私という物語」（自己観）を編んでもいく。「私」とは私が語る「私という物語」である。

私たちの生が、社会が提供する支配的で通俗的な物語や、作家たちの作りだした物語世界のうちに閉ざされてしまっているわけではない。私たちは、それぞれが経験し体験することで、「私」なるものをその都度その都度に象っている。だが、その固有の経験や体験は、言葉によって物語られることで、明確なはじまりと中間と終わりとをもった「私の経験」として定着されると考えるなら、私が語る物語が、「私」なるものを象り、「私」とは「私という物語」であるということも可能である。自己＝「私という物語」は、既存のさまざまな物語によって自己組織化された「私の物語世界」を手がかりにしつつ、固有の経験と体験とを、解釈枠にしたがって編集し織り直した物語である（このとき本来語りえぬ「出来事としての体験」は、無理矢理に「私の経験の物語」へと縮約される）。そして、近代社会は自己の同一性の維持を重要な責務として構成員に要請しており、近代教育はその要請を受けて非対称性を強化する傾向が強いことは、繰り返す必要はないだろう。

しかし、物語の力はこの自己の象りの方向にのみ働くのではない。むしろ、優れた物語の力は、人間が既存の交換を基盤とした功利的な社会的関係を超えた、純粋贈与や供犠・蕩尽・歓待・エロティシズム・遊びといった、個体性を超えた体験の世界を生きていることに気づかされるところにある。既存の言葉によっては語ることのできない体験こそが、人生のなかで比類なきものである。それはどのように言葉を尽くしても語りきれないにもかかわらず、私たちがその体験に触れたことはまちがいない。その瞬間こそが問題だ。優れた物語は、喩によってこの不可能性の可能性を実現しようとするものだ。こうして人間関係に回収しえない体験を描き、読むものに出来事としてこの体験を実現するのである。

場合によっては、物語の放つあまりの衝撃的な力によって、自己を象る解釈の枠組み全体が作りかえられてしまうこともある。魂の覚醒や回心が生起することもある。さまざまな動物たちとの友愛の物語、純粋贈与や歓待の物語と、絵本の物語の特徴は対称性をもたらす出来事の物語に満ちているところにあるが、幼年文学からヤングアダルトの文学に至るまで、子どもの物語には非対称性による分離を乗り超え、世界や自然や他者との間にふたたび回路を開き、対称性を回復させようとするものが少なくない。自己犠牲ともいうべき純粋贈与を描いた、アンデルセンの『人魚姫』（一八三七年）や新美南吉の『ごん狐』（一九三二年）や宮澤賢治の『銀河鉄道の夜』、これらの物語には収まりがつかない過剰なところがあり、「私にはわからない」と簡単に忘れ去ることもできず、読後もずっと気にかかるのだ［矢野 2014d］。このようにして、過剰性をうちに蔵した物語との出会いによって、自己＝「私という物語」は同一性のうちに安定することもできず、どこまでも揺さぶりつづけられるのである。

こちらの世界で他から分離して自己を同一性のうちに象ること、「あちらの世界」に触れることで溶けて世界と接続すること、この非対称性と対称性のバランスを、物語は喩の言葉によってより深い次元において実現しようとする。

6　子ども論の生命論的転回の方へ

新たな時代のマルクスよ
これらの盲目な衝動から動く世界を
素晴しく美しい構成に変へよ

「生徒諸君に寄せる」[宮澤　1979b: 299-300]

本章の課題は、人間の多様で異質な生成変容の全体を視野に入れつつ、子どもの人間学＝人類学から、子どもという生の在り方を、人類史の基本課題と結びつけて、生命論的な次元から捉え直すことであった。これまで述べてきたように、教育が担うべき基本課題が、発達という一次元的なものにとどまらず、生成と発達という多次元的なものであることを理解するとき、子ども論（子ども観‐教育観）において生命論的転回が起こり、発達研究もまたこれまでとは異なったものとなる。これまでの発達研究は、生成の次元の出来事を無視して排除するか、発達の次元に縮約して回収することで、大人／子ども、人間／動物、文化／野生、精神／自然、の二分法の境界線の固定化がもたらす病理に無自覚であった。しかし、体験と経験、脱人間化と人間化、生成と発達、これらの多次元的な教育の捉え方は、二分法の境界線による世界の区切り方を振動させる。そして、これまでとるに足らないことと見えていた事象が、底抜けの奥行きを孕んだ出来事であることを明らかにし、それらを教育の課題として浮かびあがらせることになる。

これまで述べてきた人類史の基本課題が、特別に教育の課題として意識されてこなかったのは、これらがあまりに自然なものとして、格別の努力を必要とせずに実現されてきたからだ。子どもが遊ぶ、動物と出会う、物語を楽しむ、……最初にその世界への扉を開く大人にとってもそれは楽しい時間だし、子どもにとっても練習や訓練といったものとは無縁である。そのようななかにおいても、絵本作家たちは幼児の心に触れる喩の言葉と絵画表現を駆使して、他者としての動物たちとの交感を、贈与や歓待の体験を、つまりは対称性の思想を中心にした物語を制作してきた。またシェリングの影響を受けたロマン主義の思想家であり、幼稚園《キンダーガルテン》の創設者でもあるフレーベルに見られるように、幼児教育はこの人類史の基本課題を自覚し、教育思想として捉え直すだけでなく、子どもの生成と発達を実現させる遊戯や遊具や技法の開発に努めてきた[4]。

しかし、心の基体をなす対称性の知性を育むという基本課題から出発し、バイロジックを駆使して体験を深め経験を高めるはずのものであった教育が、その適切なバランスを崩し、対称性の論理を幼稚で子どもじみたものとして抑圧し、言語化できる経験へそして有能性の発達へと偏して、教育は一次元化するようになってきている。情報化と金融化によって進化した経済のグローバリゼーションによって、子どもを取りまく環境は、すみずみにいたるまで非対称性の論理に侵食されつつあり、このことが教育の一次元化の流れをさらに後押ししている。経済のグローバリゼーションの巨大な力は、等価交換の原理に立って合理的な分離化を強め、従来の共同体がもっていた贈与と結びつき相互扶助をともなった多様な交換形態を破壊し、多元的な世界をも同一尺度による数量的な比の関係に還元する、貨幣による等価交換の一様でなめらかな平面へと変えていく。教育問題が、交換を基調とする仲間内での水平な人間関係の問題へと回収されてしまうのは、この交換様式の巨大な転換にともなうもので、非対称性の論理への一次元化と関わっている。このことによって、多重な世界を自由に行き来する喜びを価値のないことと見なすようになり、他者としての動物たちと切り離し、純粋贈与や歓待のような世界との十全なつながりを否定する。

私たちが直面している深刻な教育の危機とは、多くの人々が無自覚ながら実現してきた人類史の基本課題において、流動する生命の表現を停滞させてしまう、子どもの心における対称性と非対称性とのバランスをめぐる危機であり、同様に生成（脱人間化）と発達（人間化）との関係をめぐる危機である。「問題行動」として子どもが表現していることは、この生命論上の課題に関わる深刻な危機的状況にほかならない。

バイロジックによって生みだされる喩（詩的言語）は、二分法の境界線をめぐって語られ、境界線によって二つの世界を区切るとともに、二つの世界の正しい交通の在り方を見定めて、両方の世界の孤立化を防いできた。しかし、その言葉が流動性を失い一義的に凝固すれば、世界は截然と二つに分割されてしまい、両方の世界の自由な行き来ができなくなる。そうして非対称性の論理に一方的に偏ると、教育という名の働きかけ自体が、非対称性の論理のさらなる徹底化をもたらし、善くしたいという意図とは別に病理を生みだす源となる。教育が子どもから自由と歓喜の体験を奪うことになる（すでになっている）。子どもが損なわれることなく潑剌と生きるためには、自己を象りつつ同時に境界面で世界への回路を開くバイロジックの技法が不可欠なのだ。そしてそれは、未来において、対称性の論理を発動させて、絆の分離や無理解な切断を乗り超える社会を生みだすときの礎ともなるものでもある。この意味において、人類史の基本課題とは、過去から受け継ぐ未来と結びついた教育の課題でもある。

III——歓待と弔いの作法の学へ

第7章――ケアの倫理と純粋贈与

ケアのアマチュアリズムを讃えて

見返りを求めない純粋贈与は夢想家の夢物語だろうか。しかし、私たちはよるべない子どもに、考えるより以前にすでに手を差しのべてしまうのではないか。ケアやマナーは、返礼を期待することなく、いつもすでに見知らぬ他者に贈与されているのではないか。生命全体へと「開いた道徳」は、いつもすでに「閉じた道徳」に滲透し、仲間のうちに閉ざされた境界線を乗り超えようとしているのではないか、第III部は「歓待と弔いの作法の学へ」と教育学的思考を定位する。

1　問題としてのケアの概念

肥大するケアの領域とその問題

「ケア」という言葉は、毎日のように目にしたり耳にする日常的な言葉になっている。この言葉は、「気遣う」「心配りをする」「心遣いをする」「いたわる」「手助けをする」から「育てる」「世話をする」「面倒をみる」、そして「教育をする」「介護をする」「看護をする」にいたるまで、広く使われていることからもわかるように、人が人にたいしてその人のために援助する多様な諸事象を言い表す言葉として機能している。

しかも、このケアの対象は人にかぎられてはいない。動物や植物といった生き物をも含み、さらには芸術家にとっての作品や研究者にとっての研究にいたるまで、その相手（対象）の成長や発展を願い、そのために専心することのできるすべての事象にわたっている［Mayeroff 1971=2004］。「ケア」という言葉には、驚くほどの汎用性があるようだ。しかし、これほど意味内容が広範囲にわたってしまうと、この言葉が本来もっていた意味の喚起力が失われてしまうだけでなく、ケアの内実自体をも大変に貧しいものにしてしまっているように思われる。

それではこのケアをケアたらしめているものとはいったい何か。もちろんこの問いへの答えは、本章全体での議論を通して為されるべきことであるが、ここでは仮説的に提示しておこう。まずシンプルなケアの例を考えてみよう。喉が渇いた人に、一杯のお茶を供するという例である。日常的な営みともいえるが、ときとして最上のもてなしともなりうるし、場合によっては、その人に生きる活力と喜びをもたらしたり、深い慰めと温かい癒しをもたらしもするだろう。「一杯のお茶を供する」ことは真性のケアの一つであるといってよい。この人のためにして「あげる」、「与える」というところに、ケアの中心があるといえないだろうか。

さらに思考実験をつづける。このときお茶を供された人が、「ありがとう」と感謝の言葉を口にする。それはお茶を差しだした人を嬉しくさせるだろう。それだけでなく、この客人はさらに貨幣を差しだしたと考えてみよう。そうすると、そのとき、場にそぐわない不作法な事態が出現することになるだろう。ケアの「与える」ことにたいして、貨幣で返礼することはできないのだ。友人の親切な行いにたいしてお金を支払うものがいないのと同じだ。誰もが知っているケアのこの性格に、ケアを職業としている人たちが直面している問題の根があるのではないだろうか。

本章では、「与える」という出来事に焦点をあて、贈与と交換という観点から、ケアが「与える」ものとはいったい何か、ケアにおける互酬性とはどのような事なのか、またケアを職業とするときその報酬はどのように理解すればよいのかについて考察し、「ケアの倫理」の新たな可能性を示したい。そしてケア本来の過剰で豊穣な力を解放したい。

ケアの概念の曖昧さ

ケアの概念はどのように定義されてきたのだろうか。ケア概念の普及に寄与した『ケアリング』（一九八四年）の著者ネル・ノディングズは、「ケアリング（caring）」の倫理学を「互酬性（reciprocity）の倫理学」と定義している［Noddings 1984: 4］。ケアする人とケアされる人との「関係」を根本に据えて、ケアされる人の応答によってケアリングが完結すると捉える立場からみても、ノディングズはケアを互酬性として理解していることはまちがいない。ところが他方でノディングズは、「ケアする人」の特徴として、ガブリエル・マルセルの「随意性（disponibilité）」という言葉を引いて、「わが身を贈与し役立てる気構え」［Noddings 1984: 19］と説明している。つまりここでノディングズは、ケアリングを互酬的な贈与交換としてではなく、一切の見返りを求めない純粋贈与として捉えている。

ケアリングには、本来的に互酬性には回収することのできない贈与が孕まれていることは、ノディングズがケアリングの中核として「専心（engrossment）」というケアする人のケアされる人への関わり方をあげているところからも示すことができる（彼女はもう一つ「動機の転移」をあげており、これもまた他者への贈与に関わるのだが、ここでは専心について考えておこう）。ケアはケアされる人の福祉やよりよい状態の実現を目指して関わるのであり、それが実現されるためには、ケアする人のケアされる人に対する専心没頭を不可欠とする。専心とは、たんに作業において注意深く集中するといった意識による明確さではなく、自己と他者との境界線を失い、他者のうちに、そしてその状況のうちに、我を忘れて身を投ずることである。私たちは専心没頭しているときには、全身全霊でその行為に打ちこんでおり、そのとき自己を省みることはなく、その意味において、専心とは自己の放棄を意味するのだが、ケアにおける専心において自己の放棄は他者への純粋な贈与となり、それゆえ他者の無条件の受容となる。ノディングズが倫理的生のもとになると捉えた、喜びに満ちた「自然なケアリング（natural caring）」とは、そのはじまりにおいては、まちがいなく応答を求めるのではない純粋贈与と見なしてよいものである。

このようにケアリングの理論には、互酬的な交換に回収することのできない贈与の側面が描かれてもいるわけだが、ノディングズ自身がこの差異を区別せず、また互酬性を強調し、かつケアリングにおけるケアされる人の役割をも評価したこともあって、多くの研究者はケアリングを互酬性として理解している。どうして贈与は無視されたのだろうか。

職業としてのケアのジレンマ

この問題を考えるとき、ケアを職業とする領域を手がかりにすることは重要である。ケアの概念が、教育や保育、介護や福祉、あるいは看護や医療などの専門家の間で、自分たちの仕事の性格を理解し、職業倫理を形成し、職業アイデンティティを形成する中核的な概念となって久しい。たしかにこの概念は、人間の福祉や健康の回復や成長を目指して人間と関わる職種に共通する重要なポイントを言い当てている。ケアの概念が広く受容された背景には、こうした専門家たちの職業アイデンティティの構築という課題と結びついていたと考えられる。

教育・介護・福祉・看護・医療、このような人間への援助に関わる職業領域は、これまで「献身」や「愛」の名の下に、ケアする人にたいして感情をコントロールするよう過酷な「感情労働（emotional labour）」が強いられてきた領域である。そのため看護師や教師は他の職業と比べバーンアウトの割合が高い職業である。ケアの概念は、このような一方的な「与える」在り方としての自己理解への反省をもたらし、ケアされる人からの応答（返礼）という互酬性＝贈与交換への転換に大きな役割を果たしてきた［Gilligan 1982］。互酬性の概念に切りかえることで、「自己犠牲」や「献身」といった美名の下に隠されてきた労働条件の悪さを改善することができ、またケアする他者に対する全人格的な関与という責任論を、職業役割に関わる限定的な範囲内での責任に変えることもできた。

しかし、ケアの概念が専門家の間で受容された理由はこれだけではない。ケアの概念が互酬性と結びつくことで、他方で、経済主義的な「サービス」という概念とも差異化が可能となるからである。日本語で使用されるときのサービスとは、商品の一つの形態である。したがって、サービスでは対価として貨幣とのダイレクトな等価交換が実現する。商品であるためには、サービスは匿名の他者にたいして、一律にあらかじめ決められた所定の関わり方とならねばならない。そして、一時間あたりいくら、一日でいくらといったように価格が決まる。

それに対して、ケアを等価交換ではなく互酬性をもった贈与交換という概念で捉える場合では、ケアが相互的で人間的な関わりであることを表現することができる。そこでは、自分たちの仕事がたしかに報酬を得ることはまちがいないにしても、貨幣による等価交換に収まらないものであること、また匿名的な関わりでなく固有名をもった特異な人間に対し、一律の機械的な関わりではなく、その場に応じたタクトを発揮した全体的な関わりであることが示されている。とりわけ、ケアが特定の「誰か」に向けられる援助であることはケアの本質に関わることである。このようにしてケアに関わる職業は、「サービス」というカテゴリーでは回収しきれない、倫理性を求められる職業であることが明らかとなる。

つまり一方での際限のない「献身」や「犠牲」を要請する精神主義的な言説と、他方での経済効率主義的な「サービス」という労働にすぎないという言説に対して、互酬性という性格を捉えることで、ケアに関わる職業が、一方での専門的な知識と技能とを必要とする労働としての在り方と、他方でのたんなる労働には回収できない倫理的な側面をもつことの両側面を捉えているのである。職業としてみたとき、ケアとは愛（純粋贈与）と貨幣（市場交換）の間に挟まれた互酬的な交換（贈与交換）である。

2　純粋贈与と贈与のリレー

贈与のリレーをもたらす「物」の出現

私たちは、「一杯のお茶を供する」という出来事をもとに、ケアは無心に「与える」という在り方に秘密があるのではないかと問うた。そのあとで、これまでのケア（ケアリング）の概念を検討したところ、ケアの概念で「与える」ということは論じられてはいるが、結局のところ互酬的な贈与交換として捉えられていることをみた。さらに職業としてのケアの概念では、「与える」という側面はむしろ否定的でさえあり、互酬性が強調されているのをみた。この認識の違いはどこからくるのだろうか。

私たちは、毎日のようにさまざまな言葉や物や事を、与えたり、受けとったりしている。あまりに頻繁にそれを繰り返しているので、「与える」ということが実のところどのようなことなのかが、わからなくなっているのではないだろうか。このようなときには、またシンプルなケアの事例にもどるのが一番の近道である。ここでは中国の方軼羣《ファンイーチユン》の絵本『しんせつなともだち』（一九八七年）をとりあげてみよう。優れた絵本には、人類に受け継がれてきた知恵と経験とが、巧みに描かれているものだが、この絵本には贈与という出来事の不思議な性格が生き生きと描かれている。

季節は冬である。雪がたくさん降り、食べるもののなくなったウサギは、食べ物を探しに出かける。そこでウサギはカブを二つ見つける。一つは自分が食べて、あとの一つを食べ物に困っているであろうロバのもとにもっていくことにする。しかし、ロバの家に行くと家は留守だった。ロバもまた雪のなか食べ物を探しに出かけていたのだ。そこでウサギはロバの家にカブをおいて帰る。ロバがサツマイモを見つけて家にもどってくると、どういうわけか家にはカブが届けられている。ロバはこのカブがどこからきたのか不思議に思うが、雪が降る寒いときに、ヤギはきっとなにも食べるものがないのではないかと考え、このカブをヤギにもっていってあげることにする。このようにしてカブは、ロバからヤギ、そしてヤギからシカへとめぐり、最後にはシカからもとのウサギのところへともどってくる。例によって、ウサギの睡眠中にカブはウサギの家に残されるのだが、ウサギは「ともだちがわざわざもってきてくれたんだな」と思う[1]。

これは中国の昔話がもとになっている絵本だが、人民解放軍で実際にあった出来事をモデルにしたという説もある。この物語のおもしろさは、カブがもとの持ち主のところにもどってくるところにある。そして、カブが友人たちの間を一周することで、それぞれが「誰か」から気にかけられていることを感じ、また「誰か」を気にかけていることを知る。ここには「与える」というケアの特徴を見ることができる。

もっとも、この物語の終わり方は、この贈与の運動に限界があることを示しているようにも見える。それは人類学者のマリノフスキーが描いたニューギニアのトロブリアンド諸島におけるクラ交易のように、ウサギ→ロバ→ヤギ→シカ→ウサギという閉じた共同体のなかで、カブが回っていることである。その意味でいえば、この贈与のリレーは、仲間うちでのリレーであり、広い意味での交換なのではないか。レヴィ＝ストロースが婚姻をめぐる女性の交換の現象を鮮やかに定式化して見せたように、交換の形態には、A⇔Bのように二者の間で遣りとりされる「限定交換」にかぎらず、A⇒B⇒C⇒D⇒A……といったように循環する交換の形態があり、それは「限定交換」にたいして「一般交換」と呼ばれている［Lévi-Strauss 1949=1977, 1978］。クラ交易はその代表的なもので、時計回りにソウラヴァと呼ばれる首飾りが、そしてそれとは反対回りにムワリと呼ばれる腕輪が儀礼的に贈与されて島々を移動していくのである。そして、この雪の日に起こった贈与のリレーは、贈与ではなくクラ交易のような贈与交換のように見える。

純粋贈与という不思議

しかし、見方を変えれば、この絵本の世界での出来事は、閉じた共同体内部での贈与交換などではなく、共同体の外部からの純粋な贈与として捉えることができる。もともとウサギはカブを二つ見つけたのだ。この二つのカブが「誰か」からの贈り物であると考えるのは難しいことだろうか。その意味でいえば、ウサギに贈与を促したのは、外部からの「贈与の一撃」だったといえないだろうか。この最初の贈与を促す共同体の外から来る「贈与の一撃」＝過剰な力の一撃が重要である。それというのも、そのような贈与は仲間だから贈られたのではなく、したがって見返りがあるから贈られたのでもない純粋な贈与だからである。このような純粋贈与に触れるとき、閉じたサークルの仲間の間の贈与交換をもとにした親切を超えた、生命全体への無条件の倫理の可能性が開かれる。

しかも、ウサギは「誰か」わからない者からカブを贈与されたのと同じように、ロバもヤギもシカもまた「誰か」わからない者から与えられている。クラ交易が、交易のパートナーと顔をつきあわせ儀礼的な交渉をまじえた交換であるのとは異なり、この動物たちはお互いに顔を合わせてはいない。たしかにウサギはロバにカブをあげたことを知っているが、ロバはそのことを知らない。したがって、ウサギはロバから直接に感謝の言葉をもらったり、お返しの品をもらったりはしていない。その意味では、ウサギはカブをただロバのうちに運んでおいてきたにすぎない。ここには贈与交換を構成する受けとる義務もまたお返しの義務も生じてはいない。そしてまたウサギとロバの間に贈与の義務があるとはいいがたい。このように考えていくと、より正確にいうなら、ここには一般交換が成立しているのではない。この思考をさらに進めていくなら、この贈与のリレーは仲間の間での制度化された贈与交換などではなく、奇跡のような出来事として生起しているといえる。

そして、さらにこの物語にはもう一つ驚くべきことが描かれている。それは、カブは贈与されたのに、それぞれの登場人物の所有というレベルにおいては、なにも新たに増えているわけではないということだ。ウサギがプレゼントをはじめたときから最後にふたたびウサギのもとにもどってくるまで、所有ということでの変化は誰にも生じていない。それにもかかわらず、すべての動物が他者からの気遣いを受けとり幸福な気分を抱いている。誰かが所有欲を働かせてカブを滞留しないかぎり、原理的にはこのカブはサークル内を何度でも回りつづける。もっとも、カブはいつかは腐敗し食物としての価値をもたなくなる。このことがこの贈与の運動を駆動してもいる。これがいつまでも価値を損なうことのない滞留可能な貨幣であれば、このような運動を駆動させはしなかっただろう。

「時間を与える」という贈与のリレー

このカブの価値が時間のなかで低減しいつか腐敗して無と化してしまうということをもとに、この贈与のリレーについてもう少し考えてみよう。この贈与のリレーは、空間的に見れば、どこまでも変わることのない円環運動であるが、時間はカブを腐敗させ、食物としての価値をゼロにする。そればかりか、時間はこの環のなかの動物たちを変容させ、最初のカブの循環がはじまったもとにもどることはけっしてない。この時間の不可逆性に人間の実践のもつ特徴がある。

この話のなかで重要なポイントの一つは、「カブをもってきた」ことではなく、「カブをもってきた」ことにある。ケアの本質は、この「もってきた」というところにある。もし「カブ」の方に重点があるのなら、誰も実際にはカブを食べなかったわけだから、カブを必要としていなかったことになり、このカブの循環は無意味な循環に終わったということになる。しかし、比類なき喜びは、たとえ自分が必要としなかった物であっても、雪の日に気にかけてわざわざ自分のために「誰か」が「もってきてくれた」という事実からくる。わざわざ「もってきてくれた」ということは、ほかにも費やすことのできたはずの時間を、「この私」に「与えた」ということなのである。ここで贈与されたのは、たしかにカブではあるが、むしろケアという立場からみれば、目には見えない時間なのだ。

しかし、このことはなんら特殊な事態ではない。日常的になされているケアは、この「時間を与える」ということが、文字通りもっとも基本的であることを示している。離れて一人で暮らしている老いた親に会いに行く、友だちからの相談事に熱心に耳を傾ける、休日にボランティア活動に参加する、……どれもケアは日々の生活のなかで時間をさいて、人のために専心没頭し「時間を与える」ことにほかならない。[2] ところで、この「時間を与える」ということは、人間の有限性と直截に関わっており、「時間を与える」ことは、自らの命を与えることである。私たちの命に時間的な制限がないのなら、「時間を与える」ことはたいした意味をもたないだろう。しかし、私たちは、いつ死ぬのかは知らないが、いつか死ぬことを知っている。だからこそ「時間を与える」ことは、価格にならない価値をもつ。

あらためて考えてみると不思議なことなのだが、「時間を与える」私たちの命も、カブと同様、私たち自身が自分の力で生みだしたものではない。この私の存在は、私自身の選択によって、あるいは意図的な働きかけによって出現したものではない。この存在は親によって与えられた（贈与された）ものである。しかも、親、その親の親、そしてさらにその親の親の親、……とつづけていくと、いつかはその固有名すら知ることのできない連綿とつづく「多くの誰か」（他者）の存在に行きあたることになる。つまりこの私の存在は、私の知らない「多くの誰か」に負っていることになる。この私の存在は、「多くの誰か」から生まれた親によってもたらされ、そして、この私の生存は、この「多くの誰か」から生まれた親のケアによって可能となった。私は、すでに死者となった名前も顔もわからない「多くの誰か」を背後にもつ固有名をもった親によって、与えられた。この私という存在は、世界に「投げだされた」というより、「与えられた」というのが、人間存在の根本原理である。

「時間を与える」ケアとは、たんなる贈与ではなく、純粋贈与の一形態ということができる。生ける贈り物としての「犠牲」の対価はどこにも存在しないから、このようなケア＝純粋贈与は返済不能となる。均衡によって交換は終息するものだが、純粋贈与は不均衡を増殖させ、その不均衡から新たな贈与が生まれる。このようにして、有限な存在者たる人間が、「誰か」を気にかけ「時間を与える」ことによってケアを贈与すること、そしてそれを受贈した者はまた「時間を与える」者としてケアを贈与する。有限な時間を生きる者においてのみ可能でありまた意味をもつ「時間を与える」という贈与のリレーは、貨幣にみられるような循環の滞納や私的所有を不可能にし、つぎからつぎへとケア＝贈与が受け渡される。この「しんせつなともだち」の間に生起した贈与のリレーも、その背後に生起した無数の「誰か」による「誰か」への贈与のリレーに由来しているのである。そして、この贈与のリレーのただなかを走るランナーの一人であることを自覚するとき、「時間を与える」こともできるこの私は、過去からの負い目という重荷を背負って歩くラクダではなく、いつも気がつけばすでにロバの家に向けてカブをもって一目散に走りはじめているウサギなのである。

3　ケアのアマチュアリズム

互酬性でなくてはならないのか

贈与と交換という観点から捉えたときのケアの基本原理は、純粋贈与として「時間を与える」ことに尽きると考えるが、それではなぜ職業としてのケアの理解では、互酬性が中心におかれてきたのか。その理由は、最初に述べた職業アイデンティティ構築の戦略的理由だけでなく、ケアを職業としている人たちに共通する経験と結びついているからではないだろうか。

このことを理解するために、まずケアされる人の経験からはじめよう。医療施設や高齢者の介護施設などをみると、そこではケアする人とケアされる人との間に、かつての地縁血縁による共同体のような贈与交換を積み重ねてきた歴史がないことは明らかである。地縁血縁による共同体では、ときによっては世代を越えた貸し借りの記憶や記録が残されており、その長期にわたる贈与交換の歴史を踏まえて、人と人との濃密な相互扶助の関係が営まれていた。交換する相手は共同体の仲間であり、その倫理もまた仲間との間において成立していた。それにたいして、施設では、ケアされる人からみるなら、自分が育てた恩があるわけでもないし、あるいは過去に何かを与えたわけでもない者によって（「してあげる」＝贈与）、偶然の巡り合わせで世話をされることになるのだ（「してもらう」＝受贈）。また将来において、自分がこのケアする人にお返しをできる可能性もない。贈与交換の歴史をもたない者同士が、そして将来において互いに贈与交換の関係を継続する可能性がない者同士が、偶然によって出会い、機能に限定されて関わりあうことになる。

もちろんつぶさに見れば、施設内での機能的関係といっても、人と人との交わりはいつも重層的・多義的であって、ケアされる人とケアする人との関係もときには逆転することもあるだろうし、また結果として、ケアされる人との出会いによって、ケアする人の側に職業的自覚や反省あるいは自己実現が促されることもあるかもしれない。職業的にケアに関わる優れた人には、必ずといってよいほど、自分が職業アイデンティティを明確にもつにいたる契機となった他者（生徒・患者・クライアント……）との出会いがあるものだし、ケアが結果としてケアする人の自己実現をも促すという指摘は重要でさえある［Mayeroff 1971=2004］。

しかし、ケアされる人のケアする人に対するお返しは、多くの場合において感謝の言葉とケアへの対価としての貨幣によるほかはない。通常の商品の売買では、貨幣による支払いで負い目はそのたびごとに解消されるが、人間関係における遣りとりには、身体に触れる‐触れられるというケアには当たり前の事象一つとってみても、貨幣に還元できない人間的な身体の感触が付加されるところから、ケアされる人に負い目が消えることがない。ケアがたんにサービスに還元できるのであるのなら、対価として貨幣を支払うことで負い目はその場で消滅し決済されるのだが、この貨幣による等価交換として解消できないというケアの在り方が、「ありがたさ（有り難さ）」や「済まなさ（完済不可能）」という負い目を生みだしてもいる。この負い目の問題は厄介な問題だが、人間的実践としてのケアの性格を考えるうえで重要な手がかりである[3]。

貨幣の力

貨幣による等価交換では済まないことについて考えるためには、貨幣の抽象力について簡単に考察しておく必要がある。

貨幣は異なる物と物との間に共約可能性を生みだし交換を可能にする。貨幣が共約可能性を生みだすのは、このような物と物との間だけではない。人間の労働に対する対価として、すなわち賃金として貨幣が与えられることで、労働時間と賃金とが等価交換されてもいる。つまり人間の実践の成果物のみならず、教育・介護・看護・医療といった実践としての身体的関わりのプロセス全体もが、さらに人間の生きている時間もが、物と同様に抽象的な等価物としての貨幣を媒介にして交換されるのである。

このように貨幣は、異質性を乗り超え、物と物との間に、事象と事象の間に、共約可能性を生みだす価値尺度となって物や事に価格を与え、同様に、サービスのような人間の実践をも商品交換領域に結び合わせる。貨幣は、人と人とを、人と物とを、物と物とを、無限の連鎖ともいえるほど多重に多様に結びつけていくのだ。このように貨幣は、さまざまな人間の実践や物や事へと変身を繰り返しながら、それ自体の価値はなんら毀損されることはなく、商品交換領域のサークルを回りつづける。手元にある貨幣が、どれほど多くの人々の手によって受け渡されてきたのか、そしてどれほど異質なものを結びつけるために交換されてきたのかを想像するとき、貨幣の「非人格性」と「無色透明性」のもつ抽象力と媒介力の偉大さに感嘆を禁じえない［Simmel 1896=1999: 265］。

このように、貨幣はさまざまな異なる質の事物を同じ次元に置きかえる強力な力をもっている。貨幣の歴史は、全体的社会事実としての贈与交換から市場交換を浮上させ拡張する一方で、殺人賠償金、奴隷売買、売買婚、持参金、売買春、買収、罰金、臓器売買、卵子や精子の売買、さらには感情労働にみられる感情の売買といったように、人格や人間の本質や尊厳に関わるものの譲渡の不可能性と可能性をめぐるせめぎあいの歴史でもあった。譲渡可能なものの出現によって、譲渡不可能なものの価値がその希少性ゆえにますます高まるだけでなく、新たに譲渡不可能なものが出現し、譲渡可能と不可能の境界線を挟んで、新たな価格と価値とが生みだされてきた。生と死の境界線の引き方がそうであるように、この境界線上の事象は宗教観や人間観、生命観と結びついて、その時代の固有の問題群を形づくっており、境界線の侵犯はいつもスキャンダラスな事件となる。本来、譲渡不可能な人格的次元の事柄まで貨幣によって交換されることは、人間の「本質」や「尊厳」を深く損なう可能性をもっている。

例えば、人からの親切な行いにたいして、その対価として貨幣で支払うことは、その親切という出来事の性格を根本から損なうことになる。「ありがとう」という感謝の言葉は、贈与交換として親切な行いをした者への返礼となり、その行為を「親切な行為」として認識し受容したことを表し、なおかつその行いの無償性を顕彰することになるのだが、このとき対価として貨幣を差しだすことは、人の「親切」を「サービス」(商品)に変えてしまうにとどまらず、さらには親切な行いをした者をチップを受けとる「召使い」に貶めることになり、その結果、親切な行いをした者の行為の無償性のみか尊厳を大きく損なうのだ。同様のことは、ケアについてもいえる。だからこそケアの専門家として人と関わる人(ケアする人)にとっては、そのことを目的としているわけではないが、相手(ケアされる人)からの感謝の言葉か笑顔かそれにかわるなんらかの応答が不可欠なのだ。このことがケアする人の経験からみた互酬性の重要性の理由である。

「時間を与える」こと

あらためて問おう。それでは「ケアされる人」において貨幣に還元できないものとはいったい何だろうか。人が他者に専心して関わるときに、いったい何が起こるのか。それはすでに述べたように「時間を与える」という贈与である。ケアは、ケアする人がケアされる人にたいして、その身でもって相手に「時間を与える」ことである。ケアするとは、他の誰でもない「この私」が身をもってケアされる人と向かいあうことである。このようにして、ケアの中心をなす「時間を与える」という在り方が、ケアを貨幣に還元できなくしているのだ。

しかし、このように考えても、職業として教育や介護や医療に関わる者は、工場で製品を作る労働者と同様、その労働時間に値する報酬と交換しており、しかもその報酬である賃金はケアを受ける者から直接的あるいは間接的に得ているのだから、先に述べた意味での「時間を与える」ことにはならないのではないかと思われるかもしれない。

たしかに、事実としてはその通りであるが、生きられた事実はそうではない。私たちは工場製品を商品として購入するとき、その製品のうちに工場労働者の生きた労働の痕跡を、あるいは生きた時間の個別性を見いだすことはない。したがって、商品を貨幣と交換し購入することにどのような負い目もない。しかし、大量生産された製品のうちに、労働者の命が結晶化されている事態を見てとることは困難だが、個別的人格性を宿す手作りの物のうちには、作り手の生をみることができる。だからこそ私たちは手作りの物にたいして特別の感情を抱くことになる。まして、ケアの場面では、役割機能に収まりきらない、過剰な身体を生きる人がケアする人として現れる。

このケアする人からは、精神でもなく肉体でもなく、人格の宿る生きた手が差しのべられる。目の前の身体として生きている、「多くの誰か」の海から浮かびあがり固有性をもったこの人が、この私のために手を差しだしケアするということは、生きている「時間を与える」ことにほかならない。そこで、ケアされる人は、たとえその行為が報酬として賃金を受けとる仕事であることを十分に承知してはいても、ケアする人の労働時間には回収しきれない過剰な

「時間を与える」という贈与を受けとることになる。

職業的なケアは存在しない

このように考えてくると、「ケアにおいて貨幣に還元できないものとはいったい何だろうか」という問いは、反対に「看護や介護といったケアがなぜ報酬の対象になるのか」という問いから問い直されるべきだろう。離れて一人で暮らしている老いた親に会いに行く、友だちからの相談事に熱心に耳を傾ける、休日にボランティア活動に参加する、……もちろんこれらには報酬はない。しかし、同語反復のようだが、職業的な看護や介護には、当然のことながら、貨幣による報酬がある。それはなぜなのか。

答えはきわめて簡単だ。冒頭でケアとしてとりあげた教育・介護・看護・医療は、それ自体はケアではないからだ。それらは固有の知識と技能に基づいてなされる仕事である。仕事には見合った報酬があるのは当然である。しかし、ケアそのものを仕事とする人はいない。ケアを専門とするプロなどはいない。もしそのような人間がいるとするなら、その人物がなしているのはケアではない別のことである。貨幣で交換されるものは商品となることを意味するが、それはケアの原理である「時間を与える」に反するだけでなく、その行いはケアがなすべきはずのことを実現しない。ケアの世界は、偉大なアマチュアの活躍する世界なのである。

すべての職場でケアは生起している。人と向かいあわないような職場はないし、どのような職場でも助けを必要としている人はいるからだ。さらに、教育や介護や看護や医療の職業がそうであるように、ケアと仕事との境界線がきわめて曖昧な職場がある。それらの職場では、つねにケアを必要とする「誰か」と向かいあっており、しかもその職種はその向かいあう人間の成長や回復を仕事の目的としている。そのため、そのような職場では、仕事と分かちがたく我を忘れて手を差しのべて「時間を与える」ことが起こる。そして、優れた実践者の実践には、細部に至るまでこのケアの力が滲透しているにちがいない。教育・介護・看護・医療はそれ自体はケアではないが、ケアを必要としている。そして、このケアのない教育・介護・看護・医療は、十分な意味での教育でもなく、介護でも看護でも医療でもない。

そうだとするなら、「看護や介護といったケアがなぜ報酬の対象になるのか」という問いは、その問い方自体が不正確だったというべきだろう。教育・介護・看護・医療そのものは仕事として報酬の対象である。[4] それにたいして、「時間を与える」ケアは報酬の対象になることはないし、対象になってはならない。災害のような非常時には、多くの人が進んで介護や看護をするが、このような行為は感謝の対象になっても報酬の対象にはならない。それは困った人を助けるケアの行為だからである。このときたまたま助けた人が医師や看護師として職業をもっていたとしても同様である。この場合、この医師や看護師たちは、医療や看護の知識と技能をもった善き隣人として、助けを必要とする人をケアしているのだ。

話は、前述の「労働時間には回収しきれない『時間を与える』」ということと関係する。先ほどは、これをケアされる人の側から論じたが、この事態をふたたびケアする人の側から捉え直すとこうだ。ケアされる人がその「時間を与える」という契機を感受するように、職業としてのケアする人は、ケアに専心するとき、仕事であることを忘れ、善き隣人として「時間を与える」人となり、真にケアする人となる。このケアはプライスレスだから、売ることはできないものだ。それはケアする人が賃金労働の制約から脱した瞬間であり、そして、このとき彼あるいは彼女は互酬性の思考法にも関心を失っているはずだ。そのケアが生起した事後において、ケアした人は、自らの行為にたいしてケアされた人から貨幣ではなく感謝でもって応えてくれることを望み、贈与交換という慣習的な互酬的文脈において、この出来事を捉え直すかもしれない。職業としてのケア理解における互酬性の要請は、ケアされた人の側の貨幣によっては解消できない「時間を与えられた」という負い目と、ケアした人の側の報酬を求めることなく「時間を与えた」

ことへの事後の反省とが結合して成立する。しかし、この事後の反省をもとに、ケアの本質を互酬性に求めることは、ケアを損なうことになる。

4 ケアの倫理を働かす純粋贈与

純粋贈与は、一切の見返りを求めない贈与であるから、相手からの感謝や笑顔さえ求めるものではない。愛が対価を求めるのは矛盾である。その意味でいえば、原理的には、純粋贈与は贈与がなされた瞬間に、贈与した人も受贈した人も贈与を忘れなければならない［Derrida 1989a=1989、矢野 2008a］。したがってそこではどのような負い目も生じない。このように純粋贈与を極限において捉えるとき、私たちが日常において捉えうる贈与なるものは、すでにその姿が捉えうるということにおいて純粋贈与ではないことになる。それでは、ケアの本質は純粋贈与としての「時間を与える」という出来事であるとわざわざいうことに、いったいどのような意味があるのだろうか。

ケアは「時間を与える」という純粋贈与の出来事である。しかし、ケアが継続性をもつ場合には、そのケアは贈与交換となるだろうし、さらに制度化されたりすると市場交換が必要となる。「ケア」と呼ばれている事象のどのような次元をとりあげるかで、ケアの姿は異なってくる。具体的なケアを考えれば考えるほど、この交換はさまざまに結びついて複合的な姿をとっており、ケアはこのいずれでもあるといってもよいように見える。それでも、ケアの関わりには、いつも純粋贈与が働いている。そしてこの次元をはずしてしまうと、それはケアではなくなるのだ。このような議論は、ケアを一方的な自己犠牲としてではなく、自他の相互性・互酬性において捉え、「ケアの倫理」を提唱したギリガン以前にもどしてしまう議論だろうか。そうではなく、むしろ「ケアの倫理」をより徹底化することだと考える。

贈与と交換という観点から捉えたとき、これまでのケアの理論は、一方でケアの概念を不当に拡張しているのだが、また同時に不当に縮小してもいる。ケアということを、無心に「時間を与える」という出来事としてのケアにとどまらず、職業としての教育・介護・看護・医療にまで拡張することは、ケアの範囲を貨幣の領域にまで拡張してしまうことになる。そのことによって、貨幣に回収できない譲渡不可能な人格に深く関わるものまで、サービスとしてとりこまれていく危険性に曝されている。その結果、譲渡不可能な在り方をも、「感情労働」の名のもとに貨幣との交換で、他者にたいして差しだすように要請されることにもなる。

しかし、他方でケアの不当な縮小の運動もこの場面で生じている。この貨幣による汚染から自身を守ろうとすることで、本来この職業と分かちがたく結びついているケアの贈与的在り方を切り離し、貨幣交換にまで縮減することで、その職業がもちうる豊穣さを極限にまで貧しくしてしまう。「私は職業としてこの人間に関わっているのであって、それ以上ではない。だから私の譲渡不可能なものを差しだす必要はない」といったようにである。このようにして、ケアはその本来の「時間を与える」という過剰な贈与としての力が弱められてしまう。しかし、このケアの概念から互酬性の重要性を導きだすだけでは不十分であることは、これまで述べた通りである。

ケアの定義におけるケアの縮小が、ケアと呼ばれる事象の範囲の拡大を促し、反対にこの適用範囲の拡大が、ケアの定義を変容させ、ケアが何であるかをわからなくしているように思われる。教育・介護・看護・医療の場では、たしかにケアが生起するが、それ自体はケアではない。ケアが生起するところでは贈与が生まれている。職業倫理としては、贈与交換・市場交換が重要な意味をもつが、職業倫理として求められない次元で働く純粋贈与を付随的なものと捉えるべきではない。

老いや病そして死は、古来より人間には逃れることのできない苦として表現されてきた。これらは自律する個人や生産的労働の主体といった近代的な人間観が、避けがたく直面する限界点と関わっている。ケアはこの限界点のすべての場面に登場する。しかもケアはこのような限界状況において外部から無条件に差しのべられた手として出現する。そして、純粋贈与に駆動される「ケアの倫理」は、共同体内部の仲間である「われわれ」に基づく「贈与交換の道徳」を揺るがし、人がいまここに与えられて在ることに根ざした、「時間を与える」という贈与の運動をもたらす。しかし、ケアは歓待や蕩尽と同じ純粋贈与の問題圏に属しながら〔矢野 2008a〕、贈与交換や貨幣交換に回収されやすく、その特性が損なわれることの多い出来事である。だからこそ、ケアにおける純粋贈与という主題は、ケアの中心的主題として問われる必要がある。

第8章——マナーと礼儀作法の系譜学

なぜ人は見知らぬ者にも挨拶をするのか

一五〇年ほど前まで、今日、教育と呼ばれることの大半は、読み・書き・そろばんを除けば、行儀作法と礼儀作法を教えることだった。むしろ人口の多くの割合を占める農民にとっては、読み・書き・そろばんよりも、同じ共同体で生きる仲間に笑われることのないように世間の作法を身につけることの方が、一人前の構成員となるうえで重要な課題であったし、まして細かい上下関係に制約されていた武士や町人にとっては、礼儀作法を学ぶことは、不可欠なことがらであった。秩序は細かな作法によって明示的あるいは暗黙的に維持されていたため、無礼・不作法であることは人物の評価全体に関わることであった。そのため、すでに江戸時代から、礼儀作法についてのマニュアル本はベストセラーだった。

明治維新は、座礼を中心とした封建的な礼儀作法を時代遅れのものにしたが、今度は「文明開化」の名の下に、西洋式立礼の「マナー」を身につけていることが、文明化された立派な人物であることの証となった。それ以後、私たちは、私たちの立ち居振る舞いが、欧米人の目にどのように映っているのかにたえず関心をもち、恥ずかしくないように、マナーを向上させるべく励んできた。そのことは今日でも変わらない。現在でも日本のマナー書の多くは、欧米人の目を意識したレトリックで溢れている。

一見すると学校教育は、礼儀作法の教授はもとより、マナーの教育にもそれほど関係していないように思えるかもしれない。しかし、生徒指導や生活指導の多くの部分が、服装や髪型、挨拶や言葉遣い、立ち居振る舞いに関わることであり、教師が学校・教室で生徒や学生を前に腐心することの多くのことがらが、このマナーや礼儀作法に関わることであることを思い浮かべれば、その重要度は過去に比べて、それほど低下しているわけではないことが理解できるだろう。しかし、いまマナーと礼儀作法について、あらためて教育学の立場から考察する理由は、これだけではない。法と道徳の中間に位置するマナーの教育は、「規律訓練」や「道徳教育」と結びつつ、今日の教育において周辺的なものにとどまってはいない。学校での国家的儀礼が強化されるなかで、儀礼としての作法がもつ問題点とは何か、あるいはいじめ・体罰・校内暴力のような学校空間での秩序の揺らぎのなかで、差別や排除を抑止する秩序形成としてのマナーや作法とは何か、と問いはじめると、今日の教育を考察するうえでのマナーと礼儀作法とを考えることの必要性と緊急性とが浮かびあがってくる。

さらにマナーと礼儀作法には教育学の課題として問うべき理由がある。それというのも、マナーや礼儀作法は、社会的関係における秩序形成の機能にとどまらず、そのような秩序自体を超えでて、既成の秩序を新たなものへと作り直す法外な出来事でもあるからだ。例えば、ありふれた行為である「挨拶」は、人間関係を円滑にするための社会的な交換などではなく、聖なるものに向けての贈与ではないかと考えた途端に、何か得体の知れない法外な事象となる。人はなぜ挨拶をするのか、なぜマナーを守らなければならないのか、この問いに答えることは、それほどたやすいことではないことに気がつくだろう。そして、そのことに答えようとする試み自体が、新たな世界市民と社会の形を示すことに、そして新たな教育の姿を示すことにつながっていくはずだ。本章では、マナーと礼儀作法の学説史を論じることでこの主題のもつ諸相を明らかにし、さらにそのことによって「贈与と交換の教育学」におけるマナーと礼儀作法の研究の方向性を提示したい。

1　超ルールとしてのマナー

「マナー」という言葉には、身に合わない洋服を無理矢理に着せられているような違和感がある。「マナーを守ろう」という標語もうさんくさくて好きにはなれない。しかし、マナーが今日において重要な人間学的社会学的政治学的な主題であることにはかわりはない。マナーには考えれば考えるほど一筋縄では捉えきれない矛盾した性格がある。さらにそこには、人を人たらしめている中心的な主題が、あるいは人が人と交わるうえで直面する本質的な思想的課題が含まれているように思える。

つぎのようにいってみる。マナーが生起するためには、同時にマナー違反が生起する自由がなければならない。このようにいえば逆説的に聞こえるかもしれないが、具体的な例を考えればわかることだ。マナー違反をなくそうと思えば、マナーを明示的な行為のルールに変えることである。例えば、車両のすべての座席を優先座席にしてしまい、必要な人に対して席を譲ることを法として義務化すれば、マナーの違反はなくなる。残るのはルールの違反である。しかしそうすると、私たちはルールは守らなければならないという社会的義務にしたがってしか、席を譲ることができなくなる。席を差しだすという他者への無償の贈与であったはずのマナーは、自発的な行為ではなくなる。マナーを発揮すること自体が不可能になる。私たちには、したがわなくてもよい自由があるからこそ、マナーを発揮することができるのだ。つまり、したがうこともできれば、したがわないこともできるからこそ、マナーは生起することができる。マナー違反が起こる条件が同時にマナーの生起する条件なのである。したがってマナー違反は原理的にはなくならないのだ。

以前にマナーについて考えたとき、マナーとは道徳と法の中間に位置づく「準ルール」であり、この両者と関係しつつ独自の領域を形成しているという定義を考えてみた［矢野 2008a: 239］。この「道徳と法の中間に位置づく準ルール」という中間性にこそマナーの謎がある。しかし、この「準ルール」という用語は、道徳にも法にもならない一歩手前の、そして重要性においても一段低い規範のような印象を与える。マナーは暗黙の慣習的なルールとして道徳や法よりも身体に深く根ざすとともに、同時に道徳や法のような共同体の義務を超えてもいる。マナーは、ケアの行為がそうであるように、仲間か否かに関わりなく「他者」に対する態度を意味する。そのように考えるなら、マナーとは一方ではルール未満であるが、他方では共同体のルールを超えるものでもある。マナーは「準ルール」であるだけではなく「超ルール」でもある。

マナー論の研究は、マナーのもつ「準ルール」と「超ルール」としての両義的な性格、ルールではないにもかかわらずルールであり、しかも共同体のルールを超えるという在り方に、さまざまな具体的事象や方法を通してアプローチするものといえる。本章では、社会学の古典的研究からはじまり人間学の思想的先端部へと横断することで、メタ論的観点からマナーという問題圏を捉え直してみる。そうすることで、あらためてマナーに関わる諸理論の相互関係とそれらの理論の背景となる人間学的社会学的政治学的な課題を整理し、マナーの問題群を再配置することで、今後のマナー研究の方向を探りたい。

2　儀礼論を中心としたマナー研究の系譜

マナーの儀礼的性格

本章で問う広義のマナーには、公共空間でのマナーのみならず、冠婚葬祭の儀礼的作法やテーブル・マナーのような礼儀作法が含まれている。儀礼的作法については、起源として、宗教的儀礼との関係を問う必要がある。宗教的儀礼の探究からはじまる儀礼論は、広義のマナー問題をトータルに捉えるうえでもっとも有力な理論系の一つである。この主題を社会学で体系的に論じたのはデュルケームである。

デュルケームは『宗教生活の原初形態』（一九一二年）において、主にオーストラリアのトーテム研究を手がかりに宗教の社会学を論じるなかで、宗教的生活の根本現象として「聖」をとりあげている。聖なる存在とは禁止によって保護され分離された存在である。このシンプルな定義は、聖なるものの性格をきわめて明確に示している。聖は俗から注意深く分離されなければならない。宗教的儀礼とは聖なる存在にたいして人がどのように振る舞うべきかを規定した行為の基準であるが、その機能とはまずこの聖と俗との接近と混淆とを防止して、お互いが他を犯すことを防ぐことにある。そのため儀礼はタブー（禁止）というかたちをとってネガティブな側面において機能する。名指すこと、見ること、触れること、近づくことといったことが忌避される。聖物への接触は厳格に禁忌されており、そのような事態が生じると瀆聖とされるのである。このような儀礼によって形成される体系を、デュルケームは「消極的儀礼」と呼んでいる。

しかし、聖なるものとの関わりは、こうした消極的な儀礼には収まらない。宗教的生活では、他方で、人々は聖なるものとの間に、聖性を犯すことなく、霊的交流を求め自己を聖化するというポジティブな関係を打ち立てようとする。例えば、供犠の晩餐で人々は食物を介して聖なるもののコミュニオン（交霊）を実現しようとするのである。祝祭において喜ばしい感情はどこまでも高揚し、社会全体に沸騰した状態を生みだす。このようにして社会の道徳的意識は活性化され、構成員はそこから大きな力を得ることができるのである。このような聖なるものへと接近する儀礼の体系を、消極的儀礼に対して、「積極的儀礼」と呼んでいる。そして、宗教的儀礼とは、この消極的儀礼と積極的儀礼によって緊密に構成された体系である。断食や沈黙といった禁欲主義的な礼拝は消極的儀礼に分類され、供犠や祝祭や祈りは積極的儀礼に分類される。禁欲的な消極的儀礼によって俗から離脱することで自身を聖化し、積極的儀礼に参加することが可能になるのである。

以上はデュルケームの宗教的儀礼論についてのシンプルなまとめであるが、この宗教的儀礼は社会的儀礼の一般的なモデルともなる。「聖なるもの」との関係において、距離を遠ざけることと近づけることとのうちに宗教的儀礼の本質があるとするなら、同様に「聖なる人」との距離化と脱距離化（親密化）を実現する儀礼的作法のうちに同様の機能を見ることができるだろう。例えば、その具体的なかたちを、宮廷における神聖な王とその臣下との間で交わされる大仰な儀礼的作法に見ることができる。王権神授説によって神聖化された王の葬儀や戴冠式は、国家儀礼として広く公衆に王権秩序の全貌をパノラマのように目に見えるものとした。また宮廷内では、聖なる王からの距離による階層序列を維持するために、洗練された作法の体系が宮廷儀礼として発展した。さらに同様の宗教的儀礼の機能は、サロンにおける遊戯的で社交的な礼儀作法のうちにも、そして公共空間における市民のマナーとして近代社会にも確認することができる。近代社会とは「個人一般」にたいして聖性を認める社会であり、「人格」とはそのような個人の在り方を表す用語である。デュルケームはこの近代の個人一般に聖性を示す在り方を「人格崇拝」と呼んでいる。市民間のマナーは原理的には聖なる者としての個人一般に向けられている。したがって、狭義のマナーの淵源もまた宗教的儀礼のうちに見いだすことができるのである。

このように考えるなら、聖なる空間における宗教的儀礼から宮廷での王－臣下の儀礼的作法へ、宮廷での王－臣下の儀礼的作法から遊戯空間での個人と個人との社交的な礼儀作法へ、遊戯空間での社交的礼儀作法から公共空間での市民間のマナーへと、デュルケームの聖俗の社会学が広義のマナーの歴史への見通しを明らかにしてくれる。しかし、デュルケーム自身がマナーという主題をとりあげこのように考察しているわけではない。つぎに述べるように、マナーの儀礼論の現代における展開は、礼儀作法の遊戯論的な解明と結合することによって可能となったのである。

マナーの遊戯的性格

平等な人間の間に交わされる礼儀作法を含む広義のマナーが育つ場所は、威信や地位といった階層秩序の維持に汲々とする宮廷社会ではなく、啓蒙思想の滲透によって可能となった、すべての参加者が自由で平等であるかのように振る舞う、個人が個人と交わる社交の世界である。聖なる空間での宗教的儀礼や儀礼的作法が、あらかじめ決められた順序にしたがって、厳粛になされるのに対して、社交の世界での礼儀作法は演技的な側面をもち、場に応じて自由に駆使される遊戯的性格をもっている。社交の原理は「聖」の原理ではなく「遊」の原理であるから、礼儀作法やマナーの性格は当然のごとく堅苦しいものではなく、洗練され機知に富んだ遊びに引きよせられることになる。

ジンメルは『社会学の根本問題――個人と社会』(一九一七年)のなかの論文「社交(純粋社会学即ち形式社会学の一例)」において、「社交(Geselligkeit, sociality)」を「社会化の遊戯的形式」として論じている。社交=交際文化は遊戯的な世界を作りだし、かぎられた時間と空間内ではあるが、人間を平等で自由な存在にする。社交の世界は恋愛関係のように第三者に閉ざされることのない、開かれた自由な交換と交感の場である。そこでは遊戯的空間を維持するため、その場に参加した者が互いに適正な距離化と脱距離化(親密化)の絶妙のバランスを維持する配慮が不可欠だった。この礼儀作法の社交におけるレッスンは、その後の西欧社会における生活のスタイルや文化に重要な役割を果たしている。貴族や裕福な市民の婦人が主催するサロンは社交の場の代表的なものである。ジンメルはつぎのようにいう。

この社交の世界、平等な人々の民主主義が摩擦なしに可能な唯一の世界、これは人工の世界で、実質的なものの重みでバランスを失うことのない、純粋無垢の相互作用をひたすら作りあげようと願う人々から成る世界である。私たちが純粋に「人間として」、真実の人間として社交の中へ入っていくのだと考えるのは、即ち、一切の負担、一切の煩悶、一切の不満など、要するに、現実の生活が人間の純粋な姿を歪めている所以のもの、それを捨て去って、社交の中へ入って行くのだなどと考えるのは、現代の生活が客観的な内容や必要という過度の重荷を負っているためである。[Simmel 1917=1979: 78-79]

この「純粋無垢の相互作用」を作りだすための他者への配慮の努力が、あるいはそのための自己の過剰な感情や欲望を抑制する努力が、「マナー」や「エチケット」や「礼儀作法」という名で呼ばれてきたものである。「社交の世界」でのマナーは、見知らぬ市民が出会う都市空間においても同様の働きをするのだが、それは後で述べることにしよう。マナーが発展する社交の場は、それぞれの地域や民族において独自な発展の歴史をもつ。日本では江戸期の俳諧や連歌などの「座」がそのような遊戯空間の機能を果たした。遊戯空間における礼儀作法については、すでに池上英子が『美と礼節の絆――日本における交際文化の政治的起源』(二〇〇五年)において、江戸期の連歌や茶の湯といった遊芸の発展との関係について詳しく論じている。封建制度下においては、身分の違いが決定的な意味をもち、日常の世界では目上の者に対する厳格な礼儀作法が求められたが、遊芸の世界では茶席や句会の席がそうであったように、一時的にではあるが遊戯的な平等で自由の世界が開かれ、身分制度のしがらみから逃れることができた。遊芸世界に遊ぶときに、遊芸のための別の名前(例えば俳号のような雅号)に変えることは、一時的とはいえ世間(俗の世界)からの離脱の体験を深めるための工夫であったろう。そしてそこでは日常の所作とは異なる所作が発展することになる。所作は高度に洗練された美的な作法の体系へと発展し、美しい礼儀作法という習熟を要する身体技法にまで昇華されていく。このような遊芸の場では、西欧の社交の場と同様、遊芸の所作にとどまらず会話や挨拶そのすべてが演技的であり、この場所が世間とは異なる特別な「遊」の空間であることを示した。

マナーの美学的性格

この遊戯論的解釈は、マナーや礼儀作法のもつ美学的性格とつながる。礼儀作法の美学的側面の研究は、すでに多くの研究蓄積がある領域である。日本においては、茶道を見ればわかるように、「道」という名で身体所作の型の修養をめぐる主題が、美学的な側面も含めて研究されている。ここでは前節での日本の遊戯空間とのつながりで、「いき」をとりあげてみよう。

九鬼周造の「いき」の研究は、「民族的存在の解釈学」として西欧文化に対する対抗意識をもってパリで思索された研究であり、日本人独自の優れた「生き」方の一つとして「いき」について論じている（つまりこれは「文明化の過程」に対する対抗的な言説の一つである）［大橋 2009（1992）第5章を参照］。「いき」とは、端的にいえば、「垢抜して（諦）、張のある（意気地）、色っぽさ（媚態）」のことである［九鬼 1930: 23］。このときポイントは「媚態」にある。「媚態とは、一元的の自己が自己に対して異性を措定し、自己と異性との間に可能的関係を構成する二元的態度である」［九鬼 1930: 17］。自己と異性との間にはどこまでも距離がなくてはならず、この二元的な在り方が「いき」を遊戯的・美学的なものとする。本来、男女の仲であるならいっしょになることを願うのが自然だろうが、実際にいっしょになってしまうのは「野暮」なのである。「いき」には「諦め」がなければならない。「運命に対する知見に基づいて執着を離脱した無関心である。『いき』は垢抜がしてゐなくてはならぬ。あっさり、すっきり、瀟洒たる心持でなくてはならぬ」［九鬼 1930: 19］。「いき」であるためには、世俗世界のような損得の計算を忘れ、ただただ「可能的関係」だけを遊戯的・美学的に生きなければならない。九鬼の「いき」は、ジンメルがエロティシズムの遊戯形式としての完成形態と定義した「コケットリ」とつながるところが大きい。そして「意識現象としての存在様態である『いき』のうちには、江戸文化の道徳的理想が鮮かに反映されてゐる。江戸児の気概が契機として含まれてゐる」［九鬼 1930: 18］。「いき」を行為で表す所作は、江戸市民の社交世界において発展したこの美学的趣味から生まれたマナーというべきものである。

「いき」な所作を学校教育に導入する試みについて、その意味を指摘しておきたい。「マナー」という言葉は外国語から輸入されてきたものであり、カタカナ書きのままでいつまでも外在的で身につかない。それにたいして「いき」という「伝統的」な言葉は、日本の「伝統的身体」となじみやすく異物感をなくす働きをするだろう。また「いき」という言葉がもつ遊戯的な側面が、「マナー教育」といった押しつけがましさを回避させることになるだろう。この遊戯的行為でもある「いき」な所作は、他者への配慮として他者に「まじめ」に関わることではなく、自己にたいして距離をとりつつ演技的に自身の余裕を呈示するものとなる。言いかえれば、これはマナーの位相を、社会的関係でも道徳的位相でもなく「生き方の美学」の位相へと変更することになる。それは生活全体を美学的な基準（趣味）によって秩序立てることで、直接的な必要性から距離をとり自律性を確保しつつ、他者への踏みこんだ関わり方を回避する都市生活のマナー原理とつながっている[1]。

以上、遊の世界におけるマナーについて論じたのだが、それは先に述べた聖の世界とどのように関わっているのだろうか。デュルケームによれば遊はすでに聖の世界に含まれているとし、またバンヴェニストによれば神話と儀礼とが分離するときに遊は聖の世界から分かれるというのだが、カイヨワは聖と俗と遊とを最初から三項図式として分けて考えている。デュルケームの儀礼論の系譜に結び合わせるなら、カイヨワはバタイユと同様に聖なるものとのコミユニオン（交霊）を実現する積極的儀礼の探究を体験レベルで推し進め、聖・俗との関係で遊を理論化しているといってよいだろう。カイヨワによれば、聖なるものが至高の力として畏れと不安を抱かせるのに対して、遊びは懸念からの解放と自由とをもたらすというのである。ジンメルの考察する社交の世界は、その意味で、カイヨワの遊の世界からも理解できる。遊戯理論がデュルケームの儀礼論とつながりをもっていることを押さえておいて、さらに先に進むことにしよう。

マナーの演技的性格

さてデュルケームの儀礼論と人格崇拝論、そしてジンメルの純粋社会学の社交‐遊戯論とが交差するなかで、ゴッフマンの相互作用論に基づくマナー研究が登場する。ゴッフマンはフェイス（翻訳では「面目」と訳されている）という用語を使用している。フェイスというのは、自己が他者によってそのように描かれているであろうと捉えられた自己の積極的なイメージである。私たちは、他の人々との接触において自身のフェイスを特別のものと感じており、他の人々もまた自身のフェイスをそのように感じていることを知っている。ゴッフマンによれば、人々は互いに出会う場所においては、互いのフェイスを行為儀礼を通して容認し維持しあうように努めるというのである。それにしても人はなぜ他人のフェイスを容認し維持しようとするのか。このことはデュルケームの人格崇拝論と関わるが、ゴッフマンの答えは、「フェイスとは聖なるものである」からだということである。だからこそ、フェイスを維持するのに必要な表出的秩序は儀礼的な秩序となるというのである。

デュルケームの消極的儀礼と積極的儀礼と対応するように、ゴッフマンは敬意表現において「回避的儀礼（avoidance ritual）」と「呈示的儀礼（presentational ritual）」とを区別している。「回避的儀礼」というのは、「何がなされるべきでないか」によって行為を規定することであり、プライバシーに無遠慮に踏みこまないといったことはこれにあたる。それにたいして「呈示的儀礼」というのは、「何がなされるべきか」によって行為を規定することで、挨拶することや賞賛することなどがこれにあたる［Goffman 1967=2012: 71］。このような行為儀礼は、当然のことながらマナーというパフォーマンスに密接に関わっている。ゴッフマンとマナーとの関係ということで重要なのは、相手にとって都合の悪い場面を見て見ぬふりをする「儀礼的無関心（civil inattention あるいは tactful inattention）」の発見である。ゴッフマンは、儀礼的無関心のように都市生活のような相互に見知らぬものが集まる場所では、お互いの私的な空間を守るために儀礼的に無関心を装うマナーがあることを意識化して見せた（ゴッフマンは「エチケット」という用語を使用している）。ゴッフマンのとりあげている例は、私たちが通常使用している「マナー」の用語法に近いものといえるだろう。

さらにゴッフマンの相互作用論は、社会言語学あるいは語用論と結びついて、言語活動における「礼儀正しさ」といった事象の解明へと展開している。ブラウンとレヴィンソンはこれを「ポライトネス理論」と名づけている。ここでいう「ポライトネス（politeness）」とは、「丁寧さ」というより「対人的配慮」ということである。彼らはネガティブ／ポジティブの区分をデュルケームから、フェイスの概念をゴッフマンから受け継ぎ、「ネガティブ・フェイス」と「ポジティブ・フェイス」という区分によって、ポライトネスを明らかにしようとしている。「ネガティブ・フェイス」とは、「自己の領域と自己の行動の自由を守りたいという、誰もが抱く欲求」のことであり、「ポジティブ・フェイス」とは、「他者からの評価と他者による受容を得たいという、誰もが抱く欲求」と定義される。フェイスが他者からの侵害行為によって自身の欲求が満たされないときに、ポライトネスはそのフェイス侵害を補償・軽減したり回避することでフェイスを保持すべく機能するのだが、ネガティブ／ポジティブ・フェイスのどちらのフェイスを顧慮するかによって、ポライトネスもまたネガティブ／ポジティブの二種類に分けられる。前者は間接的表現や敬語を使用する「忌避的」な「表敬のポライトネス」[2]であるのに対して、後者は直接的表現や「タメ語」を用いる「近接的」な「連帯のポライトネス」というわけである〔滝浦 2005: 136〕。このように説明すると、ポライトネス行為はあたかもすべて意識的で戦略的な行為のように響くかもしれないが、ブラウンとレヴィンソンによれば、ポライトネスは受動性と能動性との両義性を帯びているのだという。ここではこれ以上に詳しく論じることはできないが、この理論は言語活動におけるマナーにおいて重要な要素である「敬語」の解明に役立つ[3]。

マナーの誇示的性格と卓越化の働き

生命性を失い他者との遣りとりに生気を与える「遊」の喜びがなくなると、社交の場は形骸化してしまい、礼儀作法もたんなる「嘘」の作法、「虚礼」となる。礼儀作法やマナーは聖なる者への儀礼でもなく、また他者への配慮でもなく、周囲の観衆への「見せかけ」として記号論的差異を表示するうわべだけのものへと転化する。聖なる空間や宮廷での儀礼的作法は、権力や権威、敬意や服従といった階層的秩序を可視化する装置であるから、それらが観衆を必要とするのは当然でもあったが、近代社会のように原理的にすべての人が平等とされる社会では、各個人間での威信獲得の競争が激化するため、礼儀作法やマナーまでもが威信獲得競争のための手段となる。

マナーがもつ誇示的性格については、すでにアメリカの社会学者ヴェブレンが『有閑階級の理論』（一八九九年）において明らかにしている。ヴェブレンは「金ぴか時代」の有閑階級の生活について、「誇示的消費（conspicious consumption）」「誇示的余暇」「金銭的な競争心」といった用語でもって明らかにしている。ここでは有用なものへと回収されることのない消費（蕩尽）が、ただ競争相手を圧倒し、自身の自己満足のためになされるありようが描かれている。誇示的消費は競覇的な贈与交換の形態である「ポトラッチ」ともいうべき事態を示している。しかしそれはなにも消費行為においてばかりではない。ヴェブレンにしたがえば、有閑階級であることを誇示するために、自分たちは何代にもわたって生産労働に直接従事してはいないことを示す必要があり、習得するのに多くの時間がかかる礼儀作法（propriety）を身につけていることが不可欠だというのだ。服装や装飾品とは異なり、上品で優雅な身のこなしを要する礼儀作法は、一朝一夕に身につくわけではない。だからこそ洗練された趣味と同様、上品で優雅な礼儀作法と行儀作法（manner）によって、育ちのよさを周囲の人々に見せびらかすことができるというのである。礼儀作法や行儀作法としてのマナーは、競争心を抱いて互いに張りあうなかで、それを未だ十分に身につけていない（つまり「所有」していない）競争相手（後続の「成り上がり者」たち）を圧倒する力となるのである。

同様に、礼儀作法やマナーの違いをもとに階級的差異を作りだすという「卓越化（distinction）」の戦略的側面を、ブルデューは『ディスタンクシオン――社会的判断力批判』（一九七九・八二年）において実証的に明らかにしている。ブルデューは「身体技法」の概念ではなく、動的で関係的な差異化の作用の観察を可能にする「ハビトゥス」という概念を使用している。ハビトゥスとは、ある集団や階級における他の集団や階級に対する特徴的で客観的に分類可能な慣習的行動を生みだす能力であると同時に、そのような慣習的行動の分類システム、つまり慣習的行動やそれによって生みだされた生産物を識別し評価する能力（趣味）、という二つの能力の関係として定義される［Bourdieu 1979, 1982=1990: 261］。したがって、例えばハビトゥスとしての教養や趣味の階級的差異は、支配者階級においては、卑しく粗野で下品で欲得ずくの自然な享楽を否定し、昇華され洗練され上品で無私無欲な自由な快楽に満足する在り方を示すことで、階級間の差異を浮かびあがらせ、そのようなハビトゥスをもたない階級の身体をふさわしくないものとして疎外する。しかし、それだけではなく、このような教養・趣味というハビトゥスを文化資本として身につけているかどうかが、その人間が生きていく場（ここでは支配者階級の社会的空間）での将来の社会的成功に深く関わってもいるのである。そして、高い教養や優雅な趣味と同様に、上品なマナーや礼儀作法もまたハビトゥスとして階級間の差異を示すものとして、階級的差異をたんに誇示するだけでなく、その差異を実質的なものへと変える資本でもあるのだ［Bourdieu 1979, 1982=1990、第3章を参照］。このようにして階級は再生産されていくのである。『ディスタンクシオン』では、階級間のハビトゥスの差異の諸相がフランス社会を例に具体的に提示され、身体を通しての象徴権力の実相が明らかにされているだけでなく、「社会的判断力批判」という副題が示唆するように、このような象徴権力を支持することになるカントをはじめとする美学自体も批判の対象となっている。この美学批判を含め、マナー論がこのテクストから学ぶものは大きい。

エリアスの『文明化の過程』（一九六九年）においても、貴族階層が市民階層との差異をマナーによって作りだす話がでてくるが、デュルケーム学派のモースが示した身体技法という社会学的身体論がここでは重要になる（後述）。マナーの行為体系には、身体技法として要請される合理的根拠や美学的根拠がないわけではないが、それらは個別の行為の選択理由となるものではない。例えば、ティースプーンは受け皿の手前におくのが正式なのか、あるいは右側におくのが正式なのか、所作Aと所作Bのどちらが礼儀にかなっているかは多分に恣意的であって、それを決定するのはその場所を支配する階層の文化である。一般に上位の階層は、先にも述べたように、直接的に欲求を充足するような所作を否定し、マナーの所作を美学化し厳格な規則にする傾向がある。そのことによって下位の階層との間に明示的な差異を作りだし、下位の階層に属する者が上位の階層の世界に「成り上がる」ことが容易にはできないようにしている。

西欧社会における儀礼的なマナーの拡がりの歴史は、国際的にはイタリアの都市国家（フィレンツェのメディチ家やミラノのヴィスコンティ家）からヴェルサイユ宮殿そして全ヨーロッパの宮廷へ、国内的には貴族から裕福な市民そして中産階級へと、通常「上位」の階層・階級あるいは文化から「下位」への滲透の歴史である。しかし、テーブル・マナーを例にとればわかるように、経済的物質的条件がマナーの形態を支えており、そのような条件がないところでは貴族的・ブルジョア的なマナーの実現は最初から不可能である。またイギリスの労働階級における対抗文化の研究が示しているように、下位の階層・階級・文化には独自の対抗的な価値基準があって、すべての階層・階級に同じマナーが普及することはない。労働階級においてあまりに気取って上品ぶった者は仲間とは見なされない。このことは労働階級におけるマナーの欠如を意味しない。労働者の間には上流階級や中産階級とは異なるマナーの形態があるのだ［Willis 1977=1985］。この対抗文化はブルデューの象徴権力による支配への抵抗・対抗という課題と結びついている。

3　身体－空間の秩序化とマナー研究の諸相

身体技法とマナー

広義のマナーは、過剰な感情の高まりや欲望の昂進による暴力の出現を抑止し、人間の関係を美的で秩序あるものとする。しかし、それは同時に、身体としての私たちの生の幅が既成秩序の枠へと細部にいたるまで制限されることでもある。これまでの論述とも重なるが、あらためてマナーと既成の秩序との関係について詳しく論じてみよう。まずマナーと身体の社会的秩序化との関係について見ておこう。

デュルケームの後継者であり贈与論の生みの親でもあるモースは、人間がそれぞれの社会で伝統的な形で身体を使用する仕方を「身体技法」と呼んでいる。人間の子どもは、動物の本能にあたるような生得的に決められた行為のセットをもつことなく誕生することを考えれば、社会のなかで身体の使用法を学ばなければならないのは当然のことといえよう。私たちは意識する以前に、すでに社会的交通のなかで身体技法の体系を身につけて生きているのである。しかし、身体技法の理論は道具としての社会的な身体を説明するだけではない。身体技法は、私たちの世界に対する関わり方を規定しているだけではなく、世界からの刺激をどのように受けとめるかも規定している。人間は身体技法という社会的メディアを介して世界を生きているということもできる。食事のときのフォークとナイフの使い方にはもちろんのこと、絵画を鑑賞するときの知覚の在り方にも、身体技法として行為全体に社会が宿っているのである。

このようにして、身体技法の理論は、ある社会における構成員の身振りや作法といったものが、どうして共通点をもつのかを明らかにしてくれる。それとともに、同じ社会における身体技法の差異にも目を開かせてくれる。身体技法は同じ社会であっても、性別や年齢そして社会的階層や階級によって異なっていることが理解できる。この差異による秩序が、社会生活の全体にわたって張りめぐらされており、日々の生活において暗黙の秩序を作りだしてもいる。そして、マナーや礼儀作法もまた身体技法の一種であると捉えるとき、このような身体技法の体系がどれほど繊細に細部にわたるまで社会的秩序を作りだしているかがわかるだろう。かつての身分社会において、礼儀作法の習得（修養）が人間形成においてどれほど大きな重みをもっていたかを理解することができるだろう。

ところで、「軍隊」におけるシャベルの使い方と行進の仕方、「病院」での看護婦の歩き方、あるいは「修道院」で躾を受けた娘の歩き方に「高等学校」で教育された者の歩き方、モース自身が報告している身体技法の事例が観察された場所は、いずれも後でみるフーコーが『監獄の誕生――監視と処罰』（一九七五年）で描く「修道院」をモデルとした規律・訓練の場所であることは偶然だろうか。それらは身体形成を意識的組織的に実現した近代的なシステムの働く場所である。民族学者モースが発見したのは、土着的で伝統的な民族の身体技法というよりは、近代的な「国民」の身体技法だったのではないだろうか［矢野 2001］。

権力と秩序化とマナー

『監獄の誕生』のなかで、フーコーは学校の誕生と監獄の誕生との同時性を問題にしている。かつて権力は、国家儀礼における王の身体表現と同様、八つ裂きの刑のような残酷な公開処刑のように、目に見えるかたちで身体を通して儀礼的象徴的に自己を表していた。しかし、一八世紀を境にして、このような目に見える残酷な刑は姿を消すことになる。そこに新たに登場してきたのは、視線の作用（監視）によって人間の身体の微細な事柄にわたり管理を実現させる権力の機構である。フーコーはこのような権力の実現を「規律・訓練（discipline）」とみていた。これは、学校・軍隊・工場そして監獄を貫く権力の基本構造をなしている。その事実は、同時に、身体の管理から生みだされてくる心理学や教育学、犯罪学といった人間の諸科学の誕生の秘密をも明らかにする。歴史における人間の身体の変容は、権力による身体の再編成の問題であることをフーコーは明らかにした。

規律・訓練というミクロな権力の行使という視点からみるとき、礼儀作法やマナーもまた身体化された規律・訓練の証といえるだろう［Foucault 1975=1977: 182］。現代の「作法書」は、詳細で細かな作法の指示で溢れているが、一見すると細やかな他者への配慮と見えながら、実のところ既成の秩序を再生産する権力のマニュアル（マナーと語源が同じラテン語から派生した語）なのである。学校文化のなかでも、このような規律・訓練とマナーの教育とが分かちがたく結びついていることがわかる。挨拶の重視、姿勢への自己監視、服装についての配慮、……生活の細部にまでわたる校則による規定（さらにここで戦時期に「昭和国民礼法」（一九四一年に公布）が学校内でどれほど細部にいたるまで児童・生徒の身体を規制していたかを思いだすべきだろう）。このように数えあげてみると、学校での秩序形成の課題は、広義のマナーをいかに生徒・学生に守らせるかに関わっていることがわかるだろう。しかし、それは学校文化にかぎられたことではない。社会人としてのマナー研修の場でも同様の課題がレッスンされるのである。

権力と秩序のあるところには、必ずなんらかの身体への規制があり、身体への規制のあるところには、儀礼的作法や礼儀作法やマナーが存在する。ポストコロニアリズムからみれば、「文明化の過程」におけるマナー問題は重要な主題の一つである。「文明化」の程度を表すバロメーターの一つである西欧式マナーの普及は、対照的に西欧以外の地域での「伝統的」な作法を「野蛮」なものとして貶めることになる。西欧式のマナー体系のみを「文明」の証と捉える西欧中心主義は、それぞれの地域のなかで培われてきた身体技法としての儀礼的作法や礼儀作法を貶め、近代的な学校教育を通してそれぞれの身体技法に変容をもたらすだけでなく、そのような身体技法に連なる生活の仕方や価値観をも破壊し無価値なものとしていく。しかし、このプロセスは反動として同時に、それぞれの地域における身体技法を、それらの地域の人々自身が、西欧人の目を意識しつつ意味づけをなして、「文化」や「伝統」の名のもとに再構築・再創造するプロセスともなる［竹内 2002］。

『続ビゴー日本素描集』より

この「文明化の過程」に関わるマナー問題は、私たち自身の生の課題に関わってくる問題でもありつづけている。明治維新以後の欧化政策のなかでの立礼に関わるマナー教育の研究、そして「大日本帝国」として植民地に対する日本式のマナーや宗教儀礼の強制教育の歴史研究は重要な研究課題の一つであるが、なによりこの問題は未だ決着のついていない私たちの生の課題である［姜 2004（1996）：47］。西欧人の眼差しを基準にして、自らのマナーの現状を反省し、自国民のマナーの「不十分さ」や「衰弱」を嘆くという定番のマナー言説は、明治から今日に至るまでこの国では繰り返されてきた。また反対に、「マナー」「野蛮」「文明化」の言葉のつながりは、今日でも、民族アイデンティティを強化するために、近隣の他民族を批判し差別するときの強力な修辞法を構築していることにかわりはない[4]（図）。さらにまた敬語をめぐる議論も、「日本語の優秀性」を示すものとして明治以降に、つまり欧米や近隣の他民族との国際関係を介して論じられるようになったことや、「美しい日本語を話そう」といった「国語」のキャンペーンが幾度となく繰り返されているが、民族アイデンティティの再構築とつながっていることを想起すべきである。

またジェンダー論からみれば、マナーとして女性に要請される行為と男性に求められる行為との間に明らかな違いがあることが問題である。その性差の教育が、「躾」という室町時代に作られた和製漢字で表現された子育ての重要な側面を占めていたとさえいえる。「躾」の性差は、女性の側への強い身体活動への制約と言語使用への規制を含んでいる。「あなたは女の子なんだから、そんなことをしてはいけません」とは、女子教育の母型となる「躾」の言葉である。女子校や女子大でのマナー教育の重視は、このような「躾」の言葉の延長上にある。[5] 先に述べた敬語において、女性特有の敬語使用として「女性語」の使用が要請されてきたことも、この文脈から捉えられる必要がある［中村 2012］。学校文化におけるマナー研究は、このような管理教育や多文化教育やジェンダーの研究と結びつきながら深化させていく必要がある。

4　贈与論と他者を迎えるマナー

デュルケームの儀礼論の系譜を中心にして、広義のマナーを考えるための理論について整理してきた。[6] 儀礼論の系譜の研究では、宗教的儀礼や礼儀作法あるいはマナーがどのような機能をもっているかとともに、なぜ私たちは他者にたいして配慮するのかその理由が提示されてもきた。その理由を簡単にいえば、他者が自身と同じく聖なる存在だからである。これはデュルケーム社会学の基本的モチーフと結びつく人間観でもある。デュルケームの社会学の中心主題とは、超越性（神）に包まれた世界の支えなしに、どのようにして世俗の「社会」という概念を構築していくことができるかを明らかにするところにあった［菊谷 2011］。『宗教生活の原初形態』で明らかにしたように、社会は神の超越性によって支えられているのではなく、反対に社会自体が聖なるものの根拠であるというものであった。社会という聖なるものを分有しているがゆえに、構成員もまた聖なるものとして捉えられるのである。しかし、それでは構成員でないものへのマナーは、どこからその力を得るのだろうか。ここで儀礼論の系譜を贈与論の立場から捉え直してみる。

これまで述べてきた儀礼論に基づくマナー論は、いずれも象徴的交換の理論として理解することができる。事実、王からの地位と威信の贈与と臣下からの忠誠と服従の贈与、社交の場での遊戯的な会話の遣りとり、出会いの場での互いの面子の儀礼的均衡を回復するコミュニケーション、このような相互作用はどれも贈与交換として理解可能なものである。これまでのマナー理解は基本的に互酬性の原理に基づいているといえる。しかし、私たちはたまたま同じ車両に乗り合わせ、以後二度と出会う可能性のない見知らぬ人に対しても、席を譲ることができる。その人が後で私にその貸しを返してくれるわけではない。ここには交換はない。このような公共空間で出会う見知らぬ他者、過去においていかなる恩義を与えられたわけではなく、またこれから将来において二度と出会うこともなく返礼も期待できない他者にたいして、私たちはマナーを発揮する。ここには互酬性がない。恩義の過去もなければ負債感の未来もない。

アランが『定義集』（一九五三年）のなかで「礼節・礼儀作法（CIVILITÉ）」をつぎのように定義していることは興味深い。「都市および都市生活特有の折り目正しさのようなもの。農夫たちは深い敬意をもって、客を歓待することもあれば、また家族的、宗教的な儀式を、巧妙な儀式を行うことなどもある。しかし、彼らには都会特有の礼儀作法がない。これは一種の路上の徳である。知らない人たちが群れをなして往き来する徳——。この徳には、よそ者というのがない」[Alain 1953=2003: 49]。農夫の徳とは共同体の互酬性に基づく徳のことである。それにたいして、見知らぬ人々の行き交う都市空間の「路上の徳」とは、「よそ者」というのがいない、開かれた世界市民による純粋贈与のスタイルのことである。

このように考えるなら、マナーは新たな社会を拓く可能性を示唆するものでもありうる。マナーが社交の場で発展したこと、またその場が第三者にも開かれた平等で自由の場であったことは重要である。マナーは、公共の空間において、仲間ではない他者に仲間と同等の権利を認めようとするものである。強力とはいえないにしても、マナーが生起した瞬間は人間の平等という正義の理念の光に照らされている。公共の空間とは、村落共同体のような仲間同士の間での貸し借りによる贈与交換に基づく共同体の空間ではない。その意味で、公共空間では、従来の共同体を支えてきた贈与交換に基づく互酬性とは異なる新たな原理が生起している。ゴッフマンが公共空間のうちに潜在的な倫理の可能性を見いだしたのはゆえなきことではない。親切という名の相互扶助（贈与交換）が共同体の姿を可視化するように、マナーという名の純粋贈与のスタイルが、潜在的な倫理の共同性を象っていく。これが最初に述べたマナーが「超ルール」であるということの所以である。

このような世界市民の絶対性の課題についてのマナー論における原理的な展開は、つぎの章で論じることになる。マナー行為が差し向けられる相手が、匿名で平等の市民という抽象的次元を超えて、なにより固有の顔（フェイス）をもった他者であることに思いいたるとき、この主題をレヴィナスやデリダの他者論から論じる必要性に駆られるが、[7]あらためて他者論から本格的にマナーを論じる紙幅はすでに残されてはいない。ユダヤ教のラビの息子であったデュルケームの儀礼論からはじまったマナーの根源にいたる旅は、図らずもモースやバンヴェニスト、ジンメルからエリアス、ゴッフマンを経てレヴィナス、デリダへといたるユダヤ的知性との出会いの旅となった。「路上の徳」としてのマナー論は、宗教的儀礼を発動させる「聖なるもの」の起源にまで立ちもどり捉え直す必要があることを確認して、本章を閉じることにしたい。

第9章――世界市民の作法としての歓待と弔いのマナー

和辻哲郎の「土下座」を通して

1　絶対的な身体技法としての土下座

土下座という身体技法

大正期の話である。祖父が亡くなり、都会に出ていたその孫は、父とともに葬儀に臨んでいる。式も終わり会葬者たちが家路につこうとするときのことである。隣に立っていた父親が突然、その土地の「風習」にしたがい、会葬者に対して土下座をする。彼もまた父親にならい土下座をし、足元だけを見ながら会葬者を見送ることになる。

やがて式がすんで、会葬者がぞろぞろと帰って行きます。狭い田舎道ですから会葬者の足がすぐ眼の前を通って行くのです。靴をはいた足や長い裾と足袋で隠された足などはきわめて少数で、多くは銅色にやけた農業労働者の足でした。彼はうなだれたままその足に会釈しました。せいぜい見るのは腰から下ですが、それだけ見ていてもその足の持ち主がどんな顔をしてどんなお辞儀をして彼の前を通って行くかがわかるのです。ある人はいかにも恐縮したようなそぶりをしました。ある人は涙ぐむように見えました。彼はこの瞬間にじじいの霊を中に置いてこれらの人々の心と思いがけぬ密接な交通をしているのを感じました。実際彼も涙する心持ちで、じじいを葬ってくれた人々に、——というよりはその人々の足に、心から感謝の意を表わしていました。そうしてこの人々の前に土下座していることが、いかにも当然な、似つかわしいことのように思われました。

これは彼にとって実に思いがけぬことでした。彼はこれらの人々の前に謙遜になろうなどと考えたことはなかったのです。ただ漫然と風習に従って土下座したに過ぎぬのです。しかるに自分の身をこういう形に置いたということで、自分にも思いがけぬような謙遜な気持ちになれたのです。彼はこの時、銅色の足と自分との関係が、やっと正しい位置に戻されたという気がしました。そうして正当な心の交通が、やっとここで可能になったという気がしました。それとともに現在の社会組織や教育などというものが、知らず知らずの間にどれだけ人と人との間を距てているかということにも気づきました。心情さえ謙遜になっていれば、形は必ずしも問うに及ばぬと考えていた彼は、ここで形の意味をしみじみと感じました。［和辻 1963（1921）: 403-404、強調は矢野］

この文章は「土下座」（一九二一年発表）という表題の文章の一場面である。[1] 作者は和辻哲郎である。和辻は一八八九（明治二二）年に現在は姫路市に含まれている砥堀村仁豊野に、医家の次男として生まれた。すでに東京に出ていた和辻は、祖父の葬儀に出席するため郷里にもどってきた。そのおりの葬儀での出来事が、この印象深い文章となって残された。ここでは土下座という身体の特異な型によって、会葬者との間にどのような交通をもたらされたかが語られている。このような土下座に対する反省の在り方は、「人間」を人と人との間において捉え、共同体についての考察をもとに体系的な倫理学を構築した和辻らしいものといえよう。

和辻倫理学を超えて

この文章に、和辻の『倫理学』（一九三七—四九年）のなかのつぎのような文章を重ねあわせるなら、歴史-風土-

共同体[2]（人倫的組織）と結びついた身体技法として、土下座を捉え直すことができよう。

何千年何万年を通じて蓄積した理解には恐るべき深さがあるのである。かかることが無数の事象について言えるとすれば、我々が土地として指し示しているものは、実に無限に深い理解の海である。しかし、これらのものがすでに見いだされ作り出されたものとして共同の所有に帰している限り、我々は通例その背後に存する理解の深さには無感覚になっている。それは日常平板な事象であって何の驚きにも価しない。……中略……だから土地は理解の海である。が、その理解は思想の形においてではなくして、まさに「技術」として保持せられているのである。言いかえれば土地を土地たらしめているのは「技術」なのである。［和辻 1962（1942）: 446-447、強調は和辻］

この文章につづけて語られる「理解の深さ」の例は家畜の歴史であって、土下座のような礼儀作法の話ではない。それでも「身体技法」（Techniques of the Body, techniques du corps＝身体の技術）としての土下座も、またここに述べられている「土地」＝「無限に深い理解の海」に存する「技術」の一つであることはまちがいないだろう。[3]和辻は『自叙伝の試み』（一九六一年）においても、自身の自伝的記述に負けないぐらい多くの頁を、故郷の記述に費やしている。和辻にとって、共同体やそれを生み育んできた歴史－風土は、たんに理論的主題にとどまらず、自身の生にとってかけがえのない親しさをもっていた［和辻 1963（1961）、また 1962（1942）: 452-453、熊野 2009］。

あらためて述べる必要もないことだが、このような身体技法は社会的に形成される身体の型（技術が実現される身体行為の規範化された定形のプロセス）である。身体の型は、歴史－風土－共同体によって生みだされ、伝達され維持され、命が吹きこまれている。言葉をかえれば、土下座のような挨拶の作法をはじめ食事の仕方といった固有の身体の型は、歴史－風土－共同体によって支えられている。[4]そのような歴史－風土－共同体の支えが失われるとき、歴史-風土-共同体に根ざした固有の型もまた失われるのである。したがって「風土的なものの衰退」と型の喪失とは根底でつながっているのだという認識はまちがいない［木岡 1994: 205-208］。そして、歴史-風土-共同体から切り離されてしまった私たちの目からみれば、この土下座という作法は大仰であるばかりか、一種異様というほかはない。

しかし、この土下座という異様な身体技法には、礼儀作法がそもそもいったい何であるのかを考えるうえで重要な示唆が含まれている。それというのも、この身体技法には礼儀作法の極限の姿が示されているように思われるからである。極限の事象はその事象の起源を指し示している。グローバリゼーションのなかで、歴史-風土-共同体のつながりが衰弱する今日において、歴史-風土-共同体を超えた礼儀正しさ＝礼儀作法とは何かが、このような極限の在り方の考察から浮かびあがってくるのではないだろうか。そのとき、歴史-風土-共同体の制限を超える世界市民の作法が、見えてくるのではないだろうか。

本章の課題は、世界市民の礼儀正しさとは何かを考察することにある。そのさい、歴史-風土-共同体の倫理とその作法を論究した和辻のテクストを手がかりに進めていくことにしたい。和辻の倫理学は、「日本」の歴史-風土-共同体の連関についての深い解釈に根ざしていた。そのことが彼の倫理学を説得力のあるものにしてきた。しかも、礼儀作法がたんなる観念的な構築物ではなく、歴史-風土-共同体に根ざした身体技法として生起し継続してきたことを考えるなら、和辻の倫理学はこれからの礼儀正しさを考えるうえでも絶好の手がかりを与えてくれるだろう。しかし、和辻倫理学のそのような特徴は、あとで詳しく述べるように、長所であると同時に短所でもある。和辻倫理学の問題点もまたその「日本」の歴史-風土-共同体の解釈に由来しているからである。したがって、本章の課題は、和辻の論考を踏まえつつ、世界市民の作法を考察することで、同時に和辻倫理学の彼方を考えることである。つまり和辻倫理学の批判的再構築が本章のもう一つの課題である。

2 贈与交換としての礼儀作法を育む歴史－風土－共同体

贈与交換としての経済

和辻は、この「土下座」という文章で、土下座や礼儀作法について分析的に解明しているわけではない。しかし、和辻がそれらをどのように考えていたかについては、『倫理学』が手がかりを与えてくれる。和辻は『倫理学』の執筆に際して、哲学のテクストにとどまらず社会学や人類学のテクストにまで探究の対象を広げており、クラ交易（本書一七九頁）についてのマリノフスキーの優れたモノグラフ『西太平洋の遠洋航海者』（一九二二年）についても詳しく検討していた［和辻 1962（1942）: 471］。このような人類学的な文献への関心は、日本の古代史への関心の深さと無関係ではないし、また倫理学を実証的な社会学的研究の成果と結びつけて明らかにしようとした、和辻の京都帝大の倫理学講座の前任者であった藤井健治郎の研究関心ともつながるものであったが、人間を存在的－存在論的に把握しようとする田邊元の影響を受けた京都学派の人間学に共通する特徴でもあった。

このマリノフスキーのテクストのなかには、純粋贈与について触れている箇所もあるのだが、和辻の関心は共同体を継続させる「贈与交換」の方にあった。後にモースによって定式化されるのだが、この贈与交換というのは、贈る義務・受けとる義務・返礼する義務をもった、経済的であるのみならず宗教的でもあり社会的でもある「全体的社会事実」のことである。和辻は市場経済に回収されないこの交換の在り方に強い関心を示したのである。

和辻の「人間の学」にしたがうなら、「人間」とは人と人の間柄であり、当然のことながら「挨拶」もまたこのような間柄の表れということになる。それは「交通」と言いかえることもできる。

行為が主体の間の働き合いであり、そうしてそのおのおのの働きかけがこれらの主体の間の既存の関係に規定せられるとすれば、行為が過去の間柄を背負ったものであることは明らかである。しかし、それだけで行為が成り立つのではない。主体の間の働き合いは、その主体が相背くように動くにしろ、あるいは合一する方向に向かうにしろ、とにかくいまだ存せざる関係をあらかじめ含んでいるのでなくては、働きであることができない。前の例に即して言えば、人に何かを話しかけるのは、その人との間に何らかの関係を作り出そうとすることである。単なる挨拶といえども、それが行なわれることによって、しからざる場合とは異なった事態を生じる。［和辻 1962（1937）: 253、強調は和辻］

和辻によれば、挨拶はそれまでの何重にも重なりあう人々との既存の間柄に由来しつつ、新たな未来の間柄を生みだす連関の一つをなしており、「単なる挨拶といえども」ないがしろにはできないのだ。まして農村共同体においてはそうである。それは農村が贈与交換という交通によって成り立っているからである。『倫理学』のなかで、和辻は牧歌的ともいえる農村の暮らしを描写している。「農村の生活はなおきわめて相互扶助的である。子が生まれて主婦が働けない時には隣り近所から助太刀が来る。病人が出れば隣りの若者が医者へ駆けつけてくれる。人が死ねばその葬儀は村の共同の仕事である」［和辻 1962（1942）: 453］。しかし、事実は地縁・血縁によって相互扶助すなわち贈与交換が義務づけられた閉じた共同体の道徳を示している。和辻の倫理は、相互扶助を重視するが、それはどこまでも言語ゲームを共有する仲間との「間柄」でとり交わされる交通＝贈与交換としてである。和辻は、マリノフスキーを引きながら、近代経済学が想定する市場経済の「経済人」を批判し、経済より「人倫的組織」の方が根源的であることを指摘する。それは近代以前の社会では正しい認識と言える。

贈与交換としての土下座

礼拝としての土下座は、中国王朝で臣下が皇帝にたいして行う「三跪九拝」がそうであるように、封建制度下の身分制度において展開してきたものである。相手にたいしてどこまでも我が身を低くしようとする土下座は、相手との対等な関係からは生まれない。土下座は、その身体性からみたときに明らかなように、お辞儀などと比べれば無理な姿勢を身体に強いるものである。その姿勢をとれば頭は地面に近づき、そのため視野は極限にまで制限され、相手を見ることのできない姿勢である。これ以上、低くなるには、「五体投地」のように地面に直接に身体全体を投げだすしかない[5]。

直立することが、重力に抗する人間の自立的な在り方を示す姿勢とするならば、土下座はそのような自立性を放棄し、他者に向けて自己を差しだすもっとも無防備な姿勢ということができるだろう。挨拶としてのお辞儀が、身体所作としても互いに自己を差しだし、同じ所作を与えあうものであるとするなら、土下座には挨拶のお辞儀のような交換の対称性はなく、一方だけが自己を差しだす圧倒的に非対称的な行為であるように見える。しかし、五体投地が自己を放棄することで救済がもたらされるように、礼拝としての土下座も、対称型ではないが、贈与交換によって支えられている。封建制度とは支配と服従の単純で一方的な関係ではなく、「御恩と奉公」と言われるように重層的で互恵的な関係であった。土下座する者も、そのことによって相手からなんらかの利益を得ているのである。

このように考えてみると、和辻の土下座も非対称なものではないことがわかる。それというのも、一見して非対称に見える土下座も、死者を出さない家は一軒もないので、必ず将来においては返礼が行われる。時間は遅れることになるが、共同体が維持されるかぎり、いつかは死者を出すことになり、どの家の家人も会葬者に土下座をしなければならない機会は必ずやってくる。その意味では、土下座もまた冠婚葬祭における相互扶助と同様、贈与交換の一つであるといえる。

しかし、それでもなお五体投地がそうであるように、土下座にもただならぬものが孕まれていることも事実である。しかもこのただならぬ事態は、五体投地のような拝礼や土下座のような作法にかぎられたことではない。人と人とが出会い別れるという事態が、もっともありふれたことでありながら、絶対に触れてしまうただならぬ出来事でもありえるからだ。次節では、和辻から離れて、まず礼儀作法が絶対的な出来事と関わることを明らかにするところからはじまる。

3 礼儀作法の絶対性

儀礼と身体の型化

挨拶のように礼儀作法は、なぜ定型の型をなしているのだろうか。例えば、葬儀（葬送儀礼）のような極限の場面では、人は慣習化されたきわめて形式的な型に則った所作が求められる。

映画「おくりびと」（二〇〇八年）のなかの「おくりびと（納棺夫）」の死者に関わる所作が美的でさえあるのは、その所作が型にはまったものだからである。一切の無駄な動作をとり払うことで、所作の一つ一つが滞りなく流れるように進んでいく。もちろんそれは死者への敬意を示すものであり、また同時にその所作を見ている遺族への配慮でもあり、さらには納棺夫の卓越した技術を示すことで専門家としての評価を得るためでもあるのだが[6]、それとともに「おくりびと」自身を防衛するためでもある。死者と関わることは、「穢れ」に触れることであり、「死」や「無」という日常を揺るがす絶対に触れることである。僧侶は葬儀に立ち会っても、骸に直接に触れることはないし、なによりも読経をすることで、「死」や「無」に呑みこまれることから守られている。それにたいして「おくりびと」は直接に骸に触れなければならない。そのため骸との交通を儀式化し、所作を極限にまで型化することで、関わりを制限しようとする。そうすることで「死」や「無」に呑みこまれないようにする。もっとも湯灌や入棺は、かつては親族の役割だったのが近年になって専門家の仕事となったものであり、納棺夫たちの型の歴史はそれほど古いものではない。
もちろん、このような防衛が必要なのは、「おくりびと」にかぎられているわけではない。多かれ少なかれ、葬儀に関わるすべての人に防衛は不可欠である。死者は未だ曖昧な存在のため、そのまま死者の世界に行かずにまたこの世界にもどってくるかもしれず、そのため生者からはっきりと分離されなければならないからである。葬送儀礼の目的は、不愉快で不確かな存在である死者が、生者から分離された世界に住む友好的で力強い先祖に変容するよう、「先祖との間に儀礼的にはっきりと取り決められた関係を取り結ぶことができるようにすることにある」[Agamben 1978=2007: 145]。そのため儀礼の特徴は、あらかじめ決められた所作を実施し、そのさい所作の順序を厳格に守ることにある。だから儀礼では「作法」が遵守される。言葉をかえれば、儀礼における身体所作は基本的に型どおりにすることが求められている。それは「聖なるもの」に触れるときも、また「穢れたもの」に触れる場合でも同様である。

「こんにちは」そして「さようなら」、とくに「さようなら」について

土下座にかぎらず、人と交わす挨拶が、例えば、日々交わしている別れの挨拶が、「アデュー」や「グッドバイ」のように極限の用語によって作られているのは、興味深い事実である。「アデュー(Adieu)」というのは、神を意味する“dieu”に「～において」を意味する前置詞“à”がついたもので、「神の御許に」ということを意味している。また「グッドバイ(Good-bye)」というのは、“God be with you”がつづまったものといわれ、文字通りの意味は「神があなたとともにあらんことを祈る」ということである[竹内 2009: 13]。もちろん別れの挨拶には、このタイプのほかにも「ふたたび会いましょう」あるいは「お元気で」といった別のタイプもあるのだが、このような祈りと関わるタイプの別れの挨拶があるのは、別れが死と結びつく絶対的な出来事とつながっているからにほかならない。

日本語の挨拶ではどうだろうか。日本語の「さらば」「さようなら」は、もともと「そうであるならば」という「先行の事柄を受けて、後続の事柄が起こることを示す」接続詞からはじまったといわれる。そこには日本の文化における死生観・自然観が反映されており、「そうでならなければならないならば」というように、死の受容にもつながる美的な諦念が示されてもいる［竹内 2009］。人と会い別れるということは、かけがえのない出会いと最後の別れでもある。「歓待」と「弔い」は、いまここの「こんにちは」と「さようなら」において生起している。もとより「一期一会」は日本の文化にかぎられたことではない。

私たちの生は、すでにいつもこのように、共約不可能な一回かぎりで絶対的な出来事に触れており、ときとして日常の挨拶が、「ありがとう」が「有り難い（奇跡の生起）」ことであり（ちなみにギリシャ語では「ありがとう」はευχαριστώ エフハリスト、「聖体」つまり「よき神の恩寵」を意味している［清水 2013： 221］）、「すみません」が「済まない（完済が絶対不能）」ことであり、そして「さようなら」が「そうでならなければならないならば」であるように、絶対的な出来事に触れるものとして立ち現れることになる。しかし、この絶対的な出来事の出現は、私たちの日常生活を圧倒するため、相対的な既存の型のなかに収められる必要がある。私たちは絶対に触れつづけることはできない。歴史 - 風土 - 共同体という「無限に深い理解の海」において、この絶対は型による否定を通して、刻々と具体的な「かたち」となり、人々との「正当な心の交通」（冒頭の和辻からの引用文より）を開いていく。そうすることによって、絶対に触れることと触れないこととの二重の課題を実現している。このように型は共同体の仲間に交通を開くのではあるが、他方で共同体を超える関わりを限定してもいくのである。

挨拶は定型化した決まり文句であり、言葉における型と言い直してもよい。型にはまった言葉であることで、はじめて意味をもつ。挨拶は相手に対して無関心でないことを伝えるが、それは相対的な意味ではなく、絶対的な意味においてである。しかし、挨拶の語源的な意味は、繰り返し使用されるなかですり減ってしまい、たんなる符号のようにやせ細っていく。挨拶は型どおりの自動運動となり、場合によっては、相手に対して無関心ではないことを伝える「かたち」でさえなくなる。

型なき「かたち」の出現

歴史 - 風土 - 共同体が型を生みだし、新たな共同体の成員に伝達し、維持してきた。しかし、そのような歴史 - 風土 - 共同体自体が失われている現在、私たちは「かたち」のモデルである規範的な型のない世界を生きようとしている。歴史 - 風土 - 共同体の支えなしに、礼儀作法といった身体技法の継承は可能なのだろうか。歴史 - 風土 - 共同体なきところに、和辻のいうような「正当な心の交通」は可能なのだろうか。

このような問いは、和辻の倫理学においても意味をなさないわけではない。たしかに人と人との間柄をもとにする「人間の学」とは、共同体を基本においた人間学である。そしてこの「人間の学」の真骨頂が『倫理学』である。しかし、『倫理学』では、人間の個体的 - 社会的な二重性格をもとに体系的に倫理学が論じられている。そこでは人間存在の根本構造は、「絶対否定性が自己否定を通じて己れに還るところの否定の否定の運動」〔和辻 1962(1937): 124、強調は和辻〕として捉えられている。つまり絶対否定性の自己否定によって個として立ち現れたものが、ふたたび否定されることによって本源である全体に立ちもどるという、ダイナミックな運動として捉えられる。それは見方をかえれば、とどまることのない「絶対否定性」「絶対空」の自己否定による運動ということができる。この運動では、全体を否定して個体として立ち止まることも、またこのような否定の運動がとどまり全体として立ち止まることも、ともに退けられる。実体的なものの捉え方を退け、どこまでも絶対的否定性の運動として捉えるのである。そのあたりの論理を捉えた箇所から、和辻の言葉を引いておこう。

……有限相対の全体性を超えた「絶対的全体性」は絶対的なる差別の否定である。それは絶対的であるゆえに、差別と無差別との差別をも否定する無差別でなくてはならぬ。従って絶対的全体性は絶対的否定性であり、絶対空である。すべての有限なる全体性の根底に存する無限なるものはかかる絶対空でなくてはならぬ。［和辻 1962(1937): 105］

ここでも全体は個人を否定し、また反対に個人は全体を否定するのだが、そのような否定によって全体と個は間柄の二重性をなすものであり、この両者の否定はさらに否定され絶対的否定すなわち「絶対空」といわれる。和辻は、この人間存在の根本構造から、倫理学を構築していく。

このように、和辻において、「人間」の二重性格は個人と社会のどちらか一方に重点がおかれていないにもかかわらず、そしてまた、その否定の方向が生命全体にまで開かれたものであったにもかかわらず、さらにこのことはテクストのなかで何度も主張されているにもかかわらず、一般には和辻の倫理学は個人の側を低く見て社会の側に重点がおかれているものと評価されてきた。それは、一方で西欧の個人主義を乗り超えるという方向からみればその通りなのだが、他方で、当時の国家主義の支配する時代状況から捉え直せば、むしろ和辻の倫理学は国家や国民に回収することのできない個人の在り方を擁護しようとしていると解釈することも、十分に可能である。少なくとも論理構造としては、その可能性をもっている。しかし、『倫理学』において共同体や国家について具体的に論じる段になると、たしかに論理的な否定の力が弱くなっていることも事実である。この理由として国民形成を課題とする「国民道徳論の構築」ということが、和辻の思想課題として重要な重みをもっていたことも大きかったのかもしれない［関口 2007: 165–256］。

和辻はハイデガーの哲学を「人間存在」ではなく「個人存在」を捉えたにすぎないとして批判し、「自他の連関」において人間存在を捉えようとしたが、この「自他」の「他」は言語ゲームを共有しない他者ではなく、どこまでも歴史－風土－共同体をともにする仲間（われわれ）のことであった。[7] 言いかえれば、和辻の理論には、西田幾多郎や田邊元のような他の京都学派の哲学者が論理の根底においた「絶対無」「空」の否定の力が論理として貫徹されておらず、したがって「他」なるものがその他者性を十分に問われないまま、倫理の主体が「人倫的組織の人倫的組織」として国家に回収される［和辻 1962(1942): 596］。和辻の倫理学の課題は、「人倫的組織」の理想としての国家に収束されてしまう。それでもなお和辻が、倫理学の構築において「絶対空」を論理の根底に捉えていたことを、無視すべきではない。

共同体の果てるところで、言語ゲームを共有しない他者と関わる。そのときに無条件の贈与として挨拶が出現する。そこでの挨拶は仲間との間でなされる贈与交換ではない。挨拶をしても、その挨拶は相手ににべもなく無視されたり拒絶されたりするかもしれない。重要なことは、このとき挨拶は型に基づく交換ではなく、規範的な型がないまま純粋贈与の一つの「かたち」として出現することである。型としての挨拶が「無限に深い理解の海」に存する交換（交通）の結晶体であるなら、歴史－風土－共同体なきところに型はない。しかし純粋贈与は挨拶という「かたち」をとって出現する。この挨拶には「かたち」に先行するモデルがない。したがって他者との型なき挨拶の「かたち」の出現するときは、つまりは挨拶の絶対的な起源の瞬間に立つことを意味する。「絶対空」の根底から新たな挨拶の「かたち」が立ち現れることを意味する。そのような挨拶の出現を世界市民の誕生という課題として捉え直してみよう。私たちの問いは、歴史－風土－共同体なきところに、つまり型（間柄）のないところで「かたち」を生みだす、仲間ではない他者と関わる世界市民の作法とはどのようなものかである。

4　世界市民と歓待－弔いの作法

世界市民の作法として他者を歓待する

ここでいう世界市民とは、カントの提示したように、国家の存在を認めたうえで理性使用による国家の乗り超えを目指した概念ではない。世界市民とは、国民という「想像の共同体」の物語による共同性ではなく、純粋贈与という比類のない出来事が、物語による共同性を侵犯することによってもたらされる共同性に対する仮の呼び名である。世界市民が生まれるのは、私たちが他者を歓待し他者を弔うときである。世界市民が他者を歓待し弔うのではない。世界市民という理念が成立するとするなら、それは他者を国や身分や性別ではなく、無条件で迎え入れるときであり、同様に無条件で弔うときである。しかし、この歓待と弔いは同じ次元の出来事ではない。「歓待」が空間的に他者と出会うことなら、「弔い」は時間的に他者と別れることによって出会うことである。この無条件の歓待と弔いという出来事の生起のうちに世界市民という共同性が生起する。

たしかに「世界」の誕生は、交通によってそれまで疎遠だった地域が「世界」として互いに結びあわされることによってである。その交通を促してきた最大の動機は、宗教的なミッションや純粋な冒険や探検を除けば、商人たちの交換（交易）によって利益を得ることにある。地理上の差異は商品の価格の差異を生みだすため、市場においては等価交換であってもその地理上の差異によって商人に利益をもたらす。経済のグローバリゼーションは、国境や人種や宗教や言語といったさまざまな障碍を乗り超え、この交通のネットワークをさらに緊密にし、かつそのスピードを増大していく。

等価交換は厳密な損得計算に基づいてなされる。したがって、そこでの人間関係も損得計算に支配される。他方、贈与交換は、すでに見てきたように、このような市場における等価交換とは異なった人間関係を実現してきた。贈与交換は、共同体内部での相互援助であり、他の共同体との交際であり、人間活動にとって不可欠な活動である。相互扶助や友愛の関係は、市場交換によって得られる商品や貨幣とは異なる大きな価値を実現していく。しかし、この交換はどこまでも仲間うちでの交換であり、社交的な仲間との間で円環する贈与交換の環は、仲間以外の者には閉じてもいる。

市場における等価交換にしろ、仲間との間での贈与交換にしろ、このような交換を促すのは有用性の関心である。あるいは必要性によってである。一見して太っ腹な行いに見える贈与交換も、実のところ贈与者と受贈者との間に贈る義務・受けとる義務・返礼の義務がともなっている［Mauss 1966(1925)=1973］。しかし、私たちにはこのような有用性の原理を超えた生の可能性もある。その大きなものの一つは純粋贈与と呼ばれてきた。純粋贈与というのは一切の見返りを求めない贈与のことである。交換の環にはならない贈与である。それは反復される制度とはならず、共約不可能な一回性の出来事として生起するだけである。

他者を迎え入れるときの純粋贈与の在り方は、「歓待」と呼ばれてきた。歓待とは、相手が誰であろうと無条件に迎え入れることである。歓待はその意味で純粋贈与の一つである。それは仲間に向けられた条件付きの歓待ではなく、外部の他者に向けられている。この他者を迎え入れる歓待のマナーについては、別のところで詳しく論じた（マナーの本質が純粋贈与としての歓待にあることを明らかにした）［矢野 2008a: 239-258］。しかし、私たちは他者を迎え入れる「こんにちは」の作法だけでは十分ではない。他者を見送る作法「さようなら」もまた必要である。他者は必ず私たちの世界から立ち去っていくのだ。

世界市民の作法として他者を弔う

考えてみればすぐにわかることだが、私たちが他者と共有するのは、交換による利害関係ばかりではない。私たちはともに誰かから生まれ、ともに死すべき存在者である。この生まれて死ぬという他者と同じ運命を生きるということは、きわめてありふれたことでありながら極限の出来事である。自分が生まれることも、自分が死ぬことも、私たちは経験することができない。私が生まれたときに未だ「私」はおらず、私が死ねば「私」はもはやいない。この私は生まれることも死ぬことも経験できない。私が経験し体験することができるのは、他者の誕生と他者の死である。経験し体験するのが、他者の誕生であり他者の死であるからといって、その出来事はけっして軽いものではなく、やはり極限の出来事なのである。「こんにちは」と「さようなら」の極限の出来事である。

ところで、私たちが生まれたというこの事実は、私たちの生まれる以前に、私たちをこの生存にまで導いてくれた「多くの誰か」[Arendt 1958=1994] が、かつては生きていたことを示している。その意味で言えば、死者（「多くの誰か」、しかし人間でとどめてよいものか、あらゆる生命ではなかろうか、動物も含めるあるいはあらゆる存在者）とは、生者にとってすべて「贈与者」であり、その意味で「犠牲者」である。そしていつか私たちもまたこの「贈与者」「犠牲者」の名簿に名を連ねることになる。歴史とは、このような死者＝「多くの誰か」＝「贈与者」＝「犠牲者」について語ることである。国家の歴史の物語は王や勇者や政治家や軍人や革命家の「物語」に代表されるかもしれないが、死者である彼ら彼女らは死者であるということで「多くの誰か」の一人であり、「贈与者」であり「犠牲者」である。この「多くの誰か」に向けて、あらためて「さようなら」と告げること。「犠牲者」への弔いは、「弔い」がもともと「問う」ことであり「訪《と》う」ことを意味しているのなら [竹内 2009: 49]、このような歴史に対する弔い（「問い」「訪い」）であり、物語としての「国民の歴史」ではなく、出来事としての「世界の歴史」に生きる者のもっとも重要な使命の一つである。

世界市民の共同性は、世界の歴史として立ち現れる死者たちへの弔いによっている。これは国民の共同性のように、国家の起源や誕生の祖父や王や革命家の犠牲の「物語」によってもたらされる負債感からくる死者たちへの弔いとは異なる。またこの弔いは、未だ死者として生者の近辺にいる者を生者の世界から分離するための葬送儀礼としてではない。つまり、死者＝犠牲者に対する畏れや負い目からではなく、死者に連なる「贈与のリレー」のランナーとしての弔いである。このような弔いのマナーこそが、世界市民の作法と呼ぶべきものである。そのように考えるなら、この弔いもまた純粋贈与の一つの「かたち」と言わなければならない。

そのような弔いの「かたち」を生みだすときは、歴史－風土－共同体の外に踏みだすとともに、新たな「歴史－風土－共同体」を生みだす瞬間でもある。弔いの「かたち」が新たな意味の世界を生みだし、新たな共同性の「かたち」を生みだす。私たちはローカルな歴史－風土－共同体に支持された「土下座」という型にかわる、「世界の歴史」に生きる者として、型なき「かたち」（義務を負ったものでない「かたち」）を生みだしていく必要がある。

弔われない他者の眼差しによって生じた共同性の「ひび」の行方

ふたたび和辻にもどってみよう。和辻は土下座という型が、共同体の会葬者と「正しい位置」に立ち、「正当な心の交通」を開いたという。しかし、反対にそのような「正当な心の交通」を開く型は、型を共有しない余所者を最初から排除する暴力ではないだろうか。このような型は、仲間以外の者には閉じられた型といえないだろうか。冒頭に引用した文の最後の箇所は、実にこの問題に関わっている。そしてこの最後の箇所こそが、「土下座」という文章の主題をなしているのである。

土下座によって、農村共同体の成員との間に「正当な心の交通」を開いたと実感した和辻は、翌日村の各家に挨拶に行く。

彼は翌日また父親とともに、自分の村だけは家ごとに礼に回りました。彼は銅色の足に礼をしたと同じ心持ちで、黒くすすけた農家の土間や農事の手伝いで日にやけた善良な農家の主婦たちに礼をしました。彼が親しみを感ずることができなかったのは、こういう村でもすでに見いだすことのできる曖昧宿で、夜の仕事のために昼寝をしている二三のだらしない女から、都会の文明の片鱗を見せたような無感動な眼を向けられた時だけでした。が、この一二の例外が、彼には妙にひどくこたえました。彼はその時、昨日から続いた自分の心持ちに、少しひびのはいったことを感じたのです。せっかくのぼった高みから、また引きおろされたような気持ちがしたのです。

彼がもしこの土下座の経験を彼の生活全体に押しひろめる事ができたら、彼は新しい生活に進出することができるでしょう。彼はその問題を絶えず心で暖めています。あるいはいつか孵る時があるかも知れません。しかしあの時はいったひびはそのままになっています。それは偶然にはいったひびではなく、やはり彼自身の心にある必然のひびでした。このひびの繕える時が来なくては、恐らく彼の卵は孵らないでしょう。［和辻 1963（1921）: 405–406］

ここに和辻の倫理学の限界を見るという見方は、すでに指摘されてきた［大橋 2009（1992）、熊野 2009］。私たちがここで問いたいのは、むしろ和辻の敏感な感受性によって顕わとなったこの「だらしない女」たちの死の問題である。このとき和辻が感じた「必然のひび」は二重であったはずだ。最初の「ひび」は、たしかに都市化によって入ってきた余所者の目の反射を通して反省されたものである。それは多くの和辻の批判者が述べてきたように、歴史－風土－共同体の外から向けられた眼差しによって生じた「ひび」である。しかしそれだけではない。和辻は気づかなかったが、第二の「ひび」が生じてもいる。「だらしない女」たちには歓待はおろか弔いもない。もし彼女たちが亡くなっても、会葬者に土下座をする者もなく、共同体から排除され無視されることになるだろう。彼女たちには、死を弔う者もなく、またそのための作法もない。和辻が言うように、歴史‐風土‐共同体を生きるのが人間存在の存在構造だとするなら、彼女たちはいかなる存在なのか。空間において歓待されず、時間において弔われない、歴史‐風土‐共同体から切り離された者との間柄、倫理のありよう、それを実現する「かたち」としての作法はどのようなものなのか、和辻の思考のうちにも密かに「ひび」が生じたはずだ。それは和辻自身が「都会の文明」に触れたその人でもあるからだ。

この「必然のひび」は、共同体へと収斂する和辻倫理学を浸食し、共同体を超えた普遍の倫理と作法へと裂開する可能性をもっていた。しかもこの「土下座」という文章が書かれたとき、和辻は共同体を超えた倫理の具体的な「かたち」に触れてもいた。大橋良介は新資料に基づいて、この和辻の「土下座」という文章がどのような状況で執筆されたものかを明らかにしている。それによると、この文章は、倉田百三の『出家とその弟子』（一九一七年）のモデルともいわれる西田天香の主催する「一燈園」の機関誌『光』に掲載されたものであり、その内容は、一時期は和辻自身が強く惹かれた天香という人格と、その天香が推進する一燈園での「下座」生活に対する断念を表すものであるという［大橋 2009（1992）: 151–180］。「下座」という主題は、他者の仏性にたいしてつねに礼拝した『法華経』に登場する常不軽菩薩のように、懺悔奉公に生きる天香においては、仲間のみならず仲間を超えたすべての存在に無条件に向けられており、宗教的主題と結びついていた。

つまり和辻の土下座についての議論には、土下座を共同体での贈与交換を超えて絶対に開かれるものへと問い直す契機が孕まれていた。和辻はそのことに無自覚ながら気づいていた。彼女たちの「無感動の眼」から、彼女たちの死は誰が弔うのか、そして自分は彼女たちの死を弔うことができるのかという切実な問いかけを受けとることができていれば、和辻は「新しい生活」への「進出」は別の局面を迎えることもできたかもしれない。なにより「絶対空」の自己否定を根本論理とする『倫理学』は、いまある「かたち」とは異なったものとなっていただろう。そしてそのとき、「日にやけた善良な農家の主婦たち」に向けられる型に基づく土下座ではなく、新たな「さようなら」の「かたち」、弔いの「かたち」が生まれでたかもしれない。しかし、和辻は、他者というべき「だらしない女」たちの「無感動」な眼差しを、そのような歓待と弔いへの問い、絶対的な「こんにちは」と絶対的な「さようなら」の挨拶をめぐる問いとして受けとめることができなかった。

「だらしない女」とは、固有の個を超えて移民や難民や「仲間でない者たち」すべての名称であることに気づくとき、さらに歴史‐風土‐共同体から切り離された今日の私たちのことでもあることに思いいたるとき、この問いは切実なものとなるのではないだろうか。

IV——世界市民の教育学へ

第10章——境界を超える愛と自由の道徳教育

ベルクソンを手がかりとした世界市民への道徳教育

世界市民への教育は、すでにいろいろな場所において実現されてもきた。そのように見えないのは、この理念が事象の背後に退いており、実はそれが実現されていても名前が隠されているからだ。現実の教育の場は、いつもすでに国民教育と世界市民形成との抗争の場にほかならない。この愛と自由による解放の力に名前を与え、よりいっそう世界市民形成の方へ教育学的思考を方向づけなければならない。「第Ⅳ部　世界市民の教育学へ」では、これまでの議論を踏まえつつ、世界市民を形成する具体的な場所とメディアに焦点を当て論じることになる。第10章では学校における道徳教育が、第11章では大学における倫理の教育が、そして第12章ではミュージアムにおける市民の教育が、それぞれ世界市民の形成を実現する場所とメディアとして論じられる。これらの考察から、終章において、今日における世界市民であることの課題とは何か、そしてその世界市民性を形成するとはどのようなことなのかを、立体的に提示することになる。その意味で、「第Ⅳ部　世界市民の教育学へ」の論考は、終章の考察を導き出すための補助線の役割を担ってもいる。

1　道徳問題から道徳という問題へ

教育において道徳が課題とされるとき、きわめて多様で複合的な諸問題が、同じ「道徳問題」の名称のもとで語られてきたように思われる。例えば、それはマナーや作法の習得といった躾に関わる問題であったり、いじめのような学校での人間関係の問題であったり、子どもの価値観や心の在り方の問題であったり、あるいは社会のルールを守るといった社会秩序の問題であったり、ときには愛国心といった国家意識の問題であったり、……というようにである。

このように見れば、単一の「道徳問題」などどこにもない、と断言してもよいぐらいである。さらに、この複合的問題群は、多くの場合において、個人の行動の仕方や心の持ち方といった問題というより、政治的経済的問題と見なされるべきものであり、その意味でも単純に「道徳問題」と呼ぶべきではないだろう。こうした複合的問題群を単純化して「道徳問題」としてしまうと、本来ならば、それぞれの問題を個別に捉えることで問題解決が可能になるものも、かえって解決方法が曖昧になる。さらに、問題に対処する解決手段としての過度な期待が、「道徳教育」の現場にかかってくることになる。「道徳教育」で解決しようなど、最初から成功の見こみのないプロジェクトであり、その期待は裏切られることになるが、その失敗でますます「道徳問題」は教育の課題として純化する危険性さえある。事実このサイクルのなかで「道徳教育」は教科の一つとなった。

しかし「道徳教育」をめぐるより深い問題が別にある。たしかにこれらの問題群は、見過ごすことのできない問題群ではあるが、このような「道徳問題」の提示の形態と、それを受けて発動される「道徳教育」の形態とは、ともに道徳事象を社会的な生の事象としてのみ捉えるという点において一次元化されている。このように問題が構築されれば、その問題解決にふさわしい解決策も、問題の構成された同じ平面で提示されることになる。その意味でいえば、この「道徳問題」はすべて「社会問題」として捉えられており、この平面では平面を成り立たせている生の全体性や生命の次元の垂直の課題といったものが、最初から排除されている。どのようにすれば私たちは同胞愛を超える人類愛をもつことができるのか、あるいは国民国家の市民としてだけではなく同時に世界市民として生きることができるのか、どのようにすれば人間中心主義・ロゴス中心主義を超えて人間だけでなく生命全体へと意識を拡張することができるのか、そのような問いは今日こそ切実な問いであるはずだが、この平面に拡がる道徳においてはほとんど意味をもたないかのようだ。しかし、本当にそうだろうか。このような課題を考えることなく、今日の「道徳教育」は存立しうるのだろうか。本章では、「贈与と交換の教育学」という立場から［矢野 2008a］、世界市民の道徳教育の可能性について考えてみたい。

それでは世界市民の道徳教育の可能性を考察するのに、どこから出発すればよいだろうか。「道徳教育」という言葉から思考をはじめようとすると、学校の授業での具体的な主題や手法を考えなければいけないという思考の道筋があらかじめできており、道徳の授業をどのように改善すべきかという問いに、自動的に向かうように思われる。そして、このとき道徳教育の目的を、個人の心の修練や、社会秩序維持のための社会生活への適応を中心に見てしまいがちになる。しかし、それでは道徳においても、教育においても、人間の生の全体性と向きあった見方とはならない。ここからは世界市民の道徳教育の問いなどでてくるはずもない。

このような教育学的思考の習慣化した思考回路から抜けだすためには、道徳を一度その源に立ち返り、捉え直してみることが有効だ。その意味でいえば、アンリ・ベルクソンの『道徳と宗教の二つの源泉』（一九三二年）は今日でもなお最適なテクストといえる。このテクストは、道徳を捉えるうえで習慣化した思考とは異なる次元があることを明らかにし、私たちがどのようにして既存の秩序の「道徳」に閉ざされているかを照らしだすだけでなく、そのような道徳の現状を乗り超える新しい道徳の方位を指し示している。なによりこのテクストは道徳的生に無限の奥行きがあることを見せてくれる。世界市民の道徳教育の可能性も、この道徳的生の無限の奥行きを考えることの延長線上で語りうるように思う。

2　同胞の枠を超える開いた道徳

「閉じた道徳」と「開いた道徳」

『道徳と宗教の二つの源泉』(以下『二源泉』)は、その表題の通り、道徳と宗教とが異質な二つの源泉をもっていることを明らかにしているが、本章では主に道徳に絞って議論を進めることにする。ベルクソンは道徳を、社会の圧力を源泉とする「閉じた道徳」と、根源の生命を生きた模範となる特定の人格を源泉とする「開いた道徳」の二つに分けて論じている。かぎられた紙数で議論を進めるために、図式的に単純化して述べよう。

「閉じた道徳」とは、社会の存続を目的とするもので、あたかもそれが自然に決まった秩序であるかのように、「これは義務なのだ」という道徳的責務によって構成員を拘束する道徳のことである。しかも、この責務という拘束は、たんに他の人間との間の紐帯として外部から課せられるのではなく、むしろ「社会的自我」として自分自身にたいして自ら責務を負っているものとして現れる。たしかに義務への服従が、自分自身への抵抗として立ち現れることがあり、その抵抗に抵抗するという緊張状態が生じることもあるが、それは例外的な場合であって、実際には責務(社会の要求)について深く考える必要もなく、また格別の努力などなく、習慣にしたがって集団に対する務めをきちんと果たしさえすれば務めは済んでしまうのだ[Bergson 1932=2003a: 19]。そしてこの「閉じた道徳」においては、責務が全部満たされているときには快適感や安泰感が生みだされもする。このように、「閉じた道徳」においては、「規律の精神」、「社会集団への愛着」、「意志の自律性」、「自己保存欲望」などをその主要な特色としている。そして重要なことは、この道徳は深く自然の意図したものとなっていることにある。

それにたいして、「開いた道徳」とは「閉じた道徳」のように社会的な圧力によってではなく、模範となる少数の人格（古代ギリシアの賢人・イスラエルの預言者・仏教の阿羅漢あるいはソクラテス・イエス・ブッダ）によって示された「愛の躍動（l'élan d'amour ＝愛の飛躍）」によって駆動されるもので、そこには社会の圧力の代わりに、模範となるべき人への熱中があり、安楽な快適感以上の全き歓喜に彩られた情動が生じる［Bergson 1932=2003a: 82］。そして、その道徳の範囲は、同じ共同体の仲間にとどまることなく、人類全体に、そしてときには生命全体にまでおよぶのが特色である。さらに付け加えるなら、超個体的な次元を目指す自由への欲望、同量報復の掟のような均等をもたらす相対的正義ではなく絶対的な正義への欲望、そして自然の本能にしたがう自己保存の欲望ではなく自己離脱の欲望、さらに大他者（神）への愛などをその特色としている。

「閉じた道徳」が自然の意図したものであるのにたいして、この「開いた道徳」は人間によって獲得されたものである。愛の範型となる人々によって、強い情動が引きおこされ、そのことによって人々は感動し、自らその範例の人にならうようになる。ここでベルクソンが語っている「情動（émotion）」とは、魂が感動しその深部から震撼させられることを意味しているのだが、この情動は知性以上のものであり、知的な創造もこの情動によって生起するとされる［Bergson 1932=2003a: 59–61］。ベルクソンは「新しい道徳、新しい形而上学の到来以前に情動があり、この情動が意志の側では躍動となって展開し、知性のうちでは説明する表象となって展開するのである」［Bergson 1932=2003a: 67］と述べている。新しい道徳に開かれるとき、人は「閉じた道徳」のように義務として拘束されるのではなく、むしろ「ある魅力に捉えられる」のだという。つまり私たちは、この愛の範例となった人々に対する「情動」の「全体が前方へと衝き動かされる」体験によって、愛の躍動を鮮烈に呼び起こされるというのである。ベルクソンは、この情動が波紋のように周囲に拡がり伝播していくあり様を音楽に喩えている。

音楽が泣いているときは、全人類がいっしょに泣いている。全自然が泣いている。しかも、音楽がわれわれの内部へこの感情を移し入れると言っては正しくない。むしろ、ちょうど通りすがりの人が、街角のダンスへ否応なく引き入れられるときにも似て、音楽がわれわれを感情の内部へと引きこむのである。道徳を創始した人々の場合もこれと同様である。そうした人々に対しては、生は、新しいシンフォニーが与えうるにも似た、まるで思いもかけぬ感情の響きを奏でる。彼らは、われわれをいっしょにこの音楽のうちへ引き入れるのであり、かくして、われわれはいわばこの音楽を行動に移すのである。[Bergson 1932=2003a: 53-54]

ベルクソンは、『二源泉』に先立つ二五年前に発表した『創造的進化』（一九〇七年）での議論（「生の飛躍（l'élan vital）」の原理）をもとに、この「開いた道徳」を自然の意図した「閉じた道徳」からの進化、ベルクソンの卓越したイメージの言葉で言いかえるなら、「生の飛躍」として捉えている。二五年間という思想的営為の持続は、それ自体驚くべきことであるが、この二つのテクストをつなげて読むことは、現在のベルクソン解釈においては常套ともいえる手続きである。

自由と愛の躍動

さて愛の範例となる人々によって示された「開いた道徳」の呼びかけに引きこまれた人は、「閉じた道徳」が保証してきた快適感や安泰感にとらわれることから解き放たれて自由になる。つまり「開いた道徳」は、動物の本能の痕跡ともいうべき社会的な習慣の圧迫から人を解放するのだ。「閉じた道徳」によって閉じこめられていた魂は、そのときまず軽やかさをついで喜悦を覚え、場合によっては生命全体と共感するようになり、全きの歓喜を体験する。このようにして自由になった魂は、「生の飛躍」の方向に身をおきもどすのだ。言いかえれば、自由になるということは創造的進化の道を推し進めることだといえる［Bergson 1932=2003a: 71-79］。そして、このとき「開いた道徳」を特徴づける情動とは「愛」である。この愛は私たちが通常使用している男女の性愛の愛とも、また家族の愛や、祖国への愛とも異なる。このような愛は結局のところ、他の人々との間に境界線を生みだしてしまう閉じた愛であるのにたいして、「開いた道徳」を特徴づける愛は、反対にその境界線自体を溶かしてしまうものである。だからこそ先の引用に見られたように、「愛の人」の行いに私たちは引きこまれ共鳴し感動することになる。それはどのような愛なのか、ベルクソンの言葉を引こう。

神秘家の人類愛は、……中略……人情と理知との根元に、さらに、また爾余いっさいのものの根元にある愛なのであるから。この愛は、神の被造物に対する愛、つまり万物を創造したその愛と一つになっており、尋ねる術を知っている人には、創造の秘密を明かすであろう。……中略……別の言葉で言えば、神秘家の愛の方向は生の飛躍の方向と一つである。すなわちそれは、選ばれた少数の人間に欠けるところなく十全に伝えられたこの飛躍自体なのであり、これらの人々はこの飛躍を今度は人類全体へ刻みつけようとするのである。そしていわば現実へ移された逆説によって、これらの被造物——種としての人間——を創造する努力に変え、定義のうえから停止と決まったものを運動に変えようとするのである。［Bergson 1932=2003b: 155-156、訳語を一部変更している］

この文章を神秘主義の礼賛といった文脈で理解してはいけない。ベルクソンがここでいっている神は、キリスト教の神として読む必要はなく、むしろそれは「愛する力それ自体」を指していると理解すればよい［前田 2013: 203］。生命の進化は「種としての人間」を生みだした。それは進化の停止点と見られようがそうではない。生命の創造的進化の運動は留まりはせず、人間は新たな高次の創造の運動へと身を投じなければならない。偉大な神秘家たちとは、そのような進化の運動の先端を歩んでいる人たちのことである。ベルクソンは、神秘家たちの体現している神の創造を完成させようとする「愛の躍動＝飛躍」が、その愛に触れた人の魂を感動させ目覚めさせ、そして「閉じた道徳」の頸木から自由にし、「開いた道徳」を実現していくのだと考えたのだ。

これまで述べたことからも明らかなように、「閉じた道徳」と「開いた道徳」、この二つの原理は根本的に異なるのである。両者の差異は量的な程度の差異などではなく質的な本性上の差異である。そのため社会の存続を目的とする「閉じた道徳」をどれほど推し広げていっても、けっして人類へと開かれた「開いた道徳」とはならない。個人から家族、家族から帰属している社会へ、そしてその社会から人類へという道徳の対象を拡大する道は、「閉じた社会」と「開かれた人類」との間の質的差異を無視したものだというのである。ここであらためて注意しておく必要があるのは、ベルクソンは「閉じた道徳」が悪くて「開いた道徳」が優れているといったことを論じているのではないということだ。ベルクソンは、「社会の圧力」と「愛の躍動」とは、生の互いに補いあう二つの発現であるといっている[Bergson 1932=2003a: 140]。つまり「閉じた道徳」と「開いた道徳」、この二つの道徳は相補的な関係にあるというのだ。「閉じた道徳」と「開いた道徳」は道徳の両極であって、それぞれが純粋な状態で現れるわけではない。そして人間が社会＝共同体を維持しようとするかぎり、「閉じた道徳」の存在は不可欠だ。しかし、前者はそれだけでは、自然によって定められた動物的本能と変わらず、どこまでも責務の圧迫によって窮屈なだけでなく、共同体の仲間以外の他者を排除するものともなる。それは道徳として重大な欠陥をもっている。

この『二源泉』が発表されたのは一九三二年のことである。『二源泉』に「愛国心」や「戦争」という言葉が登場していることを見逃してはいけない。とりわけ『二源泉』の第4章では、「自然的社会と戦争」「戦争と産業時代」という小見出しがならび、「閉じた社会」間の戦争が論じられていることも同様の注意が必要である。未曾有の総力戦であった第一次世界大戦を経験したベルクソンにとって、愛国心に駆動された国民間の容赦ない暴力を乗り超える倫理の形を提示することは、重要な思想課題であったにちがいない。悲惨な戦争を繰り返さないためには、人間はそれそれの国家の成員であることを超えて人類へと開かれる必要があり、それはまた啓蒙主義時代にカントが構想したことでもあったが、「閉じた道徳」で考えるかぎりそれは不可能なことだ。「閉じた道徳」は、人間がかぎられた集団のうちに分かれて生きることを可能にしたが、それは同時に互いに外に敵を作りだして城壁を築くことになったことを考えると、「閉じた道徳」こそが戦争を生みだしてもいるのだ。さらに戦争状態において敵と味方の二分法によって、より鮮明に「彼ら」に対する「我々」の同一性を高めることになり、「閉じた道徳」の規範の正しさを証明しもした。二度と戦争を繰り返さないためには、この「進化の課題」をさらに乗り超えなければならないのだ。ベルクソンは戦後国際連盟に可能性を見いだし、ユネスコの前身ともいえる国際知的協力委員会の議長を務めもした。ベルクソンもまた「それから」の思想家の一人であった。

しかし、二〇〇〇年以上も前（人類進化の時間から見れば、ほんの二〇〇〇年にすぎないのだが）から、この進化の新たな乗り超えの運動はすでにはじまってもいる。愛の躍動という進化の道を大胆に推し進めたのは、「天才的意志の人々」（「偉大な神秘家」）であった。彼らの「開いた魂」が、人々を「閉じた道徳」から解放しこれまでとは異なる高次の次元へと押し上げるのだ。なによりも「閉じた道徳」が「道徳」でありえているのは、この「開いた魂」がもたらす「開いた道徳」から生命力を受けとるからにほかならない。

ところで、道徳にこのように二つの源泉があるということは、道徳教育もまた本来的に二つの次元に分けて考えることができるということを示唆する。ベルクソンはそれを「躾の道（dressage ＝訓練・調教）」と「神秘的生の道（mysticité）」という名前で呼んでいる。

3 互酬性を超える純粋贈与の道徳教育

「躾の道」としてのデュルケーム道徳教育論

二つの道徳の形を手がかりに、さらに道徳教育へと思考を進めていこう。ベルクソンの思想から導かれる道徳教育を考えると、「閉じた道徳」は「躾の道」として、共同体維持のための道徳的責務を重視し、習慣形成と知的な道徳的判断力の形成に力点をおく道徳教育となる。ベルクソンと同時期、カント主義から社会学という新しい学問を構築したデュルケームも、道徳教育論について論じている。あまり知られていないことだが、デュルケームはソルボンヌ大学においては教育科学の講座に属し、彼の講義の三分の一あるいは三分の二は教育学に関するものであった。デュルケームは『教育と社会学』(一九二二年)や『道徳教育論』(一九二五年)や『フランス教育思想史』(一九三八年)など教育についての重要な著作を残している。デュルケームは、第三共和制の制度的正当性を学問によって明らかにすることにとどまらず、カトリシズムの教義によって裏打ちされていた世界観や世界解釈とは異なる、共和制の理念に基づく世俗の世界観や世界解釈を打ち立てなければならなかった［菊谷 2011: 72］。さらに、そこから伝統的に反共和制の一大勢力である教会によって支配されてきた教育を、世俗的で合理的な教育として学校教育のなかで再構成することを、急務の課題として捉えていた。彼の道徳教育論は、このような試みの一環であり、その意味で共和国のための道徳教育論と考えることができるだろう。道徳教育は宗教によって基礎づけられた信仰と慣習の規則ではなく、あるいはカントのような個人主義的な良心の課題でもなく、共和国を視野に入れた集団との関わりで捉えられている。

デュルケームの道徳教育についての講義録は、死後に『道徳教育論』として出版された。このなかで、デュルケームは道徳性の中心的要素として、「規律の精神」と「犠牲と愛他の精神」そして「意志の自律性」の三つをあげ、さらにその道徳性を学校教育でどのように育てることができるのかについても論じている（もっとも『道徳教育論』では、この三つの要素のうち最後の「意志の自律性」の教育については、論じられてはいない）。「規律の精神」とは、自分の情熱や欲望や習慣を押さえ、これを法の下に服せしめるといったように、自己を支配し抑制ないし禁止する能力のことである［Durkheim 1925=1964a: 80］。それにたいして、「犠牲と愛他の精神」とは、個人の利害を超えて共同体のために奉仕することである。「道徳目的とは、社会を対象とするところのそれであり、道徳的行為とは、集合的利益のために振る舞うことである」［Durkheim 1925=1964a: 95、強調はデュルケーム］というように、デュルケームの道徳教育論は当然のことながら社会学の知見をもとにしている。

デュルケームは、「犠牲と愛他の精神」を育てるためには、事物が現実にもっている複雑性を捉える科学教育を重視する必要があるという。それというのも、フランス人はデカルト的明晰さを求めるあまり、ともすれば複雑な事象を無視しがちだが、社会は複雑性をもっており、単純な個人の集合を超えた社会の複雑性を理解することが、道徳性の形成にとっても不可欠だというのだ。道徳教育における芸術教育の意義についても述べ、芸術が遊びとして無私無欲や、自己からの解脱や、物質的利得の放棄といった側面があることを指摘しつつも、それは道徳的性格の形成には直接には貢献しないという。さらに、子どもに集合精神、国民精神（具体的にはフランス精神）に接触させるという歴史教育の重要性も指摘する。そのさいフランス精神と世界主義（人類意識）とのつながりを論じ、偏狭な愛国主義に陥ることのないよう注意点を指摘することも忘れない。しかし、デュルケームは「現実に関して正しい観念をえればえるほど、いっそう適切な行為をなすことができるであろう」という立場から［Durkheim 1925=1964b: 165］、科学教育を重視するのだ。

知性を重視するデュルケームの道徳教育論は、今日でも教室から国家までの集団や共同体の維持を考えるときに優れた知見を与える道徳教育論といってよい。しかし、知性（デュルケームのいう意味での知性）の役割は、どこまでも合理的な理解といった範囲を超えることはない。このようなデュルケームの道徳教育は、ベルクソンのいう「躾の道」の延長上に位置するものである。たしかに「規律の精神」「犠牲と愛他の精神」そして「意志の自律性」は、共同体にとって不可欠だから、これを否定する必要はないし否定することはできない。しかし、デュルケームのいう「社会集団への愛着」は偏狭な愛国主義教育などではなく、人類へとつながることを志向しているとはいえ、ここからは共同体の仲間を超えた他者への愛も自由もでてはこない。ベルクソンの立場からデュルケームの道徳教育論を捉えたときには、「規律の精神」と「犠牲と愛他の精神」、そして「意志の自律性」は、すでに述べたようにどれも「閉じた道徳」に属するものということができるだろう。

いったん『道徳教育論』の枠から一歩でて、『宗教生活の原初形態』(一九一二年)といった宗教社会学のテクストからデュルケームの共同体論を捉え直すとき、第8章でも述べたように、デュルケームが共同体の凝集性を高めるものとして合理的な理解ではなく、定期的に繰り返される宗教的儀礼による沸騰する精神に注目していたことが、思いだされるべきである。デュルケームによれば、宗教的儀礼には聖なるものと距離をとる消極的儀礼と、それとは反対に祝祭に見られるようにその距離を一挙に侵犯し聖なるものと一体化しようとする積極的儀礼があるという。通常は聖なるものに近づくことも、またそれについて語ることも禁じられている。それにたいして、祝祭にかぎりこの禁を破り、直接的に食物として身体にとり入れたりすることで、聖なるものの力と結びつこうとする。この後者の儀礼の機能は、緩んだ社会的絆をとりもどし共同体に生命を吹きこむところにあるというのだ。もとより近代学校と古代的な共同体とは同じものとはいいがたく、また学校をカトリシズムの影響力から解き放つことを目的とした『道徳教育論』においては、ふたたび「聖なるもの」を学校に導入することなど論外ともいうべき事態だが、共同体の凝集性にはこのような情動の更新が不可欠なのだという理解はデュルケームにもあった。この理解から見直せば、たしかに『道徳教育論』においても、仲間同士を結びつける「連帯感情」「共通感情」の重要性は論じられてもいる。もっともデユルケームがここで捉えた情動は、ベルクソンのいうような「愛」ではなかったし、またその目的もどこまでも閉じた共同体の維持にあった。

神秘的生の道

ベルクソンとデュルケームとは、同時代の思想的ライバル関係にあり〔作田 1993: 33-36〕、ベルクソンは直接に『二源泉』で言及しているわけではないが、デュルケームの道徳教育論を念頭におきながら「躾の道」について論じているのではないかと推測される。いずれにしても、ベルクソンの立場から見れば、「躾の道」は集団の維持において妥当性をもちながらも、それだけでは人類愛へとはいたらない道である。それにたいして「開いた道徳」は、ソクラテスやイエスのような道徳を人格的に示現した人物の模倣、精神的合一によって伝えられるもので、愛と自由に力点がおかれた、純粋な直接の体験に基づく道徳教育となる。ベルクソン自身はこの道徳の学びを「神秘的生の道」と呼んでいる。「開いた道徳」は「神秘的経験」によって開かれたものであった。

> ただ私の言わんとするこの神秘的経験とは、純粋に直接の経験と解されるもの、解釈の加わる以前の経験である。……中略……彼ら〔真の神秘家〕は、自分の内部に自分自身よりも勝れたものを感じているから、少しも不安を抱かずに偉大な行動人として示現し、神秘主義を見神や恍惚や忘我としか見ない人たちを驚かすのである。……中略……それは、彼らが受け容れたものをさらに彼らの周囲へと拡げずにはやみえぬ要求であり、彼らはこの要求を愛の躍動《エラン・ダムール》として感じとる。……中略……さらに一歩を進めよう。偉大な神秘家の言葉、あるいはその模倣者のうちの一人の言葉が、われわれのうちのだれかのうちに反響を見いだすとすれば、それはわれわれ自身の胸底にも神秘家が一人眠っており、目覚まされる機会をひたすら待っているからではないだろうか。
> 〔Bergson 1932=2003a: 144-145、強調はベルクソン、括弧内は矢野〕

ここで「純粋に直接の経験」と呼ばれているのは「純粋持続」のことであり、西田幾多郎がかつて「純粋経験」と呼んだものと同じものである。通常使用されている「神秘主義」は、この「神秘的経験」の解釈された物語であって、その物語の方に引きよせて理解してしまうと、このベルクソンの言葉の本来の意味を見失ってしまうことになる。偉大な神秘家の誕生は、この「純粋に直接の経験」に由来し、彼らの語りなすことは、そうして受けとった経験（体験）を、他者に見返りを求めることなく大胆に贈与することである。この純粋贈与のことも含めて、ベルクソンは「愛の躍動」と呼んでいる。大事なことは、この愛の躍動が偉大な神秘家の言葉と行いを通して伝達されることである。このとき「偉大な神秘家」とはイエスはもとより、ソクラテスやブッダも含まれている。「神秘的生の道」では、道徳教育は慣習の伝達や知性の育成によるものではない別ものとなる。そこで伝達されるのは知性以上のものといえるだろう。

しかし、通常の教師はどうしたところで「偉大な神秘家」などではないだろうし、学校のような場所で神秘体験を企画するなど考えられないことである。このような道徳教育を考えることなどは、まったくのナンセンスか冗談といわねばならない。学校教育の制度的役割、学校という場所の特殊性、そして授業という教育時間の枠組みの制限は、教育を「発達としての教育」に、そして道徳教育を「閉じた道徳」に向かわせる傾向がある。どうしても教育は学校・学級の集団の形成と維持とに制限される。その結果、学校での道徳教育は、しばしば「開いた道徳」の次元を忘却し、最初からそのような道徳の次元はないかのようにしてしまう危険性がある。さらに、共同体の制約を超えて超個体的な生命に開かれる「愛と自由」という主題は、学校の秩序を攪乱させる可能性をもつことや、学校という場で語ることが困難なこと、語ることに気恥ずかしさがともなうことなどから、道徳教育にはのりにくいものとなる。それにもかかわらず、道徳教育において「開いた道徳」とのつながりが不可欠なのだ。[1]

交換と純粋贈与

ここで「閉じた道徳」と「開いた道徳」との違いが、どのように道徳教育につながっているかを具体的に捉えるために、交換（等価交換と贈与交換）と贈与（純粋贈与）という二つの異なる用語を用いて、「挨拶」を例にして考えてみよう。

市場における貨幣を媒介とした「等価交換」は、厳密な損得計算に基づいてなされる。したがって、そこでの人間関係もこの損得計算に支配されることになる。他方、「贈与交換」はこのような市場における等価交換とは異なった人間関係を実現してきた。贈与交換は、共同体内部での相互扶助であり、あるいは他の共同体との互酬的な交際であり、人間活動にとって不可欠な活動である。相互扶助や友愛の関係は、市場交換によって得られる商品や貨幣とは異なる人間的価値を実現していく。しかし、この交換はどこまでも仲間うちでの交換であり、社交的な仲間との間で円環する贈与交換の環は、仲間以外の者には冷たく閉ざされている。「みんなのために」「社会のために」といった互酬的関係に基づく道徳の関係は、それ自体重要なことであり否定すべきことではないのだが、この「みんな」や「社会」の範囲をどこまで拡張しても「閉じた道徳」にとどまる。

市場における厳密な等価交換にしろ、仲間との間でのアバウトな贈与交換にしろ、このような交換を促すのは有用性の関心によってである。一見すると愛の行いに見える贈与交換も、実のところ贈与者と受贈者との間での贈る義務・受けとる義務・返礼の義務がともなっている［Mauss 1966（1925）＝1973］。しかし、私たちにはこのような有用性を超えた生の可能性がある。その一つが「純粋贈与」だ。純粋贈与というのは一切の見返りを求めない無条件の贈与のことである。そのためこれは交換の環とはならない贈与である。共約不可能な一回性の出来事として生起するのだが、この純粋贈与が生起するときには「開いた道徳」が実現される。

他者を迎え入れる純粋贈与は、「歓待」と呼ばれてきた。歓待とは、相手が誰であろうとどのようなときであろうとも無条件に迎え入れることだ。それは、仲間に向けられた条件付きの交換ではなく、過去において恩義を与えてくれたこともなく、将来において返礼してくれるあてもない、外部の他者に無条件に開かれた贈与である。しかし、私たちは他者を迎え入れる歓待の「こんにちは」の作法だけでは十分ではない。他者を見送る「弔い」の作法、「さようなら」の作法もまた必要だ。人は必ず私たちの世界から去っていく。「さようなら」は一期一会の絶対的な別れの挨拶でもある。「弔い」もまた死者への負い目による交換としてではなく贈与としてなされるのだ。

すでに本書第8章と第9章とで明らかにしたように、挨拶としての「こんにちは」と「さようなら」は、社会的な人間関係を円滑にするためのマナーと見なされているが、この言葉は人類全体への歓待と弔いの意味も担いうるものだ。「閉じた道徳」では、挨拶は出会った相手に敵と見なされないための手段であり、贈与交換の一形態にすぎないが、「開いた道徳」では、一切の見返りを求めない純然たる贈与である。相対的な「型」をもつ日々の挨拶は、絶対的な「かたち」を生みだす挨拶からの愛の力が滲透することで生命をえている。そうでなければ、「型」にはまった挨拶は、すぐにたんなる記号の交換に終始することになるだろう。異なる二つの道徳が交錯するなかで、生きた挨拶がさらには生きた道徳が実現されているのである。

このように考えるならば、学校での道徳教育においても、「閉じた道徳」だけではなく「開いた道徳」も含めて二つの次元の道徳がともに働くための工夫が必要だといえる。「挨拶をしましょう」という校内運動は、よく小中学校でなされているが、それが「閉じた道徳」にのみ目を向けているかぎりでは、どこまでも人間関係の良好のためといった一次元的なものにとどまるといわなければならない。これを無限の奥行きをもった垂直の「開いた道徳」に変えるためには、道徳教育に関わる関係者自身が、挨拶という課題が集団内部での慣習的な儀礼であるだけでなく、他者への「歓待」と「弔い」という絶対的な課題でもあることを理解しなければならない。

4 身近に生起する彼方の力、その愛と自由の方へ

私は彼方にしか存在しない抽象的な理想として人類愛の道徳教育を唱えているわけではない。むしろ、「開いた道徳」は日常的にも見ることができるものだ。例えば、ケアという事象は「開いた道徳」がどのようなものかを如実に示している。阪神・淡路大震災のときにも、また東日本大震災にも、多くの市民がボランティアとして活躍したが、彼らは市場交換ではなくまた贈与交換でもない純粋贈与としてのケアを実現している。ケアの本質とは、条件なしに自分の時間を他者に与えることにある。有限な存在である人間にとって、自分の時間を他者のために差しだすことは、自身の命を差しだすことにほかならない。たしかにボランティア活動も、事後において感謝の言葉を受けとったりして互酬的な関係を作りだすかもしれないが、そのことを目的としてボランティアはケアしているわけではない。それはケアの行為の結果として偶発的に起こることにすぎない。もしそのことを行為の目的としているなら、人から感謝してほしいからケアをするといったことになってしまう。

私たちの前には、ブッダやソクラテスやイエス、そして古代ギリシアの賢人・イスラエルの預言者・仏教の阿羅漢、名前を残した偉大な開かれた魂の人々がいる。しかし、マザーテレサのように、その生のすべてを他者のために与えることはできないにしても、これまでにも無数の人々が純粋贈与の瞬間を生きてもきた。かけがえのない（「交換不能」ということだ）自分の命の時間を他者のために与えてきたのだ。これは驚くべきことだ。

凡庸な教師が、天才の創りだした学問を機械的に教えていても、この教師自身には与えられていない使命へ呼び覚まされる者が、その生徒たちのうちから出てくることがある。教師は、この生徒を無自覚のうちに、そうした偉人の好敵手に変えつつあるので

あって、そうした偉人は、教師が運び手でしかないこの使命のうちへ――目に見えぬ形で――現前しているわけである。[Bergson 1932=2003b: 125]

数学は恵まれた天賦の才能によって発展してきた学問といえるが、数学教師は天才でなくとも、その学問を通して、生徒に数学的使命を目覚めさせることはできる。数学の歴史的蓄積が結晶化した教科書のなかの公式の一つ一つがこのことを可能にする。それでは道徳教育においてはどうだろうか。同様に、道徳教育においても、少数の優れた神秘家を除いては、私たちは多くの場合において「凡庸な教師」にすぎないだろうし、そのように私たちには新たな道徳を生みだしたりはできないだろう。さらには光を放つような特別な人格を有してもいないだろう。しかし、それでもなお私たちにも偉大な神秘家の言葉や行いを伝えることはできるという言い方は可能だろう。

聖書や仏典といったように、聖典（カノン）の暗唱による教育は、近代以前の歴史のなかで中心をなしていたとさえいえる。それらの聖典による教育が、「神秘的生の道」の一つであった可能性は否定できないが、むしろそれらの聖典による教育は多くの場合において制度的宗教による「閉じた道徳」に回収されたものであった。聖典の記述は、「贈与の物語」として共同体の道徳に回収され、知識として伝達された。それでもなお聖典の重要性は否定できないが、「愛の躍動」を伝えるのは、心の底の微かな神秘的生の呼びかけの反響を聴きとり自身の時間を差しだす、純粋贈与の体験によってである。「われわれ自身の胸底にも神秘家が一人眠っており、目覚まされる機会をひたすら待っている」という、先に引用したベルクソンの言葉とつなげて考えてみるとき、私たちが「運び手」としての使命を果たすことは不十分ではあっても可能なことである。事実、純粋贈与は私たちのような「凡庸な教師」を介してリレーされてきたのだ。「凡庸な教師」による自分の時間の贈与、それは私たち自身が「閉じた道徳」から解き放たれて愛と自由を生きた瞬間でもある。このような身近な事象が、「開いた道徳」の可能性を示しているのであり、純粋贈与の道を開いているのだ。それは聖典（カノン）に描かれた「神秘家の魂」の記憶が呼び覚まされるときだ。これらの事象を互酬性に引きよせて理解するときには、私たちのどのような行為も贈与交換のうちに回収されてしまうのだ。「閉じた道徳」に基づく道徳教育は、どこまでも社会存続のための交換に重心をもち、この社会の外部を忘却させる機能をもつ。愛の躍動する彼方の力の方へと意識を向けることが必要である。

道徳教育をめぐる議論が活発化している。それは本書の課題として提示した偏狭なナショナリズムと経済のグローバリゼーションの問題と深く結びついている。この問題の解決は「躾の道」に向けて解決を図ることもできるし、また「神秘的生の道」に向けて進むこともできる。私たちの習慣的な思考は慣れ親しんだ「躾の道」に向かいがちだが、ここでいったん思考の向かう方向を切りかえて、遥か遠くを目指す「神秘的生の道」を考えてみればどうなるだろうか。そのとき愛と自由を主題とする「道徳教育」の風景は、スピリチュアルな次元をも孕んだ無限の奥行きをもったものとなるはずだ。

本章の論考は、世界市民に向けての道徳教育のためのスケッチといった水準のものにすぎないが、来たるべき世界市民のための道徳教育論の基本的なモチーフを提示することはできたのではないかと思う。終章でふたたび「開いた道徳」と「神秘的生の道」について世界市民の形成の観点から論じる。

第11章――専門家教育・市民教育から世界市民形成へ

大学における倫理の教育の可能性

「大学が道徳的あるいは宗教的影響を学生に及ぼすことができるとするならば、それは特定な教育によるのではなく、大学全体にみなぎっている気風によるのです。大学でどんな学科が教えられようとも、それは義務感が滲透した教育でなければなりません。大学は、すべての知識を人生を価値あるものにする主要な手段として与えねばなりません。すなわち、われわれ各人が人類のために実際に役立つ人間になることと、人類そのものの品性を高める、つまり人間性を高貴にすることという二重の目的を達成するためにに与えねばなりません。」

J・S・ミル『大学教育について』[1]より

1 なぜ大学で倫理を問うのか

いま大学における倫理教育の質が問われている。あるいは教養教育の質が問われていると言いかえてもよい。若者の半数が大学に進学し、希望する大学を選ばないならば、受験者は誰でも進学できるようになった大学全入時代に、「大学の学校化」ともいうべき事態がいたるところで起こっている。授業の開始時刻になり教員が教室に入ってきてもいつまでも隣との話をやめない大学生、授業中にもかかわらず携帯電話でラインの遣りとりをする大学生など、どの大学においてもめずらしい風景ではなくなってきた。授業を受けるさいのマナーや作法を、まず入学時に教えなければならなくなっている。それだけではない。これまでならば仲間うちで解決することができた人間関係のトラブルが大学の構内にまでもちこまれ、中学校や高等学校と同様に教員による生活指導が必要とされるようになってきた。

しかし、このような理由で大学での倫理教育や教養教育の質が問われているのではない。大学生による重大犯罪や薬物使用、あるいはさまざまなハラスメントの事件は、それほどめずらしくなくなった。それは「若気のいたり」といった、青年期にありがちなささいな人生の誤りといったレベルを超えている。私たちは何をなすべきか（このとき「私たち」とは教員に限定されない。なぜならこの課題は、大学の構成員全体の課題だからである）。

このような事件が起きる理由は、大学生の質の変化だけに求めることはできず、後で述べるように、大学が社会のなかで特別な場でなくなり、また共同体としての大学内部における倫理構築の力が弱まっていることにもよる。したがって、大学での倫理の教育という課題は、たんに大学生に向けての倫理の教育を実施することにとどまらず、共同体としての大学内部の秩序構築の力を高めること、という二重の課題である。

それにしても、大学でいまさら小学生にしているような道徳教育を行うわけにはいかない。「人を傷つけてはいけない」「人のものを盗んではいけない」といった道徳的なスローガンでもって、大学で道徳のキャンペーンをするのはいかにも貧しいし、また実際の効果もそれほどないだろう。それより、学生のみならず私たち自身の倫理への関わり方について自覚と反省を深め、さらに大学の内外に向けて、「大学の使命」とは何かをあらためて提案していくことの方が、必要なことではないだろうか。

このように問いを立て考えていくと、大学においてどのような人間を形成しようと考えてきたのか、大学がこれから学問共同体としてどのような共同体を作ろうとするのか、そして、「他者」にたいしてどのような倫理でもって向かいあおうとするのか、が問われることになる。そして、当然、倫理への真摯な問いによって、それはこれまでの既成の価値観や規則にしたがうことにとどまらず、教育システムや規則自体への反省を促し、場合によっては、それらを変更する必要がでてくるだろう。倫理について問えば問うほど、大学自身も現状のままではおられなくなる。そのとき教育機関としての大学の理念の射程の広さと深さと強さが試され、そして学問共同体としての大学を変革していく実行力が試されることになる。つまり学生に向けての倫理の教育と大学内部の再構築というこの二重の課題は、一つの課題となって現れるのである。このような課題はすべての大学に共通する普遍的な課題だといえるだろう。そして、さらには大学を超えて、市民の倫理そのものを問い直す課題とつながるといえるだろう。

このような反省から、倫理を問うことから大学の倫理の教育の在り方を、市民社会の倫理を、さらには今日の「大学の使命」を考えていきたい[2]。そして、それは本書でこれまで論じてきた、経済のグローバリゼーションによる問題群・偏狭なナショナリズムの蔓延・生命圏の危機に向かいあう、世界市民の形成という課題と結びついていくことになる。

2　倫理の教育からみて大学とはどのような場所か

共同体としての大学の衰弱

大学は専門家を育成する「専門家の教育」の場にとどまらない。共同体の成員としての責任ある市民を育成することもまた大学教育の重要な使命の一つである。さらに後で述べるように、このような「専門家の教育」「市民の教育」とならんで、共同体の枠組みを超え生命世界を生きる「世界市民の教育」という次元も大学教育は担っている。教養教育は、この「市民の教育」と「世界市民の教育」という異なる二つの次元の教育とつながっている。

ところで今日の大学は、先生と学生とが寝食をともにした中世ヨーロッパの大学とは異なるにせよ、構成員にとって学びの場であるとともに生活の場であり共同体である。したがって、大学の倫理とは、そして倫理の教育とは、講壇のうえから授業として語られることとともに、大学という場で実際に実現されている倫理の在り方も重要な意味をもっている。むしろこのような現実の場をもたない倫理の教育といったものは、絵に描いた餅にすぎない。したがって、大学において倫理を問い倫理の教育を実施することは、これまでの共同体としての大学の在り方を捉え直し再構築していくこととつながっている。それでは倫理の教育という観点からみたときの大学の現状はどうなのだろうか。

人間中心主義・民主主義・合理主義といった戦後社会を指導してきた理念が求心力を失い、近代的な価値（前近代性の遺制として理解された戦前の価値を批判し、戦後日本の向かうべき未来としての近代社会の建設）への希求力が意味を失い、さらにその理念を担ってきた大学「知識人」（もはや死語というべきだろうが）の啓蒙者としての地位が低下し、そして戦後社会を変革する運動の中核に位置すると考えられてきた大学という場の評価の低下が起こった。それと連動するように、大学進学率は高まり、大学出身であることはもはやエリートの証明ではなくなり、大学は数ある教育機関（学校）の一つにすぎなくなった。しかし、なんといっても大学が特別な場でなくなったのは、七〇年代の大学紛争によって、大学の自己欺瞞的な側面が顕わとなったことによる。それとともに大学を特別な場として社会のなかで位置づけようとする教員の側の矜持も弱体化した。例えば、「市民の教育」を担うべき教養部の解体は、制度的改変の問題にとどまらず、教養部創設期の戦後の理念に共鳴し教育を担ってきた新制大学の初期の教員が引退したあと、新たな教養部の教員がもはやそのような理想を引き継ぐことがなかったことにもよる。理想主義やヒューマニズムにかわる教養教育の理念がなかったのだ。

さらに国立大学にかぎれば、二〇〇四年四月に法人化されたことは、共同体としての大学としても重大な変化であった。法人化によって従来より大学の自立性が高まったように見えるかもしれないが、欧米の大学に比べて経済的基盤がもともと脆弱だった分、競争的資金のコントロールなどによって、かえって文部科学省の影響力が強くなった。大学はもはや「象牙の塔」（これも死語というべきものだ）などではなく、産官学連携や社会への貢献が強く要請されるようになった。そのような「社会」（具体的にいったい何をそして誰を指しているのかは自明ではないが）からの要請には、大学が社会の機関としてはたすべき役割として妥当なものもあるだろうが、大学が真理を探究する場でありかつ教育の場であることで可能であった、市場経済から相対的に自立し損得計算を超えた研究や教育ができにくくなってきたことはまちがいないだろう。学長を中心とした大学執行部の強いリーダーシップのもと、研究科長・学部長の裁量範囲は狭められ、各研究科・学部の独自性や自律性は制限され、また教員は日常的に外部資金の獲得競争に駆りたてられ、目に見える即席の成果や効果が期待されており、さらにコストパフォーマンスが厳しく問われるようになっている。

法人化と結びついて、「学校教育法」によって七年以内ごとに実施される「大学機関別認証評価」に、「国立大学法人法」によって「中期目標・中期計画」を策定し、毎年「年度評価」を報告し、六年以内ごとに実施される「法人評価」、そのほかにも「教員評価」に「外部評価」、そして学生による「授業評価」など、大学へさまざまな評価制度が導入されている。それらは一方では、ルーティン化した制度や時代遅れのカリキュラムや工夫のない授業の在り方を見直し改善したり、学生へのサービスを向上させたり、人事評価を公正にすることに役立っている。しかし、他方で、その評価の実施のために費やすエネルギーと時間はかなりの負担である。それだけでなく、なにより研究業績や授業の質の評価の点数化などが進むことで、かえって共同体としての大学に対する教員の業務への内発的な関わりが弱められ、教員間での共同性の解体が進んでいるようにも思われる。点数化による評価は、一見すると合理的で客観性が高いように見えるが、質の差異を量の差異に置きかえるという、すべての事象を共約可能なものと見なす商品交換と同様の原理によって成り立っている。

もとよりこうした大学評価も、ネオリベラリズムの原理に基づくグローバル・ベンチマーキング・システムの一つをなすものといえるだろう。「ベンチマーキング（benchmarking）」というのは、自社（この場合は大学）のパフォーマンスの改善を図るために、競合する優れた他社（大学）のパフォーマンスと比較し分析するための測定・評価活動のことである。国際関係論の研究者土佐弘之は、『野生のデモクラシー』（二〇一二年）において、つぎのように述べている。

〈権力／知〉のネクサスとしてのネオリベラリズムには、自己統治能力を計る尺度を標準化・数値化しながら、統治対象を比較・分類し、それら統治対象それぞれに対してラベリングしていく知という側面が際だって見られる。民間企業における尺度の標準化（ＩＳＯ）とその適用のように、国別比較などにおいても、ガヴァナンスのパフォーマンスを評価するための標準的尺度とその適用が行われている。その代表的な例の一つが、世界銀行の世界ガヴァナンス指標（World Governance Indicators、以下ＷＧＩ）である。ＷＧＩとは、アカウンタビリティ、政治的安定、統治効率性、規制の質、法の支配、汚職のコントロールといった六つの指標による総合評価である。これら六つの尺度指標に照らし合わせて、世界各国をランキングの中にはめこんで評価することで、世界銀行は何を達成しようとしているのか。一つは、それらの尺度に沿って、より上位を目指すように自己改善の努力を促すという形で権力作用を推し進めていくということであろう。……中略……注意すべきは、計測可能な数値に置き換えていくことで、その政治的判断を外見上、「客観的」、「中立的」なものに仕立て上げていきながら、統治行為を脱政治化していき、結果として、その正当性を高めているという点であろう。［土佐 2012: 46-47］

ここで指摘されているのはガヴァナンスの評価だが、大学の評価も同様の原理によって成り立っていることはすぐに推測できるだろう。英米圏の大学がいつも上位を占める世界大学ランキングは、大学評価の標準的尺度がどのような思想と利害関係をもとにして作られているかをあからさまに示してもいる。イギリスのネオリベラリズムに発する「監査文化（audit culture）」は、ルールにしたがうものに報酬を与えることで世界に拡散し［石川編 2016: 20］、インパクト・ファクターが計測の対象となる学術雑誌での論文掲載数や被引用数などを評価対象とするビブリオメトリクス（計量書誌学）を手法とすることで、大学の教育内容や人事や学問の研究領域をも制約しつつある。このようにして大学は資金という財政のレベルにとどまらず、組織運営から教員管理の手法やカリキュラムの設計に至るまで、グローバル化した市場経済に組みこまれつつある。[3]

大学の歴史は、教会や国家や資本といった大学の外部の力との闘争と葛藤と妥協と迎合の歴史といってよいのだろうが、それでもなお大学という場は、内部のなかの外部のように、社会の既存の価値秩序や資本による市場交換とは異なる原理で動く特別な場でありつづけてきたことも事実である。その最大の理由は、大学の中心的役割が研究と教育にあることにある。この研究と教育という二重の在り方に、大学に固有の倫理の源泉、そして大学という場を生みだす倫理の源泉を、求めることができるのではないだろうか。

市場交換に還元できない研究と教育

たしかに大学における研究も教育も、社会を構成している基本的な機能の一部であるのだが、この研究と教育を支えている原理は、社会を構成している原理である功利主義と相容れない側面をもっている。社会を構成している原理は、貨幣を介した合理的で厳密な損得計算による市場交換から、共同体内での互酬的な貸し借りや、友人間の比較的価格にアバウトなプレゼント交換にいたるまでいろいろとあるにしても、基本的には有用性をもとにする交換の原理によって成り立っているといいえる。

しかしながら、大学が目指す研究には、たんなる個人の名誉欲や企業の利益追求とは異なり、「真理の探究」といわれているように、目先の利害や個人的な功利を超えた側面がある（「真理」という言葉は、自然科学をとりあげてみれば自明と思える言葉だが、人文学のことを考慮に入れれば、この「真理」なる用語が何を意味しているかについては、それ自体議論の必要な主題であり、そのことが大学という場を規定したり開いたりもするのだが、ここでは限定することなく使用しておこう）。もちろん利害や功利を全面的に無視することは現実離れしたことだが、この真理の探究ということは、他の諸価値にたいして無条件に真理の探究それ自体を第一義にするということであり、したがって真理の探究は真理への無償の献身を要請する。この真理への献身は、「献身」という言葉がそうであるように、それ自体で強い倫理的側面をもっている。

研究者になることは、独学で教科書や学術書や学術雑誌を読むことによってのみでは不可能であり、特定の研究者集団に所属し、研究に関わるさまざまな暗黙知を、他の研究者たちと研究生活をともにすることによって身につけることが不可欠である。自然科学の研究では、「先生」など必要としていないように見えるかもしれないが、観察や実験といった自然科学の研究にも、書物では学ぶことのできないさまざまな身体技法や暗黙知の習得が不可欠であり、それらは優れた「先生」と同じ場を共有してともに研究することではじめて学ばれ身につくものなのである。学習理論が教えてくれるように正統的周辺参加は、なにも職人の世界にかぎられたものではない。どのような領域においても、「一人前になる」とはその集団を構成する社会的実践への参加のプロセスにほかならない。そして、この研究者集団への参加によって、「真理への献身」も、もっとも基本的でもっとも重要な暗黙知の一つとして継承されるのである。

そのような真理への献身を学ぶことなくしては、研究者になることはできない。具体的には、そのような知は、後で見るように、学問共同体において、技術を学ぶこと、実験・観察・調査をすること、対話や討議をすること、研究書や学術雑誌を読むこと、レポートや論文を書くことなどによって形成されるのであるが、この真理への献身という理念が存在することが、大学という場と外部の諸機関との大きな差異を作っている。この真理への献身は、大学が大学であるかぎり失われてはならない倫理的な理念である。

さらにまた、大学の教育にも同様の倫理的な側面があることは、あまりに日常的であるために関心を集めてはいないが、きわめて重要なことがらである。学生が大学に授業料を納め、それによって大学が運営され授業が提供されていることを考えるなら、大学の教員と学生との間には契約による等価交換が実現しているように見えるかもしれない。教えることを仕事とすることで、教員は給料を得ているのだから。それでも「教える」という行為には、なにかそのような等価交換では割り切れないものが含まれている。本書で詳しく論じてきたように、むしろ「教える」という行為には、非対称な見返りを求めない「純粋な贈与」というべきものと同様の出来事が起こっているとみるべきである。「教える」ことに、このような無償の側面があるからこそ、学ぶ者が利害を超えた出来事に触れ、自らも教える側に回転し、つぎの世代に無償で「教える」という贈与のリレーが継承されていくのだ。

この無償のそれゆえに過剰ともいうべき「教える」という行為（純粋贈与のような出来事）は、先に述べた研究における真理への献身と結びついており、大学という場を社会と異なる原理で動かし、そしてときによっては社会の既存の原理を侵犯する特異な場に変えているのである。偉大な科学者や研究者や「先生」である先人から「教えられた（贈与された）」という記憶が、大学ほど大きな力の源泉となっている場はほかにはない。科学者や研究者の自伝や伝記には必ずといってよいほど、尊敬し敬愛する先行者との出会いの話が登場する。それは市場原理や経済原理を教える経済学者自身が、最小の努力で最大の利益を追求するという経済原理の人間観とは異なり、代償を求めることなく、学生に経済現象の不思議さや経済学のおもしろさや奥深さを伝えることにも見ることができるのである（もちろん、「どのような行為にも代価や報酬はあるのだ」と主張しつづけることは理論的には可能だが）。

3　学問研究で学ぶ規則・作法・倫理

技術の作法に内在する倫理

大学における研究と教育に生起する教員の倫理について述べたが、このように考えるなら、倫理の教育は、倫理学を論じている教員や、あるいは生命倫理や工学倫理を専門にしている教員にかぎられた教育的課題ではないのではないだろうか。大学は、技術を学ぶこと、実験・観察・調査をすること、対話や討議をすること、研究書や学術雑誌を読むこと、レポートや論文を書くことなど、その研究の内容とは別に、学問研究という形式を通して、さまざまな規則や作法さらには倫理に関わる教育を実現してもいる。このことは実に当たり前のこととしてなされているので、あらためて反省したり議論されることさえないことだが、日常的なことであるだけに日々反復されており、大きな形成力をもっているように思える。

例えば、技術の習得には付随して道徳的な態度を養成する力がともなっている。それというのも、技術はたんに主観的な思いこみや勝手な行いでは、その所期の目的を実現し成果を得ることができないからである。技術が実際の効果をもつためには、目的‐手段関係を正確に計算し、働きかける対象の固有の性質に応じなければならない。つまり技術の習得には、ノコギリで板を切るといった単純な技術の習得でも明らかなように、木の木目にしたがうという自然法則、あるいはノコギリを押すのではなく挽くという道具使用における社会法則、といった対象のもつ性質や道具の特性に適合するように、行為全体を注意深く統制することが不可欠であり、そこには行為を合法則的に適合させるという形成的な側面がある。どのような技術もその意味では身体の意識的な修練・練習を不可欠としている。そして「技術者」とはこのような歴史的に蓄積された諸技術をマスターした者のことである。そのため技術者には自己制御のための忍耐力や冷静さ、行為の手順の正確さや規律正しさ、あるいは物事をやり遂げる誠実さなどの徳が身についていなければならない。そのように考えるなら、主体の形成において技術の学習ほど本質的なことはないことがわかる（技術が世界を対象・素材として捉えることで有用性の原理に支配されるといった、技術が孕む問題についてはいまは論じない）。

実証的な科学において、実験・試験・検査・観察・観測・調査といったことは、もっとも基本的でかつ重要な研究の手法である。厳密な手続きによる実験や試験や検査、精密な機器による測定、注意深い観察や観測によるデータの収集、あるいはフィールドでの調査、このようなプロセスを経て、自分が期待する数値やデータがでないからといって、自分に都合のよいように勝手にデータを捏造したり改竄することなど許されない。このような捏造や改竄は、学問共同体の研究全体を危うくする。先行者の研究成果を信頼するからこそ、その研究に立った新たなアイディアにしたがって研究をすることもできるのである。学問共同体は、このような意味で、相互信用・信頼の体系として成立している。このように、真理の探究という理念のもとで、実験すること、試験すること、観察すること、観測すること、調査することなどは、真剣さや謙虚さや正確さや公正さや忍耐強さといった科学者の基本的な徳を形成する。

対話や討議をすること・読むこと・書くことの作法

さらに大学での対話や討議の作法について考えても、ここにも社会における通常の会議や討議の規則より公正で厳格な規則があり、その対話や討議の規則の学習は、倫理の教育としてきわめて有効であり重要である。大学での対話や討議では、その主題を問うことが重要であると考えられるかぎり、社会的な約束事や先入観やタブーをいったん括弧に入れて、原理的にはどのような主題でも無条件に選択することができる。「探究の共同体」（C・S・パース）として、自由で対等で合理的な議論を通して、問題・課題の特性を論述し整理し、互いにその問題・課題への理解を深め、互いの暗黙の前提を精査し、ステップを踏んで解決あるいは合意への道を協同的に真摯に探究することが求められる。議論に堪えうるだけの要件を満たしていない思いつきや思いこみによる偏った主張、あるいは誤解や誤謬や偏見は、対話や討議のなかで相互に批判され吟味されることで、訂正され是正されていく。自分の論に誤りや不十分さがあるときには、そのことを率直に認めなければならない。このようにして、当初の個人的な意見は協同的な対話や討議を通して、分野によっては実験による検証や観察や計算を新たに加えることで、より普遍的で妥当性をもった仮説や理論や思想へと作りかえられていく。このことは、自分の意見や考えを、対話者や討議者からの批判や承認のなかで、つねに相対化し柔軟に修正する批判的思考のスキルを身につける訓練ともいえる。

ここにも目先の利害関係や党派性を超えて、あるいはプライドといった自己防衛を超えて、真剣にかつ誠実に真理を探究するという大学特有の理念が働いている。そのため、反対意見や少数意見はつねに尊重されねばならない。自分とは異なる立場に立っていても、相手の発言を封じてはならず、発言者の地位や身分、人種や性や年齢の差異なく、無条件に対等に相手の発言に耳を傾けることが求められている。このような対話や討議のための形式的な条件には、自由・平等・公正・寛容・合理性といった近代の政治理念が盛りこまれている。言いかえれば、大学での対話や討議の場には、公共空間の構築という市民社会の政治理念が盛りこまれているということである。

あるいはテクストを「読む」という行為も同様である。わかりやすさを旨として編集された教科書を読むことでは関係ないだろうが、哲学者や思想家のテクストを読むとき、自分勝手に読めるわけではなく、理解し解釈するための技術と作法が必要となる。そこに書かれている思想の内容が、日常的な思考法から離れていれば離れているほど、自分勝手に読んでもテクストを理解することはできない。ここでもまた真理への献身という大学の理念が働いているのだが、日常とは異質な思考法と厳密な論理によって緊張感に満ちた文体で書きあげられているテクストに出会うとき、一度自分の理解の枠組み自体を括弧に入れて向かいあわなければならない。場合によっては、このような思想の読解は、それまで自分を作りあげてきた解釈の枠組みを臨界点にまでいたらしめ、解釈の枠組みを破壊することにもなるだろう。知識や情報が増えるといったように、連続的に拡大し発達してきた自己の同一性は、このとき突然に打ち砕かれることになる。コペルニクス的転回ともいうべき事態が生起する。さらに外国語の文献を読むことは、このような自己中心性・自文化中心主義を超え、時代や文化の違いを超えて他者を理解する行為である。他者の理解は自己と世界との関わりを変容させる。どのような学問領域にもいえることだが、とりわけ人文科学は古典的テクストを読むことがもたらすこの形成力に注目してきた。

「書く」ことによって立ちあがる倫理は、他人の研究成果を断りなしに自分のものとして発表する「剽窃《ひょうせつ》」や「盗作」の否定などにかぎらない。論文を書く行為は、不特定の他者（多くの場合は学問共同体に所属しているメンバーに向けて書くのだが）に向けて、自分の考えを理路整然と論理立てて提示することである。そのため、よく書くためには、学問共同体によって規定されているさまざまな規則にしたがわなければならない。書く行為は、対話や討議とは異なり、目前の聴き手にかぎらず、「いま」と「ここ」とを超えて、未来の読者、あるいは見知らぬ読者にたいして責任をもつことになる。このため、書く行為は、対話や討議の場合とは異なり、場によって共有されていない前提を論じる必要があり、そのため慎重な推敲が不可欠になる。書く行為は、対話や討議と同様に公共空間を開く行為だが、このように責任の対象者を空間的にも時間的にも飛躍的に拡張することになる。[4]

このように大学の日々の授業においても、さまざまな知識や技術の学習にとどまらず、同時に暗黙のうちに倫理の教育がなされている。大学が教育機関であることを考えれば当然のことではあるが、これらのことは必ずしも教員の間でも十分に理解されているわけではない。大学がこのような日常の倫理が立ちあがり、「探究の共同体」の構成員を形成する場であるからこそ、研究において不正（盗作や改竄や捏造）をすること、嫉妬や羨望によって他者の研究を不当に評価すること、対話や討議において差別をしたり不公平な運営をしたりすること、さらには権威主義に媚びること、……といった倫理的な問題が生じるのであり、だからこそ学生だけでなく教員・研究者の倫理観が厳しく問われることになるのである。

4　専門家の教育・市民の教育・世界市民の教育

三つの教育の出会うところ

以上述べてきたことは、大学という場が、意図せざる部分においても、本来的に倫理形成の場であり、学生と教員の倫理の育成において依然として大きな力を有していることを示すものである。このような前提を踏まえたうえで、倫理を主題とする授業の在り方を通して、より積極的に大学における倫理の教育の再生と再構築について考えてみよう。

大学で倫理を教育するとき、どのような枠組みのもとで考えればよいのだろうか。もちろん医学・工学・法学・経済学といったように、それぞれの学問領域・教育内容にしたがって、「○○倫理学」のような分野を考え、それぞれの分野の倫理的な諸問題をトピックとして構成することも可能である。しかし、そのようなトピックの集合では、大学の教育としていったい何が目指されるべきかが不明なまま、結局のところ専門教育に偏った教育に終わるのではないだろうか。

ここでは先に述べた大学という特別な場の在り方から、大学の教育目的にしたがって考えてみることが必要である。先に大学の教育目的を「専門家の教育」「市民の教育」「世界市民の教育」と大きく三つに分けて考えた。この三つの教育は互いに密接に結びついているが、それぞれの次元が異なるため、場合によってはこの三つの教育は相互に対立もする。そのためそれぞれをどれか一つの教育のもとに回収することはできない。つまりそれぞれの教育において、同じ倫理の問題でも異なった倫理の問題として姿を現すのである。もともと倫理の問題とは善悪の対立ではなく、それぞれの次元で善なるものが他の次元と出会ったときに、必ずしも善としては現れないことに、問題の複雑さと深刻さがある。例えば、専門家にとって善であることが、市民にとっては必ずしも善として現れないことが問題なのである。そこでこの三つの教育を一度分けたうえで、一つ一つとりだしてそれぞれを単独で論じるのではなく、これらの異なる次元を互いにつなげて、その対立する課題を考えることに意味がある。このような設定において倫理の教育は、「専門家の教育」「市民の教育」「世界市民の教育」それぞれの教育の次元の差異を示しもするのである。

専門家教育と市民教育

まず第一に、「専門家の教育」と「市民の教育」という軸で考えてみよう。

大学は医師・薬剤師・看護師・工学技術者・弁護士・会計士、あるいは学校教員や臨床心理士といったように、さまざまな専門家の教育を使命としている。そして、それぞれの学問の専門領域では、それぞれに固有の倫理を身につけることが求められている。そのためにそれぞれの専門領域に固有の「倫理規定」が定められてもいる。したがって、医者になろうとする者は「医療倫理」や「生命倫理」を学ばなければならないし、裁判官や弁護士を目指す者は「法曹倫理」を学ばなければならず、同様に、工学系の技術者や研究者は「工学倫理」について学ぶ必要がある。科学者は科学者であるということで「科学倫理」を遵守しなければならない。しかし、このような倫理の教育は、たんに文章として書かれた倫理規定を学ぶことによって実現できるものではない。

それぞれの研究の最先端では、これまでには想定できなかった新たな倫理問題にいつも直面している。新たな発見や技術の発明は、人間にとってそれまで遭遇しなかった未知の倫理上の問題状況を生みだす。痛みを与える動物の実験は許されるのか、ヒトの遺伝子操作は倫理的に許されるのか、安楽死や尊厳死に関わる問題、臓器移植や不妊治療に関わる問題はどうだろうか。あるいはネット社会における情報倫理の問題はどうだろうか。国家や巨大なスポンサーに支配される科学研究の問題は?、原発事故における科学者・技術者たちの責任の範囲は?……。このような研究の先端部で直面している諸問題は、大学の教員自身にとっても明確な解答を自信をもって提示することのできない複合的な問題群であって、そのような問題群を学生とともに考えることは、具体的に倫理を問い直すうえで優れた機会になる。そのような倫理的問題が、どのように解決されていくのか、その解決のための道筋を見いだすための考え方や手法や技術を学ぶよい機会ともなるのである。

他方で、大学は広く有能で高い倫理性をもった市民を育成する教育機関でもある。「シティズンシップ」という言葉は、狭い国民国家における「国民」という言葉にかわり、公共性を積極的に構築する主体として捉えられている。シティズンシップは、生まれながらに与えられているという権利として福祉国家的なシティズンシップとして捉えるものではなく、教育によって獲得されるべき資質として理解されるようになってきた。共同体に参加する義務や責任が強調されるのである[小玉 2003]。大学の教育の大きな目的の一つは、このシティズンシップの教育にあるのはいうまでもない。

ところで、一見すると研究者が直面している倫理問題は、その領域を研究している専門家こそがその問題の本質をよく理解しているわけだから、専門家たちこそ解くことができるように見えるかもしれない。しかし、実はこのような問題は多くの場合において多面的であって、個別の専門家のみで解けるわけではない。ここに大学での倫理教育の新しい局面がある。専門学校とは異なり、大学にはさまざまな領域の研究者たちがいる。そのさまざまな研究者の協同のなかで、問題の多面性が明らかになり、問題を解決するのにお互いの協力が必要なこともまた明らかになる。クローン技術や生殖医療や脳死の問題など、医学の問題にとどまらず、社会や宗教や哲学や教育の問題でもある。このような問題が多次元的であることを知ることは、専門家のみならず学生にとっても重要なことである。さらにこのような倫理問題では、専門家たちの倫理に反していなくても、市民の倫理に反していることが起こる。この両者の間の葛藤が起こる倫理の問題を、どのような手続きによって解決へと導いていくのか、そのときの拠り所はどこにあるのか。大学での倫理の教育が発揮されるべき場である。

このような立場からは、学生のマナーや道徳や倫理に関わる問題への対応として、倫理や道徳教育を専門とする教員だけに担わせることは、大学の自殺的行為といえる。それは大学が、倫理の共同体として大学に対する大学構成員の重要な反省の機会を奪うことになるとともに、学生の多様な視点から倫理の問題を考えるための機会を奪ってしまうからだ。

世界市民教育と市民教育

第二は「世界市民の教育」と「専門家の教育」「市民の教育」の軸である。

「専門家の教育」と「市民の教育」という次元で問われたときには、専門家対市民という対立の線はありながらも、問題の討議の前提は社会の原理に限定されていた。「専門家の教育」と「市民の教育」とは、社会の要請においてなされている。言葉をかえれば、この両者の教育は、いずれも社会を支配している交換の原理、有用性の原理にしたがっているということである。しかしながら、倫理は社会の原理によってすべて覆い尽くされるわけではない。生命世界は社会における有用な材料にはとどまらない。生命世界はその意味において社会を超えてもいる。このような生命世界と関わる教育の次元、すべての生命の存在を留保なしに歓待する教育の次元を、いま「世界市民の教育」と呼んでみる。この「世界市民の教育」と「専門家の教育」「市民の教育」の軸という第二の軸では、倫理の問題は、生命と社会という異なる次元の間で問い直されることになる。

倫理の問題は、この「世界市民の教育」という次元から捉えたときには、「専門家の教育」や「市民の教育」という次元で捉えたときとは原理は異なってくる。「専門家の教育」では目的合理的かつ価値合理的な道徳への献身にとどまり、それを乗り超える生命の倫理への跳躍をもたらしはしない。また「市民の教育」というときの市民とは、同じ共同体に属する仲間のことである。かつての村社会のように現実に地縁・血縁によって結びつき互いに互酬的な関係にいるわけでなくても、「想像の共同体」とはいえ互酬的な関係をもつと考える同じ共同体に所属する「仲間」である。しかし、「世界市民の教育」で問うときには、このような共同体の仲間ではなく、同じ共同体に所属しない「他者」が問題となる。この他者のなかには人間以外の動物たちも入っている。そしてこの「他者」との関わりでいえば、合理的な交換ではなく有用性の原理を侵犯するような贈与や歓待が問題となる。

例えば、「なぜ人を殺してはいけないのか」という問いへの答えは、社会的次元で答えようとすると、結局のところ交換の問題に帰着してしまう。この次元では、問いの作られ方自体からして、有用性の原理と人間中心主義が前提にされている。「なぜ人を殺してはいけないのか」の問いにたいして、「それは○○だから」と答えるのだが、このような回答の形式は、あたかも問いと答えとが等価交換のような事態を示している。それでは○○にあたる部分に、どのような言葉を入れたところで、それは有用性の原理と人間中心主義とにしたがった回答でしかない。「それはあなたの有用性（利益）に反することだから」、「それは社会の有用に反することだから」、……。

しかし、交換（社会の暗黙の約束）に意味や価値を見いだせない人には、そのような回答の作り方自体が無意味となる。そもそも「なぜ人を殺してはいけないのか」という問いは日常生活で問われる質の問いではない。心底からこのような問いが湧きあがってくるとするなら、その人間はすでに交換（社会の暗黙の約束）の環から外れている。このような問いは、日常を支えている意味や価値の根底が、不確かなものに転じたことから問われることに思いいたるならば、交換の原理にしたがった「それは○○だから」という形式の回答が、問う者に意味をなさないのは当然ともいえる。どのように言葉巧みに語られた「それは○○だから」という答えも、「なぜ」という新たな問いの一撃を生みだすことになるだけだろう。この問いを発した者は、問うた瞬間にすでに共同体の外部に立っているのだから、「それは〇〇だから」はどこまでいっても心の底におちる答えとはならない。このとき、この問いを発した者は「他者」である。「他者」が問いを発するとき、倫理をめぐる問いは、それまでの相対的な善悪をめぐる道徳的な問いから、絶対の倫理に向けての問いに変わるのである。[5]

問いの水準が社会を超えて生命世界の水準にまで広がり深化するとき、答える枠組みもまた生命世界にまで拡大される。当然、答え（応え）は「交換」には限定されない。このとき法外な贈与や歓待が「納得」といった収まりのよい言葉にならない回答として出現するのだが、このことについてはすでに前章まで述べてきたことでもあり、これ以上深入りすることは本章の役割を超えている。いずれにしても、このように問われる次元を変えたときに、倫理の問題はそれまでとはまったく違った相貌を見せることになるということ、倫理の問題にはそのような社会的次元とは異なる次元の差異があることを知り、絶対に向けて問うこと、答えのない答えを求め考えることの重要さを示すことこそが必要なのだ。大学での倫理の教育とは本来そのようなものである［矢野 2008a］。

倫理教育の全体のなかで、「専門家の教育」と「市民の教育」、そしてこの両者と「世界市民の教育」、という二つの軸を選びだすことができる。このような軸を設定することで、同じ倫理の問題が語られる次元の違いで、別の問いとして立ちあがることがわかる。大学における倫理の教育は、「専門家の教育」とか「市民の教育」とか独立にではなく、異なる次元の教育の交差においてはじめて意味をもつ。したがって、大学の倫理の教育は必然的に、学問分野を横断し、次元の異なる教育を横断しかつ接続する教育とならざるを得ないということを意味する。そしてそこでとりあげられる課題が先端部での「いま」「ここ」での課題であるかぎり、それはいつも論争的にしかならないということである。倫理学についての知識や情報を得るのではなく、協同して現在の倫理の課題を考え、よりよい解決の道を探すための方法や技法を身につけることである。

共同体としての大学の変革

ところで、このような二つの軸の設定は、倫理の教育にかぎらず、大学の教育体系全体の再構築へと波及する。それはたんに倫理に関わる科目を増設するといった事態にとどまらない。それというのも、倫理を問うことは「大学の使命」を根本から考えることとなり、大学とはどのような場なのかを根底から問い直すことになるからである。そして倫理が絵空事でなく学生や教職員の間で実行されねばならないとしたら、当然のことながら、まずもって大学という共同体のなかでこそ実行されなければならないだろう。最初に述べたように、この倫理の教育という課題の実現は、共同体としての大学の自覚を促すだけでなく、具体的な再構築なしには実現できないものである。

共同体としての大学において、教職員や学生を共同体の構成員としてどのように位置づけていくのか。大学はどのような意味において倫理の共同体たり得るのか。経営体として市場経済に位置づけられた大学は、どのようにして研究における真理への献身と教育における純粋贈与という市場交換にのらないものを大切に保持しつづけていけるのか。大学の教育目的には倫理的な規定も盛りこまれているが、そのような教育目的が現実に実現されるためには、大学の教育はどうあるべきなのか。また共同体の構成員の間での対話や討議の条件は十分に満たされているのか。そして大学で「他者」からの問いかけは誠実に受けとめられ、歓待はなされているのだろうか。これらの問いは、いつも具体的な問題が提起されるたびに問われるだろう。

具体的な問題が問われることで生起する「大学の使命」に対する真摯な反省の力によって、大学は公共空間に開かれるとともに、既存の公共空間をさらに高次の空間へと開いていかなければならない。言葉をかえるならば、大学は市民社会に開かれるだけでなく、市民社会を侵犯する世界市民形成の空間として、「他者」に大胆に開いていかなければならないだろう。このように「大学の使命」への反省は、既存の市民社会の倫理の再構築にも関わるのである。

今日の「大学の使命」をこのように真剣に捉えるとき、大学の評価基準に、その大学は世界市民の形成においてどのようなプログラムを実行しているのか、発言や研究の自由を奪われた研究者にどのような歓待を用意しているのか、をこそ入れるべきことであることに気づくだろう。グローバリゼーションでの大学世界ランキングではなく、世界市民の形成力での大学世界ランキングに挑戦するべきだ。

このようにして、大学における倫理の教育の必要性への要請は、ただたんに学生への啓蒙といったレベルにとどまらず、倫理の共同体としての大学自身の自覚となり、大学の組織自体の再構築、さらには市民社会の再構築にもどってくる。言葉をかえれば、大学における倫理の問いは、大学の構成員すべてに返ってくる問いである。このように考えてくるとき、学生や教職員が事件を起こしたとき、事件の当事者と直接の関係をもたないからといって、私たちには責任がないといえなくなるだろう。

附　論――グローバル人材養成を超える大学教育の課題

大学教育の改革は、大学入試の改革を促し、大学入試の改革は高校教育を変え、中学校・小学校の教育を変え、さらには幼稚園教育の在り方をも変える。大学教育の改革は、日本の教育制度全体の改革を推進する大きな力となる。現在、大学教育の質の保証という主題で、さまざまな議論がなされているが、この議論はこの国の将来の教育の在り方全体の行方と深く関係してくる。

大学教育の質の保証の要請は、経済のグローバリゼーションからきている。グローバリゼーションによる経済と金融そして生産物と技術の標準化の方向は、地域的な差異（障害）をとり除き均質化する方向に再編し直すことで、すべてのものを共約可能＝交換可能な商品世界の原理の下に変換することにある。この流れのなかで、残された領域の一つが人材育成の標準化である。どこの国のどの大学の出身者であろうと関係なく、同等の専門的知識と技術・技能をもった人材を養成することへの要請は、国際市場での人材のスムーズな交換可能性と結びついている。

大学教育におけるグローバル・スタンダードの構築は、必要とされる知識や技術・技能自体が標準化できなければ意味をなさない。大学教育の標準化の動きが工学教育からはじまったのはそのためである。工学関係では、工業製品がすでに国際標準化機構などによって標準化が推進されており、それと関わる知識や技術・技能も世界基準を作ることができる。工学というきわめて標準化された学問領域では、大学教育もまた標準化が可能となるのだ。

もともと標準化の技術は、軍事的技術としてはじまった。現在では、小さなネジ一本にいたるまで国際基準にしたがって標準化されており、同じ規格のネジはどの国のどの会社の製品であろうと関係なく取りかえが可能である。この部品の標準化・規格化は、銃のような兵器の部品の互換性を実現することからはじまった。フランス革命時まで、銃の部品はすべて職人による手作りで標準化されてはおらず、銃の一部が壊れても他の銃の部品との互換性がないために修理は容易なことではなかった。部品同士が互換性をもつようになり、さらには標準化され規格化されることで、修理のみか生産もより効率よく行えるようになる。ちなみにネジの規格化は、第一次世界大戦中にアメリカ国内の軍事製品を大量に効率よく生産する必要性から急速に推し進められた。

部品の規格化にとって重要なことは、その規格化されたものの評価方法を確定し、その方法も同時に標準化することだ。当然のことながら、評価の標準化も軍事に関わる工学技術の標準化とつながっている。例えば、砲丸の大きさを統一する測定器具には、標準的大きさより少し大きい穴をもつ円盤と、ほんの少し小さい穴をもつ円盤のペアの円盤（ゲージ）を用意すれば事足りる。そしてその円盤を使用して、実用可能な最大値を示す大の穴に入れることのできないほど大きい砲丸と、そして最小値を示す小の穴をすり抜けるほど小さい砲丸とを、不合格としてはずすと、あとには多少の誤差はあるものの規格通りの使用可能な砲丸だけが残る。同様に、精神能力についての評価の標準化も軍事技術の一つとして広まった。「知能テスト」は一世紀前に「知的障碍」を見分けるために発明されたものだが、ネジの規格化と同様、アメリカで第一次世界大戦のさいに新兵の担当部署を選り分けるものとして発展した［橋本 2001］。

グローバリゼーションは、個々の国家にとっては経済活動に集約された総力戦体制の深化の一部をなしている。その意味で、人の知識や技術に関わる能力を、自由に取りかえのきく部品のように標準化し、できうるかぎり効率的に生産し、かつその品質を保証するための手法の構築は不可欠な課題となる。このような尺度の標準化・数値化と一元化は、当然のことながら教育の世界をも席巻している。ＯＥＣＤが実施しているＰＩＳＡテスト（ＯＥＣＤ生徒の学習到達度調査）も、同じグローバリゼーションの原理に基づいている。学力の尺度を国際レベルで標準化することによって、それぞれの地域の学力を測るだけでなく、その結果を地域ごとに比較することでそれぞれの地域の学力上の問題点を指摘することができ、具体的な改善に向けて努力することができると考えられている。そのことによって、この学力調査はテストを実施することで、学力の定義自体の世界標準化を実現し、それぞれの地域で育まれてきた教育観や能力観を再編成しようとしている。

このテストでの世界ランキングを上げようと望むなら、この学力観にしたがって教育内容や教授方法を再編成する以外にはない。その結果、「教養」や「人間形成」といった数量化できない人間の根幹に関わる教育事象は無視され、尺度は一次元的に単純化され、教育観は「学力」という標準化された概念を中心に再編成されていくことになる。標準化の流れのなかで生まれた教育におけるメートル原器がこのテストである。その学力観は、例えば、読解リテラシーでは、「自らの目標を達成し、自らの知識と可能性を発達させ、効果的に社会に参加するために、書かれたテクストを理解し、利用し、熟考し、これに取り組む能力」と定義されている。一見するとこの学力観は普遍性をもつように見えるが、歴史的社会の状況と切り離された学力の定義が可能だと考える点で、すでに多くの問題を孕んでいる。この背後にあるのは、やはりＯＥＣＤが策定した「キー・コンピテンシー（Key Competencies＝主要能力）」という考え方である。

大学教育の質の保証は、人材養成の機関として大学が社会に約束する、専門家教育としての最低限の教育成果の保証にすぎない。このことは大学教育の目的のすべてではない。もともと「人材」とは、「材料としての人」「人的資源」といった意味ではなく、「人才」のことである。人才とは広い見識をもった人物のことであり、人才は学問によって開花すると考えられてきた。学ぶ主体の側に身をおけばよくわかるように、大学は専門とする領域に必要な知識や技術・技能を身につけるだけでなく、未知の世界に開かれるとともに、それまで知らなかった自分の新たな可能性と出会う場所である。また学ぶことが、そして研究することが、私的で個人的な興味や利益のためだけではなく、社会の役に立ち、人類の幸福とつながることを学ぶ場所である。

　多様な価値観が経済的価値に一元化されつつあるとき、貨幣に換算できない文化的価値観をつぎの世代に伝承し、また未来に向けて新たな文化的価値観を生みだす場所として、大学は自己の世界史的な課題を果たすべき臨界点に直面している。有能な人材を生みだすのも大学の使命なら、有用性を超える価値観と文化を伝達しさらに創出するのも大学の使命である。この大学の二重の使命を自覚して、大学教育の標準化の動きに対して、個々の大学が標準化に回収することのできない独自の教育の質を、どのように位置づけ提示するのか、またその教育の質を評価するための「評価の哲学」を、どのように構築するのかが求められているのである。

第12章——世界市民性が立ち現れる厄災ミュージアム

厄災を前にした人類連帯の可能性を開く場所

「国家間戦争や世界戦争が生じ、その災禍と残虐を目の当たりにしたがゆえに、われわれは世界市民の世代となった」

ミッシェル・セール『自然契約』より[1]

1　災害ではなく厄災という主題

私たちの「歓待と戦争の教育学」をめぐる議論はふたたび、東日本大震災へともどってくる。東日本大震災以降、教育関係者によってもさまざまな場所でシンポジウムや研究会が開催され、多数の関連する書籍やパンフレットが出版されてきた。学校や教育現場での災害への備えはどうだったのか過去を検証し、同様の災害が将来ふたたび起きたときのためには、どのような教育や準備をすればよいのか未来に備え、災害を体験し経験した子どもたちや教師をどのように支援して現在の問題解決を図るか、またこの経験をどのようにしてつぎの世代へと伝えるのか、といったことが真摯に検討され論じられてきた。

二〇一七年に山名淳とともに『災害と厄災の記憶を伝える——教育学は何ができるのか』を編集した。これまでの教育関係者によるシンポジウムや研究会の記録、そして関連書籍と比較して、このテクストは思想的アプローチを中心にしていることに特徴がある。しかし、このテクストの意義はそのこと自体にあるのではない。私たちのプロジェクトでは、災害と教育との関係にとどまらず、戦争や環境汚染といった自然災害とは異なる領域も含めた「厄災」の問題を、議論の主題としてとりあげている。それだけではない。さらにそのような厄災をどのように語るのか、記憶の伝承としての語り方について、その有効な手法の技術的探究ではなく、語ること自体の意味について、あるいは記憶の在り方そのものについて議論をし、重要な主題として、語り手や聴き手の倫理的在り方についても思想を支えにして論じている。このテクストでは、思想的アプローチによって、厄災に関わるさまざまな次元の領域を横断し連結して新たな思考の場を開くことで、厄災と教育をめぐる考察を一層深化させようと試みた。

しかし、多次元にわたる領域を横断連結して思考の場を開くこの試みは、固有の領域としてそれぞれの領域で積み重ねられてきた問題の構築の仕方や対話・討議の作法やロジックを、弱体化させたり曖昧に拡散させたりしかねないものとして警戒されるかもしれない。例えば、戦争についてこれまでどれほど多くのことが主題として練りあげられて語られ、また論じられてきたことか、それをいま災害とならべ一緒に語ることに、いったいどれほどの意味があるのかと。言うまでもなく、災害と戦争とは異なる出来事である。自然災害は自然によって引きおこされる自然の事象＝天災だが、戦争は人為によって引きおこされる人災である。だからこそ戦争をめぐる議論では、加害者と被害者の関係が先鋭的にとりあげられ、戦争責任ということでは、「刑法上の罪」「政治上の罪」そして「道徳上の罪」を超えて、審判者は神だけとなる「形而上的な罪」の次元まで問われる必要があった［Jaspers 1946, 1965=2015］。同様に赦しとともに償いの問題が先鋭的に問われてもきた。それを災害と結びつけて語ることは、戦争に関わる責任や償いの課題に眼をつぶることにはならないのか。

このような指摘には十分な配慮が必要なことはいうまでもない。両者の差異を無視してはならず、その差異を正確に捉えることは思考するうえで重要なことである。しかし、今日において、この天災と人災という区別は本当に自明なものなのだろうか。また異なるものとして別々に考察していくことが両者にとって正しいことなのだろうか。たしかに地震は自然の力によって生起するが、その自然事象としての地震が甚大な災害になる点において、そこには意図したわけではなくとも（悪意なき）加害者がおり、被害者が生まれているのではないだろうか。今回の地震と津波によって発生した福島第一原子力発電所の「事故」は、新たな被曝者を生みだしたのではなかったか。それは避けることもできた災害ではなかったのか。そしてそのことは今日の自然災害が、いかなる種類のものであれ、科学技術にとどまらず経済や政治と無関係ではないことを教えているのではないだろうか［Nancy 2012=2012］。また事実と正しい知識を伝えるべき報道機関が、スポンサーである企業と政府との癒着のなかで統制されてしまい、いかに果たすべき使命を果たすことができなかったかを教えているのではないか。

その結果、この災害は「多数」の死者（犠牲者）たちを生みだした。そして、土壌が、海が、大気が汚染され、人間以外にも「無数」の生命が誰にも確認されることもなく死滅していった。これらのことは、災害の被害を拡大させることになった原因においても、その災害がもたらした被害の甚大さにおいても、そして災害について報道するマスコミの「大本営発表」ぶりにおいても、さらには「破局」ともいえるべき甚大な被害にたいする関係者の「無責任」ぶりにおいても、多くの点において戦争との深い類似性を示しているとは考えられないだろうか。戦争について考え語り伝達するために練りあげられてきたプロットの作り方が、災害について考え語るときにも有効であることからもわかるだろう。そしてこのことは、災害を戦争とならべて考察し物語ることによってはじめてわかることである。戦争にかぎらず同様のことは疫病（感染症の蔓延）についてもいえることだ。事実、今回の大震災の悲惨な状況のさなか、献身的に職務を果たす人々の姿を前にして、カミュの『ペスト』（一九四七年）を想起した論考がいくつか登場したが、それは当然というべきものである［西山編 2014: 17］。もっとも『ペスト』自体がカミュの戦争体験を背景にしているのだが。

『災害と厄災の記憶を伝える』では、このように多次元にわたる領域を横断し連結することで、厄災と向かいあう教育の新たな思考のための場を開きたいと考えた。そしてその結果、「それから」を課題として生きる私たちは、災害へと教育が関わる問題圏が、防災・減災といった既存の課題へと集約させるだけでは十分ではないと考えるにいたった。もちろん防災・減災といった課題への教育の対応の重要性は言うまでもないことだ。しかし、戦争や環境汚染といった領域での経験と体験とを災害とつきあわすことで、科学技術と経済と政治とが相互に分かちがたく結びあって破局をもたらす今日の世界においては、将来の災害に備える教育にとどまらず、批判的に思考し判断し将来への責任を担っていく市民の形成こそが中心的な課題であることに気づいたのだ。それだけではない。それとともに、厄災を体験して「それから」を生きることになった人間に関わる共通した教育的課題もまた浮き彫りとなった。自然災害・戦争・環境汚染・疫病・飢饉……、厄災に直面した人々がこれまでどのように厄災の体験と向かいあい、この不条理ともいえる体験を受けとめ、どのように語り伝承してきたかについて学ぶことが、災害と教育を考えるうえでも重要なことであることがわかった。そのことが、厄災を体験した人々と向きあうときの臨床的な教育的課題をより明確にしてくれる。「厄災の教育」は、破局の瀬戸際に立ちながらも共同して破局に抗することのできる市民の形成という社会的次元の教育的課題と、受苦の思想やケアや他者への倫理といった臨床的人間学的次元の教育的課題の二重の教育的課題をもっているといえる（本書第1章を参照）。両者の課題は相互に結びついており切り離すことはできない。

2　公共の場としての厄災ミュージアム

厄災についての記憶と知恵が集められ伝えられる場所としてのミュージアム

こうして、「災害教育の課題」という主題にとどまらず、「厄災と関わる教育（学）の課題」を中心主題に、私たちは災害に戦争や環境汚染の経験と思想を重ねあわせ、互いをつきあわせ比較し論じるなかで、領域を横断し連結することで新たな思考の場を開くという私たちの協同探究の試みは、思ってもいなかったところにまでつき進んでいくことになった。それは「厄災ミュージアム」の構想だ。「災害ミュージアム」ではない。「災害ミュージアム」はすでにある。ではなぜあえて「厄災ミュージアム」なのか。

自然災害・戦争・環境汚染・疫病・飢饉……、人類は厄災に直面するたびに、それを記録するだけでなく、その原因について考え、対応策を模索し被害を少なくする技術や制度を発展させてきた。しかし、それとともに厄災の理由や意味について考え、厄災の犠牲者や体験した人たちへの思考も深めてきた。なぜいまこの私たちにこのような理不尽なことが起こるのか。生き残ってしまった私たちはこれからどうすればよいのか。世界宗教はそのような厄災についての極限の淵からの思索の結晶のようなもので、私たちの祖先たちは、厄災に直面するたびにそこへと立ち返り、そこから自分の力ではどうすることもできない出来事に耐える知恵と思索のための言葉を見いだしてきた。世俗化が進行し宗教がそのような救済の力を発揮できなくなって以降は、哲学・思想や文学・芸術がそのかわりを果たしてきた。『災害と厄災の記憶を伝える』で、探究の手がかりとして呼びだされた哲学者・思想家・文学者が、戦争を体験し戦争からの「それから」を生きた人々であったのは、もちろん偶然のことではない。科学技術と経済と政治とが結合した総力戦としての世界戦争こそが、私たちの体験するすべての厄災の範例となっているからだ。

人類史の厄災のすべてから、その体験と経験とを余すところなく汲み取ろうとし、歴史のなかで連綿と蓄積されてきた、宗教・哲学・思想・文学・芸術あるいは民俗の知恵を収集し受け継ぎ、それらをもとに、私たちの体験し経験した厄災をあらためて考えることのできる「厄災ミュージアム」を構想してみる。そのミュージアムは、災害や戦争や環境汚染で亡くなった者たちを悼み（この墓碑銘のリストには人間にかぎらずすべての生命体の名が刻みこまれるべきだが）、伝達への意思と努力なしには消滅してしまう、記憶と記録と証言と知恵とを受け継ぎ、さらにそれらを未来の世代に向けて伝達する場となる。またその厄災ミュージアムは、死すべき存在である人間の不幸と深く向かいあい、死者たちと生き残った者たちとがつながりあう正しい作法を学ぶことのできる場、すべての生命の存在を留保なしに歓待し弔う世界市民の形成へと向かう公共的啓蒙の場となるはずだ。本書でのこれまでの考察を踏まえながら、もう少し詳しく述べよう。

公共的フォーラムの場（アゴラ）としてのミュージアム

なぜこのような場所が「ミュージアム」という名で呼ばれるのか。それは一つには近代的なミュージアムの祖というべき大英博物館誕生の歴史と関わっている。

近代のミュージアムは、たんに外国の物珍しいモノや過去の美術品や稀覯本などを収集し保存し展示し、市民に知識や情報を提供するといったものではない。大英博物館が生まれる以前にも、古代より王侯貴族による貴重品のコレクションもあったし、また学者によるめずらしい異国の品々のコレクションも存在していた。一六世紀には、世界の鏡として世界をモノでもって再現しようとした「驚異の部屋」と呼ばれるものまで登場した。しかし、大英博物館の誕生は、そのようなミュージアムの歴史を根底から塗り替えるエポックメイキングなことだった。

ニュートンのあとを継いで王立協会の会長となった医師のハンス・スローン卿が、膨大な比較自然史および美術史のコレクションの売却をイギリス議会へ申し出たとき、イギリスはすでに厳しい内乱状態にあった。一六八八年の名誉革命を批判し、スチュアート家による王位の世襲的継承を主張する反革命勢力によって、一七一五年に次いで一七四五年にふたたび反乱が引きおこされた。反乱軍は鎮圧されて内戦はおさまったが、このとき議会は二度とこのような内戦が起きないことを願い、二つの重大な議決をした。一つ目は議会におけるディベート文化を定式化することで、このことによって血なまぐさい戦闘のかわりに議会における言論によって対立に決着をつけることが求められた。二番目の議決は、この一番目の議決と関係するのだが、スローン卿のコレクションを購入すること、同時に新たにミュージアムを建設し、そこで世界中の事物と書籍とを所蔵するとともに、それを公共財産として市民に無料で公開すること、そしてさらに大事なことだが、その場を市民が自分の意見を形成し、自由に主張することのできる機会を提供する場とすることを決めたことである。つまり近代的なミュージアムの原型ともいうべき大英博物館は、たんに貴重な美術品や書籍のコレクションの公開にとどまらず、市民が自由な議論によって討論がなされる場所として、「公共的フォーラムの場（アゴラ）」として計画された、「それから」の戦後思想の産物だったのである［Parmentier 2012=2012: 185–200］。

その後の大英博物館の歴史は、この所期の革新的ともいえる構想の理念とは裏腹に、実際には教養市民階層を引きよせただけで、「公共的フォーラムの場（アゴラ）」として十分に機能することなく現在にいたっている。とはいえこのような大英博物館構想は、「ミュージアム」という名称に将来の可能性をみることを許すだろう。厄災と教育とのつながりを模索する者として、市民が自分たちの関心事について互いに自由に意見を交わすことができ、啓蒙しあい陶冶する場所としてのミュージアムという構想は、今日でもなお魅力的な構想である。すでに述べたように、科学技術と経済と政治とが相互に複雑に結びあった世界において、批判的に思考し判断し責任を担っていく市民の形成が教育の課題であるということを考えれば、厄災ミュージアムのなかでは、美術館での作品鑑賞のときのように静かである必要はなく、むしろそこでは課題をめぐって、「事実の真理」(後述)をもとに自由に対話と討議とがなされる必要がある。

3 モノと物語の厄災ミュージアム

モノの語りに耳を澄ます場としてのミュージアム

しかし、「ミュージアム」という名に私たちが惹かれる理由はもう一つある。この理由もまた教育学的な観点からくるものだ。

選りすぐりのモノだけを、注意深く選びだして収集し、厳密な分類法にしたがって分類し、洗練された手法で棚に配列し、明確なコンセプトにしたがって秩序空間を構成する。このような空間配置はミュージアムにかぎらず、私たちが毎日利用するコンビニでもなじみの風景である。しかし、ミュージアムにはコンビニでは経験することのできないモノとの出会い方がある。消費され消費者の欲求や欲望へと自動的に回収されてしまう「商品」とは異なり、ミュージアムで出会うモノは、モノが配置される文脈が変更されることでその意味を変え、それまで埋もれていた記憶を喚起させ、想像力を働かせ、型にはまった慣習的な感性を揺さぶる。このようにして、モノは日々の生活を異化させることで反省を引きおこし、私たちが生まれでた歴史的世界の地平へと立ちもどらせ、新たなあるべき世界を透視する経験へと連れだすのだ。

このことはミュージアムに展示された「遺品」を考えるとよく理解できる。遺品として遺されたレディメイドの衣服、食器、道具、ランドセル、おもちゃ……。その衣服を着ていた人はすでにこの世の人ではなく、その道具を使用していた職人はここにはいない。そのおもちゃで無邪気に遊んでいた子どもはすでに死んでいる。それらは日常のなかの何でもない品々である。しかし、それが死と結びついていることを知るとき、その品々は別の意味合いを帯びてくる。それらはコンビニで簡単に手に入る「商品」ではなく、それを使っていた人々の痕跡が残る「遺品」であることにおいて、特別な質を帯びたかけがえのないモノに変化している。日常生活が不意に中断させられてしまうことの理不尽さを、こうした遺品は端的に示している。それらが人々の身近なモノであればあるだけよけいにその印象を強める。例えば靴がそうだ。『アンネ・フランクの記憶』（一九九五年）のなかで、小川洋子はアウシュヴィッツの強制収容所（アウシュヴィッツ博物館）を訪れたときのことを語っている。メガネや鞄やブラシのような生前の持ち主の身体と直接つながる持ち物が、山のように積み上げられた部屋を通りすぎ、靴の部屋に入ったときのことが描かれている。靴を履いていない人はいないので、それまでみてきた収奪品のなかでももっとも量が多く、部屋中が靴だけで埋まっている。

わたしは心の中で、無数ではない、無数ではない、と自分に言い聞かせた。一足一足すべての靴が、それぞれ持ち主たちの生きていた証拠を、ここで無言のうちに示している。不可能だと分っていながら、わたしはすべての靴を一つずつ見つめていこうとした。［小川 1998(1995)：221］

ここに遺品と向かいあう倫理、ひとりひとりの死者たちに向きあおうとする倫理の実践例をみることができる。この「無数」という感覚は、私たちの死者たちへの感触をおそろしく鈍く希薄にさせていく。死者たちの数を数えて、その数を他の数と比較しはじめると、より一層死者たちは交換可能な物のようにみえはじめる。この死者たちの数を数えあげることはいったい何を意味しているのか。統計で表された数字は、社会科学的あるいは政策科学的にはきわめて意味のある情報にちがいない。その国や共同体が蒙った損失の大きさをそれでもって推測することができるだろう。また損失の規模を正確に把握することは、効率的に援助や復興のプランを立てるためにも不可欠な作業であろう。しかし、そうした統計による出来事の理解にとどまるなら、結局のところひとりひとりの死者たちの特異な顔や声を忘却することではないだろうか。死者たちの数を数えあげることと、数えることのできないひとりひとりの死者たちの顔の固有性に向かいあうことの違いは大きい。どのひとりも他のひとりと同じ（等価）でないとき、一と一として足すことなどできない。共約不可能な死者たちを一人また一人と数えあげることの不遜さと無神経さ。それにもかかわらず、私たちは、それがいかにおそるべき出来事であったかを、死者たちの数で測ろうとせずにはおられない。そして、その数を、知らず知らずのうちに、他の厄災の死者たちの数と比較してしまうのだ。[2]

ソ連の強制収容所で生き残った詩人石原吉郎は、エッセイ「確認されない死のなかで——強制収容所における一人の死」（一九六九年）のなかで、「百人の死は悲劇だが百万人の死は統計だ」という有名なアイヒマンの言葉を引きつつ、つぎのように述べている。

> ジェノサイドのおそろしさは、一時に大量の人間が殺戮されることにあるのではない。そのなかに、ひとりひとりの死がないということが、私にはおそろしいのだ。人間が被害においてついに自立できず、ただ集団であるにすぎないときは、その死においても自立することなく、集団のままであるだろう。死においてただ数であるとき、それは絶望そのものである。人は死において、ひとりひとりその名を呼ばれなければならないものなのだ。［石原　2012(1969): 2、強調は石原］

強制収容所では固有の名前を奪われ人は番号で呼ばれる。そうすることでその個人から人格を奪いとって物と化し、監視者からは良心の痛みがとり除かれるのだ。名前を呼ぶことはその人の尊厳と深く関わっている。数の統計に抗して、あるいは「無数」や「大勢」に抗して、ひとりひとりその名を呼びかけ声を聴きとろうとする倫理は、モノにたいして具体的にどのような態度を求めるのか。厄災ミュージアムは、モノを介してひとりひとりの死者たちと向かいあう倫理と思索の作法を探究し、対話し討議し学ぶ場所となる。

補足的に付け加えるなら、私の考えでは、モノという媒介物（メディア）があることが、討議の内容を拡散させないためだけでなく、異なる意見をお互いに理解しあい、主題を深めるうえでも有効である。討議が抽象的になれば、それだけ互いの異なる政治的信念や宗教的信条や私的な利害関心が生で衝突しあうだけの空疎な議論になるが、個別的・具体的なモノを介して、そのモノをめぐってお互いに思考をめぐらせ議論をすることでは、意見の対立にとどまらず、議論の質が高まる。モノへの思考の焦点化は、互いの指摘に刺激されモノへの観察力を高めることができるだけでなく、お互いの観点を交換することができる。異なる観点に立つことから拡張されたパースペクティブの提示は、さらにモノを媒介とすることで再吟味され、パースペクティブの相対性を経験することになり、互いの啓蒙にも役立つのだ[3]。それはつぎに述べる「事実の真理」を求める探究と通底している。

ところで、モノと教育との関係は、コメニウスやルソーのテクストを想起しても明らかなように、伝統的に言葉による教授を重視してきた立場に対抗する教育思想において重要な関心事であった。そのように考えるなら、モノが組織的に収集され適切に配置され展示されているミュージアムは、新たな視覚体験を与える驚異と感嘆の場にとどまらず、学校での言葉を中心とする授業の欠陥を補う重要な陶冶施設といえるだろう。子どもはミュージアムにおいて、記号としてのモノから意味を読みとる力を身につけるのである。ミュージアム・エデュケーションの研究者ミヒャエル・パーモンティエは、ミュージアムと陶冶との関係を論じることで、今日におけるミュージアムの可能性を問うだけでなく、モノ（メディア）と関わる陶冶論の新たな可能性を論じてもいる。パーモンティエによれば、ミュージアムは、モノ言語の解読を手助けすることを通して、市民社会が自らの存在条件について、市民社会の内部や外部の異質なモノについて、また自身の歴史や他者の歴史について、さらには生みだした産物や自然的基盤の歴史について、了解しあう場にならなければならないのだという。しかし、ミュージアムをミュージアム側が一方的に主催する啓蒙空間にすることを主張しているのではない。むしろパーモンティエは、ミュージアムが来館者同士にとどまらずミュージアム側とともに自由に論じあう公共的な常設会議の場、つまり「公共的フォーラムの場（アゴラ）」となることを要請しており、このことは厄災ミュージアムの構想においてもとり入れられるべきことといえる。[4]

物語を物語る場としてのミュージアム

厄災ミュージアムでは、これまでの博物館や美術館といったミュージアムではメインなものと見なされてはこなかった「物語」が、とりわけ大きな意味をもつことになるだろう。厄災ミュージアムにおいても「証言」の記録収集が重要なことは、あらためて述べる必要はないだろう。今回の災害においても、多くの証言が記録され収集されている。被災したときの生々しい証言、あるいは避難したときどのような経路で避難したのか、あるいはそのあとのさまざまな問題や課題に直面したときにどのように行動したかの証言は、過去を評価し将来に備えるうえで多くの教訓を得ることができる。しかし、ここであえて証言の場としてではなく、物語る場として厄災ミュージアムを提示したのは、「物語」という形式が厄災の体験を語るうえでも不可欠なだけでなく、また語りがたい体験の伝達ということにおいても、証言は物語られることに意味があると考えるからである。

それだけではない。証言者としての語り部による体験・経験の語りだけではなく、厄災の衝撃によって「それから」を生きることを余儀なくされた人々の語る物語が、フィクションであろうとノンフィクションであろうと関係なく、収集され、保存され、公開される必要がある。フィクションとノンフィクションの区別もまた機械的な区別が可能ではなく、さらに物語が人間の生の真実ともいうべきリアリティを獲得することにおいて、さらにこの区別は意味をなさなくなっていくだろう。それはハンナ・アレントの『人間の条件』（一九五八年）第5章の劈頭に掲げられ、広く知られるようになったデンマークの女性作家イサク・ディーネセンの引用文、「あらゆる悲しみも、それを物語にするか、それについて物語を語ることで、耐えられるものとなる」を思い起こさせるからだ。[5]『過去と未来の間』（一九五四年）では、アレントは同じ言葉を引きながら物語についてつぎのように述べている。

> リアリティは、事実や出来事の総体ではなく、それ以上のものである。リアリティはいかにしても確定できるものではない。「存在するものを語る《レゲイン・タ・エオンタ》」人が語るのはつねに物語である。そしてこの物語のうちで個々の事実はその偶然性を失い、人間にとって理解可能な何らかの意味を獲得する。イサク・ディーネセンの言葉を借りれば、「あらゆる悲しみも、それを物語にするか、それについての物語を語ることで、耐えられるものとなる。」これは申し分のない真理である。彼女はわれわれの時代の偉大な物語作家の一人であるばかりでなく、自分が何をなしているかを知ってもいた。物語るという行為が何であるかに気づいていた点で、彼女はおよそ独自《ユニーク》であった。彼女は、悲しみだけでなく喜びや至福もまた、それらについて語ることができ、物語として語ることができてはじめて、人間にとって耐えられるもの、意味あるものになると、つけ加えることもできたであろう。事実の真理を語る者が同時に物語作家でもあるかぎり、事実の真理を語る者は「現実《リアリティ》との和解」を生じさせる。[Arendt 1954=1994: 357]

「事実や出来事の総体」を超えたリアリティ＝「事実の真理」を語るのは物語である。この引用文は、第7章で「真理と政治」について論じている箇所からのものである。数学・科学・哲学の真理である「理性の真理」と比べて、政治領域と関わる「事実の真理」は損なわれやすく、政治的敵対者からの組織的な虚偽のプロパガンダにたいして無力であるように思われるかもしれない。しかし、アレントは事実に反して一貫して嘘を貫き通すことは困難で、事実がもつ強制力があることを指摘する。大事なことは、出来事が忘却されずに記憶され継承され思考されることである。そのためには出来事は物語として語られ、その意味が伝えられなければならない。

アレントが考えている物語られるべき「事実の真理」は、「アウシュヴィッツの嘘」といったような歴史修正主義者が物議をかもしたようなものだけでない。むしろ、石原吉郎の引用でも触れたが、強制収容所での犠牲者たちがかつてこの世に存在したことがなかったかのように、「忘却の穴」のうちに消滅させられてしまうことに抗する、記憶の政治学と関わっている[6]（『全体主義の起源』）。あるいは、アメリカ革命やフランス革命において一時的に自由な公共の場が生起したにもかかわらず、それらはかろうじて「公的幸福」「公的自由」といった名前が残されただけで、物語られ遺産として十分に継承されない政治的出来事となったことと関わっている。こうした政治の「活動」こそが、物語によって事実として世界につなぎ止められ、記憶され継承され完成されなければならないのだ（『革命について』）。厄災においても、一方で物語ることの可能性と不可能性とが鋭く対立する「忘却の穴」が開き、また他方で物語なしには記憶されず継承されず消滅してしまうさまざまな「活動」が生起する。「事実の真理」は物語られることを要請するのだ。この引用でアレントが捉えようとしている物語の意義とは、こうした「事実の真理」を物語ることでもある。そして、私たちが厄災ミュージアムにおいて「証言」とともに「物語」を重視したいと考える理由もここにある。

しかし、厄災ミュージアムにおいて物語が重要なのはこれだけではない。この引用箇所は、物語がもつ臨床人間学的な事象を端的に捉えているところでもある。あまりに過剰で捉えがたい出来事、語りがたい出来事、そのため伝達も困難な出来事、……厄災の体験の事実。物語ることは、悲しみや喜びや至福といった直接体験を分節化することによって、記憶にくっきりとした形を与えるとともに、他者に体験を伝達する試みとなる。つまり物語は、個人の特異な体験（それが耐えがたいものであっても）を、言葉によって意味あるものへ公的なものへと変えることができる。重要なのは、この伝達という働き以上に、物語が自身がその体験に堪えることを可能にするということだ。物語となることで「事実の真理」を語ることになる。拠って立つ地盤が崩れ去るような体験も、物語となって「人間にとって理解可能」なものとなることで、ヘーゲルが哲学的思索のすべての究極目標として目指したような、「現実との和解」を可能にするというのである。物語ることは、空想のうちに現実を忘れることでも、あるいはたんに慰藉されることでもなく、出来事を意味あるものとすることで、「あるがままの事物の承認と和解」[Arendt 1968=1986: 132] をもたらし、「耐えられるものとなる」というのである。

物語は物語る当事者に意味を与えるだけではない。物語はモノではないがモノと同様にメディアとしての働きをもつ。物語の解釈をめぐる討議は、物語というメディアを介するがゆえに、拡散することなくつづけることが可能となる。とりわけ優れた物語は、異なる文脈に生きる読者にも、多様な解釈を開き新たな意味の発見をもたらすことになる。また優れた物語はメディアとして自己を変容させ世界の意味を変えるだけでなく、生を救うことさえある。物語ることで、語り手が体験を「耐えられるもの」とするだけでなく、そうした他の人の「物語」を読む人にも、語ることのできない体験を「耐えられるもの」へと変える生の技法を伝えもするのである。

この引用箇所では物語作家ディーネセンを引用することからも推測できるように、ここで言う「物語」がノンフィクションにかぎられてはいないことに注意が必要である。このことは「事実の真理」に抵触する可能性があるが、事実を物語ることはあるパースペクティブから秩序づけることであり、それはいつも解釈を含むことであり、反対に作家が書く優れた物語が事実をもとに生の真実を描きだしていると考えれば、フィクションとノンフィクションの差異を明らかにすること自体が、それほど簡単なことではない。むしろ、ここではこの差異を明確にする方から考えるのではなく、「事実の真理」は「事実や出来事の総体」を超えたリアリティに関わることであり、ここで言う「物語」とはこのリアリティを描いたもののことだということから考えなければならない。「物語は彼女の愛を救い、不幸が見舞ってからは彼女の生を救った。……中略……物語は、それ以外の仕方では単なる出来事の耐え難い継起にすぎないものの意味をあらわにする」のだと、アレントはディーネセンについて語っている [Arendt 1968=1986: 131]。厄災ミュージアムに「物語」が不可欠な理由である。

古代からの厄災についての記録と記憶と知恵とが集められ伝えられる場所としてのミュージアム、自由な公共的フォーラムの場所としてのミュージアム、モノをめぐって協同で探究する場所としてのミュージアム、そして「事実の真理」の物語を物語る場としてのミュージアム。これらのミュージアムの特性は、一方では、特定の社会集団の利害関心から離れ、つまり司法制度や大学（前章参照）のように政治の領域から離れて、多数決によってではなく公平に「事実の真理」を読み聴き語り、そこからふたたび「活動」（アレント）のための政治領域へと出て行く「思考」の場所であるとともに、他方で、それ自体が公共空間（アゴラ）としてともに対等の立場で自由に意見が交わされる「活動」の場所でもあるという、二重の性格をもつ胎芽的な公共空間、相互の啓蒙の場所として結実する。しかし、私たちの厄災ミュージアムは、もう一歩踏みこんで、さらに世界市民形成のための積極的なプログラムを考えなければならない。

4　破局に抗する世界市民形成の場としての厄災ミュージアム

デュピュイの「賢明な破局論」

東日本大震災がもたらした教育学的意味は、さきの戦争が戦後教育学にもった意味に匹敵するほどに重いものだ。それはこれまでもさまざまな人たちが警告を発してきたことではあったが、私たちがいまここで切迫した教育的課題に直面していることを、あらためて明らかにした。

今日、多次元的にわたる領域を横断し連結する場としての「厄災ミュージアム」を構想できるのは、学問の進歩による喜ばしい研究成果などではない。厄災はほかならないその土地で起こったのであり、その土地の固有名と強く結びつき、具体的な土地の記憶として伝えられる。しかし、このことは厄災がローカルなものにとどまることを意味してはいない。ヒロシマやナガサキやフクシマがカタカナで表記されるのは、アウシュヴィッツやチェルノブイリと同様、それらが固有名であるとともに、ローカルな偶然性にとどまらない地球上の重大な出来事の代名詞でもあるからだ。最初にも述べたように、私たちの時代は、災害もまた科学技術と経済と政治とが複雑に連関しており、その結果、地球規模での破局＝カタストロフィを生みだす時代となってしまったからである。災害も戦争もテロも、そして環境汚染も疫病も飢饉も、局地的な破壊にとどまらず、地球規模で全人類と生命の絶滅を引きおこす時代となってしまったからである。

地球規模での破局＝カタストロフィについては、ジャン＝ピエール・デュピュイが『ツナミの小形而上学』（二〇〇五年）において、「賢明な（覚醒した）破局論」として、従来の直線的な時間概念を捉え直す提案をしている。デュピュイによれば、将来の破局を叫ぶ者の声は、どれほどの情報や知識をもってしても、人々の信念体系を変更させることは困難であるという。ちょうど旧約聖書のノアの箱舟の物語がそうであったようにである。デュピュイは、厄災をめぐる古代のもっとも有名な預言（予言）物語をもとにしたドイツの思想家ギュンター・アンダース[7]の「ノアの寓話」と結びつけて、新たな提案をしている。アンダースの語る「ノアの寓話」は、旧約のそれとはいささか異なっている。それでもノアの預言が誰にも受け入れられないというところは同じだ。

彼（ノア）は古い粗衣を身に纏い、頭から灰をかぶった。これは、愛する子どもか配偶者を亡くした者にしか許されていない行為だった。ここぞというときの衣装を身につけ、苦しみを演じながら、ノアは再び街に向かった。住民たちの好奇心、悪意、妄信を、うまく逆手に取ってみせるぞと覚悟を決めていた。ほどなく、ノアのまわりには野次馬たちが群がってきて、口々に質問を浴びせ出した。誰か亡くなったのか、誰が亡くなったのか、と人々は尋ねた。ノアは、多くの人が亡くなった。しかも亡くなったのはあなたたちだと答え、聴衆はこれに大笑いした。「その破局はいつ起きたんだ？」と尋ねられると、ノアは「明日だ」

と答えた。／人々がいよいよ注視し、狼狽すると、これに乗じてノアはもったいぶって立ち上がり、こう語った。「明後日には、洪水はすでに起きてしまった出来事になっているだろうがね。洪水がすでに起きてしまったときには、今あるすべてはまったく存在しなかったことになっているだろう。洪水が今あるすべてと、これからあっただろうすべてを流し去ってしまえば、もはや思い出すことすらかなわなくなる。なぜなら、もはや誰もいなくなってしまうだろうからだ。……中略……私があなたたちのもとに来たのは、その時間を逆転させるため、明日の死者を今日のうちに悼むためだ。明後日になれば、手遅れになってしまうのだからね」。［Anders 1972, Dupuy 2005=2011: 4-5からの再引、Anders 2003=2016: 9-21の別バージョンのノアの寓話も参照］

この寓話では、破局の未来がまちがいになるようにと、幾人かの住民たちが積極的にノアに手伝いを申し出たと話はつづく。旧約のノアは説得に失敗したのに、寓話のノアはなぜ住民たちの心を動かすことができたのか。ノアはまだ起こってもいない破局の後の喪の時間を演じてみせた。「多くの人が亡くなった。しかも亡くなったのはあなたたちだ。」ノアの時間は、直線的な時間に基づいて現在から破局の未来を捉えるのではなく、未来から現在へとループ状に時間を逆転している。そうすることで、リスクの予測といった合理的な計算では捉えきれない、偶然と運命とが交錯する自分自身の破局（死）のイメージが、住民の信念体系に亀裂を入れた。破局はこの私に未来から容赦なく襲いかかってくるのだ。この寓話から、デュピュイは、最悪の事態を想定し、そこから翻ってその事態を避けるために、未来にとっては過去である現在において備えをするというループ状の「投企の時間」論を、破局の予言をめぐる議論にたいして「賢明な破局論」として新たに提案する。

アンダースの「ノアの寓話」と結びつけて提案されたこの「賢明な破局論」は、ユダヤ‐キリスト教の伝統的な宗教的終末論とのつながりをもちつつ、私たちの現在のさまざまな判断と決定と行為の在り方に影響を与えることになる。多次元の厄災をめぐる領域を横断連結することで厄災についての新たな思考の場を開く、厄災ミュージアムでの世界市民形成のプログラムにおいても、このデュピュイの提案は中核的なカリキュラムの一つになるだろう［山名 2017: 133］。これは近代を駆動してきた「進歩」の歴史概念とは異なり、私たちの時間観・歴史観を根底から変更するものとなるだろう。しかし、これのみではなく、それとともに自然との関係の更新をめぐるもう一つ別の提案も、プログラムに採用すべきだと考える。

セールの「自然契約論」

デュピュイと同じく、フランスの思想家ミッシェル・セールは、『自然契約』（一九九〇年）のなかで、地球規模での破壊をもたらしつつある戦争や環境汚染、気候変動、地球温暖化にたいして警鐘をならし、私たちが新たな歴史状況に直面していることを指摘している。私たちは「外的世界」（自然）にたいして暴力を振るい、いまや私たちの生活条件自体を失いかねない危機に直面しているという。かつて純然たる暴力を「社会契約」によって法的状態としての戦争（ルールがあるために徹底的な破局にはいたらない）へと転換したように、自然世界と「自然契約」を締結することを主張している。このとき契約当事者は個人ではなく、この惑星のプレート上に拡がって生活している人類全体である。自然契約とは人類と多様な自然世界とがとり交わす共生の契約である。このときセールがいう自然は、精神と物質といった旧来の二元論的な枠組みでは捉えられない、人間と分かちがたく結びついた流動的な無数の網目のモデルで捉えられている[8]。「自然は、すべてのものが適合しあい、協力し合い、同意し合う無数の結びつきの網の目であり、その網の目は関係の格子や絡み合いをなして、今後は連帯し合うであろう人間の組織や社会の組織に結びついている」［Serres 1990=1994: 184］。自然の破壊はその自然に「寄生」している人類の死滅を意味する。人類は自然から与えられるだけではなく、お返しをしなければならないというのである。

大地との契約を結ぶこと自体は格別に目新しいことではない。農民はその仕事において、日々大地との互酬的な契約関係を更新することによって農業を営んできた。もし農民が大地から収奪するにとどまり、大地に返礼を怠ることがあれば、農地はやがて荒地となり、将来の実りを保証してはくれなくなる。農民はそのことを長年の経験からよく知っている。実りを与えてくれる大地に感謝することによって、農業は長年にわたり生活を支えてくれる糧となったのだ。人口の多くが農民であった百年前のこの列島の住民も、このような暗黙の契約と無関係ではなく、誰もが自然との共生なしには生活が成り立たないことを経験的に熟知していた。

しかし、私たちの心性は、もはやこのような自然との互酬性の関係を記憶してはいない。原子力発電が、木炭や石油・天然ガス・石炭といった太陽からの自然の贈与とは切り離された人工エネルギーであったことは象徴的なことだ［中沢 2011］。自然の外部に一度飛びだしてしまった私たちには、これまでの歴史とは異なる新たな自然との契約の在り方が問われているのだ。このセールの「自然契約」の思想は、デュピュイの「賢明な破局論」が時間概念に焦点をあてて論じている態度変更を、空間概念に置きかえて自然との関係を焦点化したものだと考えてよいものである。つまり「賢明な破局論」において捉え直された現在の態度変更とは、自然との新たな契約を生きることなのだと言いかえてよい。

破局を前にした世界市民の形成

「賢明な破局論」そして「自然契約」の思想は、厄災をめぐる今日的状況において中心課題というべきものとなる。そのため厄災ミュージアムは、「賢明な破局論」を具体的課題として見いだし、人類と自然との新たな契約を生きるための啓蒙の場となる。このとき終局の厄災（人類の破局）から照らし返された教育は、近代の国民国家とともに誕生した国民を形成するための学校教育ではなく、人類史においてはじめて人類が「統合された人類」となるための教育となるだろう。このとき市民の形成は国民形成の別名ではなく、世界市民の形成を意味するものとなるだろう。[9]

暗い破局を前にした人類の連帯、これはかつて冷戦期において、核兵器使用による人類滅亡（絶滅戦争）という恐怖がもたらした消極的な人類統合の現代版と言えなくもないが、破局の必然性についての説得力は、厄災の領域の拡大と深化によってかつて以上に強力である。このように考えるなら、「賢明な破局論」と「自然契約」に立つ厄災ミュージアムでの市民形成のプロセスは、市民の形成というよりは、日々の自然契約の実践を通しての世界市民への形成と言い直すべきだろう。第8章において、世界市民が生まれるのは私たちが他者を歓待し他者を弔うときであること、つまり世界市民という理念が成立するとするなら、それは他者を国籍や帰属する民族や身分や性別によってではなく、無条件で迎え入れるときであり、同様に無条件で弔うときであると述べ、さらに、この無条件の歓待と弔いという出来事の生起のうちに世界市民という共同性が生起すると言った。「賢明な破局論」は、死に先行する死者への弔いであり、「自然契約」は自然への歓待である。「歴史の進歩」という明るい希望によってではなく、あるいはまた「人類の終焉」という暗黒の恐怖からでもない。同じ破局の可能性を戴いて生きている同胞という理由から、新たな歴史の時間をともに歩む人類連帯の形を、そして自然全体との多様で多重な共生の形を、すべての質的差異を共約可能で計算可能な形に変えてしまう経済のグローバリゼーションとは異なる方法で異なる方位に向けて（なぜならこれこそが破局へと導いている最大の力なのだから）、「厄災の教育学」として模索していかなければならない[10]。厄災ミュージアムとはこのような試行の場所であるはずだ。

しかし、残念なことには、現在のところこのような厄災ミュージアムはどこにも存在しない。本章は、そのミュージアム建設に向けての一歩として、「厄災の教育学」についてその問い方を過去の優れた思想家の思想に問い求め、またその思想を手がかりにしつつ、正しい厄災の考え方・語り方を見いだそうと努めてきた。本章は、未だこの世界には実在しない構想上のバーチャルな厄災ミュージアムの建築プランにすぎず、先駆けとして一時的に出現した仮想の姿にすぎない。この仮想の姿は、次の終章において、「世界市民の形成」として具体的な姿を取ることになる。

終　章――明日の世界市民と今日の教育的課題

地球規模の厄災に抗する教育哲学の歴史的理念とは何か

「ところが今や、地球上の諸民族の間にいったんあまねく広まった（広狭さまざまな）共同生活体は、地球上の一つの場所で生じた法の侵害が、あらゆる場所で感じられるほどにまで発展を遂げたのである」

カント『永遠平和のために』より[1]

1　境界線をめぐる闘争における世界市民の形成という方位

これまで何度か世界市民について言及してきた。終章では、本書でのこれまでの考察を手がかりにしながら、あらためて世界市民の形成の意味と目指すべき方向とを、より組織的に明らかにしていこう。内容的にこれまでの考察を少し繰り返すことになるが、それぞれの論考とは文脈を変えながら、「世界市民の形成」という方位へと教育学的思考を結集していくことになる。まず問題状況の再確認からはじめることにしよう。

経済のグローバリゼーションは、収益性や効率性を極限まで追求する市場にとどまらず、領域の境界線を越えて経済による世界の一次元化を実現し、質的差異をもつ個人や事象やモノをすべて残らず、共約可能で計算可能な価格の次元へと置きかえてしまう。そうすることによって、人やモノや情報の自由な移動が促進される。さらにテクノロジーの発展による運輸や情報伝達のスピードの速さは、空間の隔たりを無効にしつつある。

商品と資本と情報そして人の交通は、境界を越えてそれまで疎遠であった国々の間を地域の間を、そして個人の間を、網の目のように互いを結びあわせている。何千キロも離れた都市で起こった事件を、ほぼ同時刻のうちに知ることができるようになった。世界は無数の因果の糸で緊密につながり、私たちはローカルな歴史ではなくグローバルな世界史のなかに生きていることを実感するようになった。同時に、私たちの生きている世界は、これまでにない規模での予測不可能なリスクに曝されてもいる。どこかローカルな場所で起こったこれまでなら局所的な出来事で終わるものが連鎖して形を変えて、厄災＝カタストロフィとなって私たちの生活に深刻な影響を与えることになるか、誰にもわからないからだ。戦争やテロリズム、金融危機や経済格差や地球環境の悪化のように、危機もまたグローバルであって、数十億の人々とともに私たちは同じ運命の下に生きている。

他方で、外部から流入してくる新たな商品や情報そして見知らぬ人々によって、伝統的な生活スタイルや価値観や世界観が揺るがされている。世界を区切るさまざまな境界線は動揺させられ、市場経済の浸透によって旧来の互酬的関係は破壊され、同時に「想像の共同体」ともいうべき国民・民族のみならず、個人のアイデンティティにおいても動揺が引きおこされる。そのためアイデンティティの安定化や回復をめぐって、自分が本来その共同体に帰属しているのだと共感を抱く、国家、民族、宗教への回帰が進んでもいる。商品や資本や情報そして人も、難なく国境を越えることができるようになるが、そのことによって境界線は消滅したりするわけではなく、むしろ世界的に境界線を強化する政治力の復活を求める排他的なナショナリズムや宗教的原理主義の台頭が課題となっている。多数の移民や難民の急激な流入は、先進国に排外主義的なポピュリズムを台頭させ、この問題をより複雑にかつ深刻にしている。

教育もまたこの巨大な流れのなかで根本的な「改革」が求められている。経済のグローバリゼーションが、これまで経済領域（市場）に回収できないでいた教育をもサービス（商品）の一つとして捉え、また経済発展の手段（同品質の労働力の育成）として、スタンダードな（問題は誰が何を根拠にその評価尺度を決めるのかにあるが）学力や能力の増進、知識や技術力の習得といったことを要請し、大学教育の評価によるランキングや、ＯＥＣＤによる国際的な学力評価の指標となるＰＩＳＡテストの実施などの、「監査文化」を拡大させている。しかし、同時に他方で新たなナショナリズムの高まりが、「伝統」の継承と新たな秩序構築を、そして国民教育の場として教育空間の再構築を目指してもいる。両者は互いに葛藤を孕みつつも、異質なるもの他なるものへの敵意という点では共通している。経済のグローバリゼーションの英米文化を背景とした「普遍化」が目指すのは、経済発展の障壁となるローカルな言語的文化的宗教的諸価値を同化し包摂することであり、偏狭なナショナリズムが目指すのは、自民族中心主義に基づく異質な他者の排除による純粋化であり同一化である。そして、グローバリゼーションによる国民国家の枠組みの揺らぎとともに登場してきた市民性（citizenship）教育も、この両者の緊張関係のなかで進むべき方向を見定めているとはいいがたい［近藤 2016: 73］。

ここで教育学的思考が見いだすのは、経済のグローバリゼーションと偏狭なナショナリズムの動向、そして前章で詳しく述べた厄災という名の破局に抗する、世界市民の形成という政治的歴史的理念と結びついた教育的課題である。なぜ世界市民の形成が今日の教育的課題となるのか、この問いに直接に取りかかるのではなく、世界市民主義の思想史的系譜をたどることでこの問いを検討しよう。

2　世界市民論における戦争と歓待

世界市民論の原像としてのストア主義とパウロ的キリスト教

「世界市民」が思想として登場するのは、古代ストア派の「コスモポリタン（宇宙市民）」においてである。古代ギリシアの都市国家が崩壊したヘレニズムの時代のなかで、ストア派の世界市民論は、余所者を排除することなく、ローカルな法や正義や伝統を超えた万人の共同体の可能性を開いていくことになる。古代ローマ・ストア派のキケローは、『義務について』のなかで、万人を同胞として同じ共同体の一員として捉える見方を論じている。その根拠は、理性は神性の一部であり、すべての人間がもつ普遍的な道徳的選択の能力であって、理性の尊厳はどこにおいても尊重に値するからである。このように、世界市民性の考え方は、理性的人間性とそれに基づく道徳的目的という二つの事柄と深く結びついている。それゆえに、国籍や民族や階級の差異、あるいは性別の差異をも乗り超え、万人は平等の関心でもってとり扱われなければならないというのである。

ところで、ローマ帝国の時代には、ストア主義とは異なるもう一つ別の系譜の世界市民主義に関わる重要な思想が発展する。イエスの死後、残された使徒たちによるエルサレム教会では、律法遵守のユダヤ主義的なキリスト教信仰が主流派をなしていたが、パウロは教会共同体を建設しながら異邦人たちの間にも進んで信仰を広めていく。異邦人伝道を自覚したパウロらの活発な伝道活動を通して、キリスト教はローカルなユダヤ教的選民思想を乗り超えて、人類のための普遍的な世界宗教となる。つまりキリスト教は、パウロによって律法遵守のユダヤ主義的なキリスト教信仰から、人類救済の愛の神において生きるという信仰へと変貌することで、神の子としての人間の同等性を推し進める世界宗教となり、いかなる人間であろうとも、すべての人間を兄弟同胞として生きる世界市民の新たな観念をもたらすことになった。世界市民主義を象るストア主義とパウロ的キリスト教は、ともにヘレニズム期のグローバリゼーションの時代に生まれた、ローカルな自己中心主義の障壁を乗り超える思想であったと言えよう。

このようなストア主義とパウロ的キリスト教によって形づくられた西欧の世界市民主義の伝統のなかで、普遍的な人間性の尊重を唱えるカントの世界市民論が登場する。

カント世界市民論における「自然の意図」と戦争の不可避性

世界市民の形成を考えるうえで重要なカントのテクストは『永遠平和のために』（一七九五年）である。このテクストにおいて、カントは永遠平和の理念との関係で「世界市民（Weltbürger）」について論じている。カントはこのときすでに七一歳、直接的にはバーゼルの平和条約を契機に執筆したと言われているが、背景には歴史的政治事件であるアメリカ革命とフランス革命という晩年のカントの心を捉えた関心事があることはまちがいない。本章と関わる箇所に限定してカントの思想を検討する。

カントは、永遠平和への道を個人の道徳的改善にではなく、「自然の意図」の実現（合目的性）のうちに見いだそうとする。それというのも、人間が理性を備えているため、自然のメカニズムによって、自然はこの目的を歴史において実現すると考えたからである。カントはそれを「自然の意図」と呼んでいる。『世界市民的見地における普遍史の理念』（一七八四年）から援用しておこう。このテクストは命題を列記する形式で構成されており、第一命題は、「被造物の自然素質はすべて、いつか完全かつ目的にかなって解きほどかれるよう定められている」[Kant 1784=2000: 5、強調はカント」というものである。ここで「被造物」といわれているものには、人間にかぎらずあらゆる生きものたちが含まれている。被造物はそれぞれに自然の素質を展開すべく、意図をもって自然＝創造者によって作られた。しかし、唯一理性をもつ人間だけは、個人の生死の時間では自然の意図を十全に実現させ完結させることができず、幾世代にもわたり努力することによって、はじめて自然の意図を実現することができるのだという。こうして人間にだけ世代を越えた時間である歴史という時間が呼びだされる。

個人としては未完成であっても、人類という観点をとれば、自然の意図は歴史として現れ、それは自然法則のように捉えることが可能だというのである。このようにカントにおいて自然哲学は歴史哲学でもある。それでは人類の歴史に現れる自然の意図とはどのようなものか。第八命題ではつぎのように言っている。「人類の歴史全体は、自然がそのすべての素質を人類において完全に展開しうる唯一の状態として国家内部の体制を完全に実現し、**この目的のために**さらに対外的にもこれを完全に実現する自然の隠された計画の遂行とみなすことができる」[Kant 1784＝2000: 16–17、いずれの強調もカント]。

この自然の素質をすべて完全に展開しうるような人類の歴史は、国家体制の十全な実現によって、国家の十全な実現は国家間の関係の十全な実現によって可能となり、そしてそのとき人類は永遠平和を迎えることになる。それではこのプロセスはいかにして実現されるというのか。カントの答えは意外なものである。永遠平和は戦争を契機とすることで可能となるというのだ。カントにおいて自然状態とは、ルソーのそれとは反対に、ホッブズと同様に敵対行為の脅威がつねに存在する戦争状態と見なされる。人間は本来攻撃的な邪悪な面をもっており、戦争が起こるのは偶然ではない。カントの人間理解で重要なことの一つは、ルソーが否定した功名心や支配欲や所有欲、つまりすべてをまったく思いどおりにしたいという欲求を、人間の本性として認めたことである。カントはこの利己的な傾向性を「非社交的社交性」と呼んでいる [Kant 1784＝2000: 8]。そしてカントはここに人類進歩の原動力を見ている。戦争はそれまで人間は住めないと思われていた広汎な地域へと人間を拡散させる。さらに、戦争は人間に自然状態を抜けださせて、敵対関係のつづく自然状態から法的状態へと移行させることになる。構成員がどのような道徳的意識をもつかとは関係なく、人間は自然状態から逃れるためには国家を建設するほかはなく、法による支配を生みだすことになるというのである。そのことは歴史の歩みとして、メカニズムとして「自然の意図」にしたがっていることを意味する。冷徹とも言うべき歴史認識に基づいて、カントは、「このようにして自然は、人間の傾向性における機構そのものを通じて、永遠平和を保証するのである」［Kant 1795=2000: 289］というのである。

それでは自然は、強力な単一の国家が他国を制圧する「世界王国」の出現を目指しているのかというとそうではない。カントは単一の世界王国によって諸国家が統合されることよりも、戦争状態の方がまだ望ましいとさえ言う。非社交的社交性の傾向性を道徳的人格である国家にも認め、このような力が国家間の競争を促し、人類の進歩を目指す力ともなると考えている。だから諸国家を一つにまとめる世界王国は、そのような進歩の駆動力を弱めるがゆえに否定される。このようにカントは、自然は国家の独立と自由を求めるとし、多元主義を主張するのである。

カントの関心は自由にある。カントは国家も一個の道徳的人格として捉える。つまり国家間の関係においても類比的に道徳原理が働くことを意味する。個人としての自由な道徳的人格が「共和国」を求めるように、国家もまた戦争状態を脱するために無法な自由を捨て、主権を放棄することによって公的な強制法に順応して「世界共和国」を求めるというのである。カントの提唱する世界共和国への道とは、ユートピア思想につきものの外部の世界から閉ざされた永遠に静的な秩序空間などではなく、競いあう多元的な力が交錯する、開かれどこまでも進歩する運動態である。終局は人間の歴史にはない。世界共和国は理念であって、私たちの現実はこの世界共和国へと近づく運動のなかにいる。自然のメカニズムはこの方向を目指しはするが、それを永続的に促進することが人間の使命となる。そのためにカントは世界共和国という積極的理念の代わりに、諸国家が連合する国際連盟の形態をさしあたり求める。

> 一つの世界共和国という積極的理念の代わりに（もしすべてが失われてしまわないためには）戦争を防止し、たえず持続的に拡大する連盟という消極的代用物のみが、法を恐れ敵意をはらむ傾向性の流れを阻止できるのである。［Kant 1795=2000: 273、強

調はカント」

カントが理念を構成的理念と統制的理念に分けたことはよく知られている。構成的理念は、カテゴリーのように対象を構成する理念のことであり、実現すべき理想として現実に到達することができる。それにたいして統制的理念は、「あたかも○○であるかのごとく」といったように、仮象として対象を統制する超越論的な理念であって、現実には最終的にそれに到達することはできず、できるのは漸次近づいていくことでしかない。「世界共和国」という理念は、自然の意図を目的として捉えたときの歴史の理念であり統制的理念の側に属する。この理念には個人の人生の長さでは到底到達することはできず、歴史を通じて何世代にもわたって人類が努力して漸進的に近づいていくしかない[Kant 1798=2003: 327-328、柄谷 2006: 183-185]。

世界市民とは誰か

カントの世界市民論は、このような自然-歴史哲学の展開のなかに登場する。カントは『永遠平和のために』において、道徳と政治との関係をさまざまな観点から描きだしている。カントは、人類として自然の意図にかなう市民の在り方と、道徳的な個人の在り方とを区別している。「道徳性からよき国家体制が期待されるのではなく、かえって、よき国家体制によって初めて民族のよき道徳的教養が期待されるのである」[Kant 1795=2000: 286]という。つまりたとえ個人のなかで道徳的な内的革命が実現しなくても、国家体制の在り方によって世界市民への道は可能である。

だからこそ、世界市民法が語られるための「世界平和のための第一確定条項」では、「各国家における市民的体制は、共和的であるべきである」と、国内法との在り方で市民の在り方が論じられ、道徳的次元の議論とはなってはいない。また第二確定条項でも、「国際法は自由な諸国家の連合の上に基礎を置くべきである」と主張され、国家間の関係として論じられている。そして世界市民法にしたがうことは、第三確定条項においてはじめて、「**世界市民法**は、普遍的な友好（Hospitalität 歓待）をうながす諸条件に制限されるべきである」と論じられる［Kant 1795＝2000: 262–274、いずれの強調もカント、括弧内は矢野］。この条項で重要なのは、友好（歓待）がたんなる博愛に基づくものではなく、法・権利に基づくものとして語られていることである。またこれが「客人の権利」ではなく、「訪問の権利」として見なされていることに注意が必要である。この権利の根拠は、地球が球体であり空間的に有限である事実に求められている。土地は有限であって、何者もその土地を占有することはできない。したがって人は誰でも他国を訪問する権利があり、そこでは敵意なく歓待されなければならないというのである。

しかし、ここで論じられているのは、世界市民法という法の次元のことであって、世界市民がどのような者であるのかを直接に論じているわけではない。意外なことに、このテクストにかぎらず、カントが世界市民の性格を積極的に記述している箇所はそう多くはない。デリダは、この「歓待」の箇所に注目することで、カントの世界市民論に新たな観点を開いて見せたが、引用からもわかるように、歓待は世界市民としての義務とはなっても、個人の道徳的在り方とは直接つながる論となっているわけではない。しかも歓待論としてみた場合、デリダが指摘するように、カントの歓待論は条件づきの歓待論であって、訪問権は認めても滞在権は認めてはいない［Derrida 1997b＝1996: 310］。

カントが世界市民をどのように捉えていたかを知る手がかりは、哲学者の性格のうちに見ることができる。それというのも、カントは哲学者をしばしば世界市民として見なしているからである。テクストに即するならば、先にあげた『世界市民的見地における普遍史の理念』では、哲学者は世界市民的見地に立つ者として、歴史の舞台における「観察者・注視者＝観客」として位置づけられている。歴史のさなか、「実践者＝演技者」は行為の全体を捉えることはできず、そのことが可能なのは観客である哲学者＝世界市民だけである。アレントのカント解釈は、世界市民を直ちに政治的実践者として捉えようとする見方に対して注意を促すものである。アレントは『カント政治哲学講義録』

（一九八二年）のなかでつぎのように言っている。

人が政治的な事柄に関して判断を下し、行為する時、人は自分が世界市民であり、したがって世界観察者、世界注視者でもあるという――現実ではなく――理念に基づいて、自分の位置を見極めねばなりません。［Arendt 1982=2009: 140］

第三批判における構想力の理論から、カントの政治哲学を再構成しようとするアレントにとって、世界市民は理想の実現へと熱意に促される革命的実践者ではなく、まずもって世界共和国の建設という統制的理念に基づいて、自分の位置を見極めようとする世界観察者として描きだされる。自然の意図のメカニズムとして展開される永遠平和への道は、ここで注視者としての世界市民を生みだすことによって、理念に基づいて自己の判断と行為との方位を決定する者が登場したことになる。

カントの世界市民論はストア主義のコスモポリタニズムの影響を強く受けたものだが、[2] ストア主義は世界市民性の教育を、なにより情念を啓蒙し、人間性への愛を情緒的態度の基本にすることと捉えた。それにたいして、カントは非社交的社交性という人間の邪悪さを克服することはできないと考えた。むしろ、カントは世界市民形成の可能性を道徳的次元と政治的次元とが取り結ぶ領域において捉えており、人はたとえ道徳的改善はなくとも世界市民の方に向かうと考えた。このとき世界市民に大切なのは批判的思考の能力である。「理性の公的使用」はカントの啓蒙思想の中心概念であるが、この理性の公的使用は世界市民の性格として捉えることができる。

このことはカント自身の教育実践からも傍証することができる。カントは求められてもいない自然地理学の授業を四〇年間にもわたり開講して、異なった文化を生きるさまざまな人々の生活を具体的に語ることで、学生たちの「精神の拡大」を促したが、こうしたことは、カント自身がどれほど世界市民の教育に熱心であったかを物語っているだけでなく、世界市民の重要なファクターとして批判的思考を捉えていたことを示してもいる[3]［Harvey 2009=2013, 広瀬 2017］。批判的思考は、構想力＝想像力によって他の人々の立場に自分を置きかえて物事の判断ができるようになるという意味において、「精神の拡大」を生みだすと言われている。つまり批判的思考は他者に開かれた思考であり、当然のことながら啓蒙の理念と強く結びついている（このことについては前章の厄災ミュージアムでのモノを前にした討議を参照）。

3　世界大戦と世界市民の新たなかたち

世界大戦と世界平和への道

カント以降の世界市民主義そして教育学的思考の展開について、本書と関わる範囲に絞って足早に確認しておこう。世界市民は、政治学上の理念としての世界共和国とつながる在り方であって、教育計画の構想を世界市民と結びつける重要性を指摘しておきながら、カントの『教育学講義』（一八〇三年）においても直接的には中心主題とはならなかった。またカント以降の国民教育を志向する教育学的思考においても、中心主題として論じられることはなかった。もちろん人類や人間性といった主題は、教育学においても好んでとりあげられる主題ではあったが、国民主義や植民地主義や帝国主義の思想にとって、カントの世界市民論は民族や国家の思想を深める以前の一八世紀的啓蒙主義の遺物にすぎないと考えられた。カント以降のドイツ観念論の哲学者たちやロマン主義者たちは、カントの人類の普遍性に方向づけられた思想を抽象的な理想主義として批判し、民族や国家の重要性を論じた。フィヒテに代表されるように、教育学もまたこの流れのなかで展開されてきたのである（本書第1章参照）。

カント以降の民族主義の台頭は、国民国家の価値を高め、国民国家は他の国民国家との競合を繰り返していく。カントは常備軍の廃止を唱えつつも住民（民兵）による自発的な祖国（Vaterland）防衛を評価したが、その後に登場した国民軍は傭兵以上に容赦なく他国民・他民族に対処した。戦争の形態は、国民国家の誕生による徴兵制に基づく国民軍の登場によって、憎悪も戦意もない傭兵対傭兵の貴族による名誉を重んじた規律ある戦闘ではなく、愛国心に煽り立てられた国民対国民の剝き出しの感情をともなった過酷な戦争となった［Caillois 1963=1974］。フランス革命における多数の義勇兵の出現が、職業的兵士対職業的兵士との戦闘という制限されていた戦争の枠組みを根本から破壊してしまったのだ（ここで私たちは序章の「ラ・マルセイエーズ」の歌詞に立ち返り、その後の世界史にあたえた影響の大きさに戦《おのの》くべきだろう）。そして、それは第一次世界大戦において未聞の厄災＝カタストロフィとなって現れた。「大戦争」と呼ばれたこの戦争では、もはや戦闘員と非戦闘員との区別はなくなり、性別や年齢にかかわらず国民全員が戦争に参加する、人的資源と物的資源のすべてを賭けた総力戦を経験することになった。

主戦場となったヨーロッパでは、多くの思想家がこの戦争について真剣に考察しているが、なかでも私たちにとって重要なのはベルクソンである。第10章でも詳しく述べたように、ベルクソンは最期の著作となる『道徳と宗教の二つの源泉』において、道徳を、社会的圧力を源泉とし社会の存続を目的として義務と規律を特徴とする「閉じた道徳」と、根源の生命を生きた模範的人格を源泉とし、道徳の範囲を人類のみならず生命全体へと及ぼし、歓喜に彩られた自由を特徴とする「開いた道徳」の二つに分けて描いている。この思想は世界大戦の「戦後思想」であって、ベルクソンは、道徳の範囲が国民国家内に留まる「閉じた道徳」から、人類・生命の道徳「開いた道徳」への転回を論じている。

このときベルクソンが注目するのは、ソクラテスやイエス、そして世界宗教を開いた愛の思想家たちである。「閉じた道徳」は「躾の道」として、共同体維持のための道徳的義務を重視し、さらに習慣形成と知的な道徳的判断力の形成に力点をおく道徳教育となる。それにたいして、世界宗教の代表者であるイエスの歩みがもたらす道徳的形成は、

「神秘的生の道」と呼ばれている。人は「閉じた道徳」のように義務として拘束されるのではなく、イエスのような愛の範例となる人にたいする新鮮な情動によって、存在全体が前方へと衝き動かされる体験を生きることで、民族・国家はもとより種を隔てる境界をも乗り超える「愛の躍動」を鮮烈に呼び起こさせるのだという。ベルクソンはこの「愛の躍動」による世界市民形成の新たな可能性を開こうとした。カントがストア主義の世界市民論の系譜を深めたのにたいして、ベルクソンはパウロ的キリスト教が開いた愛による世界市民主義の系譜を、創造的進化の思想としてさらに推し進めようとしたと言ってもよいだろう。

神秘家を焼き尽くしているその愛は、もはや単に人間が神を愛する愛なのではなく、神が万人を愛し給う愛だからである。神を通して、また神によって、彼は全人類を神の愛をもって愛する。これは、哲学者たちが、万人は生まれながら同一の理性的本質に与っていると論じつつ、理性の名のもとに薦めてきた同胞愛ではない。われわれはこうした高尚な理想の前に、うやうやしく身を屈めるではあろう。またこの理想が個人にとっても共同体《コンミュノテ》にとっても煩わしすぎないかぎり、われわれはこの理想の実現に努めもしよう。しかもわれわれは、この理想に情熱をもって慕い寄りはすまい。それとも、そうするとすれば、それは、人を酔わせる神秘主義の残り香を、われわれが自分の生きている文明のどこかの一隅ですでに吸い込んでいるからである。もし分かつことのできぬ唯一の愛のうちへと人類全体を抱擁する神秘家が、まえに現れていなかったとすれば、哲学者たちにしても、優越した一なる本質に万人がひとしく与るという原理を――日常の経験にこれほども合っていない原理を――、あれほどの確信をもって掲げえたであろうか。[Bergson 1932=2003b: 153-154]

「開いた道徳」とつながる「動的宗教」が語られている箇所である。人間の同一性を根拠にするストア主義の系譜に位置づく同胞愛の世界市民論ではなく、「愛の躍動」に駆動される新たな世界市民論の可能性が開かれた[4]。このときベルクソンは、主権的な国民国家間の対立を乗り超える具体的な可能性を国際連盟に求め、そのためにユネスコの前身である国際知的協力委員会の議長を務めるなど、連盟の仕事に積極的に加担していた。もとより国際連盟の哲学的基礎づけは、カントの『永遠平和のために』によるものである。

京都学派における国民と世界市民

日本の教育学で、世界市民が主題としてとりあげられたことはほとんどないように見えるがそうではない。大正期の新カント学派の影響は根強く、マルクス主義の受容と結びつつ、カント的な文化による「人間性の実現」といった「人類」との関わりは、教育を考えるうえで重要なポイントでありつづけた。普遍的な人間性の実現を目的とする教育学は、たとえ明示的でなくても世界市民主義を背後に宿している。戦間期はもとより戦時体制下においても、単純に国家主義的な教育思想が教育界を支配していたわけではなく、むしろ総力戦を戦う国民の自覚を促し、植民地や占領地の住民の支持をえるためにも、国家利害を超えた普遍的な問題構成の中で論じるという政治的な要請もあり、国民教育論も「人類的国家」や「世界史的文化」との関係のなかで議論されていた。例えば、京都学派の教育学者木村素衞の主著ともいうべき『国家に於ける文化と教育』(出版は戦後の一九四六年、原稿は戦時期に執筆)では、カントの人類文化的理想主義との緊張関係のなかで、超国家主義的な国民教育論を批判しつつ、人類的普遍と国民的特殊との高次的綜合統一としての「世界史的国民の立場」において、国民文化と国民教育が論じられている。[5]

これに対して我々が切り開いて来た道は、人類としての普遍とこれに他者的に対立する単なる特殊としての国民との対質が暴露する収拾すべからざる困難と矛盾とを超えて、両者をその対立の力的緊張裡に於て高次的に綜合統一する世界史的国民の立場であつた。……中略……そして国家を我々はこのやうな世界史的国民の最高具体的な自覚的自己形成として今や把握してゐるのである。我々の問題の解答はこの立場から与へられる。/真実の個人は、人類の一員であることにつきるのでもなく、単なる国民の一員であることにつきるのでもない。却つてこれらを止揚契機とする具体的高次的な世界史的国民に依つて形成される国家の一員であるところに個人の真に具体的な本質があるのである。〔木村 1946: 355-356〕

このように「世界史的国民」とは、木村教育学においては、「世界市民」をも意味するものであった。それは同時代の個人主義的な世界市民主義とともに全体主義的国家主義的な国民概念の両者と一線を画そうと意図したものであった。この時期、京都学派の国家論において主導的役割を果たしていたのは田邊元の「種の論理」である。田邊は「種の論理」の最終的な局面を論じた長編論文「種の論理の意味を明にす」（一九三七年）で、一方でカントを念頭におきつつ、他方でベルクソンの『道徳と宗教の二つの源泉』における「開いた社会」の理論を批判的に吟味し、国家は種的な民族的国家を否定的に媒介して「人類的国家」へと向かうべきだと論じている。このとき「人類的国家」はベルクソンの「開いた社会」「開いた道徳」とつながる。

私が斯かる国家を人類的国家と呼んだのも、それは人類を合せて一国家となす如き意味に於てでなく、夫々の民族国家が、それの成員たる国民の理性的個体性を媒介として、民族的でありながら同時にそれの相即する個人を通じて、人類的普遍性を有し得ると考へたからである。民族の種的制約を排除するのでなく（それは不可能である）、又民族国家を国際連盟的に結合するのでもなく、民族国家の成員たる個人の絶対否定性に由る、ベルグソンの意味に於ける開いた社会への帰入、に媒介せられて、国家が間接に人類性を獲得することを意味したのである。〔田邊 1963(1937): 452-453〕

ここで田邊は、人類と国民と民族と個人との複雑な関係を凝縮して論じている。対比されているのは人類的国家と民族国家であるが、民族国家が人類的国家となりえるのは、民族国家の成員である国民が、民族に回収されることなく、理性的個体性として、絶対否定性によって個人として自由を生きることによってである。つまりここでは個人の自由が決め手であって、この個人が種（全体）のうちに呑みこまれることへの批判的在り方が論じられている。このようにして、カントが直面することのなかった国民国家の現実を引き受けつつ、フランス社会学やヘーゲル弁証法をとり入れ、種としての性格を類化へと目指すものとして国家を捉えた。この人類的国家は、カントのいうすべての人格が目的として尊重される「目的の王国」に比されるべきものであるが、このとき人類的国家の着想をベルクソンから得ていた。このような人類的国家の観点とは、世界市民性の在り方をこの方向で考えるということである。

もっとも、第2章で明らかにしたように、戦時期には、京都帝国大学学生課主催の日本文化講義において、田邊は、「我々が死に対して自由になる即ち永遠に触れる事によつて生死を超越するといふのはどういふ事かといふと、それは自己が自ら進んで人間は死に於て生きるのであるといふ事を真実として体認し、自らの意志を以て死に於ける生を遂行する事に外ならない。その事は決して死なない事ではなく、却て死を媒介にして生きることにより生死の対立を超え、生死に拘らない立場に立つといふ事である。具体的にいへば歴史に於て個人が国家を通して人類的な立場に永遠なるものを建設すべく身を捧げる事が生死を越える事である。自ら進んで自由に死ぬ事によつて死を超越する事の外に、死を越える道は考へられない」［田邊 1964(1940)：168、強調は矢野］と語っている。「種の論理」において類は種にたいして否定的対立に立つと論じたが、人類的立場は実態的な現実があるわけではないため、ひとたび現前の国家が類へと向かう道徳性（道義性）をもつと解されるときには、田邊の論理では国家に身を捧げることと個の自由と人類的立場とは矛盾することなくつながっていくのである。このとき、田邊が現前の国家をそのように評価した理由は、「日本の国家は単に種族的な統一ではない。そこには個人が自発性を以て閉鎖的・種族的な統一を開放的・人類的な立場へ高める原理を御体現あそばされる天皇があらせられ、臣民は天皇を翼賛し奉る事によつてそれを実際に実現してゐる」［田邊 1964(1940)：166］といった確信にすぎない。事実による検証を経ることもなく、明確な論拠を提示することもなく主張するだけで、田邊の普段の緻密で論理的な思考からもほど遠いものであった。

終末兵器の出現と世界市民という課題

第二次世界大戦後になって、田邊は「種の論理」が国家の側に力点をおいていたことを自己批判し、「生の存在学か死の弁証法か」（一九五八年）において、原子力戦争による人類の死滅に触れつつ、ハイデガーの「死の哲学」を「生の生存学」と規定し、自らの「死の哲学」を「死の弁証法」として展開させ、人類解放の希望は愛を介した「実存協同」以外にはないと論じた。こうした歴史認識は田邊にとどまらない。例えば、田邊が批判したヤスパースも、この「絶滅戦争」に直面することによって人類は同じ運命下におかれることとなり、そのために消極的な結合が強いられた結果、積極的な責任ある世界市民への道が開かれたことを論じている［Jaspers 1949=1964］。このように、冷戦期の核兵器（終末兵器）の時代は、これまでにない運命共同体としての世界市民性の意識を生みだすことになった。カントの時代において未だ想像上のものであった絶滅戦争が現実のものとなったのである。ここに世界市民主義を考えるうえでの新たなモーメントの出現を確認することができる。

しかし、日本の教育界では世界市民主義自体は明示的には中心課題とはならなかった。第一次世界大戦では、第二インターナショナルに参加していた祖国をもたないはずの社会主義者たちが愛国主義的な態度をとり、それぞれの各国政府の戦争を支持した。労働者の国際的な連帯は戦争の歯止めにはならなかったのだ。また第二次世界大戦前後には、ソ連でのスターリニズムによる粛正や強制収容所による支配といった理念のなしくずしがすでに進行していた。それにもかかわらず、敗戦後の日本では、墜ちた理念としての世界に新秩序を建設する「国家（日本帝国）」への献身に代わるものとして、真の「民族教育」・「国民教育」という名の下で、国境を越えた労働者の連帯による新たな世界国家の建設に可能性を見ていた。このような「国際共産主義（internationalism）」が政治的信頼をえていた時代には、世界市民主義は階級意識をもたない理想主義的な文化人の慰みであり、時代遅れの自由主義イデオロギーとして批判され、この国際共産主義運動こそが今日的な世界平和を生みだす原動力だとして、世界市民の理念は運動のなかに回収されていった。例えば、当時の代表的教育学者の長田新（「日本教育学会」初代会長）は、京都学派の哲学者である務台理作の第三ヒューマニズム論の影響下、『教育哲学——教育学はどこへゆく』（一九五九年）において次のように述べている。

ここに新たに現代のヒューマニズムが考えられる。……中略……ここに人間革命とは、近代のヒューマニズムでは解決できない現代人の集団化の問題、後進民族の社会主義化の問題、機械主義の問題、帝国主義の問題等々数ある難問題とあくまでも主体的に取り組み、そして人間性を擁護し解放する人間、このような人間を作り出すことでなくてはならない。このように現代のヒューマニズムは危機に取り組み人間革命を企図しているが、この企図が人間革命の重点を社会的条件の変革におけば、現代のヒューマニズムは社会主義的ヒューマニズムとなる外ないだろう。［長田 1959: 224］

「近代のヒューマニズム」、つまりカントに代表されるような市民的ヒューマニズムには、今日生起している問題を解決する力がない。「社会主義的ヒューマニズム」という新たなヒューマニズムが必要とされているのだ。共産主義社会が実現した暁には、歴史の必然として国家は揚棄されて死滅し、人類（労働者）は連帯し世界は一つになるという唯物史観は、「理性の狡知」というヘーゲルの歴史哲学を間に挟めば、カントが論じた「自然の意図」に基づく普遍史観の思想的子孫ともいえるものである。いずれにしても、人類の解放への関心は、社会主義社会の建設と結びついて、教育関係者のあいだで暗黙の内に共有されていたと言えるだろう。

この時期の教育政策の側の思想に目を転じるなら、社会主義の同調者でなくても戦争の体験は重く、一九五一年の当時の文部大臣天野貞祐の「国民実践要領」（実際に執筆したのは高坂正顕・西谷啓治・鈴木成高）においても、また一九六六年の高坂正顕が中心になってまとめた「期待される人間像」においても、個と普遍（人類）と特殊（民族）とを関連づけ、教育を普遍的な人類としての在り方と結びつけて論じている［矢野 2013a, 2019］。例えば、「国民実践要領」の前文ではつぎのように描かれている。「われわれのひとりびとりもわれわれの国家もともにかかる無私公明の精神に生きるとき、われわれが国家のために尽すことは、世界人類のために尽すこととなり、また国家が国民ひとりびとりの人格を尊重し、自由にして健全な成育を遂げしめることは、世界人類のために奉仕することとなるのである。無私公明の精神のみが、個人と国家と世界人類とを一筋に貫通し、それらをともに生かすものである」［天野 1970(1951): 392］。国家のために奉仕することが世界人類のために奉仕することだというロジックは、先に見た田邊の「種の論理」のものでもある。この「要領」は京都学派の哲学者たちが先導していたこともあり、その実質的内実をどのように理解するかは別にして、田邊の個－国家（特殊）－人類（普遍）の相互媒介による三項構造理論の理論枠組みをもとにしながら、世界市民への道が思考されていたといえる。

「教育基本法」（一九四七年）が「われらは、さきに、日本国憲法を確定し、民主的で文化的な国家を建設して、世界の平和と人類の福祉に貢献しようとする決意を示した。この理想の実現は、根本において教育の力にまつべきものである」という文言からはじまるように、「世界の平和と人類の福祉」への貢献は、なにより教育によって実現されるべきものであったが、この原理もまた基本構造は、国家建設による人類の福祉への貢献であり、田邊の三項構造理論と極めて近似したものであった［矢野 2019］。それでも一九五五年には時の文部大臣清瀬一郎によって、「教育基本法」や「学校教育法」には「世界人として、コスモポリタンとして」の道徳しか描かれておらず、「祖国愛の涵養と、国民道義の確立と、よりよき伝統の尊重」などが十分ではないと批判されることになる［文部省 1955: 3］。この間の「コスモポリタン」「民族」「国民」といった用語が意味していた教育思想の動向については、より詳細な検討を必要とするが［小熊 2002: 354-393］、それでも本書第1章「『それからの教育学』のかたち」でもとりあげた『山びこ学校』や『原爆の子』（両書とも一九五一年出版）からも推測されるように、人類＝人間への関心は教育を支える根本的な価値として機能していた。

世界平和と結びついた人類の解放という歴史観は、六〇年代にいたるまで、必ずしも顕在的ではない場合においても、またコスモポリタンの教育を否定して「民族」や「国民」の教育の重要性が唱えられているときでも、戦後教育・戦後教育学を駆動させた強力な歴史観でもあった。しかし、国際共産主義運動は、結局のところソ連の国家中心主義に帰結していくことで、社会主義への信頼を崩壊させ、世界的規模での人類解放運動の気運を著しく衰退させていった。死者への負債感、戦争加担への反省から出発した戦後教育（学）を支えてきた根本的倫理というべき人類への関心やヒューマニズムの退潮は、学校教員の教育実践を支えていた基本的価値観の変質でもあった。さらに八〇年代に入ると、人類愛やヒューマニズムは、啓蒙主義と同様「大きな物語」の一つとして批判され、ポストモダン状況において関心はさらに低調となり、「世界市民の形成」は教育思想の主題として論じられなくなる。こうしてグローバリゼーションの時代に入る。

4　厄災という課題と世界市民主義の再生

厄災がもたらす人類の繫がり

しかし、近年になってふたたび世界市民（正確には cosmopolitan「宇宙市民」）が政治的・教育的課題として登場してきた。コスモポリタニズム論を牽引してきたイギリスの政治学者デヴィッド・ヘルドは、グローバルな金融危機・戦争やテロリズムの安全保障・気候変動などの環境問題といった、国境を越えた共通の課題と脅威に対応するためのグローバル・ガヴァナンスの必要性から、今日コスモポリタニズムが要請されると主張している。そしてそのときのコスモポリタニズムの原理として、①人々は個人として等しく尊重され配慮されるべきであるとする「平等主義的個人主義」、②互いに等しく価値ある存在であることを認める「相互承認の原理」、さらにこの二つの原理から導かれる③各人の主張の公平性が期されねばならないとする「公平主義的立論」、の三点をあげている［Held 2010=2011: 29-36］[6]。

こうした認識と連動して教育の課題としても、世界市民（正確にはGlobal Citizenship「地球市民性」）の教育が、グローバリゼーションと結びつけて論じられている。二〇一二年に国連は、「GCED: Global Citizenship Education（地球市民性教育）」を提唱しており、ユネスコはこの方向にしたがって、例えば『地球市民性教育――二一世紀の諸課題に学習者を準備させる』（二〇一四年）において、以下のことを具体的目標としてあげている。

　ＧＣＥＤは、学習者がグローバルな諸問題に向きあい、その解決に向けて地域レベル及びグローバルレベルで積極的な役割を担うようにすることで、より平和的で、寛容な、統合的な、そして安全で持続可能な世界の構築に率先して貢献するようになることを目指すものである。……中略……そのようなものとして、ＧＣＥＤは以下のことを目的としている。

・学習者が現実の生活の諸問題を批判的に分析して、創造的革新的な解決策を考えることを促す。
・主流となっている前提や世界観や勢力関係を再検討して、制度的に十分に意見が反映されず、軽んじられている人々や集団について考慮するように支援する。
・必要な変化を起こすための個人的、集団的な行動への従事に焦点を当てる。そして、
・学習環境にいない人々、コミュニティーに属する人々、より広い社会の人々を含む多様なステークホルダーを巻き込む。

［UNESCO 2014: 15-16、文部科学省 2015］

これはグローバル・アイデンティティを育もうとする教育目的のコンパクトなまとめだが、どれも重要な提案がな

されている。またGCEDが、多文化の受容と共生社会を目指す「開発教育」や、あるいは同じくユネスコによってそれまで推進されてきた「ESD: Education for Sustainable Development（持続可能な発展のための教育）」とつながる教育観であることがよくわかる[7]〔小林 2014〕。さらにまた民主的市民性教育の課題とも、多くの点でつながっていることも理解できるだろう。

しかし、「宇宙市民」も「地球市民」も、カントの倫理学や批判的思考と多くの共通点をもちはするが、「世界市民」が担っていたような歴史的理念の実現と関わりがない概念である。ヘルドのコスモポリタニズムの思想も、そして地球市民教育の思想も、人間性の普遍性に立つ啓蒙主義の系譜にあり、人間中心主義・ロゴス中心主義のままにとどまるのでは、人間と自然とをめぐる歴史的課題のなかに生じた今日の問題を解決することはできないように思える。重要なポイントは、経済のグローバリゼーションと偏狭なナショナリズムの蔓延に抗する今日の世界市民性の課題と形成の内容を、どのように捉えることができるのかということである。カントの場合にも世界の空間的限界から歓待論が論じられていた。空間に限界があるという地理学的制限が、私たちに世界市民であることを強いているのだが、他方でカントの世界市民論には、世界共和国の建設＝永遠平和の構築という人類が実現すべき統制的理念としての歴史的課題が中核にあった。このような歴史観は、目的論的歴史観（構成的理念）と同一視され、マルクス主義の衰退とともにアナクロニズムとして顧みられなくなったが、歴史的課題という観点を抜きにしては、国民国家の枠組みを超えることはできず、宇宙市民も地球市民も不十分なものに終わるのではないだろうか。

マルクス主義（マルクスではない）的な目的論的歴史観に立ち返ろうというのではない。むしろ私たちが必要としているのは、マルクス主義とは時間の方向が反対の歴史観である。人類の時間つまり歴史的時間が終焉を迎える必然的可能性の認識が、いまここでの世界共和国の理念と世界市民性形成とを要請するのではないかということである。原水爆の発明は人類の終焉が現実のものとなる状況に直面したことを教えている。ヤスパースを世界市民の課題へと駆り立てたのも、この限界的な歴史状況であった。いま私たちが直面しているのは、戦争をも含めた厄災＝カタストロフィによる地球の生命圏の終焉であり、ここでは空間と時間の両方が終わりに向かうという事態である。今日、人類が死滅するだけでなく、生命圏全体の絶滅が現実のものとなった。世界の目的《エンド》からではなく、世界の終焉《エンド》から、歴史が問い直され、世界市民の新たなかたちが問われ、教育の課題が呼びかけられているのである。こうして明日の世界市民の姿と今日の世界市民形成の課題とが浮かびあがってくる。[8]

繰り返されるノアの寓話

オゾンホールの研究でノーベル賞を受賞した化学者パウル・クルッツェンの「人間の地質学（Geology of Mankind）」（二〇〇二年）によれば、産業革命以降の二酸化炭素の大量排出、また人工の化学物質による汚染などによって、いまや地球規模でその化学的構成自体が変化しており、人間活動による新たな地質時代に移行しつつあるのだという。地質時代区分として最終氷期が終わる約一万一七〇〇年前からの時代は「完新世（Holocene）」と呼ばれてきたが、人間の関与という意味をこめて現代を新たに「人新世《じんしんせい》＝アントロポセン（Anthropocene）」と呼ぶことを提唱している[Crutzen 2002: 23]。そして、この人新世の時代は人間の生存の基盤でもある生態系を破壊し、生命の絶滅をもたらしつつある。現在、地球上の生命種は約一〇〇〇万種いるが、そのなかの五万もの生命種が毎年絶滅していると言われている。かつて恐竜が滅んだ白亜紀末のように、オルドビス紀末やペルム紀末や三畳紀末に匹敵する第六の生命の絶滅期が現在進行しているのだという[澤野 2016]。経済のグローバリゼーションとともに進展した、このような緊迫した現実性をもった地球規模での破局＝カタストロフィについて、デュピュイが「賢明な破局論」として、従来の直線的な時間概念を捉え直すことを提案している。デュピュイによれば、将来の破局を叫ぶ者の声は、どれほどの知識や情報をもってしても、人々の信念体系を変更させるところまでは届かないという。ちょうど旧約聖書に登場するノアの箱舟の物語がそうであったようにである（この箱舟には、人間だけでなく動物たちも乗船していたことを忘れないでおこう）。

前章で詳しく述べたように、デュピュイは、厄災をめぐる古代のもっとも有名な物語をもとにしたギュンター・アンダースの「ノアの寓話」と結びつけて、新たな提案をしている。この寓話では、ノアは喪服を着て人々の前に現れ、まだ起こってもいない大洪水の後の喪（弔い）の時間を演じて見せる。「多くの人が亡くなった。しかも亡くなったのはあなたたちだ」。ノアの演じて見せた時間は、直線的な時間観に立って現在から破局の未来を捉えるのではなく、未来から現在へとループ状に逆転している。そうすることでリスクの予測といった合理的な計算では捉えきれない、住人自身の破局＝死の具体的イメージを与え、信念体系に亀裂を入れることで覚醒を生じさせたのだ。この寓話から、デュピュイは最悪の事態を想定し、そこから翻ってその事態を避けるために、未来にとっては過去である現在において備えをするというループ状の「投企の時間」論を、破局の予言をめぐる議論にたいして「賢明な破局論」として新たに提案している［Dupuy 2005=2011: 4-5］。

思い返せば、私たちはこのような「ノアの寓話」にあたる事態をすでに何度も経験してきたのではないだろうか。「それから」の「それ」が過去にとどまらず、現在にそして未来にも生起しているような事態をすでに体験・経験しているのだ。そして何人ものノアと出会ってもいるはずだ。水俣病を「わが水俣病」と語る石牟礼道子もそのようなノアの一人ではないだろうか。「天の呉れらすもの」（一九七〇年）の一節から。

魚たちが死に、鳥たちが死に、猫たちが死に、ねずみたちも死に、犬も豚も死に、ついには人びとがわかっているだけで四六人も毒死し、残りの人たちがいまも徐々に死につつある地方にいて、私は、死んだあの、天草生まれの漁師のじいさまの言葉をいつもおもい出す。

「魚は、天の呉れらすもんでござす。その天の魚を、我が要ると思うしこ（だけ）採って、その日を暮らす。我が庭とおんなじこの海に舟を出して、その日要ると思うしこの魚を天から頂き申し、その日を暮らす。これより上の栄華の、どこにあろうかい」じいさまはもっと寡黙に、銀のしたたりのようなことばで語ったが、〈天の呉れるもの〉を失ってしまった現代へ語りつぐには、いささか冗舌にならざるをえないのがかなしい。

……中略……

じいさまが、魚どもが花どもが、と目を細めて愛《め》で語っていた魚の精、花の精は、人間や神のために生命を供される魚や花、というより、それは天とともにある〈生類〉、我と同じ生命を分けあっている生類、というおもむきであった。[石牟礼 2004(1970):442-443]

慎ましく「自然契約」を生きてきた漁師の死は、魚たちの死、鳥たちの死、動物たちの死と並置されている。人間を特権化することなく、すべての生類を公平に捉える目で、人間の側からではなく世界の側から生類に降りかかった厄災を語っている（本書一三九頁の逆擬人法）。この『苦海浄土（三部作）』（一九六九年から二〇〇四年）の作者は、あたかも口寄せのように、ある時は患者たちの声となり、またある時は水俣の地から湧く声となり、不知火の海に漂う声となり、そして死者たちや生命を失ったすべての生類たちの声となって、「それから」のことを語るだけでなく、「これから」もたらされる厄災を語りもするノアである。その声でもって、厄災はもちろんチッソという企業がなした人災＝公害であったが、責任を認めようとしないチッソとの厳しい交渉のなかで「チッソは私であった」といい、自らの責任さえ問いただし、赦しえぬことを赦そうとした、公害被害者たちの生命の倫理を求める姿を伝えてくれる［小野 2017］。そして、切迫した限界状況のなかでもなお、人々が懸命に生命の尊厳を求め、文化／自然、主体／客体、人間／動物、もろもろの境界線を揺さぶり、時には大胆に境を跨ぎ越し、新たな両者のつながりを模索していく姿を伝えてくれる。石牟礼が描く人々も、未来において生起する厄災を示し、私たち人類に厄災が無関係でないことを伝えようとするノアたちである。

水俣病と向かいあったとき、語るべき言葉、頼るべき倫理と叡智を模索するなかで、石牟礼は足尾銅山鉱毒事件の田中正造と出会ったといわれる。水俣病が足尾銅山の鉱毒事件を呼び寄せる。そして今度は福島（フクシマ）が水俣（ミナマタ）を呼び寄せる。厄災の体験は、チェルノブイリを、広島・長崎を、南京・重慶を、アウシュヴィッツ・ドレスデンを、……とどまることなく厄災の土地を想起させ呼び寄せていく。そこにも「多くの人が亡くなった。しかも亡くなったのはあなたたちだ」と迫る何人ものノアがいたにちがいないことに気づく。

教育は何ができるのか、何をなすべきなのか。今日、地球規模での破局＝カタストロフィという未来の課題に向かうには、国民国家の枠を超えて経済のグローバリゼーションに対応しなくてはならないという逃れがたい事実が、世界共和国の建設という理念を現実的に考えざるをえないものとして要請し、同時に、世界共和国へと目指す世界市民の形成を具体的な教育的課題として要請している。したがって、世界市民の視点から世界を注視することとは、この賢明な破局論の立場に立つことに他ならない。この立場は、黙示録的な時間観、あるいはまた目的論的歴史観に立ち返ることではなく（どちらの時間も直線的で一方向に向かっている）、それでも「あたかも破局が未来に生じたかのごとく、現在を判断し行為せよ」と命じることで、世界共和国という歴史的課題に向けての働きかけを放棄しはしない。ここで要請されている時間観の転回のためには、二項対立の根本原理としての文化／自然の境界線に立って、境界線の思想自体を刷新することが求められる。

5　人間と非人間の境界線に立つ世界市民

近代の教育は、根本原理として文化／自然の二項対立、人間学的原理として人間／動物、歴史的制度論的原理として国民／非国民（国民ならざるもの）、そしてその教育学的原理として大人／子ども、といった一群の二項対立の構図の組みあわせを根拠にして、組織化され駆動されてきた。価値の位階において前項は優れており優位と見なされ、後項は劣位におかれる。十全な人間ではない者、未成熟な者、自国民でないもの、教育や啓蒙を必要とする者は後項と結びつけられ、その現在の在り方は否定される。そして後項から前項への変容が、「発達」「同化」「成長」「成熟」といった名で要請されてきた。このとき二項対立を生みだす根本原理は、伝統的な西欧思想というべき人間中心主義・ロゴス中心主義というべきものである。

例えば、近代の人間学は、動物を参照項とすることによって、「人間の固有性」を理性や言語能力といったものに求めてきた。動物たちは、性差も驚くほどの多様性も無視され、ひとまとめにされて単数の「動物」として「人間」と対照される。その対照を通して、人間学は「人間の固有性」なるものを導きだし、さらに翻ってそれらの能力が動物には「欠如（ステレーシス）している」として、人間と動物との間に飛び越し不可能な境界線を作りだす。「動物は考えることができない」「動物には言語能力が欠如している」「動物は世界をもたない」「動物は反応はするが応答をすることはできない、ゆえに責任を負うことはできない」といった具合にである。

人間学に基づく教育学は、その手続きとともに、子どもという生の在り方を、人間／動物の境界線上に位置づけたり、あるいは場合によっては動物の側においたりした。そのような「人間の固有性」を十分に満たしていない子どもを、十全な人間へと成長させることこそが、人間学から捉えた教育の使命ということになる。十全な人間の定義は、社会や時代によって変化してきたが、この構図自体には変化がない。この構図に基づく境界線の存在が、教育に確固たる根拠と普遍的な目標とを与え、正当性と必要性を与えてきた。教育は当事者がそのことを意識する以前から開始されるのだが、それは暴力などではなく正しく善いことなのだ。なぜなら「人間は教育されなければならぬ唯一の被造物である」（カント）から。コメニウス、ルソー、カント、ペスタロッチ……教育思想は、この二項対立の構図のもっとも象徴的な存在者として、教育と庇護の欠如しているまるで動物のような野生児的存在者を思考の出発点としていた。野生児のような戦争孤児が、文化／自然、人間／動物、国民／非国民、大人／子どもの二項対立を一方で揺さぶりつつ、翻ってこの構図を確信させ、教育の正当性と必要性とを確かなものにしたからである。

人間／非人間の二項対立を考えればよくわかるように、二分法による境界線の構築は、私たちの日常生活の隅々にまで行きわたっており、そのことによって世界の秩序が構築されてもいる。もし人間／動物を切り分ける境界線が曖昧になれば、私たちには食事をすることさえ不可能となる。仲間を食べることはカニバリズムの禁を犯すことになるからだ。またなにより「人権」（この言葉が何を意味しているのかは自明ではなく、それ自体が問いであることはまちがいないのだが）のおよぶ範囲がどこまでかがわからなくなる。霊長類が知性と感情とをもつがゆえに「人間」のうちに入れるべきだとしたら、当然ゴリラやチンパンジーにも「人権」を認めなければならない［Cavalieri & Singer 1993=2001］。彼ら彼女らは檻から解放されるべきだろう。分割線は不可欠である。しかしまた（とすぐに言葉をつづけなければならないのだが）こうした境界線は、暴力と差別と排除とを生みだす源泉でもある。仲間と仲間ではない他者との境界線、人権のおよぶ範囲を規定する境界線、この境界線を引くことが無権利者となる例外者を生み、差別と排除とを生みだす。「人間の固有性」に基づいて線引きをする「人間学機械」の初源的な暴力性［Agamben 2002=2004: 59］。霊長類、動物たち、野生児、野生人、異邦人、移民、難民、障碍者、無国籍者、女性、種々の少数者《マイノリティー》……この例外者のリストは恣意的な規準を基にどこまでもつづき、「子ども」もこのリストのなかに入るのだが、「人間学機械」がこのリストを産出する。

これまでの世界市民主義は、普遍的な人間性の原理に基づく同一性（人間の固有性）を根拠においてきた。民族や国籍や宗教や性の違いにもかかわらず、人はその人間性のゆえに平等の権利を有する「人間」である。しかし、この同一性に基づく世界市民の原理は、「人間の固有性」として人間／非人間を分割する二分法の原理そのものでもある。

今日、世界市民であるためには、ヒューマニズムの信奉者であったり、「人類の友」（カント）であるだけでは十分ではない。この二分法の原理を別様に問い直すとき、ストア主義‐啓蒙主義のような種の同一性に基づく同胞としての世界市民ではなく、種差をも超えて異質性と多元性に基づく同胞でない者を歓待する世界市民の形成の可能性が開かれる。このとき世界市民であるとは、こうした人間／動物の二項対立の境界線上に立つことを意味する。

重要なのは、二分法を廃棄し境界線を消去することではない。それでは、人間中心主義を最大限にまで拡大するだけか、あるいはその人間中心主義を転倒させただけで、どちらにしても人権を無化することになるだけだろう。二分法を別様に問い直すとは、生きもののすべてが、「動物的人間」となることでなければ、「人間的動物」となることでもない。例えば、「言語活動をしないとされてきた動物に言語を付与するのではなく（それも人間中心主義の一つ）、動物における不在を『剝奪《ステレーシス》』とは別の仕方で思考する」ことである［Llored 2013=2017: 39］。「人間学機械」の自動的稼業を阻止し、その境界線の作り方を別様に変更する思考の仕方を学ばなければならない。世界の区切り方を変えることは、学習のもっとも重要な局面である。これは同時に、文化／自然の二項対立をもとにしてきた教育の根拠自体の作りかえであり、自然観の刷新とつながり、境界線を超える倫理の在り方としての純粋贈与の作法とつながる教育的課題である。

今日の世界市民に求められる倫理は、他者への歓待と弔いの作法である。作法やマナーについては、すでに本書第8章そして第9章において詳しく論じておいた。カントの場合には、歓待は世界市民法で求めた法の規定であって、通常考えられるような博愛に基づくものを意味してはおらず、また滞在する権利を認めるものではなかった。この歓待の原理を、交換様式における市場交換や贈与交換から、返済を一切期待しない無条件の贈与というべき「純粋贈与」へと転化させる必要がある［矢野 2008a］。このとき歓待は無条件の歓待となる。またこの歓待には滞在する権利を組みこむ必要がある。ケアやマナーの事象に見られたように、私たちは純粋贈与にいつもすでに触れているのである。

そして、歓待と同様に世界市民に必要とされるのは、死者への弔い（鎮魂）の作法である。死者は生者には返済不能な他者であり、生前の出来事は物語化されて歴史として生者を制約する。私たちは国民であるとき、国家の歴史という物語のなかの死者（贈与者・犠牲者）たちへの返済不能な負い目によって、感情のみならず思考も制約されている。この死者たちへの負債感に基づく「国民」感情・「民族」感情が、他者を境界線の外へと排除する「愛国心」を駆動する。私たちは序章で見た国歌の歌詞の主題に立ち返るべきだろう。そこでは建国や革命や祖国防衛の犠牲者たちの無償の贈与の物語が、私たちの生を強く規制し方向づけている。あるいはフィヒテの『ドイツ国民に告ぐ』（一八〇八年）の先祖たちの声に立ちもどるべきだろう。見知らぬ死者たちへの返済不能な負い目が、私たちの感情に強く訴えかけてくる。だからこそ、世界市民には死者を正しく弔うための作法が必要となる。こうした倫理的作法の方向は、国民国家の枠組みを超える、パウロ的キリスト教からベルクソンへとつながる世界市民主義の系譜として理解されよう。

このようにして、経済のグローバリゼーションと偏狭なナショナリズムの蔓延、そして生命圏を絶滅させる厄災の問題は、世界市民の形成という教育的課題に引きよせるとき、人間と非人間とをめぐる境界線の引き方や乗り超え方の問題へと集約されていく。そして多文化の受容と共生といった宇宙市民や地球市民の課題も、この境界線をめぐる抗争のなかにあるといえる。このとき、世界市民とは、世界共和国の建設という歴史的理念の方向にたえず顔を向けながら、この境界線に正しく立つことを目指す人のことである、ということができる。そうであるなら、こうした世界市民の形成のためのレッスンでは、この境界線の見方や区切り方の変更や刷新を具体的に体験し経験することが不可欠であるが、このことについては、方向を示すもの以上ではないが、対称性の知性をうちにもつバイロジックの育成として、本書第6章で基本的な原理について論じておいた。子どもにはその下準備はできているのだ。

6　過去と未来の間の「それから」の教育学へ

一方では、科学や交易や芸術は国境線を超越している。それらは、その性質においても、手法においても、大いに国際的である。それらは、異なった国々に住んでいる人々の間の相互依存関係や協力関係を必要とするのである。だが同時に、国家主権の観念が、今日ほど政治において強調されたことはなかった。各国家は、隣国に対する敵意を押し隠していて、今にも戦争がはじまりそうな状態にある。各国家は、それ独自の利害の最高の判定者であると考えられ、またそれぞれが排他的にそれ独自の利害をもっていることが当然のことと考えられている。……中略……教育制度が、一国の国民国家によって運営されながらも、それでもなお教育過程のもつ十全な社会的諸目的が、制限もされず、拘束も受けず、そして堕落もしないでいることが、はたして可能であろうか。……中略……戦争の怖ろしさを教え、国民間の嫉妬や憎悪を煽るようなものを避けるだけでは十分ではない。地理的な制約を超えて、協力的な人間の営為と成果とにおいて、人々を結びつけるものは何でも強調しなければならない。人類が互いにより十分により自由により実り豊かに共同し関係しあうということに関しては、国家の主権といえども副次的で暫定的なものでしかないのだということを、実際に生きた心構えとして滲透させていかなければならない。[Dewey 1916: 103-105]

これはデューイが約一〇〇年ほど前に出版した教育学の古典、『民主主義と教育』（一九一六年）の一節である。このときヨーロッパではすでに第一次世界大戦が勃発していた。ここでデューイは、世界市民主義（cosmopolitanism）とつながるカントの『教育学講義』（一八〇三年）を評価しつつ、ナポレオン戦争以後、フィヒテをはじめ教育学が「人間」を形成するのではなく国民国家の「公民」を形成することになったことを批判的に論じている。このデューイのこのテクストを、教育を単一の国民国家の枠に制限するのではなく、全人類に相当する広い社会での連帯と福祉とに結びつけようとする世界市民の形成のための教育理論として読むことは十分に可能である。教育思想を戦争と結びつけ「それから」の思想として読むとき、フィヒテの『ドイツ国民に告ぐ』のような国民国家の再構築の思想とともに、その国民国家の制限を乗り超えようとする世界市民形成の思想が、国民教育論に拮抗するように登場していることに気がつくだろう。カントの世界市民論は何度もかたちを変えて蘇り、教育学的思考の論理と倫理とを更新していく。

本書は、第1章「『それからの教育学』のかたち――死者との関わりからみた教育思想への反省」から出発した教育学的思考は戦争という厄災からはじまると論じた「それからの教育学」。この「それからの教育学」から出発した本書の考察は、終章「明日の世界市民と今日の教育的課題――地球規模の厄災に抗する教育哲学の歴史的理念とは何か」において、未来に起きることになる「絶滅」という出来事からループする時間を生きる新たなかたちの「それ(絶滅という厄災)からの教育学」へといたった。この「それから」は、すでに起こったことではなく、このままではこれからまちがいなく起こる出来事としての「それ」からはじまる「それから」である。教育学的思考は、戦争や災害といった厄災のときを「それ」として開始されるとともに、未来の厄災への「賢明な破局論」としての「それ」からもはじめられるというわけである。この両者の「それ」はともに、人が「個人」としてそして「市民」あるいは「国民」としてあるだけでは極めて不十分であり、同時に「世界市民」でなければならないことを要請している。世界市民の形成が不可避であり、かつ不可欠であることを示している。この二つの厄災(破局=カタストロフィ)、二つの「それ」に挟まれて、そのはざまで生起する教育学的思考は、死者を弔いつつ新たな参入者を歓待し、明日に向けて世界市民を形成しなくてはならない。

こうした教育学的思考が生まれる新たな場において、序章で述べたさまざまな「教育問題」は、本書でのこれまでの考察を経たいま、その「問題」の構築の文法や用語は全面的な変更を遂げることになるだろう。例えば、「いじめ根絶のための教育」は、その語られ方において、またその教育実践の方向においても、「いじめ」という特殊な「問題を解決する」といった消極的なものではなく、世界史の理念である世界市民の形成と結びつけられた、子どもたちと私たちの生を他なるものへと開いていく冒険となるだろう。狭く人間関係の心理的な問題事象と見なされていたものは、人類の歴史的課題の文脈へと翻訳され、その課題のつながりと広がりのなかから、解決に向けての理解と実践とがなされることになるだろう。反対に、世界市民の形成がこのような具体的な「教育問題」とつながることができなければ、世界市民主義はたんなる言葉の遊びにすぎなくなるだろう。なにより境界線をめぐる問題は、仲間／非仲間といったようにいまここで生起しているのだから。

本書の冒頭でも述べたように、教育は新しい人間を形成し、新しい社会を作る、といった輝きをもった改革への情熱に促された制作的で建設的な「希望のプロジェクト」（構成的理念の実現）ではもはやない。しかし、世界市民の形成という枠内においてではあるが、教育とは、この世界へと越境してきた「子ども」という新たな生のはじまりを歓待し、子どものこの世界での滞在を支援し、動物たちをはじめ生きているものたちと結びあうこと（この結びあいは通常生命と区切られている非生命にまでおよぶのだが）を促し、「開いた道徳」とつながる開かれた郷土愛を育てることであり、新たな生がはじまるこの世界の存続を肯定することを通して、統制的理念としての「世界共和国」への道を模索しながら進むことにほかならない。それは、幼かった私たちとともに歩んでくれたさまざまな人々のことを思いだしながら、私たちもまたその人々と同様に返礼を求めないアマチュアの案内人となり、新しい人とともに未知の原野を日々歩み、どこまでも進むことである。これは、やはり新しい人とともに目を未来に向けようとする希望なしには、できないことではないだろうか。

註

序章　歓待と戦争の教育学

［1］　本書で後に登場する、クロポトキンの協同組合運動や、デュルケームやモースの組合主義的社会主義もそうしたものの一つである。また日本での西田天香の「一燈園」や白樺派の武者小路実篤らの「新しき村」、宮沢賢治の構想した「羅須地人協会」もそうした運動の一つである。

［2］　国歌は、ここに事例としてとりあげたような血なまぐさい内容のものにかぎられているわけではなく、韓国やオーストラリアの国歌のように、国土の美しさや豊かさを讃えたようなものもあり、その表現の幅は広いようにも見える。しかし、注意深く見れば、国家に対する愛国心や忠誠心や犠牲心を求めるという基本的なモチーフは、それほど大きく変わるものではないことがわかる。オリンピックやワールドカップといった国際的なスポーツ大会のたびに、こうした血なまぐさい歌が当然のように勝者によって歌われていることに、関心を払うべきだろう。国歌には、近代における戦争と革命と独立の歴史の記憶が、国民国家の本質を示すものとして凝縮されて表現されているのだ。

　国歌は、国家の独立や成立とともにプロの作詞家と作曲家によって作りだされるといったものばかりではない。「ラ・マルセイエーズ」のように、戦争や革命のような重要な事件を契機にアマチュアの人によって作られ、兵士や民衆に歌われている間に自然に拡がったものや、儀式において慣例的に使用されてきたものが、後で法制化されたりするものも多い。国歌の法制化については、フランスの「ラ・マルセイエーズ」が一七九五年で古いのだが、共和政から帝政そして王制復古などめまぐるしく変わる政治形態のなかで、この国歌は革命の記憶を喚起させるというその政治性の高さから、それぞれの時代の政権によって奨励されたり、あるいは反対に国歌であるのにもかかわらず演奏自体が禁止されたりもした。そのため第三共和政において改めて国歌であることが確認され、さらに第二次世界大戦後の第四共和政を迎えた一九四六年の新憲法には、国歌は「ラ・マルセイエーズ」

であると規定され明記されてもいる［吉田 1994］。また中国国歌の場合も複雑で、一九四九年に暫定的に国歌として決められていたが、一九七八年に文化大革命の影響で作詞家の田漢が反革命分子として批判され、毛沢東を讃える歌詞に書き改められてそれが正式な国歌として承認された。しかし、一九八二年には田漢の名誉が回復されてふたたび元の田漢の歌詞にもどされている［岡崎 2003］。そして二〇〇四年には改めて正式な国歌として承認されており、憲法にも明記されている。フランスと中国における国歌をめぐる歴史的変遷は、感情共同体としての国民国家にとって国歌が国民の統合において果たす役割の意味とその働きの大きさを教えてくれる。ちなみにイギリスでは国歌は法制化されてはいない。

近代に誕生した国民国家のドラマティックな歌詞と勇壮なリズムで作られた国歌と比べると、「君が代」は古代的な言葉の響きとスローで荘厳なメロディーもあって、はるかに穏健で平和的な表現に見えるかもしれない。しかしそうではない。一九三七年の文部省発行第四学年用「尋常小学修身書」の「国歌」では、つぎのように理解されている。「『君が代』の歌は、『我が天皇陛下のお治めになる此の御代は、千年も萬年も、いや、いつまでもいつまでも続いてお栄えになるやうに。』といふ意味で、まことにおめでたい歌であります。私たち臣民が『君が代』を歌ふときには、天皇陛下の万歳を祝ひ奉り、皇室の御栄を祈り奉る心で一ぱいになります。外国で『君が代』の奏楽を聞くときにも、ありがたい皇室をいたゞいてゐる日本人と生まれた嬉しさに、思はず涙が出るといひます」［文部省 1937: 112-113］。やはり愛国心や忠誠心や犠牲心を求めるという国歌のモチーフには大差はない。現在の「君が代」の解釈についての公式な理解は、「日本国憲法下においては、国歌君が代の『君』は、日本国及び日本国民統合の象徴であり、その地位が主権の存する日本国民の総意に基づく天皇のことを指しており、君が代とは、日本国民の総意に基づき、天皇を日本国及び日本国民統合の象徴とする我が国のことであり、君が代の歌詞も、そうした我が国の末永い繁栄と平和を祈念したものと解することが適当（以下略）」（一九九九年六月二九日衆議院会議録第四一号での小渕内閣総理大臣答弁）というものである。「君が代」が収められていた『古今和歌集』での、和歌としてのもとの意味の解釈は別にして、国歌としての含意は他の国のそれと外れるわけではない。「君が代」は一九九九年に「国旗及び国歌に関する法律」によって、国歌として法制化された。

ところで、戦時期には「海行かば」が第二の国歌のように盛んに歌われた。「海行かば」は、『万葉集』のなかの大伴家持の長歌の一節で、天平二一年（七四九年）に陸奥の国に黄金が産出されたさい、その感激を歌にしたものである。長歌の前半部は黄金の産出を言祝ぐものであり、後半部の大伴氏の伝統を讃えて朝廷への忠誠をあらためて誓うところに、この「海行かば」が一節として登場する。つまり「海行かば」は黄金の産出を喜ぶ祝祭歌の一部だということである。しかし、太古以来の「日本」なるものの同一性へと同化させていくという側面では、ほかの国歌の機能と同様である。しかも登場するのは、朝廷に忠誠を尽くした者たちの死体・死体・死体の数々である。戦時期の人々にとっては、あの荘厳な調べと結びついて、この歌に戦争犠牲者たちへの弔いの意味をこめていたといえるだろう。このことについては、河原宏の『日本人の「戦争」――古典と死生の間で』（一九九五年）［河原 2012］を参照。

第1章 「それからの教育学」のかたち

［1］ 本章は、二〇一三年六月二九日に実施された日本教育学会近畿地区主催のシンポジウム「災害の記憶と教育」での発表、「それからの教育学に向けてII――死者との関わりから見た教育思想への反省」をもとにしている。表題にIIがつけられているのは、この発表が前年の二〇一二年の一二月一六日の教育学関連諸学会共同シンポジウム「教育学の存在根拠を問い直す」において発表した「それからの教育学に向けて――死者との関わりから見た戦後教育学」の続編をなすものだったからである。また漱石の引用に関わる箇所は、田中毎実編『教育人間学――臨床と超越』（二〇一二年）の「あとがき」として私が書いた文章と一部重複している。

［2］ プラグマティズムは、元植民地アメリカにおける旧宗主国イギリスまた文化的旧宗主国ヨーロッパの文化に対する〝ポストコロニアルな抵抗〟の思想であるが、また南北戦争（一八六一年から一八六五年）における「戦後思想」の一つにほかならなかった［Menand 2001=2011: 1-4、加藤 2013: 52］。南北戦争では、四年の間に六二万人の戦死傷者を出したといわれている。このなかの戦死者の正確な数は不明だが、南北合わせて一八万人を超える数であったろうと推測されており、第二次世界大戦のアメリカの戦死者の数が二九万人のことを思えば、内戦がいかに過酷な戦争であったかが理解できる。また南北戦争は総力戦となり、多数の一般市民が戦闘に巻きこまれたことなども、その後で起こった世界大戦の先駆けとなるものでもあった。「形而上学

クラブ」のメンバーだった法律家オリバー・ウェンデル・ホウムズ・ジュニアは実際に兵士として凄惨な戦闘を体験し、またジェームズ自身は入隊を考えつつも銃後にとどまったが、二人の弟は入隊しそのうちの一人は負傷しその後遺症に悩まされたといわれる。またパースはアメリカ沿岸測量部に雇用されていたため兵役を免れたが、そのことに負い目をもっていたといわれている。一八五九年に生まれたデューイは、南北戦争の経験をもっているわけではないが、父親は五〇に近かったにもかかわらず志願し、戦争の全期間にわたり軍隊にとどまった。南北戦争は、民主主義を基調とした政体のなかで、国内におけるイデオロギーの対決を決するものとしてなされた内戦であった。そのため、南北戦争をそれぞれに体験した彼らの思想的メッセージの核心は、「思想は決してイデオロギー——現状の正当化もしくは否認に向けられた超越的命法——に転化してはならないという信念」にあったといわれる[Menand 2001=2011: 3]。プラグマティズムとは、過酷な南北戦争の「それから」の「戦後思想」だったのである。このように考えるなら、教育思想としての結実が戦争から三〇年後であっても、デューイ教育学を「戦後教育学」の一形態として捉え直すこともできるだろう。

[3] 敗戦後、新たな教育の指針を示す必要に迫られ、文部省は一九四六年五月から四七年二月にかけて、「新教育指針」と題するパンフレットを五分冊で全国の教員と師範学校生徒に配布した。その「第6章　結論——平和的文化的国家の建設と教育者の使命」の最後の箇所にペスタロッチが登場する。「フランス革命のあらしがかれの祖国スイスにも荒れくるつて、親を失ひ家を焼かれたみなし児・貧児たちは、たよる力もなくちまたをさまよつてゐた。青年時代から革命運動に深い関心をいだいてゐたペスタロッチは、結局その一生がいの力をそれらあはれな子供たちの教育にそそいだのである。『こじきを人間らしく育てるために自分はこじきのやうに生活した。』といふのがかれ自身の告白である。今日の日本の教育者にこじきの生活をせよといふのではないが、生活のなやみの中にも高い理想を仰ぎ、貴いつとめによつて自ら慰めたこのペスタロッチの精神こそは、永遠に教育者の力であり光でなければならない」[文部省 1946: 60]。敗戦直後の日本において、「ペスタロッチ」という名がどのような意味をもっていたか、その一端が理解できる文章である。厚生省（当時）の調査では敗戦時に約一二万人の戦災孤児がいて、『朝日年鑑』（一九四八年版）によればそのうち「浮浪児」の数は推定で三万五〇〇〇人いたといわれるが、もちろん正確な数ではない[石井 2014: 4]。石井光太の『浮浪児 1945- ——戦争が生んだ子供たち』（二〇一四年）は、そのような子どもたちの生々

しい姿を克明に描いている。

［4］ ランゲフェルトがとりあげている強制収容所を体験した子どもの事例はこれだけではない。「悲劇的経験をこえて」（一九七七年）のなかでは、インドネシアの日本軍の強制収容所で、父親が両手を切り落とされるという残酷な仕方で殺害されるのを目撃した一〇歳のオランダ人少年のことをとりあげている［Langeveld 1980: 129］。父親が被害を受けた同じ身体の部位の両手を、少年は自分の身体の一部として知覚することができなくなっていた。ランゲフェルトは、この少年が自分の身体をとりもどすにいたるプロセスにとどまらず、その後の人生で人を愛することができる大人へと成熟することができたことを報告している。またこの事例を論じた論考のなかで、ランゲフェルトはペスタロッチの論文『立法と嬰児殺し』（一七八三年）をとりあげている。それは、研究者として教育思想史の博識を誇るために古典を引用するというのではなく、ペスタロッチが直面した問題がいまなお課題として存続していることを示すためである。その意味でいえば、ランゲフェルトもまた「それから」の「ペスタロッチ」の一人なのである。

［5］ 第一次世界大戦では、多くの国民が義勇兵として積極的に軍隊に加入した。戦争開始時には、彼らは戦争はすぐに終結しクリスマスまでには家にもどることができると考えていた。しかし、当初の大方の予想を裏切り、戦争は塹壕戦の形をとることで膠着化し、一九一四年から一九一八年まで足かけ五年あまりにわたりつづくことになった。最終的には、国民のなかで戦うことのできる成人男性の大部分が参加するという、史上空前の「総力戦」となった。世界において動員された兵士の数は六五〇〇万人と推定されており、そのうちドイツを例にあげれば、当時の一五歳以上から五九歳までの男子人口一六〇〇万人のうち、実に一三二〇万人が戦争に動員された。このなかのすべての人が前線で実際に銃を握って戦闘を経験したわけではないとしても、驚くべき数字といわざるをえない。しかも、戦争遂行のために国民経済全体が再編され、それまで労働力の外におかれていた女性や子どもまでもが兵器づくりに動員された。すべての国民が、なんらかの形で戦争に協力し戦争を経験することになったのである。そのため、人的経済的損失は歴史において比類のないものとなった。正確な数はわからないが、ドイツの軍人の戦死者は一八〇万人、戦傷者は四三〇万人、第一次世界大戦全体での戦死者は約一〇〇〇万人、負傷者は約二〇〇〇万人といわれている。ちなみに、ハイデガーは第一次世界大戦中に三度応召している。ハイデガーの戦争の経験・体験については、合田正人『田辺元

とハイデガー――封印された哲学』(二〇一三年)を参照([2]でもそうだが、ここでも意図的に数字を列挙している。こうした数字として死者がとりあげられる問題点については第12章を参照)。

[6] この時期、矢内原忠雄は繰り返しフィヒテの『ドイツ国民(民族)に告ぐ』をとりあげ、復興への希望を与えるために「日本国民の使命」について言及している。日本を代表する政治学者であり、またなにより戦後教育改革を推進した教育刷新委員会の主導的人物であった南原繁も、矢内原と同様に、フィヒテの『ドイツ国民に告ぐ』を高く評価しており、戦前から書きつないできた『フィヒテの政治哲学』(一九五九年)をはじめ、著作で繰り返しこのテクストについて論じている(南原については終章の註5で詳しく論じている)。南原と矢内原はともに、内村鑑三の感化を受けた無教会キリスト者であり、反軍国主義のリベラルな知識人であり、また戦後東京大学の総長(南原は初代そして矢内原は二代目の総長)を務めるなど社会的な信用度も高く、敗戦後の彼らの思想的影響力は大きなものであった。その意味で、戦後におけるフィヒテの『ドイツ国民(民族)に告ぐ』の評価を決めるうえで、彼らは重要な役割を果たしていると考えられる[鵜飼 1997: 272]。またそれにとどまらず、南原は日教組の大会でフィヒテの教育思想に基づく講演をしており、教育実践と教育研究においても、思想的影響について検討する必要があるだろう。このことに関してさらに付け加えるなら、ドイツ史の研究者であり日教組の国民教育研究所初代所長でもあった上原専禄もまた「祖国愛と平和」(一九五二年)のなかで、フィヒテの『ドイツ国民に告ぐ』をとりあげ国民教育について論じている。この時期の教育学と民族主義との関係については、小熊英二『〈民主〉と〈愛国〉――戦後日本のナショナリズムと公共性』(二〇〇二年)の第9章を参照。また『ドイツ国民に告ぐ』の翻訳と解釈の変遷については、哲書房版『フィヒテ全集』第一七巻(二〇一四年)の早瀬明の解説が詳しい。

[7] 日本では八月一五日を「終戦記念日」としているが、敗戦の直後においては、国民の間でも戦争の終結時を一九四五年八月一五日と考えられてはいなかったのみか、今日の国際的な理解とも異なっている。佐藤卓己の研究によると、ポツダム宣言を受諾した八月一四日か、あるいは降伏文書に署名した九月二日(事実、アメリカの戦勝記念日はこの日である。ちなみにソ連と中国の戦勝記念日は九月三日となっている)といった国際法上の戦争終結の決定の日の方が、国際的には一般的である。それにもかかわらず、玉音放送がなされ自らの意志で戦争を終結したように見える八月一五日が、五五年体制成立のなかで選択されたの

だという［佐藤 2005: 116］。このことは、私たちが集合的記憶としてもっている「それから」の「それ」が、はじめから自明なものではなく、さまざまな利害を孕んだ政治的力学の関係のなかで象られ決定され、メディアによる編集を介して定着させられていることを示している。このようにして「それ」という不定型な出来事を、「記念日」や「記念碑」として実体化し明示化して指し示すことができる「もの」へと作りかえることは、出来事を共同体の物語のうちへと落ちつかせる手法（意味に回収する手法）として、きわめて有効な手法であるといえる。このように歴史的記念日として定着させることによって、国民統合アイデンティティの再編を図ることができるのである［佐藤 2005: 121］。

［8］「戦後○○」という「戦後」の限定が頭につく学問領域はさまざまにあるが、「戦後法学」「戦後歴史学」「戦後哲学」といった用語は今日ほとんど用いられてはいない。それに対して、「戦後政治学」と「戦後教育学」とは現在でも特権的に多く使用されている用語である。「戦後文学」も用語として今日もなお生き残っている。『近代文学』のメンバーでもあった文芸評論家の本多秋五が、『物語 戦後文学史』（一九六六年）のなかで、「戦後文学」の特徴として、「政治と文学の関係における鋭い問題意識」や、「在来の日本的リアリズムと私小説の揚棄」「敗戦による視野の拡大」などと共に、支えとなるべき観念や思想がもはや頼むに足らないことを覚り、曠野にただ一人裸で投げだされている自分を見いだす「実存的体験」をあげている。戦場で敵と生身で向かいあった兵士や、俘虜となった被抑留者たちにとって、戦時期・敗戦の体験は人間存在を根底から問い直さざるをえなくなる絶体絶命の体験であった。このような体験を、当時流行したサルトルを引きながら、本多は「実存的体験」という言葉で表現している［本多 2005(1966): 263-268］。本章の関心からいえば、「戦後文学」とは「それから」の語りえぬ「それ」の出来事性にこだわりつづけた、文字通り「それからの文学」であった。私たちは、武田泰淳や島尾敏雄や大岡昇平や埴谷雄高といった作家の作品において、かつては「実存的体験」として一括された体験をいま一度捉え直し、死者（他者）から人間存在を捉え直す契機をもちえるのである［例えば、作田 2012］。このように考えるとき、「戦後文学」を読むことのできる優れた読者の育成は、「それからの教育学」に立つ国語教育の重要な実践的課題であるといえる。

［1］　私は、一九九七年の『近代教育フォーラム』に論文「教育の起源についての覚書」を発表し、さらに二〇〇七年に論文「死者への負い目と贈与としての教育——教育の起源論からみた戦後教育学の課題と限界点」を発表した。同年開催の第一七回教育思想史学会のフォーラムでの報告は、この二つの論文での議論を踏まえて、「贈与と交換の教育人間学」という主題から、何が問題圏として立ちあがるかを明らかにしようとするものであった。しかしながら、フォーラムでの発表には時間的制約があり、予定していた内容を十分に語ることができずに終わってしまった。本章では、フォーラムでの発表をもとに、そのときに十分に語ることのできなかった問題圏にも議論を拡張して論じている。

［2］　学力の国際比較が可能となるためには、国家・文化・言語・宗教の差異を超えて、学校で教えられる知を世界に共通のものとして標準化することができる教育的 - 教育学的マトリクスがなければならない。このような場の成立も資本主義経済のグローバル化の表れの一つである。商品と同様、キリスト教圏・イスラム教圏・仏教圏・儒教圏といった文化的宗教的境界を超え、また国境をも越えて、いまや標準化された品質としての「学力」という共約可能な場所が、世界的規模で市場として開かれたのである。「学力」は、この時点で、科学的技術的能力と同様、文化的宗教的な差異から相対的に独立して測ることのできる人間に普遍の一般的な能力として見なされるようになったのである。ＰＩＳＡテスト（ＯＥＣＤ生徒の学習到達度調査）は、このような観点から捉える必要がある。

［3］　デリダの『死を与える』（一九九九年）に登場するヤン・パトチカは、チェコを代表する現象学者であるとともに優れたコメニウス研究者でもあった。相馬伸一によると、パトチカはコメニウス研究を通して教育を「贈与という営みの内に位置づけようとした」という［相馬 2007: 161-163］。ヤン・パトチカ『ヤン・パトチカのコメニウス研究——世界を教育の相のもとに』（二〇一四年）を参照。

［4］　丸山眞男は、戦後啓蒙の幕開けを告げる記念碑的論文「超国家主義の論理と心理」（一九四六年）において、近代国家（歴史的というより理念的にという意味であろうが）は真理とか道徳といった内容的価値については中立的立場を取り、ただ形式において成り立っていることを明らかにしたうえで、教育勅語を国家による形式を超えた内容の実質化として捉えている。しかも

それは帝国議会の議を経ていない。「第一回帝国議会の招集を目前に控えて教育勅語が発布されたことは、日本国家が倫理的実体として価値内容の独占的決定者たることの公然たる宣言であったといっていい」［丸山 2015(1946): 16-17］。ここから丸山は、日本の国家が倫理の実質を掌握することで、私事を、そして倫理的道徳的主体であることを不可能にし、国民（臣民）は国家との近さにおいて自己の価値を位置づけることになったとした。その結果、官僚や軍といったものが天皇との近さにおいて正当化されることになった。つまり丸山は超国家主義の歴史的出発点を教育勅語の発布においているのだ。

問題は文字数にして三一五字ほどの短い文章が、なぜそのような価値の「実質化」を可能にしえたのかである。その理由の一つは天皇から国民（臣民）への「下賜」という形態にあったのではないだろうか。「朕惟フニ」というように、天皇自身の意思の表明として、国民に直接贈与するような形態をなぜ取ったのかについては、海後宗臣の『教育勅語成立史の研究』（一九六五年）に詳しい。当初、勅語の草案の起草は帝国大学文科大学教授の中村正直に任されたが、中村の草案は法制局長井上毅の批判によって廃案になる。井上は中村の草案を批判しつつ新たに勅語の原案を準備するのだが、そのとき課題となったのは、大日本帝国憲法における立憲君主制との関係であった［海後 1965: 359-366］。結局、天皇の政治上の命令とするのではなく、天皇が国民（臣民）に対して直接に意思を表明するという、国務大臣の副署をもたない例外的な勅語とすることで、立憲君主制の憲法に拘束されることのない絶対的な規範として定着させることが可能となったというのである［三谷 2017: 240］。ちなみに軍人勅諭も大臣の副署をもたない取り扱いとなっている［海後 1965: 360］。このことを贈与と負い目の人間学に引き寄せるとき、教育学的問題は、教育勅語の内容をなす儒教主義的徳目が保守的性格であること以上に、子どもが倫理的道徳的主体として自律し始める重要な時期に、「皇祖皇宗」の「遺訓」として最初から一切の道徳的反省を排除する形で、「神」でもなく「天」でもない天皇から直接に贈与された絶対的な教えとして注入されることにある。教育勅語が天皇制を支えた根本的な理由の一つは、このことに由来していると考えられる。

［5］ 臼井吉見・石田雄・井上清・勝田守一・高坂正顕・和辻哲郎の討議「共同討議 教育勅語をめぐって」（一九五八年）において、和辻・高坂・井上らは、いずれも小学生のときに学校で教育勅語の説明を聴いたことがないと答えている。それにたいして、石田は教育勅語そのものの説明を聴いてなくとも、国定修身教科書になってからは、修身を通して教育勅語の精神が教育さ

れていたことを指摘している。儀礼や儀式における教育勅語の身体化について考えるとき、教育勅語が天皇から贈与されたこと、またそれが国家のために犠牲となった死者への負い目と結びついていることなどが重要となる。

［6］ カイヨワの戦争論が、「社会学研究会」においてカイヨワの盟友でもあったバタイユの思想はもとより、デュルケームの宗教理論やモースの贈与論、そしてホイジンガのホモ・ルーデンス論の影響下で書かれていることに注意が必要である。

［7］「戦後教育（学）」が国民国家の枠組みにどのように規定されていたかについては、これからの研究に待たれるが、例えば、「戦後教育（学）」が守るべきものとしていた旧教育基本法が「国民」という概念にどれほど結びついていたか、その結果、「戦後教育（学）」が国民以外の人々に閉ざされていたかについては、小国喜弘の『戦後教育のなかの〈国民〉』（二〇〇七年）を参照。

［8］ このような議論が学校教育の理解と実践とどのように結びついているのか、そしてまた具体的な教科教育とどのように関わるかについては、拙著『贈与と交換の教育学』（二〇〇八年）を参照。

第3章 「限界への教育学」という運動

［1］ このような回路を通ることによって、産業社会は自然の理論から制度の正当性の根拠を得ることになる。社会ダーウィニズムは、そのような根拠を与える代表的思想の一つである。もっともダーウィン自身は、スペンサーの「弱肉強食」といった用語には嫌悪感をもっていたといわれる。またスペンサーと同時代に、ダーウィンがあげた生物社会の観察例などをもとに、クロポトキンは、スペンサーとは反対に、「相互扶助（mutual aid）」という思想を語っている。大杉栄の訳で有名な『相互扶助論』（一九〇二年）で、クロポトキンは互いに助けあう動物たちについて数多くの事例をあげて論じている（ちなみに大杉はファーブルの『昆虫記』も翻訳している）。生存競争を社会の本性と捉える社会観は、自然法則をもとにした社会理論のように見えながら、実のところ反対に人間社会の現状をもとに自然を解釈した擬人法による物語である。

また同様に、西田哲学からその着想を得たといわれている今西錦司は、『生物の世界』（一九四一年）において、「適者生存」や「弱肉強食」ではなく、異なる生物同士が同じ地域内において互いに共存して「棲み分け」る在り方について語っている。「作られたものが作るものになるというのもやはりそうして行かねばこの世界に生物として存続できないからであり、だから生物が生きるということは生物が働くということにほかならないであろうし、生物とはいままでにもまたこれからさきにも生きんとして働く存在でなければならないということは、これを簡単にいってしまえばつまり生物とは生活するものであり、生活しなければならないものであるということになる」［今西 1941: 60、強調は矢野］。後期西田哲学の人間学の根本原理というべき「行為的直観」の原理に基づく生物学といえる。この思想もまた人間学から生物を捉えているという点では擬人法の一形態である。生物世界における個々の生物たちの観察例は、行動自体を「客観的」に記述するときにも、さらにはその行動をコンテクストの全体において意味づけようとしたときにも、擬人法の論理を無視することはできない。「意味づけ」とは、人間による世界理解であり、人間なるものとの関わりなしには不可能であり、そのかぎりで、後で詳しく述べるように、どのような生物の生態記録も「物語」となるしかないからである。

動物学者のドゥ・ヴァールは、『共感の時代へ――動物行動学が教えてくれること』（二〇〇九年）のなかで、スペンサーがダーウィンによって示された動物学的事実を価値的に読みかえて「弱肉強食」という原理を提示するという「自然主義的誤謬」を犯していることを指摘しているが、ドゥ・ヴァール自身も動物における「共感」の例を指摘するさい、人間社会における共感の重要性と必要性とを説くことで、スペンサーと同じあやまちを犯している。ドゥ・ヴァールにしたがえば、生存のために進化過程において共感の能力が高められ、霊長類には広く共感の能力を見ることができ、人間もまた生物としてそのようにプログラムされているのだという。「かくして、自然こそが人間にとっての最初の倫理教師であると認めなければならないのである。社会的本能は、社会性を備えた動物にとってと同様、人間にとっても生まれながらあたえられているものであり、すべての倫理的観念の起源であり、それにつづく倫理発展の基なのである」［Kropotkin 2012: 85、強調はクロポトキン］。この言葉はドゥ・ヴァールの言葉ではない。先にあげたクロポトキンが『相互扶助論』の後に書いた論文から引いたものだ。ドゥ・ヴァールは、「イデオロギーは生まれてはまた消えていくが、人間の本性は不変なのだ」というが［de Waal 2009 = 2010: 70］、問題はその「人間の本性」（人間の固有性）を誰がどのようなものとして捉えるのかではないだろうか。もちろん、このようなドゥ・ヴァールの共感の能力を評価する解釈の仕方もまた、近年のソーシャル・ブレイン（社会脳）やミラーニューロン研究、ソーシャル・キャピタル研究や幸福論研究などといった、他者との協調性や他者への共感力、あるいはまた利他的行動に力点をおく研究動向の一つをなすものであって［広井 2015: 94–95］、きわめて社会的文化的なバイアスを経た人間中心主義の動物解釈（擬人法）というべきものである。人間中心主義だからこそ、動物学者の人間理解でもしばしば「自然主義的誤謬」が犯されることになるし、また説得力も増すことになる。しかし、この事態は否定的に捉えられることではなく、人間と切り離して動物を考えることはできず、また動物と切り離して人間を考えることができず、人間／動物の境界線に関わる動物‐人間学の問題として捉える必要を示唆するものとして考えればよい。このことについては、さらに第5章と第6章の論考を参照。

［2］このことについては、拙論「教育の語り方をめぐる省察」香川大学教育学研究室編『教育という「物語」』（一九九九年）において、すでに論じたことがある。本章の論述は、この考察をもとに、新たな視点から書き直したものである。

第4章「子どもの人間学」の新たな転回

［1］九〇年代以降の現代ドイツの教育人間学の代表的研究者クリストフ・ヴルフは、『教育人間学へのいざない』（二〇〇一年）のなかで、人間学を、①人間化の長期プロセスを含む進化に焦点をあてた自然人類学などのパラダイム、②動物との比較などから人間の特質を明らかにしようとしてきた哲学的人間学のパラダイム、そして③二〇世紀のフランスで成立した人間の歴史性の究明を目指した歴史的人間学などのパラダイム、さらに④共時的な文化に焦点をあてた文化人類学ないしエスノメソロジーなどのパラダイムに分け、この四つのパラダイムを「互いに関係づけ、教育の歴史的・文化的人間学のパラダイムのなかで結びつけること」として自身の人間学を論じている［Wulf 2001=2015: i］。伝統的なドイツの人間学は、人間性の普遍的な在り方を探究した②のパラダイムを中心とするものであったが、ヴルフの提案は、それにフランスのアナール学派の歴史的人間学と、そして英米の実証的な文化人類学の成果を結びつけるという、学問横断的な人間学再構築の試みといえるだろう。

しかし、このような人間学の構想は、日本においてはすでに戦前の京都学派の人間学が独自に試みたことでもある。田邊元は、ハイデガー、西田幾多郎への批判から、カール・レーヴィットの共同存在論などを手がかりに、存在論的な議論の不十分性を論じ、身体や共同体という存在論では捉えられない存在的次元をも結び合わせた人間学の構築を試み、「存在的‐存在論的」な人間学を提唱した。そこで田邊は独自の身体論を展開し、またフランスのレヴィ＝ブリュールの民族学の議論を手がかりに「種の論理」へと発展させていく。田邊の批判を受けて西田が行為的直観の理論へと展開したこともあって、京都学派の哲学者たちは存在的 - 存在論的な人間学の可能性を追求した。本書第9章でも詳しく述べるように、和辻哲郎は『風土』(一九三五年)で時間的存在であるとともに空間的存在でもある人間存在を風土の類型を通して究明し、多文化主義的なヘルダーの「精神風土学」の思想を、新たな風土の人間学へと発展させた。また、『倫理学』(一九三七―四九年)のなかでは、周知のように「間柄」の概念をとりだし倫理学を体系的に構築したが、そこでもマリノフスキーの『西太平洋の遠洋航海者』(一九二二年)のクラ交易を手がかりに、市場交換に回収されない贈与交換を生きる「人倫的組織」を捉えている。あるいは、高坂正顕は『民族の哲学』(一九四二年)において、ポトラッチの事象の内に集団権威の出現の機構を探り、国家的権威の秘密を解き明かそうと試みた。さらにまた九鬼周造の「民族的存在の解釈学」に基づく「民族の存在様態」としての「いき」の構造の研究、高山岩男の多文化主義的な「文化類型学」なども同様の研究といえる(今日の観点から見るとき、これらの研究には人種・民族・国民・文化の捉え方に多くの問題があることに注意が必要[酒井 1995, 1996])。ヴルフが人間学のパラダイムの一つとしてとりあげたアナール学派の歴史的人間学が、個別の歴史的事件ではなく長期の歴史的基底を形づくる人口や物質的次元の変化に着目して、人間性の歴史性を論じているのは、和辻の風土論の考え方と類似性があるといえる。戦後、京都学派の哲学への批判のなかで、この戦前の「存在的 - 存在論的」な独自の人間学の試みは中断されることになった。

このことを、教育人間学に限定して付言すると、「教育人間学」という用語は使用されてはいないが、戦前においても教育学と人間学とを結びつけた研究はなされており、京都学派でいえば木村素衞がその代表といえる[矢野 2013ab]。木村の代表作『形成的自覚』(一九四一年)や『国家に於ける文化と教育』(一九四六年)は、そうした日本版の教育人間学の成果といえる。木村の教育思想は、西田と田邊の哲学の影響下、行為的直観の理論をもとにした「自覚の教育(人間)学」というべきものであったが、木村が敗戦の翌年に急死したこともあって、この「自覚の教育(人間)学」は戦後教育学への影響力をもたなかった。戦後の教育学に影響をもったのは、田邊元の弟子である森昭の教育人間学である。森昭の教育人間学には京都学派の人間学の遺産を読みとることができる。

本書の「限界への教育学」の立場から見れば、ヴルフの人間学の試みは、ボルノウが教育学に実存哲学を組み入れたときのように、従来の人間学の拡張にとどまっているように思える。それというのも、ヴルフはデリダやバタイユの議論を論じ、「人間が死滅した後の人間学」としてそれらの思想を従来の人間学の平面に回収できないことを知りつつ［高橋 2007: 138］、ヴルフの人間学は人間学という原理自体が破綻する「限界への教育学」へと向かってはいないように思えるからである。例えば、次章で詳しく述べることになるが、デリダの立場に立てば、自伝論‐動物論ともいうべき『動物を追う、ゆえに私は（動物で）ある』の議論からも明らかなように、哲学的人間学の方法論である動物との比較において人間の固有性を捉える人間学の在り方は、問い直されなければならないものとなる。たしかにヴルフもまた従来の哲学的人間学を批判しているが、その批判の論点は哲学的人間学が人間の普遍的性格に焦点化したことにある。ヴルフは、デリダの脱構築もそしてバタイユの非‐知も、従来の人間学を根底から批判するものとして受けとめておきながら、それらを新たな人間学を形づくるパラダイムの一つとして論じることで［Wulf 2001=2015: 43, 174］、それらの思想の有している力を削いでいるように思える。

［2］従来の教育人間学における野生児研究にみられる人間中心主義・ロゴス中心主義の理解の枠組みにたいして、西平直は動物の側から事態を捉え直し批判を試みている［西平 2005］。西平は、狼に育てられたといわれるアマラとカマラの物語を、殺された親狼の側から問い直している。この問い直しは、人間／動物の境界線に関わる問題圏への重要な問いかけの一つである。

［3］私は、このような出来事を言い表す用語として、ルソーの「存在の感情」やベルクソンの「純粋持続」の概念に影響を受けた作田啓一の「溶解体験」と、バタイユの「非‐知の体験」という二つの用語を使用してきた。この両者は、基本的に同様の出来事をとりあげたものであるが、両者の差異をあえてあげるなら、前者が主に生命と調和的で歓喜や恍惚をともなうエロス的側面を捉えているのにたいして、後者は無に触れるときの恐れといったタナトス的側面を捉えたものといえる。

第5章　人間と動物の境界線に生起する臨床教育学

［1］Pascal 2015: 133

［2］もとよりハイデガーの存在論に基づく教育学の可能性は、こうした批判によって尽きるものではない。ハイデガーの共存在論を教育の主題として論じたものに、田中智志の『共存在の教育学――愛を黙示するハイデガー』（二〇一七年）があり、また

ボルノウ教育学を再解釈するところから改めてハイデガーを教育学的に読み直したものに、井谷信彦の『存在論と宙吊りの教育学――ボルノウ教育学再考』(二〇一三年)がある。

[3] デリダにおける動物と子どもとの類比的関係については、すでに鵜飼哲『ジャッキー・デリダの墓』(二〇一四年)、また郷原佳以「L'enfant que donc je suis、あるいは、猫のエピソードはなぜ『自伝的』なのか」(二〇一五年)、に指摘がある。デリダの動物‐人間学については、エリザベート・ルディネスコとの対話『来たるべき世界のために』(二〇〇一年)の「第5章 動物たちへの暴力」が明解。ここにはデリダ自身が書いたこの主題への註があり、それ以前のデリダの著作に動物への問いがどのように描かれてきたかが簡潔に論じられている。それ以外にも、デリダ「『正しく食べなくてはならない』あるいは主体の計算――ジャン＝リュック・ナンシーとの対話」(一九八九年)、『動物を追う、ゆえに私は(動物で)ある』(二〇〇六年)、『獣と主権者[I][II]――ジャック・デリダ講義録』(二〇〇八年・二〇一〇年)、を参照。またデリダの動物哲学ともいうべき動物‐政治・動物倫理の理論をコンパクトに論じた研究として、パトリック・ロレッド『ジャック・デリダ――動物性の政治と倫理』(二〇一三年)がある。

[4] ハイデガーのために一言付け加えるなら、一九二九年の講義のために参考にしたユクスキュルのテクストには、まだダニの世界の記述は登場してはいなかった。ダニの世界の記述は、一九三四年の『生物から見た世界』に登場する。アガンベンは、ハイデガーがこのダニの世界の記述を読んでいたなら、動物たちについて別様に思考したかもしれないその可能性を示唆している[Agamben 2002=2004: 109]。

[5] 訳語の「人類学機械(macchina antropologica)」は、文脈上「人間学機械」に変更している。

[6] 私は、『自己変容という物語――生成・贈与・教育』(二〇〇〇年)の第4章において、主にバタイユの動物論を手がかりとして、「聖なる他者としての動物」という表題で人間と動物との関係を論じ、さらに『動物絵本をめぐる冒険――動物‐人間学のレッスン』(二〇〇二年)において、構造主義以降の人類学やユクスキュルの動物学の成果を参照し、「動物絵本」に描かれた動物の絵と物語について、生成と発達をもたらすメディアの教育学の立場から考察した。動物絵本や動物との出会いによって、人間としての自己を象り、あるいは動物となって自己を解体していくという、二重性をもった生成変容のダイナミズムを探究す

ることで、動物を参照項として「人間の固有性」を捉えてきた従来の人間中心主義・ロゴス中心主義の「人間学」を、複数種の間の交流のなかで、人間と他種とが相互に変容していく出来事を捉える「動物－人間学」へと、編成し直す必要性を詳細に論じた。

[7] ここまできて、「私たち」と本書で自明のごとく論じてきたこの「私たち」とは一体誰のことを指しているのか、という問いに直面する。そして、この問いには、「私たち」というときに一体誰を排除しているのか、という問いがつづく。自己画定の言明なしには語ることはできないが、そのときにはいつもその画定の仕方への反省が不可欠である。

[8] このスフィンクスの謎を解いた人間が、他ならぬ父を殺し生みの母の夫となったあのオイディプスだったことを思いだすのも重要なのかもしれない。ニーチェは、『悲劇の誕生』（一八七二年）のなかで、神聖な自然の掟を意図せずして破る者、すなわち父を殺害し母を犯すという境界線を乗り超え「自然の解体」を経験する者、オイディプスが、スフィンクスの謎＝「自然の謎」を解き明かすことのできた者であったことを指摘している [Nietzsche 1872=1979: 73-75]。つまり境界線を侵犯する者こそが、正しく境界線に立つ可能性を秘めてもいる。

[9] 人間／動物の分割線に関わる問題圏は、人間中心主義・ロゴス中心主義を批判するフランスのいわゆるポストモダンの思想家にとって重要な論点であったが、近年、日本でも、人間と動物たちとの関係を再検討する重要なテクストが多く出版されるようになっている。例えば、「《動物性》をめぐる哲学試論」という副題をもったエリザベート・ド・フォントネの大著『動物たちの沈黙』（一九九八年）が二〇〇八年に翻訳された。このテクストは、西欧思想史における動物論の系譜を、ソクラテス以前からレヴィナス、デリダら今日のポスト構造主義の動物論まで、詳細に描きだしており、人間／動物を捉え直すうえでの基本文献といえる。また本論でも述べたように、晩年のデリダは、講義やセミナーで積極的に動物たちをとりあげ、この問題を語ることが哲学全体を問い直すことにつながることを示唆していたが、そのセミナーの記録『動物を追う、ゆえに私は（動物で）ある』（二〇〇六年）が二〇一四年に、また動物たちとの関係で政治を論じた大部の講義録『獣と主権者［I］［II］――ジャック・デリダ講義録』（二〇〇八年、二〇一〇年）も二〇一四年・二〇一六年にそれぞれ翻訳された。また二〇〇九年には『現代思想』が「人間／動物の分割線」という特集を組んで、デリダの動物論についての研究論文にならんで、デリダ自身の論文「ドゥルー

ズにおける人間の超越論的『愚かさ』と動物への生成変化」を掲載している。

また人類学関係でこの主題についてのテクストをあげれば切りがないが、ヴィヴェイロス・デ・カストロの、アメリカ大陸先住民の人間／動物の原理から西欧の文化／自然の分割線を捉え直す野心的な試みや、対称性と非対称性という人間学（人類学）から人間と動物との関係を論じた中沢新一の『カイエ・ソバージュ　全五巻』（二〇〇二―二〇〇四年）、あるいは奥野克巳・山口未花子・近藤祉秋編『人と動物の人類学』（二〇一二年）などが興味深く、人間と動物たちとの関係を考えるための新たな手がかりを与えてくれる。菅原和孝『動物の境界——現象学から展成の自然誌へ』（二〇一七年）は、人間／動物の境界線を問い直す研究として有益である。また人間／動物の分割線に関わる問題は、フェミニズム理論とも結びついており、ダナ・ハラウェイは、『猿と女とサイボーグ——自然の再発明』（一九九一年）を発表し、さらにそれにつづけて、『伴侶種宣言——犬と人の「重要な他者性」』（二〇〇三年）、『犬と人が出会うとき——異種協働のポリティクス』（二〇〇八年）を発表している。後者の二冊は人間を異なる種との関係の内に捉え直す「複数種（multispecies）の民族誌」研究とつながっており、なにより子どもと動物との緊密な関係を考えるのにも重要なテクストである。さらにまた人間／動物の分割線に関わる動物への倫理ということでは、なによりピーター・シンガーの『動物の解放』（一九七五年）が一九八八年に、コーラ・ダイアモンドやスタンリー・カヴェルらの『〈動物のいのち〉と哲学』（二〇〇八年）が二〇一〇年に翻訳出版されているし、人間／動物の政治理論でいえば、スー・ドナルドソンとウィル・キムリッカの『人と動物の政治共同体——「動物の権利」の政治理論』（二〇一一年）が出版されており、その他にも近年多数の動物倫理の研究書・翻訳書が出版されている。

本書第12章ならびに終章で詳しく述べることになるが、「人新世＝アントロポセン（Anthropocene）」という新たな概念の登場や、厄災・環境破壊についての危機感と結びついて、あらためて人間と環境、あるいは人間と自然についての問い直しが、「環境」をキーワードに自然科学・社会科学のみならず人文科学でも半世紀ほど前からはじまっており、それは当初それぞれの学問領域で個別的になされていたが、その主題領域の広さもあって「環境人文学（Environmental Humanities）」という名称で分野横断的な学問的潮流となっている。そのなかでも、人間と環境・自然との深い交感・交通・交信を描いてきた文学作品を研究する文学研究の動向は、教育学的思考にとっても重要である。文学研究では、当初は人間と自然との関係を描いた文学作品、例えばメルヴィルの『白鯨』（一八五一年）やソローの『ウォールデン』（一八五四年）などの作品研究が「ネイチャー・ライティング」として研究されたが、さらにそれらの批評として「エコクリティシズム（ecocriticism）」といった新たな研究領域が生まれてきた。エコクリティシズムの紹介としては、小谷一明・巴山岳人・結城正美・豊里真弓・喜納育江編『文学から環境を考える――エコクリティシズムガイドブック』（二〇一四年）が明解、また近年の研究では野田研一編による『〈交感〉自然・環境に呼応する心』（二〇一七年）があり、この本には宮澤賢治の動物-人間学の原理を「心象スケッチ」に求めた拙論「交感と心象スケッチ――脱人間化と逆擬人法」が掲載されている。さらにまた環境人文学の研究としては、野田研一・山本洋平・森田系太郎編『環境人文学Ⅰ　文化のなかの自然』『環境人文学Ⅱ　他者としての自然』（どちらも二〇一七年）が出版され、後書には動物たちの贈与的性格を論じた拙論「越境する動物がもたらす贈与《ギフト》」が掲載されている。どちらの拙著も、教育学の文脈を超えてより広い観点から、動物-人間学の可能性を展開している。

第6章　「子どもの人間学」の生命論的転回の方へ

[1]　宮澤賢治は対称性の思想をもっともよく体現した作家である。宮澤賢治については以下の拙論を参照［矢野 2008a, 2017b］。

[2]　人間／動物の問題については、前章で詳しく述べた通りだが、さらにハイデガー『形而上学の根本諸概念』（一九八三年）、ドゥルーズ『ディアローグ』（一九七七年）、アガンベン『開かれ――人間と動物』（二〇〇二年）、デリダ『動物を追う、ゆえに私は（動物で）ある』（二〇〇六年）、またブレット・ブキャナン『存在-生態論――ユクスキュル・ハイデガー・メルロ=ポンティ・ドゥルーズの動物環境論』（二〇〇八年）の論考を、ユクスキュルの動物論を手がかりにしつつ批判的に比較し考察するとき、ドイツを中心に展開されてきた哲学的人間学-教育人間学の系譜とは異なる、子どもの人間学=人類学の新たな可能性が見えてくる。

[3]　中沢新一は『熊から王へ』（二〇〇二年）のなかで、入社式において若者が「人食い霊」の親玉に食べられ、その口から「ハップ、ハップ（食いたい、食いたい）」と叫びながら外に向かって出て来て、自身が「人食い霊」となって生まれかわるさまを描いている［中沢 2002b: 174］。

［4］ フレーベルは、子どもという生の在り方のうちに「イノセンス」を見る。それは子どものうちに対称性の生の在り方の原型を見ているといってよい。その意味でも、大人は子どもと共に生きなければいけないのだ。フレーベルの「子どもという思想」については矢野［1995: 78-131, 2014a: 242-252］を参照。

第7章 ケアの倫理と純粋贈与

［1］ 方軼羣の『しんせつなともだち』（一九八七年）については、矢野［2007a］において論じたことがある。ここではそのときの論考をベースにしつつ、さらに踏みこんだ分析と解釈とを試みた。

［2］ 私はこの「時間を与える」という用語を、デリダの日本での講演「時間を－与える」から借用しているが、その具体的なイメージは、前田英樹の『倫理という力』（二〇〇一年）の一節から得ている。前田は、小津安二郎の『東京物語』（一九五三年）のなかの、尾道から東京に出てきた老夫婦にたいして、子どもたちがみな「忙しさ」を理由に、他の子どもたちにたらい回しをするなか、一人戦死した次男の嫁だけが優しく接する姿をとりあげ、「忙しさに抵抗して生きる」倫理の在り方として語っている［前田 2001: 180］。私はこの倫理の在り方こそがケアの本質であると考えた。「時間を与える」とは、このような「忙しさに抵抗して生きる」倫理のことでもある。

［3］ ノディングズの場合では、ケアリングの具体例を育児や保育・教育においているため、介護におけるケアされる人の負い目の問題は課題にならないが、ケアされる人が成人であるとき、またケアリングが長期にわたるとき、負い目の問題は贈与交換を基調とする人間関係において重要な課題となる。フランスの思想家サルトゥー＝ラジュは、『借りの哲学』（二〇一二年）のなかで、「借り」が動かす新たな道徳の可能性について言及している。サルトゥー＝ラジュの贈与論の特徴は、無償の贈り物は存在しない、贈与には必ず借りができると考える点にある。愛による贈り物であっても、それを受けとった者には必ず借りが生まれると考える。人はこの借りを返そうとし、この「借りを返す」ことによって、人々は互いに結びつけられるのだ。借りはけっして否定的なものではない。それというのも、人は自分ひとりでは生まれることも、大人になることもできないことから明らかなように、借りのない人間などどこにもいないからだ。この「借りを返す」ことにおいて、道徳の新たな形を生みだし、互酬的

な社会のつながりを再構築することができるのではないか。サルトゥー＝ラジュはこう考える。重要なことは、計算高い等価交換に回収されないようにすること、そしてなにより借りを負い目と感じさせ他者を支配するという否定的側面が生起しないように、人々を結びつける借りの概念を繊細な注意でもって復活させることである。そのためには、借りの否定的側面の出現を押さえるとともに、与えてくれた相手に感謝し、その借りのお返しに自分ができることを、その相手にかぎらず誰かになすという、借りの肯定的側面が出るようなシステムを作りださねばならない［Sarthou-Lajus 2012=2014: 74-78, 矢野 2014c: 9-10］。しかし、このような「借りの哲学」は国民国家を入れて捉え直してみるとき、結局のところ閉じた仲間うちだけの道徳を強化するものとなるのではないだろうか。サルトゥー＝ラジュの『借りの哲学』については、拙論「負債の教育と贈与の教育――『借りの哲学』を教育から考える」（二〇一四年）で詳細に検討している［矢野 2014c］。

［4］　この仕事に必要とされる知識や技術・技能は標準化されており、そのため正式な教育と訓練を受けた者には、国家によって資格の免許状が発行されている。この免許状（品質証明書）をもつ者は、お互いに交換可能な者（同品質）であることを国家が保証しているのである。

第8章　マナーと礼儀作法の系譜学

［1］　ここで当初想定されていたのは「江戸仕草」と呼ばれているものだが、現在その歴史的信憑性をめぐって問題が指摘されている［原田 2016］。「いき」自体が否定されているわけではないので、ここでは「いき」な所作という抽象度で考えておきたい。

［2］　滝浦真人は、『日本の敬語論』（二〇〇五年）において、ポライトネス理論から日本の敬語論について新たな展開を図っており、マナー論を考えるうえでも示唆に富んでいる。本章のゴッフマンの儀礼論からポライトネス論への流れの論述は、滝浦の議論に多くを負っている。また「距離化」と「脱距離化」という用語もここから得ている。

［3］　日本語は、ヨーロッパの近代語と比較して、複雑な敬語の体系をもっているといわれる。文化審議会の「敬語の指針」（二〇〇七年）における分類によれば、日本語における敬語は、尊敬語（「いらっしゃる・おっしゃる」型）・謙譲語Ⅰ（「伺う・申し上げる」型）・謙譲語Ⅱ（丁重語）（「参る・申す」型）・丁寧語（「です・ます」型）・美化語（「お酒・お料理」型）の五つの

種類に分類されるという。日本語の話者は、話し手と聴き手、そして話題のなかの人物、それぞれとの関係をもとに、煩雑な敬語法を使い分けて使用するように求められている。敬語法のまちがいは、マナー違反として認識されており、敬語使用に関わるマナーは現在でも私たちの人間関係のなかで強い規範性をもっている。そのためこの体系に十分に習熟せずに逸脱してしまう不正確な使用者は、「粗野な田舎出のもの」（金田一京助）として軽蔑の対象とさえなる。独立した主題として敬語の問題を扱うことができなかったが、マナー問題において言語の問題は重要な主題群をなしている。

［4］この絵は「鹿鳴館の月曜日」という表題で、フランス人画家ビゴーが一八八七（明治二〇）年に描いた絵である。明治維新後、欧米との不平等条約を解消するため、明治政府は積極的な欧化政策を推進したが、鹿鳴館における舞踏会の開催もその一つであった。当時、日本人女性でダンスを踊れる者が少なく、お雇い外国人を講師にして、華族やその婦人令嬢を集めて、ダンスの講習会を毎月曜日に実施することにした。しかし、それだけでは女性の数が足りなかったために、社交のプロとして芸者が集められたのだが、ビゴーは彼女たちの姿を冷ややかに見ていた。しゃがむという欧米人からみれば奇異な行為や、キセルでたばこを吸って鼻から煙を出すことや、たばこの灰をところかまわず捨てること、そしてのぞき見をすること、風俗を描くというよりは、洋装をして表面だけ文明化した日本人の品位のなさを風刺しているものといえるだろう。ビゴーは日本女性と結婚し、自由民権運動を支持し、条約改正に反対した人物だが、旺盛な関心と鋭い観察眼によって、明治期の日常生活を数多く絵に残した人物でもある。ところで、このような風刺画は、西欧人の偏見によるものと批判されてもきたが、しかし、西欧人と同じ目で近隣のアジアの人々を見ていた（いる）ことへの反省をするなら、このような絵を「西欧人の偏見」とばかり言ってはおられないだろう［清水編 1992: 128］。

［5］陶智子・綿抜豊昭監修の『近代日本の礼儀作法』（二〇〇八年）には、明治期から昭和期にかけての主要な礼儀作法書が一五巻集められており、マナー研究においても重要な資料集成となっている。この一五巻のうちの七巻に、『日本女礼式』『女子作法教科書』『〈昭和〉女子作法の栞』といったように「女性」がわざわざ明記されていることからもわかるように、女子教育において礼儀作法の教育が重視されてきたことがわかる。もちろんこの議論を深めるためには、江戸期からの連続性と非連続性の検討が不可欠となる。陶智子・綿抜豊昭編『近代日本礼儀作法書誌事典』（二〇〇六年）が、書誌的事実を網羅していて便利。ま

た同じ編者による綿抜豊昭・陶智子編『絵で見る明治・大正礼儀作法事典』（二〇〇七年）では、図版を通して具体的な礼儀作法を見ることができる。

［6］ デュルケームの儀礼論を導きの糸にして、古代・中世の聖なる空間・宮廷での儀礼的作法、個人と個人とが交わる近代の社交の場の礼儀作法、そして都市市民の狭義のマナーと、歴史的変化について大きな構図を描いてみた。この儀礼的作法‐礼儀作法‐狭義のマナーの三者は、聖なるものと人間との関係、身分や階層や階級の違う者との関係、個人と個人とが交わる関係、あるいは見知らぬ市民同士が出会う関係、における広義のマナーを表しているのだと考えてみれば、この三者は人間の生において普遍的でいつの時代にも並存しており、ただ時代においてそれぞれの重要度が異なっているにすぎないと考えることもできる。古代においては、宗教的儀礼における儀礼的作法がもっとも強力なものとして働いており、他の二者はそれに従属しているといったようにである。したがって、儀礼的作法‐礼儀作法‐マナーの歴史的な布置の変化においては、三者間の関係の変化が問われる必要があるだろう。現代においては、儀礼的作法‐礼儀作法‐マナーは、それぞれが分かちがたく結びあっており、それぞれの間に明確な線を引くことができない。

［7］ レヴィナスは『存在の彼方へ』（一九七四年）において、挨拶について、「無関心ならざること」の合図と述べているが［Lévinas 1974=1999: 327］、共著の『暴力と聖性』（一九八七年）においては、「私があなたに向かって『おはよう』というとき、私はあなたを認識するより先に、あなたを祝福していたのです。私はあなたの日々を気遣っていたのです。私は単なる認識を超えたところで、あなたの人生のうちに入りこんだのです」［Lévinas et Poirié 1987=1991: 122］と述べている（あるいは同書一一八―一一九頁参照）。また『外の主体』（一九八七年）においても、握手について同様のことを論じている。「握手、それは果して『認識を取得すること』なのでしょうか。……中略……握手は差異のなかに――隣人の近さのなかにあるのではないでしょうか。……中略……この差異は――平和・平安の新たな意味性であって、それは指向性や主題化としての心性によっても、情報の伝達によっても担われることなく、《他者‐に対する‐責任》という《無差異・無関心ならざること》によって担われているのです」［Lévinas 1987=1997: 183、強調はレヴィナス］。このように、挨拶は認識に先立ち他者に祝福を贈与することである。挨拶はマナー論の中心主題の一つをなしていることを考えると、この挨拶の考察もマナーを考えるうえで重要である。

第9章　世界市民の作法としての歓待と弔いのマナー

［1］『和辻哲郎全集』では、この文章は一九二〇（大正九）年発表と記載されているが、大橋良介の研究によれば一九二一（大正一〇）年の発表であるという。ここでは大橋の説にしたがった［大橋 2009(1992): 164］。和辻のこの短編エッセイに注目しているのは、大橋良介［2009(1992): 164-178］や熊野純彦［2009: 35-39］だけではない。苅部直の『光の領国 和辻哲郎』（一九九五年）の序章でも、この土下座論がとりあげられている［苅部 2010(1995): 1-17］。それはこの文章に和辻の倫理学の核心に触れる問題があるからである。

［2］和辻倫理学において、「国家」は「人倫的組織の人倫的組織」として自覚的な人倫組織であり、その成員であることにおいて人倫的意義を充実させる「究極的な全体性」であって、その意味で家族・親族・地縁共同体や文化共同体といった人倫的組織のなかでもっとも重要な位置を占めている。人間存在の構造として時間性と空間性とを相即するものとして捉えるなかで、和辻はこの国家という人倫的組織において、時間性は「歴史」として、そして空間性は「風土」として具体的に表れるという。本章の「歴史－風土－共同体」とは、そのような和辻倫理学における人間存在論の根本的な在り方を図式的に提示するための便宜上の表現である。ただしこのとき「共同体」が直ちに「国家」を指しているわけではない。

［3］和辻にとって「土地」とは、「道具」を作りだし、「技術」を生みだし、「隣り」を見いだす場所である。土下座はその意味において「土地」に根ざしているのである。

［4］「型」と「かたち」との関係については木岡伸夫［1994: 213］を参照。また型の問題については、唐木順三が「現代史への試み――型と個性と実存」（一九四九年）において、和辻も含めて小宮豊隆・芥川龍之介・阿部次郎ら「教養派」にたいして、「教養派」が個性を重視することで「型」や「形式」をもたないことについて批判してきた［唐木 1967(1949)］。しかし、この和辻の「土下座」を読むかぎり、和辻には型の重要性についての認識の転換があったといえよう。

［5］「五体投地」というのは、インドやチベットの修業の一つで、自らの体を大地へと投げだすという礼拝を繰り返しながら、聖地へと向かう行のことである。そのとき身体はただ平伏するのではなく、うつ伏せに寝る姿勢で額は地面につけられる。これは自己をまるごと差しだす行為といえる。

［6］ 映画の主人公のモデルとなった青木新門は、『納棺夫日記』（一九九六年）のなかで、衣服を整え礼儀礼節に心がけた理由を、周囲から専門家として認めてもらうことと職業上のアイデンティティを構築するためだと語っている［青木 1996: 31］。

［7］ 和辻は、「倫理」という言葉を説明するさい、「倫」はもともと「なかま」を意味していること、このとき「なかま」とは「一定の人々の関係体系としての団体であるとともに、この団体によって規定せられた個々の人々」のことであるという。「理」とは「こだわり」「すじ道」を意味しており、したがって「倫理」とは「人間の共同的存在をそれとしてあらしめるところの秩序、道にほかならぬ」と述べている［和辻 1962(1937): 12-13］。和辻の「倫理学」とはどこまでも「なかま」に関わる学であった。

第10章　境界を超える愛と自由の道徳教育

［1］ 学校では学級集団という集団の維持機能を先行させることもあり、しばしば「閉じた道徳」の方に重点が置かれてしまう。そして、この「閉じた道徳」が子どもの知性によって疑われるようになると、教師は「その方が社会（あるいは個人）にとって得だから」「情けは人のためならず」といったように、社会的有用性の観点から説明することになる。このような説明は多くの場合、人がなす道徳的行為の後付けとして説明される、いわば説明のための説明にすぎないものだが、そのような説明方法しかなされないために、子どもに「開いた道徳」への道を閉ざしてしまう。「なぜ他者を助けなければならないのか」という問いに、日常性の支えが崩れ落ち破壊的な懐疑の罠に落ち込んだ知性を満足させる合理的な説明などはない。それでももし合理的な説明がされるのであれば、そこでは自己にとって有益なあるいは有意義な理由を見いだすことでしかなく、それは人を助ける行為と等価な何らかの報酬を見いだす試みとならざるを得ない。そしてそれは子どもに道徳とは結局のところ人間関係における損得計算であると教えることになる。道徳が、「閉じた道徳」のように集団の維持や個人の利害にかぎられておらず、「開いた道徳」の次元をもあわせもつことが、子どもに体験され理解されなくてはならない。周囲の大人や教師が、道徳を社会生活上の便宜のためのものと見なしているのでは、また相互扶助の贈与交換や公正な配分や誠実な等価交換でしかないと考えるのでは、民族や共同体や国民国家の道徳を超えることはできないだろう。反対に、個人の利害関心から一気に損得計算の外に飛び出し、法を超越した「聖なるもの」の圧倒的な力に全面的に呑み込まれ、「民族」や「国家」といった自己を超えたものへの忘我的な献身に陥

る危険性もある。権威や伝統の聖なる物語に回収されないように、あるいはカリスマ的人物に呑み込まれないためにも、教育関係者は愛と自由に表される「開いた道徳」の道にたえず関心を向ける必要がある。

第11章　専門家教育・市民教育から世界市民形成へ

［1］　Mill 1867=2011: 106

［2］　本章は、二〇〇七年から二〇〇九年にかけて京都大学で四回に分けて開催された「倫理への問いと大学の使命」の連続講演会+シンポジウムの報告書、『倫理への問いと大学の使命』（二〇一〇年）の「序論」をもとに、書き直したものである。

［3］　二〇〇四年四月より、すべての大学が文部科学省の認証を受けた評価機関から評価を受ける制度が導入された。「認証評価制度」の目的は、「評価結果が公表されることにより、大学が社会による評価を受ける。評価結果を踏まえて大学が自ら改善を図る」ことであるという。しかし、この大学評価はたんに大学の改善を求める実務的な問題にとどまらない。この問題を教育学の課題として捉え直すとき、大学自体を新たな共同体としてどのように構築するかという共同体構築の課題と、そのような課題のもとで大学評価はどのようなものであるべきかという「評価の哲学」とが、リンクされて考察されなければならない。

大学評価は、大学共同体の構築においてどのような意味をもつべきかが問われる。評価が異質なものの間に共約可能性を生みだす基準に基づく評価として考えるなら、そのような評価は同じ尺度のうえでの大学間の比較を可能にし、大学間の格差を明らかにするには便利だろう。相対的な格差を理解し、そのなかでより優れたものを目指すというこのような評価の在り方は、「標準化」のように向かうべき方向が決まっているときには大きな力を発揮するにちがいない。しかし、大学がそれぞれに独自の「個性」をもち、その個性を創造的に発展することを目指すなら、このような評価は無意味であるばかりか、かえってそのような創造への志向性を妨げてしまうものともなるだろう（そのことの危険性については文部科学省自身が指摘している）。個性とは、かけがえのない共約不可能な質の在りようを示す言葉である。このように考えると、「創造の評価」は「評価の創造」を不可欠としていることがわかる。

統計的な手法などが進展し、さまざまな科学的な評価の理論が登場しているが、それらは個性や創造性を計るとはどのようなことかについて十分に考えているとはいいがたく、最初から評価対象の共約可能性を前提にしているように思われる。まして大学共同体をどのように構築していこうとするのかという問いなしに、数量的で目に見える成果（エビデンス）を求める評価基準だけが動きだしている現状では、大学はすべて人材能力を生産する工場、あるいは有用な情報を効率よく伝達するサービス機関のようなものとなってしまうだろう。「大学が社会による評価を受ける」というとき、それは社会へのたんなる説明ではなく、社会への創造的な働きかけを意味すると考えるべきではないだろうか。大学が社会に働きかける活力を失うことは、大学がもつべき文化的政治的使命の放棄につながるだろう。大学自身が新たな「評価の哲学」を生みだすことによって、大学の個性が創造性と結びあって実現されること、その個性や創造性がまた新たな「評価の哲学」を必要とすることを考えるとき、「評価の哲学」の創造は急務な課題といえるだろう。そして、大学評価の問題が、「大学における倫理の教育の可能性」の主題と深く結びついていることがわかるだろう。

［4］　さらにこの上に、医学や看護学の実習、あるいは教育や心理臨床学の実習のように、人と直に向かいあうような授業があるが、それは専門家教育における職業倫理の教育に関わることなので、ここでは論じない。しかし、これらの職業倫理も人と向かいあうとき「倫理への問い」に触れる瞬間をもつことだろう。

［5］　ここで問われている思考形態は、本書第3章で述べた思考の経済的な在り方を述べているにすぎない。科学的思考は基本的に経済的な思考原則によって特徴づけられる。しかし、教育学的思考は、効率的な有用性にではなく概念を極限に向けなければならない。人間の問いは、ありふれた人間の諸事象を手がかりに、その事象を「絶対的な問い」として問わなければならない。教育学的思考とは本来そうなのである。このように問われるとき、「倫理への問い」も共同体の慣習的な規則や規範を超えて、そのような規則や規範を侵犯する次元へと突き進む可能性を秘めている。

第12章　世界市民性が立ち現れる厄災ミュージアム

［1］　Serres 1990=1994: 181

［2］　第1章の註5における数量化した死者の提示を参照。そこでは意識的に「死者の数」をとりあげ比較する書き方をしている。

［3］ 自己を変容させ新たな世界を開くモノのもつメディア的性格については、西田幾多郎の身体論と結びつけて詳しく論じた［矢野 2014a を参照］。

［4］ パーモンティエはモレンハウアーに学んだドイツの教育学者。現在、ドイツでもミュージアムは商業主義に基づく集客率を高めるイベントなどが要請されており、市民の啓蒙という設立時本来の理念を見失い危機に瀕している。この危機をどのように捉えるべきなのか、パーモンティエの答えはきわめてシンプルで明解なものである。「ミュージアムを陶冶施設として再建すること」それである。ここでいう「陶冶」の意味は、一般化した用語使いではなく、古典的陶冶概念を踏まえつつアドルノによって鍛えられた陶冶概念にしたがっている。このとき陶冶とはなによりも「啓蒙」を意味している。

［5］ イサク・ディーネセンは、『アフリカの日々』（一九三七年）や『バベットの晩餐会』（一九五八年）の作者としてよく知られているが、恋人を事故で失うことによって物語作家となった人物である。アレントは『暗い時代の人々』（一九六八年）のなかでも、哲学の師であるヤスパースや畏友ベンヤミンとならべて、この作家について深い共感と愛情をこめて語っている。

［6］ ナンシーとデュピュイは、今日の破局の思想研究がギュンター・アンダースとハンス・ヨナスそしてアレントからはじまったことを指摘している。本章でアレントの物語論を引いているのは、そのような理由からでもある。この「忘却の穴」については、高橋哲哉によるアレント批判があり［高橋 1995: 3-77］、本書第1章の末でも言及しているが、本章では物語がもたらす「事実の真理」そして「現実との和解」の意義を評価しておきたい。この「現実との和解」は、ギリシア悲劇の本質であり、アリストテレスがカタルシスと名づけたものと関連している。

［7］ アンダースは、フッサールとハイデガーのもとで学び、『橋の上の男――広島と長崎の日記』（一九五九年）、『ヒロシマわが罪と罰――原爆パイロットの苦悩の手紙』（一九六一年）、そして『われらはみな、アイヒマンの息子』（一九六四年）、『核の脅威――原子力時代についての徹底的考察』（一九八一年）を書いた、著名な反核運動の指導者であり、破局について思索を深めてきた哲学者である。本章との関係でいえば、アレントの最初の夫であり、すでに別れていたにもかかわらずアレントがアメリカに亡命するときに手助けをした人物でもある。アンダースのヒロシマ論については山名［2017］を参照。

［8］ このことは、人間と自然との関係において、人類史においてこれまでとは明らかに異なる、新たな次元がもたらされてしま

ったことを意味している。この新たな次元の到来は、文化／自然という西欧近代を象ってきた中心原理の二分法をあらためて問い直すだけでなく、この二分法と連動して展開されてきた人間／動物、精神／身体、大人／子どもといった一連の二分法に基づく思想の系譜を、根本から問い直す必要性を示している。

［9］ 次章で詳しく述べるように、世界市民の形成はカントに由来する歴史的課題だが、本章の厄災ミュージアムにおける世界市民の形成という考えは、直接にはアレントのヤスパース論にインスパイアーされている［Arendt 1968=1986］。

［10］ 死者を数として数えることと、モノを商品としてのみ扱うこと、自然を自由に処分できる手段や素材として捉える見方は、どれも一般的等価物としての貨幣を媒体にした等価交換をもとに、世界を共約可能なものとして捉える、グローバリゼーションを駆動する経済原理によっている。魅力的な商品を集積し欲望を喚起することで人々を集めはするが、けっして連帯が生まれることのない「コンビニの世界原理」と、消費することなど許されない唯一無比の記憶を有するモノの声に耳を傾けるために集まり、物語を語り聴き、互いに対話し討議をすることで人類への責任と連帯を生みだす「厄災ミュージアムの世界原理」とは、この世界の運命を分かつ二つの世界原理だ。

終章　明日の世界市民と今日の教育的課題

［1］ Kant 1795＝2000: 277

［2］ ここで世界市民主義の淵源をストア主義とパウロ的キリスト教に求めたのは、デリダを承けてのことである。ヘルドは世界市民主義をストア主義とカントの世界市民論に求めており［Held 2010=2011: 11］、またヌスバウムはカントの世界市民主義をストア主義の系譜で捉えて詳しく論じていることと比べると［Nussbaum 1997=2006: 36-80］、世界市民主義の淵源としてパウロ的キリスト教を考えるデリダの解釈は興味深い。パウロ的キリスト教の系譜では、アウグスティヌスの「神の国」と世界市民主義との関係を考えるだろうが、本書ではパウロ的キリスト教の系譜にベルクソンをおくことで、世界市民主義の新たな展開を試みている。

［3］ 広瀬悠三は、『カントの世界市民的地理教育――人間形成論的意義の解明』（二〇一七年）において、世界市民形成のなかで

地理教育が果たす役割の大きさを明らかにすることで、カントの世界市民形成の内容をはじめて明確に提示している。カントは世界市民の教育を強調しているにもかかわらず、自身はこの主題について体系的に論じてはおらず、そのこともあって、カント教育学研究においても、世界市民的教育は道徳教育と同一視されるにとどまり、特別な主題として論じられることはなかった。広瀬は、カントの自然地理学の講義に出席していた当時の学生たちのノートなども丹念に参照しつつ、地理教育の観点からカントの批判理論・歴史哲学的考察を捉え直すことで、世界市民の形成が個人的な道徳化にとどまらず、社会的な改革と人類の発展を目指す世界市民的社会の実現と結びつけられていることを明確にとりだして見せている。ちなみに酒井直樹によれば、カントは人種概念の哲学的解明を行った最初の哲学者であるという。酒井はそのテクストとして「さまざまな人種について」（一七七五年）、「人種の概念の規定」（一七八五年）、「哲学における目的論的原理の使用について」（一七八八年）の三つの論文を挙げている［酒井 2012: 171］。こうしたテクストに現れた人種概念と、カントが講義した自然地理学で示された人種に関する論述と、そして世界市民の理論とがどのように結びついているかの検討は重要な課題である。

［4］「世界人権宣言」の起草に関与したジャック・マリタンの世界市民主義の思想は、ベルクソンの『道徳と宗教の二つの源泉』から多くの影響を受けていることが知られている［古賀 2014: 91-92］。

［5］南原繁は、第1章註6でも述べたように、戦後日本の教育制度改革に指導的役割を果たした人物だが、その南原が戦時期に発表した著作、『国家と宗教――ヨーロッパ精神史の研究』（一九四二年）「第3章　カントにおける世界秩序の理念」のなかで提案されている「世界秩序論」の構図は、木村の「世界史的普遍」と連関する「世界史的国家」の理論と類似点が多々あり、両者の議論を比較検討する必要がある。南原は、カントの世界秩序論を批判的に検討し、個と普遍的世界国家との間に位置する民族的国家（具体的普遍）の重要性を認め、普遍的世界国家＝永遠平和という道徳的最高善を実現するためには、民族個性諸国家による連邦の構築こそが目指されなければならないと論じている。このとき「連邦」は、たんなる国家間の相対的な利害関係を調整する機能を果たす「連合」ではなく、「一般的抱合者」として普遍的な秩序と組織を要請するものと見なしている。この南原の「世界秩序論」は、民族と国家の神性を提唱したとする田邊元の「種の論理」への南原による厳しい批判に見られるように［南原 2014(1942): 314-320］、たしかに田邊を中心とした京都学派の国家哲学との距離はあるものの、木村の「国民的個性的価

値の世界史的深さ」を論じる「世界史的国家」の理論とは、むしろ思想的な共通点を超えたつながりがあるのではないかと考えられる。これとは別に、戦後南原が発表した『フィヒテの政治哲学』（一九五九年）のフィヒテ解釈では、木村のフィヒテ研究が基礎になったのではないかと推測している指摘もあり［早瀬 2014: 314］、両者の関係を検討することは、戦時期の政治思想史研究のみならず、南原が委員としてその作成に携わった「教育基本法」、そして戦後教育学の評価を捉え直すうえでも重要である。

［6］現在のコスモポリタニズムをめぐるさまざまな議論、コスモポリタニズム／ナショナリズム、グローバル／ローカル、普遍的なもの／特殊的なもの、法制的コスモポリタニズム／道徳的コスモポリタニズムといった対立やアポリアの論点があるが、ここでは今日の教育的課題という実践的見地から捉えた世界市民の形成に限定して考察する。本章で述べる世界共和国への道の具体性は、ヘルドが言うように、強制力に限界があり範囲にも制限があるとはいえ、コスモポリタニズムは、ユニセフやユネスコやWHOといった国際機関、「世界人権宣言」や「児童の権利に関する条約」のような国際的ルールが、すでに一定の力をもつものとして制度化されていることからもわかるように、従来の主権型国民国家のシステムに変容をもたらしてもおり［Held 2010=2011: 37］、たんなる理想主義にはとどまらない。その意味では、世界市民形成の可能性を考えるときには、とくにユネスコの動向に注目しておく必要がある。

［7］もちろんこのような世界をめぐる事態の変化に、日本の教育学が応答してこなかったわけではない。教育学の研究・思想の組織的な変遷を捉えることのできる指標の一つとして、教育に関わる岩波講座を例にとると、一九九八年刊行の岩波講座「現代の教育」では第五巻『共生の教育』と第一一巻『国際化時代の教育』で、また二〇一六年刊行の岩波講座「教育　変革への展望」では第七巻『グローバル時代の市民形成』で、それぞれに「国際化」と「グローバリゼーション」への教育学的応答がなされている（「国際化」が「グローバリゼーション」に取って代わられるようになるのは一九九〇年代のことである。globalizationという用語は、もともと一九八〇年に「国際的開発問題に関する独立委員会」が出した報告書 *North-South: A Progamme for Survival* 通称「ブラント委員会報告」で使用されたのが最初だと言われているが、その数年後ハーバード・ビジネススクールなどで使われるようになったという［Adelman 2017: 25］）。岩波講座「現代の教育」では、「共生」「異文化理解」「多文化社

会への対応」といった課題が論じられている。例えば、堀尾輝久は「地球時代とその教育」という表題で、世界市民の思想にも触れつつ、総花的ではあるが、国際理解のみならず、平和・人権の文化ならびに共生の思想の拡大を教育的課題として論じており、さらにこのときの共生の他者には外国人にかぎらず死者と未来の世代そして万物にまでおよんでいる［堀尾 1998］。「国際化」という用語で捉えられた時代の課題は、日本を主体において国家の枠組みをもとに外国との関係の在り方が問題になっているが、「グローバリゼーション」においては、金融危機や環境問題など国家を超えた事象が課題となっていると言われている。しかしながら、岩波講座「教育　変革への展望」では、「グローバル時代の市民形成」という表題でありながら、論考は各国における市民形成・市民性教育の動向が中心になっており、堀尾が示してみせたような世界市民・地球市民の理念や、人間以外の生きものたちとの共生の思想的課題は影を潜めている。

［8］　リスク社会論で有名なウルリッヒ・ベックは、リスクのグローバル化によって「世界リスク社会（Weltrisikogesellshaft）」が生まれ、そのことによって国民国家間の従来の境界の在り方が変更され、新たな「世界公共性（Weltöffentlichkeit）」が形づくられていくという。グローバルなリスクを前にしての連帯ということでは、ベックの世界市民論の立場は、ヘルドの立論と同様に、カントの世界市民論の今日的バージョンということができる［Beck 2002=2010: 72］。

すべての国民が教育を受けるという国民教育の制度は、近代の国民国家の成立とともに誕生した。同時期に徴兵制による国民軍も生まれた。国民を国家の主体として形成していく教育制度と、国民国家を他の国家から守り独立と自由を維持する国民軍の創設とは、ともに国民国家を維持し発展させていくうえで不可欠であり、両者は密接に連動してきた。そして、両者のつながりがより強固なものになるのは戦争においてである。

総力戦の時代となり、戦争を準備しまた持続的に遂行するときには、国民の共同感情に基づく結束と協力は不可欠であり、国民教育の重要度は増し、国家的使命を実現する重要なエージェントとして、学校教師に強い使命感と実行力とが与えられた。また敗戦のときには、国民軍の方は解体されてその機能を失うが、学校教育には新国家建設という新たな目的が与えられ、国民から大きな期待が寄せられた。どちらにしても、戦争は教育機関に明確な目的と権威・権力を与え、社会的に有用な機構として駆動力を付与してきた。そして、そのような時期には、「子ども」は国家的社会的目的を未来において実現するための有力な手段と見なされた。

今日のさまざまな教育問題は、国民国家が生みだした近代の教育システムが、経済のグローバリゼーションという新たな事態と直面し、互いにつながりつつせめぎあう歴史状況のうちに生起している。しかしそれだけではない。その背後では、両者の存立を背後で支えてきた生態系が言葉にはならない苦悶の呻きのうちに絶滅の危機を迎えているのだが、多くの教育関係者には中心的な関心事とはなってはいない。この第三の事態は、教育では課題として「環境教育」という名称で呼ばれてきたものにあたるが、本書で述べたように、この事態は人間中心主義的な「発展の持続」をめぐる課題としてではなく、生命の絶滅という黙示録的な厄災として問い直されるべきものである。こうした地球規模での事態の変化を前にして、「国民教育」という近代の教育システムは、「国民」と呼ばれてきた生の在り方とともに変わらなければならない。

本書のメインテーマは、経済のグローバリゼーションの深化と偏狭なナショナリズムの蔓延、そして生命圏絶滅の危機が、教育において生起させる課題群にたいして、それぞれの課題についての詳細で具体的な症状例を提示しつつ、それらの課題をどのように捉えればよいのか、その問い方と語り方とを模索し、教育学的思考の向かうべき方位を見定めることにある。こうした複雑に交叉し錯綜した課題群にたいして、解決を教育学的思考が単独で担うことなど不可能であることは、いまさらいうまでもないことだが、教育学的思考によってはじめて問うことのできる課題や、教育学の枠内でも応答できること、応答しなければならないことがあるはずである。

本書は課題の発見とその応答の試みである。経済のグローバリゼーションにおいては「純粋贈与」を、そして他者を排除する偏狭なナショナリズムの蔓延ならびに生命圏の危機の事態においては、その純粋贈与を倫理とする「歓待」と「世界共和国の建設」とを中心的な理念として示すことで、「生成と発達の教育学」が向かうべき方向を論じている。学問領域でいえば、人間／動物の境界線の再考を含む他者論と、市場交換・贈与交換の重要性を認めつつも純粋贈与を倫理の根幹とする贈与論と、生成する物語の不可能性と可能性を論じる物語論とが、この課題と関わるときの重要な論理となっている。このとき、この他者のなかには、贈与する「最初の先生」も死者もこれから生まれる子どもも、そして動物たちも含まれており、また贈与のうちには教育はもとよりケアやマナーや挨拶なども含まれており、さらに物語にはフィクションもノンフィクションも含まれている。このようにして、「生成と発達の教育学」を、他なるものの自覚の臨界点において、さらに生命論的に転回させることを図っている。

本書は、生成する教育学的思考としての「生成と発達の教育学」の立場から、教育学的思考の歴史をあらためて問い直し、今日における「贈与と交換の教育学」の形を構想したものである。「贈与と交換の教育学」として、教育人間学・子どもの人間学という教育学的思考の運動態を、現代においてなお推し進めるときに、どのような形をとるべきかについての一つの試論である。その意味で、本書は拙著『贈与と交換の教育学――漱石、賢治と純粋贈与のレッスン』（東京大学出版会、二〇〇八年）の続編ということができる。

それぞれの章の論考は、この数年のうちに書かれたものだが、書いたときにはこのような標題の本の一部になるとは考えてもいなかった。その時その時の課題へ応答していたものが、最終的にこのような形となって現れたことになる。本書の標題を「歓待と戦争の教育学」、またサブタイトルを「国民教育と世界市民の形成」と決めたことで、それまでの多様な方向性をもって個々の課題に応答していた思考のベクトルは、「歓待と戦争」という鋭く緊張感を孕んだ「教育学」へと、そしてその緊張関係の向かう先に理念として誘導光を放つ「世界市民の教育学」へと、組織され方向づけられることになった。ただ複雑な課題を切りつめて単純化したり、初出時の論考の思考がもっていた多様な方向性を一方向に収束することのないように配慮した。

長年にわたり知の伝達を担ってきた書籍というメディア形態が、急激な時代変化によって厳しい状況におかれているなか、本書の意義を認め出版をお引き受けくださった東京大学出版会、ならびに前著『贈与と交換の教育学――漱石、賢治と純粋贈与のレッスン』に引きつづき編集をしていただいた後藤健介氏に深甚の感謝をしたい。後藤氏がいなければ本書はこのような形となることはできなかったろう。本書も多くの人たちとの出会いと交流とによってできている。香川大学の加野芳正氏とマナー研究会のメンバー、また東京大学の山名淳氏と「災害の記憶と教育」のシンポジウムのメンバーに感謝したい。最後になるが、これまでのすべての著作と同様、原稿を丁寧に読み疑問点を指摘してくれた、最良の読者であるともに誠実な批評家でもある妻の典子に、心より感謝したい。

二〇一九年二月

矢野智司

*本研究は、科学研究費補助金（基盤研究B20330161「マナーと人間形成に関する理論的・実証的研究」研究代表者加野芳正、二〇〇八年〜二〇一〇年、基盤研究B23330226「マナーと人間形成に関する総合的研究」研究代表者加野芳正、二〇一一年〜二〇一三年、基盤研究B26285175「二一世紀型コンピテンシー育成のためのカリキュラムと評価の開発」研究代表者矢野智司、二〇一四年〜二〇一九年）の交付を受けた研究成果がもとになっている。これらの助成がなければ、本研究はこのような形をとることはできなかったろう。心より感謝したい。

著者略歴
1954年　神戸に生まれる
京都大学大学院教育学研究科博士課程中退
教育学博士
現在，京都大学大学院教育学研究科教授

主要著書
『子どもという思想』（1995年，玉川大学出版部）
『ソクラテスのダブル・バインド』（1996年，世織書房）
『自己変容という物語』（2000年，金子書房）
『動物絵本をめぐる冒険』（2002年，勁草書房）
『意味が躍動する生とは何か』（2006年，世織書房）
『贈与と交換の教育学』（2008年，東京大学出版会）
『幼児理解の現象学』（2014年，萌文書林）
『大人が子どもにおくりとどける40の物語』（2014年，ミネルヴァ書房）

歓待と戦争の教育学
国民教育と世界市民の形成

2019年 3月15日　初　版

［検印廃止］

著　者　矢野智司《やのさとじ》

発行所　一般財団法人　東京大学出版会
代表者　吉見俊哉
153-0041 東京都目黒区駒場4-5-29
http://www.utp.or.jp/
電話 03-6407-1069　Fax 03-6407-1991
振替 00160-6-59964

組　版　有限会社プログレス
印刷所　株式会社ヒライ
製本所　牧製本印刷株式会社

ISBN 978-4-13-051342-5　Printed in Japan

人名索引

さ　行

た　行

な　行

は　行

ま　行

や　行

ら　行

事項索引

あ 行

か 行

さ 行

た　行

な　行

は 行

ま 行

や 行

ら　行

引用参考文献

（括弧内の年号は初出時の年号）

青木新門　1996　『納棺夫日記 増補改訂版』文藝春秋社

青木　保　2006（1984）『儀礼の象徴性』岩波書店

浅田　彰　1983　『構造と力――記号論を超えて』勁草書房

天野郁夫　2008　『国立大学・法人化の行方――自立と格差のはざまで』東信堂

天野貞祐　1970（1951）「国民実践要領」『天野貞祐全集』第4巻、栗田出版会

池内　了　2014　『科学・技術と現代社会』上下巻、みすず書房

池上英子　2005　『美と礼節の絆――日本における交際文化の政治的起源』NTT出版

石井光太　2014　『浮浪児1945- ――戦争が生んだ子供たち』新潮社

石川真由美編　2016　『世界大学ランキングと知の序列化――大学評価と国際競争を問う』京都大学学術出版会

石原吉郎　2012（1969）「確認されない死のなかで――強制収容所における一人の死」『望郷と海』みすず書房

石牟礼道子　2004（1970）「天の呉れらすもの」『石牟礼道子全集　不知火』第4巻、藤原書店

井谷信彦　2013　『存在論と宙吊りの教育学――ボルノウ教育学再考』京都大学学術出版会

位田隆一・片井　修・水谷雅彦・矢野智司編　2010　『倫理への問いと大学の使命』京都大学学術出版会

市川　浩＋山崎賞選考委員会　1977　『身体の現象学』河出書房新社

今井康雄　2004　『メディアの教育学――「教育」の再定義のために』東京大学出版会

今西錦司　1972（1941）『生物の世界』講談社

今村仁司　2000　『交易する人間――贈与と交換の人間学』講談社

――――・今村真介 2007　『儀礼のオントロギー――人間社会を再生産するもの』講談社

上原専禄　1992（1952）「祖国愛と平和」上原弘江編『上原専禄著作集』第7巻、評論社

鵜飼　哲ほか　1997　『国民とは何か』インスクリプト

――――　1997　「国民人間主義のリミット」鵜飼　哲ほか『国民とは何か』イン

スクリプト
———— 2014 『ジャッキー・デリダの墓』みすず書房
氏家重信 1999 『教育学的人間学の諸相——その多様性と統一性』風間書房
臼井吉見・石田 雄・井上 清・勝田守一・高坂正顕・和辻哲郎 1958 「共同討議 教育勅語をめぐって」『講座 現代倫理』第6巻、筑摩書房
内田 樹 2011(2001) 『レヴィナスと愛の現象学』文藝春秋社
———— 2011(2004) 『他者と死者——ラカンによるレヴィナス』文藝春秋社
大澤真幸 2011 『近代日本のナショナリズム』講談社
大橋良介 2009(1992) 『日本的なもの、ヨーロッパ的なもの』講談社
岡崎勝世 2006 「リンネの人間論——ホモ・サピエンスと穴居人(ホモ・トログロデュッテス)」『埼玉大学紀要 教養学部』第41巻第2号
岡崎雄兒 2003 「中華人民共和国国歌の成立過程研究」東北公益文科大学『総合研究論集』第21巻第6号
———— 2015 『歌で革命に挑んだ男——中国国歌作曲者・聶耳と日本』新評論
小川洋子 1998(1995) 『アンネ・フランクの記憶』角川書店
小国喜弘 2007 『戦後教育のなかの〈国民〉——乱反射するナショナリズム』吉川弘文館
奥野克巳・山口未花子・近藤祉秋編 2012 『人と動物の人類学』春風社
小熊英二 2002 『〈民主〉と〈愛国〉——戦後日本のナショナリズムと公共性』新曜社
長田 新 1947 『ペスタロッチー教育学』(3版)、岩波書店
————編 1951 『原爆の子——広島の少年少女のうったえ』上下巻、岩波書店
———— 1959 『教育哲学——教育学はどこへゆく』岩波書店
小野文生 2017 「〈非在のエチカ〉の生起する場所——水俣病の記憶誌のために」山名 淳・矢野智司編『災害と厄災の記憶を伝える——教育学は何ができるのか』勁草書房
恩田守雄 2006 『互助社会論——ユイ、モヤイ、テツダイの民俗社会学』世界思想社
海後宗臣 1965 『教育勅語成立史の研究』厚徳社
加藤典洋 1997 『敗戦後論』講談社
———— 2013 『ふたつの講演——戦後思想の射程について』岩波書店
加藤陽子 2009 『それでも、日本人は「戦争」を選んだ』朝日出版社
金森 修 2012 『動物に魂はあるのか——生命を見つめる哲学』中央公論新社
加野芳正編 2014 『マナーと作法の社会学』東信堂

亀山佳明　2012『生成する身体の社会学――スポーツ・パフォーマンス／フロー体験／リズム』世界思想社
唐木順三　1967(1949)「現代史への試み――型と個性と実存」『唐木順三全集』第3巻、筑摩書房
柄谷行人　1986, 1989『探究』I II 巻、講談社
―――　1994『〈戦前〉の思考』文藝春秋社
―――　2004『定本 柄谷行人集 4　ネーションと美学』岩波書店
―――　2006『世界共和国へ――資本＝ネーション＝国家を超えて』岩波書店
―――　2010『世界史の構造』岩波書店
―――　2012『哲学の起源』岩波書店
―――　2014『帝国の構造――中心・周辺・亜周辺』青土社
―――　2016『憲法の無意識』岩波書店
苅部　直　2010(1995)『光の領国　和辻哲郎』岩波書店
刈谷剛彦　2017『オックスフォードからの警鐘――グローバル化時代の大学論』中央公論新社
川崎　修　2005『アレント――公共性の復権』講談社
河原　宏　2012(1995)『日本人の「戦争」――古典と死生の間で』講談社
川本隆史編　2005『ケアの社会倫理学――医療・看護・介護・教育をつなぐ』有斐閣
姜　尚中　2004(1996)『オリエンタリズムの彼方へ――近代文化批判』岩波書店
木岡伸夫　1994「習慣としての身体」新田義弘ほか編『岩波講座　現代思想 12　生命とシステムの思想』岩波書店
―――・鈴木貞美編　2006『技術と身体――日本「近代化」の思想』ミネルヴァ書房
菊谷和宏　2011『「社会」の誕生――トクヴィル、デュルケーム、ベルクソンの社会思想史』講談社
木村素衞　1939a『国民と教養』弘文堂書房（『木村素衞著作集』第1巻、学術出版会）
―――　1939b『表現愛』岩波書店（『木村素衞著作集』第3巻、学術出版会）
―――　1941『形成的自覚』弘文堂書房（『木村素衞著作集』第4巻、学術出版会）
―――　1946『国家に於ける文化と教育』岩波書店（『木村素衞著作集』第5巻、学術出版会）
教育思想史学会編　2000『教育思想事典』勁草書房

九鬼周造　1981(1930)『「いき」の構造』天野貞祐ほか編『九鬼周造全集』第1巻、岩波書店
熊倉功夫　1999『文化としてのマナー』岩波書店
熊野純彦　2009『和辻哲郎——文人哲学者の軌跡』岩波書店
————編　2009『日本哲学小史——近代100年の20篇』中央公論社
倉田百三　1917『出家とその弟子』岩波書店
黒住　真　2013「日本思想とは何か」『日本の思想』第1巻、岩波書店
下司　晶　2016『教育思想のポストモダン——戦後教育学を超えて』勁草書房
高坂正顕　1942『民族の哲学』岩波書店
————　1965a(1949)「世界公民の立場——カント『永遠平和の為に』の序説」『高坂正顕著作集』第3巻、学術出版会
————　1965b(1949)「カントの歴史像」『高坂正顕著作集』第3巻、学術出版会
————　1966『私見 期待される人間像』筑摩書房
合田正人　2013『田辺元とハイデガー——封印された哲学』PHP
郷原佳以　2015「L'enfant que donc je suis、あるいは、猫のエピソードはなぜ『自伝的』なのか」『現代思想　臨時増刊号　デリダ』青土社
高山岩男　1939『文化類型学』弘文堂書房
古賀敬太　2014『コスモポリタニズムの挑戦——その思想史的考察』風行社
小谷一明・巴山岳人・結城正美・豊里真弓・喜納育江編　2014『文学から環境を考える——エコクリティシズムガイドブック』勉誠出版
小玉重夫　2003『シティズンシップの教育思想』白澤社
————　2013『難民と市民の間で——ハンナ・アレント『人間の条件』を読み直す』現代書館
小西重直　1947『新日本建設とペスタロッチー』西荻書店
小林　亨　2014『ユネスコスクール——地球市民教育の理念と実践』明石書店
子安宣邦　2003a『漢字論——不可避の他者』岩波書店
————　2003b『日本近代思想批判——一国知の成立』岩波書店
————　2010『和辻倫理学を読む——もう一つの「近代の超克」』青土社
近藤孝弘　2016「政治教育を通した市民の育成」『グローバル時代の市民形成』佐藤　学・秋田喜代美・志水宏吉・小玉重夫・北村友人編『岩波講座　教育　変革への展望』第7巻、岩波書店
齋藤希史　2014『漢文脈と近代日本』角川書店
佐伯　胖監修・渡部信一編　2010『「学び」の認知科学事典』大修館書店

酒井直樹　1995「種的同一性と文化的差異——主体と基体をめぐって」『批評空間』II-4、太田出版
————　1996『死産される日本語・日本人——「日本」の歴史 - 地政的配置』新曜社
————　2012「近代化とレイシズム（聞き手:李　孝徳）」鵜飼　哲・酒井直樹・テッサ・モーリス=スズキ・李　孝徳『レイシズム・スタディーズ序説』以文社
坂部　恵　1986『和辻哲郎』岩波書店
————　2005『モデルニテ・バロック——現代精神史序説』哲学書房
作田啓一・井上　俊編　1986『命題コレクション 社会学』筑摩書房
作田啓一　1993『生成の社会学をめざして——価値観と性格』有斐閣
————　2012『現実界の探偵——文学と犯罪』白水社
佐々木正昭　1996「教育と愛」和田修二・皇　紀夫編『臨床教育学』アカデミア出版会
佐藤卓己　2005『八月十五日の神話——終戦記念日のメディア学』筑摩書房
佐藤　学　1995『学び　その死と再生』太郎次郎社
————・木曽　巧・多田孝志・諏訪哲郎編　2015『持続可能性の教育——新たなビジョンへ』教育出版
佐野眞一　1992『遠い「山びこ」——無着成恭と教え子たちの四十年』文藝春秋社
澤野雅樹　2016『絶滅の地球誌』講談社
清水　勲編　1992『続ビゴー日本素描集』岩波書店
清水高志　2013『ミシェル・セール——普遍学からアクター・ネットワークまで』白水社
修養研究部会　2012『人間形成と修養に関する総合的研究』野間教育研究所紀要、第51集
陶　智子・綿抜豊昭編　2006『近代日本礼儀作法書誌事典』柏書房
————監修　2008『近代日本の礼儀作法』全15巻、日本図書センター
菅原和孝　2017『動物の境界——現象学から展成の自然誌へ』弘文堂
鈴木登美・ハルオ・シネラ編　1999『創造された古典——カノン形成・国民国家・日本文学』新曜社
関川夏央　1997(1993)『砂のように眠る——むかし「戦後」という時代があった』新潮社
関口すみ子　2007『国民道徳とジェンダー——福沢諭吉・井上哲次郎・和辻哲郎』東京大学出版会

相馬伸一　2007「パトチカとコメニウス——デカルト的自我論との距離」『思想』第1004号、岩波書店
高橋哲哉　1995『記憶のエチカ——戦争・哲学・アウシュヴィッツ』岩波書店
———　2005(1999)『戦後責任論』講談社
高橋　勝　2007『経験のメタモルフォーゼ——〈自己変成〉の教育人間学』勁草書房
高山　巖　2012「現代国際政治学のパラダイム変換を求める——ジャック・デリダと世界市民主義」『埼玉大学紀要（教養学部）』第48巻第1号
滝浦真人　2005『日本の敬語論——ポライトネス理論からの再検討』大修館書店
武井麻子　2001『感情と看護——人とのかかわりを職業とすることの意味』医学書院
竹内整一　2009『日本人はなぜ「さようなら」と別れるのか』筑摩書房
竹内里欧　2002「『欧化』と『国粋』——礼儀作法書のレトリック」社会学研究会『ソシオロジ』第46巻3号
田中智志　2017『共存在の教育学——愛を黙示するハイデガー』東京大学出版会
田中毎実　1993「ホスピタリズムと教育における近代——人間形成論的再検討」近代教育思想史研究会『近代教育フォーラム』第2号
———編　2012『教育人間学——臨床と超越』東京大学出版会
田中久文　1999「和辻哲郎における『国民道徳論』構想——その破綻の意味するもの」佐藤康邦・清水正之・田中久文編『甦る和辻哲郎——人文科学の再生に向けて』ナカニシヤ出版
田邊　元　1963(1937)「種の論理の意味を明にす」西谷啓治ほか編『田邊元全集』第6巻、筑摩書房
———　1964(1940)「歴史的現実」西谷啓治ほか編『田邊元全集』第8巻、筑摩書房
———　1964(1943)「死生」西谷啓治ほか編『田邊元全集』第8巻、筑摩書房
———　1963(1958)「生の存在学か死の弁証法か」西谷啓治ほか編『田邊元全集』第13巻、筑摩書房
谷田　創・木場有紀　2014『保育者と教師のための動物介在教育入門』岩波書店
千葉雅也　2013『動きすぎてはいけない——ジル・ドゥルーズと生成変化の哲学』河出書房新社
中央教育審議会　1966「後期中等教育の拡充整備について：答申」
對馬達雄編　2011『ドイツ 過去の克服と人間形成』昭和堂
床呂郁哉・河合香吏編　2011『ものの人類学』京都大学学術出版会

土佐弘之　2012　『野生のデモクラシー――不正義に抗する政治について』青土社
渡名喜庸哲・森元庸介編　2015　『カタストロフからの哲学――ジャン＝ピエール・デュピュイをめぐって』以文社
富野敬邦　1941　『フィヒテ　ドイツ国民に告ぐ』玉川学園出版部
長尾十三二　1980　「訳注」ペスタロッチ, J. H. 長尾十三二・福田　弘・山岸雅夫訳『シュタンツ便り他』明治図書
中川李枝子・大村百合子　1967　『ぐりとぐら』福音館書店
中沢新一　2002a　『人類最古の哲学　カイエ・ソバージュ〈1〉』講談社
――――　2002b　『熊から王へ　カイエ・ソバージュ〈2〉』講談社
――――　2003　『愛と経済のロゴス　カイエ・ソバージュ〈3〉』講談社
――――　2003　『神の発明　カイエ・ソバージュ〈4〉』講談社
――――　2004　『対称性人類学　カイエ・ソバージュ〈5〉』講談社
――――　2006　『芸術人類学』みすず書房
――――　2011　『日本の大転換』集英社
――――　2012　『野生の科学』講談社
中村桃子　2012　『女ことばと日本語』岩波書店
夏目漱石　1995(1909)　「『それから』予告」『漱石全集』第16巻、岩波書店
――――　1994(1914)　『こころ』『漱石全集』第9巻、岩波書店
成田龍一　2010(2001)　『増補〈歴史〉はいかに語られるか――1930年代「国民の物語」批判』筑摩書房
南原　繁　2014(1942)　「カントにおける世界秩序の理念」『国家と宗教――ヨーロッパ精神史の研究』岩波書店
――――　1959　『フィヒテの政治哲学』岩波書店
新美南吉　1932　「ごん狐」『赤い鳥』1月号、赤い鳥社
西田天香　1995(1921)　『懺悔の生活（新装版）』春秋社
西谷　修　1992　『戦争論』岩波書店
――――　1995　『夜の鼓動にふれる――戦争論講義』東京大学出版会
――――・酒井直樹　1999　『〈世界史〉の解体――翻訳・主体・歴史』以文社
西平　直　2005　「教育はカマラを幸せにしたか――『狼に育てられた子ども』再考」『教育人間学のために』東京大学出版会
――――　2015　『誕生のインファンティア――生まれてきた不思議・死んでゆく不思議・生まれてこなかった不思議』みすず書房
西村拓生　2013　『教育哲学の現場――物語の此岸から』東京大学出版会
西山雄二編　2009　『哲学と大学』未来社

————編　2014　『カタストロフィと人文学』勁草書房
二宮宏之　2011　『二宮宏之著作集　ソシアビリテと権力の社会史』第3巻、岩波書店
日本戦歿学生手記編集委員会編　1949　『きけ わだつみのこえ——日本戦歿学生の手記』東京大学共同組合出版部
野田研一編　2017　『〈交感〉自然・環境に呼応する心』ミネルヴァ書房
野田研一・山本洋平・森田系太郎編　2017a　『環境人文学Ⅰ　文化のなかの自然』勉誠出版
————　2017b　『環境人文学Ⅱ　他者としての自然』勉誠出版
橋本毅彦　2001　『〈標準〉の哲学——スタンダード・テクノロジーの三〇〇年』講談社
羽田　正編　2017　『グローバル・ヒストリーの可能性』山川出版社
早瀬　明　2014　「『ドイツ国民に告ぐ』解説」『フィヒテ全集』第17巻、晢書房
原田　実　2016　『江戸しぐさの終焉』星海社
檜垣立哉　2011(2005)　『西田幾多郎の生命哲学』講談社
————　2012　『ヴィータ・テクニカ——生命と技術の哲学』青土社
久松真一　1987　『茶道の哲学』講談社
平子友長　2006　「戦前日本マルクス主義の到達点——三木清と戸坂潤」山室信一編『「帝国」日本の学知』第8巻、岩波書店
広井良典　2015　『ポスト資本主義——科学・人間・社会の未来』岩波書店
広瀬悠三　2017　『カントの世界市民的地理教育——人間形成論的意義の解明』ミネルヴァ書房
方　軼羣作・君島久子訳・村山知義画　1987　『しんせつなともだち』福音館書店
福谷　茂　2009　「〈哲学史〉という発明」飯田　隆ほか編『岩波講座　哲学　哲学史の哲学』第14巻、岩波書店
藤川信夫　2009　「学校における教師と生徒のパフォーマンス」平野正久編『教育人間学の展開』北樹出版
藤原帰一　2001　『戦争を記憶する——広島・ホロコーストと現在』講談社
文化審議会答申　2007　「敬語の指針」
古田足日　1974　『おしいれのぼうけん』童心社
細見和之　2009　『「戦後」の思想——カントからハーバーマスへ』白水社
堀尾輝久　1991　『人間形成と教育』岩波書店
————　1998「地球時代とその教育——平和・人権・共生の文化を」佐伯　胖ほか編『岩波講座　現代の教育　国際化時代の教育』第11巻、岩波書店

本多秋五　2005(1966)『物語　戦後文学史』下巻、岩波書店
前田英樹　2001『倫理という力』講談社
———— 2013『ベルクソン哲学の遺言』岩波書店
牧野宇一郎　1969『教育勅語の思想』明治図書
牧野英二　2017「カント哲学と平和の探究——日本における永遠平和論の研究とその課題」『法政大学文学部紀要』第74号
松谷みよ子・瀬川康男　1967『いない いない ばあ』童心社
松森奈津子　2009『野蛮から秩序へ——インディアス問題とサラマンカ学派』名古屋大学出版会
丸山眞男　2015(1946)『超国家主義の論理と心理』岩波書店
三谷太一郎　2017『日本の近代とは何であったか——問題史的考察』岩波書店
宮澤賢治　1979a「種山と種山ヶ原」宮沢清六・入沢康夫・天沢退二郎編『新修　宮沢賢治全集』第3巻、筑摩書房
———— 1979b「生徒諸君に寄せる」宮沢清六・入沢康夫・天沢退二郎編『新修　宮沢賢治全集』第4巻、筑摩書房
———— 1980a「雨ニモマケズ」宮沢清六・入沢康夫・天沢退二郎編『新修　宮沢賢治全集』第7巻、筑摩書房
———— 1980b「銀河鉄道の夜」宮沢清六・入沢康夫・天沢退二郎編『新修　宮沢賢治全集』第12巻、筑摩書房
———— 1980c「どんぐりと山猫」宮沢清六・入沢康夫・天沢退二郎編『新修　宮沢賢治全集』第13巻、筑摩書房
———— 1980d「雪渡り」宮沢清六・入沢康夫・天沢退二郎編『新修　宮沢賢治全集』第13巻、筑摩書房
無着成恭編　1995(1951)『山びこ学校』岩波書店
村井　実　1972『ソクラテスの思想と教育』玉川大学出版部
森　昭　1961『教育人間学——人間生成としての教育』上下巻、黎明書房
———— 1977『人間形成原論（遺稿）』黎明書房
森　一郎　2013『死を超えるもの—— 3・11以後の哲学の可能性』東京大学出版会
森川輝一　2010『〈始まり〉のアーレント——「出生」の思想の誕生』岩波書店
森　重雄　1993『モダンのアンスタンス——教育のアルケオロジー』ハーベスト社
森田伸子　1993『テクストの子ども——ディスクール・レシ・イマージュ』世織書房

森田尚人・森田伸子・今井康雄編　2003『教育と政治――戦後教育史を読みなおす』勁草書房
森田裕之　2012『ドゥルーズ＝ガタリのシステム論と教育学――発達・生成・再生』学術出版会
文部科学省　2015　日本ユネスコ国内委員会資料 http://www.mext.go.jp/unesco/002/006/002/003/shiryo/attach/1356893.htm（2017年4月19日取得）
文部省　1937『尋常小学修身書』第4巻
――――　1946-47「新教育指針」（国立国会図書館近代デジタルライブラリー版）
――――　1955「第23回国会　衆議院　文教委員会会議録　第3号」
矢内原忠雄　1964(1946)『日本精神と平和国家』『矢内原忠雄全集』第19巻、岩波書店
矢野智司　1995『子どもという思想』玉川大学出版部
――――　1996a『ソクラテスのダブル・バインド――意味生成の教育人間学』世織書房
――――　1996b「生成の教育人間学再考――森昭『教育人間学――人間生成としての教育』の射程」和田修二編『教育的日常の再構築』玉川大学出版部
――――　1999a「教育の語り方をめぐる省察」香川大学教育学研究室編『教育という「物語」』世織書房
――――　1999b「和田修二の教育人間学――信頼性を根本とする子ども―大人の人間学」皇　紀夫・矢野智司編『日本の教育人間学』玉川大学出版部
――――　2000『自己変容という物語――生成・贈与・教育』金子書房
――――　2001「マルセル・モース『身体技法』」佐藤　学編『ブックガイド　教育本44』平凡社
――――　2002『動物絵本をめぐる冒険――動物－人間学のレッスン』勁草書房
――――・鳶野克己編　2003a『物語の臨界――「物語ること」の教育学』世織書房
――――　2003b「あとがき」矢野智司・鳶野克己編『物語の臨界――「物語ること」の教育学』世織書房
――――　2003c「教育哲学の風景」日本教育学会『教育学研究』第70巻第2号
――――　2006『意味が躍動する生とは何か――遊ぶ子どもの人間学』世織書房
――――　2007a「まえがき――人間の知の仕立て直しとしての臨床教育人間学」臨床教育人間学会『臨床教育人間学2　リフレクション』東信堂
――――　2007b「死者への負い目と贈与としての教育――教育の起源論からみた戦後教育学の課題と限界点」教育思想史学会『近代教育フォーラム』第16号

———— 2008a 『贈与と交換の教育学——漱石、賢治と純粋贈与のレッスン』東京大学出版会
———— 2008b 「『贈与と交換の教育人間学』という問題圏」教育思想史学会『近代教育フォーラム』第17号
———— 2010 「近代教育学を思想史研究として問うことは何を問うことだったのか——カノン形成から見た教育思想史研究史覚書」教育思想史学会『近代教育フォーラム　別冊教育思想史コメンタール』
———— 2012a 「生成と発達を実現するメディアとしての身体——西田幾多郎の歴史的身体の概念を手掛かりに」田中毎実編『教育人間学——臨床と超越』東京大学出版会
———— 2012b 「あとがき、または『それからの教育人間学』に向けて」田中毎実編『教育人間学——臨床と超越』東京大学出版会
———— 2013a 「人間学——京都学派人間学と日本の教育学との失われた環を求めて」森田尚人・森田伸子編『教育思想史で読む現代教育』勁草書房
———— 2013b 「近代日本教育学史における発達と自覚」教育思想史学会『近代教育フォーラム』第22号
———— 2014a 『幼児理解の現象学——メディアが開く子どもの生命世界』萌文書林
———— 2014b 「生命に触れる遊びの体験は子どもに何をもたらすのか」全国国公立幼稚園長会『幼稚園じほう』第42巻第2号
———— 2014c 「負債の教育と贈与の教育——『借りの哲学』を教育から考える」『at プラス』第20号、太田出版
———— 2014d 『大人が子どもにおくりとどける40の物語——自己形成のためのレッスン』ミネルヴァ書房
———— 2014e 「京都学派としての篠原助市——『自覚の教育学』の誕生と変容」小笠原道雄・森田尚人・田中毎実・矢野智司『日本教育学の系譜——吉田熊次・篠原助市・長田新・森昭』勁草書房
———— 2015 「愛と自由の道徳教育——スピリチュアルな道徳教育のための簡単なスケッチ」鎌田東二編『スピリチュアリティと教育』ビイング・ネット・プレス
———— 2016 「子ども論の生命論的転回のほうへ——対称性の知性を育む生成—発達論」佐藤　学ほか編『岩波講座　教育　変革への展望　変容する子どもの関係』第3巻、岩波書店
———— 2017a 「厄災ミュージアムの建築プラン——記憶し物語り伝達し公共的

に活動する場を目指して」山名　淳・矢野智司編『災害と厄災の記憶を伝える――教育学は何ができるのか』勁草書房
――――　2017b「交感と心象スケッチ――脱人間化と逆擬人法」野田研一編『〈交感〉自然・環境に呼応する心』ミネルヴァ書房
――――　2017c「越境する動物がもたらす贈与」野田研一・山本洋平・森田系太郎編『環境人文学Ⅱ　他者としての自然』勉誠出版
――――　2017d「子どもという多様体のための覚書――人間／非人間の境界線にかかわる18世紀フランス思想の試み」白梅学園大学子ども学研究所「子ども学」編集委員会『子ども学』第5号
――――　2019「日本の教育思想における世界市民形成の水脈――世界市民形成論序説」森田尚人・松浦良充編『いま、教育と教育学を問い直す――教育哲学は何を究明し、何を展望するか』東信堂
山崎正和　2006(2003)『社交する人間――ホモ・ソシアビリス』中央公論新社
山﨑洋子ほか　2002『新教育運動における「共同体」形成論の出現と「学級」概念の変容に関する比較史的研究』科学研究費研究成果報告書
山名　淳　2000『ドイツ田園教育舎研究――「田園」型寄宿制学校の秩序形成』風間書房
――――　2011「追悼施設における『過去の克服』――〈第二次的抵抗〉としての『追悼施設教育学』について」對馬達雄編『ドイツ　過去の克服と人間形成』昭和堂
――――・矢野智司編　2017『災害と厄災の記憶を伝える――教育学は何ができるのか』勁草書房
――――　2017「広島のアンダース――哲学者の思考に内在する文化的記憶論と〈不安の子ども〉」山名　淳・矢野智司編『災害と厄災の記憶を伝える――教育学は何ができるのか』勁草書房
山之内靖・V. コシュマン・成田龍一編　1995『総力戦と現代化』柏書房
山本質素　2000「てつだい」福田アジオほか編『日本民俗大辞典』下巻、吉川弘文館
湯浅博雄　1997『バタイユ――消尽』講談社
吉田　進　1994『ラ・マルセイエーズ物語――国歌の成立と変容』中央公論社
ローター・ヴィガー・山名　淳・藤井佳世編　2014『人間形成と承認――教育哲学の新たな展開』北大路書房
鷲田清一　1998『悲鳴をあげる身体』PHP
――――　1999『「聴く」ことの力――臨床哲学試論』TBSブリタニカ

和田修二　1959「ニヒリズムと思考の転回――教育的世界の存在論的考察への序説」『京都大学教育学部紀要』第5号
――――　1982『子どもの人間学』第一法規
――――・倉澤行洋　2010『敵味方をこえて平和を織る――久松真一と遠藤虚籟に学ぶ「現代日本」の忘れもの』燈影舎
――――・皇　紀夫・矢野智司編　2011『ランゲフェルト教育学との対話――「子どもの人間学」への応答』玉川大学出版部
渡辺　裕　2010『歌う国民――唱歌、校歌、うたごえ』中央公論新社
綿抜豊昭・陶　智子編　2007『絵で見る明治・大正礼儀作法事典』柏書房
和辻哲郎　1963(1921)「土下座」『面とペルソナ』安倍能成ほか編『和辻哲郎全集』第17巻、岩波書店
――――　1962(1935)『風土――人間学的考察』安倍能成ほか編『和辻哲郎全集』第8巻、岩波書店
――――　1962(1937)『倫理学　上巻』安倍能成ほか編『和辻哲郎全集』第10巻、岩波書店
――――　1962(1942)『倫理学　中巻』安倍能成ほか編『和辻哲郎全集』第10巻、岩波書店
――――　1962(1949)『倫理学　下巻』安倍能成ほか編『和辻哲郎全集』第11巻、岩波書店
――――　1991(1951)「軍人勅諭以前に還れ」安倍能成ほか編『和辻哲郎全集』第24巻、岩波書店
――――　1963(1961)『自叙伝の試み』安倍能成ほか編『和辻哲郎全集』第18巻、岩波書店

Adelman, J., 2017「グローバル・ヒストリーへといたる、いくつかの道」羽田正編『グローバル・ヒストリーの可能性』山川出版社
Agamben, G., 2001(1978) *Infanzia e storia: Distruzione dell'esperienza e origine della storia*, Torino: G. Einaudi.=2007 上村忠男訳『幼児期と歴史――経験の破壊と歴史の起源』岩波書店
―――― 1995 *Homo sacer: il potere sovrano e la nuda vita*, Torino: G. Einaudi.=2003 高桑和巳訳『ホモ・サケル――主権権力と剥き出しの生』以文社
―――― 2002 *L'aperto: l'uomo e l'animale*, Torino: Bollati Boringhieri.=2004 岡田温司・多賀健太郎訳『開かれ――人間と動物』平凡社
Alain, 1953 *Définitions*, Paris: Éditions Gallimard.=2003 神谷幹夫訳『定義集』岩波

書店
Anders, G., 1959 *Der Mann auf der Brücke, Tagebuch aus Hiroshima und Nagasaki*, München: C. H. Beck.=1960 篠原正瑛訳『橋の上の男――広島と長崎の日記』朝日新聞社
――― 1961 *Off limits für das Gewissen: der Briefwechsel zwischen dem Hiroshima-Piloten Claude Eatherly und Günther Anders*, Berlin: Rowohlt.=1987 篠原正瑛訳『ヒロシマわが罪と罰――原爆パイロットの苦悩の手紙』ちくま文庫
――― 1964 *Wir Eichmannsöhne: Offener Berief an Klaus Eichmann*, München: C. H. Beck.=2007 岩淵達治訳『われらはみな、アイヒマンの息子』晶文社
―――1972 *Endzeit und Zeitenende: Gedanken über die atomare Situation*, München: C. H. Beck.
――― 2003（1981）*Die atomare Drohung: Radikale Überlegungen zum atomaren Zeitalter*, 7. Auflage, München: C. H. Beck.=2016 青木隆嘉訳『核の脅威――原子力時代についての徹底的考察』法政大学出版局
Andersen, H. C., 1837 Den lille Havfrue, *Eventyr og Historier*, Copenhagen: Gyldendal.=1984 大畑末吉訳「人魚姫」『完訳 アンデルセン童話集』第1巻、岩波書店
Anderson, B., 1983 *Imagined Communities: Reflections on the Origin and Spread of Nationalism*, London: Verso Editions.=1987 白石　隆・白石さや訳『想像の共同体――ナショナリズムの起源と流行』リブロポート
Arendt, H., 1951, 1968 *The Origins of Totalitarianism*, New York: Harcourt, Brace & World, Inc.=1974 大久保和郎・大島かおり訳『全体主義の起源3――全体主義』みすず書房
――― 1954, 1968 *Between Past and Future: Eight Exercises in Political Thought*, New York: Viking Press.=1994 引田隆也・齋藤純一訳『過去と未来の間――政治思想への8試論』みすず書房
――― 1958 *The Human Condition*, Chicago: University of Chicago Press.=1994 志水速雄訳『人間の条件』筑摩書房
――― 1960 *Vita activa oder Vom tätigen Leben*, Stuttgart: Kohlhammer.=2015 森　一郎訳『活動的生』みすず書房
――― 1963 *On Revolution*, New York: Viking Press.=1995 志水速雄訳『革命について』筑摩書房
――― 1968 *Men in Dark Times*, New York: Harcourt, Brace & World, Inc.=1986 阿部　斉訳『暗い時代の人々』河出書房新社

——— 1982 *Lectures on Kant's political Philosophy*, edited and with an Interpretive Essay by R. Beiner, Chicago: University of Chicago Press.=2009 ロナルド・ベイナー編、仲正昌樹訳『カント政治哲学講義録』明月堂書店

Bailly, J.-C., 2007 *Le versant animal*, Paris: Bayard.=2013 石田和男・山口俊洋訳『思考する動物たち――人間と動物の共生をもとめて』出版館ブック・クラブ

Balibar, É., 1990 "Fichte et la frontière intérieur――A propos des Discours à la ntion allemande," *Philosophie et politique en Allemagne*, Paris: E. N. S. Fontenay-Saint-Cloud.=1997 大西雅一郎訳「フィヒテと内的境界」鵜飼　哲ほか『国民とは何か』インスクリプト

Bataille, G., 1967(1949) *La part maudite*, Paris: Éditions de Minuit.=1973 生田耕作訳『呪われた部分』二見書房

——— 1976 *La souveraineté: La part maudite: essai d'économie générale, tome III, Œuvres Complètes*, tome VIII, Paris: Éditions Gallimard.=1990 湯浅博雄・中地義和・酒井　健訳『至高性――呪われた部分――普遍経済論の試み　第3巻』人文書院

——— 1988(1953) "Le non-savoir," *Œuvres Complètes*, tome XII, Paris: Éditions Gallimard.=1994 酒井　健訳「非―知」『純然たる幸福』人文書院

Bateson, G., 1972 *Steps to an Ecology of Mind: A Revolutionary Approach to Man's Understanding of Himself*, New York: Ballantine Books.=1990 佐藤良明訳『精神の生態学』思索社

——— 1979 *Mind and Nature: A Necessary Unity*, New York: Bantam Books.=1982 佐藤良明訳『精神と自然――生きた世界の認識論』思索社

Beck, U., 1986 *Risikogesellschaft: Auf dem Weg in eine andere Moderne*, Frankfurt am Main: Suhrkamp Verlag.=1998 東　廉・伊藤美登里訳『危険社会――新しい近代への道』法政大学出版局

——— 2002 *Das Schweigen der Wörter*, Frankfurt am Main: Suhrkamp Verlag.=2010 島村賢一訳『世界リスク社会論――テロ、戦争、自然破壊』筑摩書房

Benedict, R., 1946 *The Chrysanthemum and the Sword: Patterns of Japanese Culture*, Boston: Houghton Mifflin.=1967 長谷川松治訳『菊と刀――日本文化の型』社会思想社

Benjamin, W., 1991(1920/21) "Zur Kritik der Gewalt," *Gesammelte Schriften / Walter Benjamin*, hrsg. von R. Tiedemann und H. Schweppenhäuser, 1. Aufl, Bd. II-I, Frankfurt am Main: Suhrkamp Verlag.=1994 野村　修編訳「暴力批判論」『暴力批判論　ベンヤミンの仕事1』岩波書店

Bergson, H., 1907 *L'évolution créatrice*, Paris: Félix Alcan.=1979 真方敬道訳『創造的進化』岩波書店

──── 1932 *Les deux sources de la morale et de la religion*, Paris: Félix Alcan.=2003ab 森口美都男訳『道徳と宗教の二つの源泉』I II、中央公論新社

Bohman, J. & Lutz-Bachmann, M., ed., 1997 *Perpetual Peace: Essays on Kant's Cosmopolitan Ideal* (*Studies in Contemporary German Social Thought*), Cambridge: The MIT Press.=2006 紺野茂樹・田辺俊明・舟場保之訳『カントと永遠平和──世界市民という理念について』未来社

Bollnow, O. F., 1959 *Existenzphilosophie und Pädagogik*, Stuttgart: W. Kohlhammer.=1966 峰島旭雄訳『実存哲学と教育学』理想社

Bourdieu, P., 1979, 1982, *La distinction: critique sociale du jugement*, Paris: Éditions de Minuit.=1990 石井洋二郎訳『ディスタンクシオン──社会的判断力批判』I II 巻、藤原書店

Brown, P. & Levinson, S., 1987 *Politeness: Some Universals in Language Usage*, Cambridge [England]; New York: Cambridge University Press.=2011 田中典子監修『ポライトネス──言語使用における、ある普遍現象』研究社

Bruna, D., 1955 *nijntja*, Amsterdam: Mercis.=1964 石井桃子訳『ちいさなうさこちゃん』福音館書店

Buchanan, B., 2008 *Onto-Ethologies: The Animal Environments of Uexküll, Heidegger, Merleau-Ponty, and Deleuze*, Albany: State University of New York Press.

Caillois, R., 1951 *Quatre essais de sociologie contemporaine*, Paris: Olivier Perrin Editeur.=2000 内藤莞爾訳『聖なるものの社会学』筑摩書房

──── 1958 *Les jeux et les hommes*, Paris: Éditions Gallimard.=1970 清水幾太郎・霧生和夫訳『遊びと人間』岩波書店

──── 1963 *Bellone ou la pente de la guerre*, Bruxelles: Renaissance du livre.=1974 秋枝茂夫訳『戦争論──われわれの内にひそむ女神ベローナ』法政大学出版局

Calarco, M., 2008 *Zoographies: The Question of the Animal from Heidegger to Derrida*, New York: Columbia University Press.

Camus, A., 1947 *La Peste*, *Œuvres Complètes d'Albert Camus*, Tome IV, Paris: Éditions Gallimard.=1972 宮崎嶺雄訳『ペスト』『カミュ全集』第4巻、新潮社

Cassirer, E., 1923 *Die Philosophie der Symbolischen Formen*, Bd.I, Die Sprache, Berlin: Bruno Cassirer Verlag.=1989 生松敬三・木田元訳『シンボル形式の哲学』第1巻、岩波書店

──── 1944 *An Essay on Man: An Introduction to a Philosophy of Human Cul-*

ture, New Haven: Yale University Press.=1997 宮城音弥訳『人間――シンボルを操るもの』岩波書店
Cavalieri, P. & Singer, P., ed., 1993 *The Great Ape Project: Equality beyond Humanity*, New York: St. Martin's Press.=2001 山内友三郎・西田利貞監訳『大型類人猿の権利宣言』昭和堂
Clark, S. R. L., 1999 *The Political Animal: Biology, Ethics & Politics*, London: Routledge.=2015 古牧徳生訳『ポリス的動物――生物学・倫理・政治』春秋社
Cole, M., 1996 *Cultural Psychology: A Once and Future Discipline*, Cambridge, Mass.; London: Harvard University Press.
Comenius, J. A., 1657 *Didactica magna, Opera Didactica Omnia*.=1962 鈴木秀勇訳『大教授学』第1巻、明治図書
Crutzen, P. J., 2002 "Geology of mankind," *Nature*, vol.415, no.6867.
Danto, A. C., 1965 *Analytical Philosophy of History*, Cambridge: Cambridge University Press.=1989 河本英夫訳『物語としての歴史』国文社
Deleuze, G. et Guattari, F., 1972 *L'Anti-Œdipe: Capitalisme et schizophrénie*, Paris: Éditions de Minuit.=1986 市倉宏祐訳『アンチ・オイディプス』河出書房新社
Deleuze, G. et Parnet, C., 1996 c1977 *Dialogues*, Paris: Flammarion.=2011(2008) 江川隆男・増田靖彦訳『ディアローグ――ドゥルーズの思想』河出書房新社
Derrida, J., 1989a *Derrida au japon*.=1989 高橋允昭編訳『他者の言語――デリダの日本講演』法政大学出版局
――― 1989b "'Il faut bien manger' ou le calcul du sujet. Entretien avec J.-L.Nancy," *Cahiers Confrontation 20: Après le sujet qui vient*, Paris: Aubier.=1996 鵜飼哲訳「『正しく食べなくてはならない』あるいは主体の計算――ジャン=リュック・ナンシーとの対話」ジャン=リュック・ナンシー編『主体の後に誰が来るのか？』現代企画室
――― 1993 *Passions*, Paris: Galilée.=2001 湯浅博雄訳『パッション』未来社
――― 1997a *Adieu: à Emmanuel Lévinas*, Paris: Galilée.=2004 藤本一勇訳『アデュー――エマニュエル・レヴィナスへ』岩波書店
――― 1997b "Cosmopolites de tous les pays, encore un effort!," Paris: Galilée.=1996 港 道隆訳「万国の世界市民たち、もう一努力だ！」『世界』11月号、岩波書店
――― 1998 "Le droit à la philosophie du point de vue cosmopolitique," Lagrasse: Éditions Verdier.=2009 西山雄二訳「世界市民的見地における哲学への権利」『現代思想』11月号、青土社
――― 1999 *Donner la mort*, Paris: Galilée.=2004 廣瀬浩司・林 好雄訳『死を

与える』筑摩書房
——— 2001a *L'université sans condition*, Paris: Galilée.=2008 西山雄二訳『条件なき大学』月曜社
——— 2001b *On Cosmopolitanism and Forgiveness*, London: Routledge.
Derrida J., et Roudinesco, E., 2001c De quoi demain... Dialogue, Paris: Fayard-. Galilée.=2003 藤本一勇・金澤忠信訳『来たるべき世界のために』岩波書店
——— 2006 *L'animal que donc je suis, éd.*, M.-L. Mallet, Paris: Galilée.=2014 マリ＝ルイーズ・マレ編・鵜飼　哲訳『動物を追う、ゆえに私は（動物で）ある』筑摩書房
——— 2008 *Séminaire: la bête et le souverain*, vol. I (2001-2002), éds., M. Lisse, M.-L. Mallet et G. Michaud, Paris: Galilée.=2014 西山雄二・郷原佳以・亀井大輔・佐藤朋子訳『獣と主権者 I ——ジャック・デリダ講義録』白水社
——— 2010 *Séminaire: la bête et le souverain*, vol. II (2002-2003), éds., M. Lisse, M.-L. Mallet et G. Michaud, Paris: Galilée.=2016 西山雄二・亀井大輔・荒金直人・佐藤嘉幸訳『獣と主権者 II ——ジャック・デリダ講義録』白水社
de Waal, F. B. M., 2009 *The Age of Empathy: Nature's Lessons for a Kinder Society*, New York: Harmony Books.=2010 柴田裕之訳『共感の時代へ——動物行動学が教えてくれること』紀伊國屋書店
Dewey, J., 1899 *The School and Society, The Middle Works of John Dewey*, edited by J. A. Boydston, vol. 1, Carbondale: Southern Illinois University Press.=1957 宮原誠一訳『学校と社会』岩波書店
——— 1916 *Democracy and Education: An Introduction to the Philosophy of Education, The Middle Works of John Dewey*, edited by J. A. Boydston, vol. 9, Carbondale: Southern Illinois University Press.=1975 松野安男訳『民主主義と教育』上下巻、岩波書店
Diamond, C., Cavell, S., et al. 2008 *Philosophy and Animal Life*, New York: Columbia University Press.=2010 中川雄一訳『〈動物のいのち〉と哲学』春秋社
Dinesen, I., 1937 *Out of Africa*, New York: Putnam.=1981 横山貞子訳『アフリカの日々』晶文社
——— 1958 Babette's Feast., in *Anecdotes of Destiny*, New York: Randam House.=1992 桝田啓介訳『バベットの晩餐会』筑摩書房
Dilthey, W., 1884-1894, c1961 Pädagogik: Geschichte und Grundlinien des Systems, *Gesammelte Schriften / Wilhelm Dilthey*, Bd.9//b, Stuttgart: Teubner, Göttingen: Vandenhoeck & Ruprecht.=2008 山名　淳訳「教育学体系の草稿 1884/94

年」小笠原道雄ほか編『ディルタイ全集』第6巻、法政大学出版局
Donaldson, S., & Kimlicka, W., 2011 *Zoopolis: A Political Theory of Animal Rights,* Oxford: Oxford Univ. Press. =2016 青木人志・成廣　孝訳『人と動物の政治共同体――「動物の権利」の政治理論』尚学社
Dower, J. W., 2012 *Ways of Forgetting, Ways of Remembering: Japan in the Modern World,* New York: New York Press.=2013 外岡秀俊訳『忘却のしかた、記憶のしかた――日本・アメリカ・戦争』岩波書店
Dupuy, J. P., 2005 *Petite métaphysique des tsunamis,* Paris: Éditions du Seuil.=2011 嶋崎正樹訳『ツナミの小形而上学』岩波書店
――― 2008 *La marque du sacré,* Paris: Carnets Nord.=2014 西谷　修・森元庸介・渡名喜庸哲訳『聖なるものの刻印――科学的合理性はなぜ盲目なのか』以文社
Durkheim, É., 1912 *Les formes élémentaires de la vie religieuse: Le système totémique en Australie,* Paris: Félix Alcan.=1975 古野清人訳『宗教生活の原初形態』上下巻、岩波書店
――― 1922 *Éducation et sociologie,* Paris: Félix Alcan.=1976 佐々木交賢訳『教育と社会学』誠信書房
――― 1925 *L'éducation morale,* Paris: Félix Alcan.=1964ab 麻生　誠・山村　健訳『道徳教育論』全2巻、明治図書出版／2010 新版　講談社
――― 1938 *L'évolution pédagogique en France,* Paris: Presses universitaires de France. =1981 小関藤一郎訳『フランス教育思想史』上下巻、行路社
Elias, N., 1969a *Über den Prozess der Zivilisation,* Erster Band, Bern; München: Francke Verlag.=1977 赤井慧爾ほか訳『文明化の過程――ヨーロッパ上流階層の風俗の変遷』上巻、法政大学出版局
――― 1969b *Über den Prozess der Zivilisation,* Zweiter Band, Bern; München: Francke Verlag.=1978 波田節夫ほか訳『文明化の過程――社会の変遷／文明化の理論のための見取図』下巻、法政大学出版局
――― 1975 *Die höfische Gesellschaft: Untersuchungen zur Soziologie des Königtums und der höfischen Aristokratie mit einer Einleitung: Soziologie und Geschichtswissenschaft,* Darmstadt und Neuwied: Luchterhand.=1981 波田節夫・中埜芳之・吉田正勝訳『宮廷社会』法政大学出版局
Engeström, Y., 1987 *Learning by Expanding: An Activity-Theoretical Approach to Developmental Research,* Helsinki: Orienta-Konsultit.=1999 山住勝広ほか訳『拡張による学習――活動理論からのアプローチ』新曜社

Ets, M. H., 1944 *In the Forest*, New York: The Viking Press.=1963 まさきるりこ訳『もりのなか』福音館書店

Fichte, J. G., 1916(1808) *Reden an die deutsche Nation durch Johann Gottlieb Fichte*, hrsg. von F. Medicus, Leipzig: F. Meiner.=1955 篠原正瑛訳『ドイツ国民に告ぐ』『世界大思想全集』哲学・文芸思想篇第 11 巻、河出書房

Fontenay, E. de, 1998 *Le silence des bêtes: la philosophie à l'épreuve de l'animalité*, Paris: Librairie Arthème Fayard.=2008 石田和男・小幡谷友二・早川文敏訳『動物たちの沈黙――《動物性》をめぐる哲学試論』彩流社

Foucault, M., 1975 *Surveiller et punir: naissance de la prison*, Paris: Éditions Gallimard.=1977 田村　俶訳『監獄の誕生――監視と処罰』新潮社

Fröbel, F. W. A., 1951(1826) *Die Menschenerziehung, Ausgewählte Schriften*, hrsg. von E. Hoffmann, Bd.2, Godesberg: Helmut Küpper vormals Georg Bondi.=1964 荒井　武訳『人間の教育』上下巻、岩波書店

Gilligan, C., 1982 *In a Different Voice: Psychological Theory and Women's Development*, Cambridge, Mass.: Harvard University Press.

Goffman, E., 1967 *Interaction Ritual: Essays on Face-to-Face Behavior*, New York: Anchor Books.=2012 浅野敏夫訳『儀礼としての相互行為――対面行動の社会学〈新訳版〉』法政大学出版局

Haraway, D. J., 1991 *Simians, Cyborgs and Women: the Reinvention of Nature*, New York: Routledge.=2000 高橋さきの訳『猿と女とサイボーグ――自然の再発明』青土社

―――― 2003 *The Companion Species Manifesto: Dogs, People and Siginificant Otherness*, Chicago: The University of Chicago Press.=2013 永野文香訳『伴侶種宣言――犬と人の「重要な他者性」』以文社

―――― 2008 *When Species Meet*, Minneapolis: University of Minnesota Press.=2013 高橋さきの訳『犬と人が出会うとき――異種協働のポリティクス』青土社

Harvey, D., 2009 *Cosmopolitanism and the Geographies of Freedom*, New York: Columbia University Press.=2013 大屋定晴ほか訳『コスモポリタニズム――自由と変革の地理学』作品社

Hegel, G. W. F., 1970(1832-1845) *Phänomenologie des Geistes*, Frankfurt am Main: Suhrkamp Verlag.=1971-79 金子武蔵訳『精神現象学』上下巻，岩波書店

―――― 1837 *Vorlesungen über die Philosophie der Geschichte, Sämtliche Werke*, Bd.11, Neu herausgegeben von H. Glockner, Stuttgart: Fr. Frommann.=1994 長谷川宏訳『歴史哲学講義』上巻、岩波書店

Heidegger, M., 1953 *Einfühung in die Metaphysik*, Tübingen: Max Niemeyer Verlag.= 1960 川原栄峰訳『形而上学入門』理想社
——— 1983(1.Aufl.), 1992(2.Aufl.), *Die Grundbegriffe der Metaphysik: Welt-Endlichkeit-Einsamkeit*, Frankfurt am Main: Vittorio Klostermann.=1998 川原栄峰・セヴェリン・ミュラー訳『形而上学の根本諸概念——世界—有限性—孤独』辻村公一ほか編『ハイデッガー全集』第 29/30 巻、第 2 部門講義（1919-44)、創文社
Held, D., 2010 *Cosmopolitanism: Ideals and Realities*, Cambridge: Polity Press.=2011 中谷義和訳『コスモポリタニズム——民主政の再構築』法律文化社
Hesse, H., 1927 *Der Steppenwolf*, Berlin: Fischer.=1940 手塚富雄訳『荒野の狼』三笠書店
Hobsbawm, E. & Ranger, T., ed, 1983 *The Invention of Tradition*, Cambridge: Cambridge University Press.=1992 前川啓治・梶原景昭ほか訳『創られた伝統』紀伊國屋書店
Huizinga, J., 1958(1938) *Homo Ludens: Proeve eener bepaling van het spel-element der cultuur*, Haarlem: Tjeenk Willink & Zoon.=1973 高橋英夫訳『ホモ・ルーデンス』中央公論社
Itard, J. M. G., 1801 *Rapports et mémoires sur le sauvage de l'Aveyron*.=1975 古武弥正訳『アヴェロンの野生児』福村出版
Jankélévitch, V., 1994 *Premières et dernières pages*, Paris: Éditions du Seuil.=1996 合田正人訳『最初と最後のページ』みすず書房
Jaspers, K., 1946, 1965 *Die Schuldfrage*, München: GmbH.=2015 橋本文夫訳『われわれの戦争責任について』筑摩書房
——— 1949, *Vom Ursprung und Ziel der Geschichte*, München: Piper.=1964 重田英世訳『歴史の起源と目標』理想社
Kant, I., 1784 "Idee zu einer allgemeinen Geschichte in weltbürgerlicher Absicht," *Kant's gesammelte Schriften*, hrsg. von der Königlich Preußischen Akademie der Wissenschaften; Bd.8.=2000 福田喜一郎訳『世界市民的見地における普遍史の理念』『カント全集』第 14 巻、岩波書店
——— 1795 "Zum Ewigen Frieden, Ein philosophischer Entwurf," *Kant's gesammelte Schriften*, hrsg. von der Königlich Preußischen Akademie der Wissenschaften; Bd.8.=2000 遠山義孝訳『永遠平和のために』『カント全集』第 14 巻、岩波書店
——— 1798 *Anthropologie in pragmatischer Hinsicht, Kant's gesammelte Schrift-*

en, hrsg. von der Königlich Preußischen Akademie der Wissenschaften; Bd.7.=2003 渋谷治美訳『実用的見地における人間学』『カント全集』第 15 巻、岩波書店
――― 1803, 1923 *Über Pädagogik, Immanuel Kants Werke*, hrsg. von E. Cassirer, Bd. 8, Berlin: B. Cassirer.=1959 清水　清訳『人間学・教育学』玉川大学出版部
Kantorowicz, E. H., 1951 "Pro Patria Mori in Medieval Political Thought," in *American Historical Review*, LVI, pp. 472-492.=1993 甚野尚志訳「中世政治思想における『祖国のために死ぬこと』」『祖国のために死ぬこと』みすず書房
Kropotkin, P. A., (Petr Alekseevich) 1902 *Vzaimnaya pomoshch.*=2009(1917) 大杉栄訳『増補修訂版 相互扶助論』同時代社
――― 2012 大窪一志訳『相互扶助再論――支え合う生命・助け合う社会』同時代社
Laing, R. D., 1961 *The Self and Others: Further Studies in Sanity and Madness*, London: Tavistock Publications.=1975 志貴春彦・笠原　嘉訳『自己と他者』みすず書房
Langeveld, M. J., 1944 *Beknopte theoretische pedagogiek*, Groningen: Wolters-Noordhoff.=1971 和田修二訳『理論的教育学』上巻、未来社
――― 1964 *Studien zur Anthropologie des Kindes*, 2.erweiterte Auflage, Tübingen: Max Niemeyer Verlag.
――― 1966a 和田修二訳『教育の人間学的考察』未来社
――― 1966b *Einführung in die theoretische Pädagogik*, Stuttgart: Ernst Klett.
――― 1972 和田修二監訳『教育の理論と現実――教育科学の位置と反省』未来社
――― 1973 和田修二訳『教育の人間学的考察（改訳版）』未来社
――― 1980 和田修二監訳『よるべなき両親――教育と人間の尊厳を求めて』玉川大学出版部
Langeveld, M. J. & Danner, H., 1981 *Methodologie und "Sinn"-Orientierung in der Pädagogik*, München Basel: E. Reinhardt.=1989 山﨑高哉監訳『意味への教育――学的方法論と人間学的基礎』玉川大学出版部
Lave, J. & Wenger, E., 1991 *Situated Learning: Legitimate Peripheral Participation*, Cambridge [England]; New York: Cambridge University Press.=1993 佐伯胖訳『状況に埋め込まれた学習――正統的周辺参加』産業図書
Lévinas, E., 1974 *Autrement qu'être ou au-delà de l'essence*, La Haye: Martinus Nijhoff.=1999 合田正人訳『存在の彼方へ』講談社

——— 1987 *Hors sujet*, Paris: Fata Morgana.=1997 合田正人訳『外の主体』みすず書房

Lévinas, E. et Poirié, F., 1987 *Emmanuel Lévinas: qui êtes-vous?* Paris: Babel.=1991 内田　樹訳『暴力と聖性』国文社

Lévi-Strauss, C., 1949 *Les structures élémentaires de la parenté*, Paris: Presses universitaires de France.=1977, 1978 馬淵東一ほか監訳『親族の基本構造』上下巻、番町書房

Llored, P., 2013 *Jacques Derrida: Politique et éthique de l'animalité*, Paris: Sils Maria.=2017 西山雄二・桐谷　慧訳『ジャック・デリダ——動物性の政治と倫理』勁草書房

Malinowski, B. K., 1922 *Argonauts of the Western Pacific: An Account of Native Enterprise and Adventure in the Archipelagoes of Melanesian New Guinea*, London: Routledge & Kegan Paul.=2010 増田義郎訳『西太平洋の遠洋航海者——メラネシアのニュー・ギニア諸島における、住民たちの事業と冒険の報告』講談社

Mauss, M., 1966(1925) *Sociologie et anthropologie*, Paris: Presses universitaires de France.=1973 有地　亨・伊藤昌司・山口俊夫訳『社会学と人類学』I 巻、弘文堂

Mayeroff, M., 1971 *On Caring*, New York: Harper & Row.=2004 田村　真・向野宣之訳『ケアの本質』ゆみる出版

Melville, H., 1851 *Moby-Dick: or, The Whale*, Chicago: The Lakeside Press.=2004 八木敏雄訳『白鯨』全 3 巻、岩波書店

Menand, L., 2001 *The Metaphysical Club: A Story of Ideas in America*, New York: Farrar, Straus & Giroux.=2011 野口良平・那須耕介・石井素子訳『メタフィジカル・クラブ——米国 100 年の精神史』みすず書房

Mill, J. S., 1867 *Inaugural Address Delivered to the University of St. Andrews, Feb. 1st*, Rector of the University: London Longman, Green, Reader, and Dyer, MDCCCLXVII.=2011 竹内一成訳『大学教育について』岩波書店

Mosse, G. L., 1990 *Fallen Soldiers: Reshaping the Memory of the World Wars*, New York: Oxford University Press.=2002 宮武実知子訳『英霊——創られた世界大戦の記憶』柏書房

Nancy, J.-L., 2012 "L'Équivalence des catastrophes (après Fukushima)," Paris: Galilée.=2012 渡名喜庸哲訳『フクシマの後で——破局・技術・民主主義』以文社

Nietzsche, F., 1972(1872) *Die Geburt der Tragödie aus dem Geiste der Musik, Nietzsche-Werke: Kritische Gesamtausgabe*, hrsg. von Colli, G. und Montinari, M.,

Abt.3, Bd.1, Berlin: Walter de Gruyter.=1979 浅井真男訳『悲劇の誕生』『ニーチェ全集』第1巻、白水社
Noddings, N., 1984 *Caring: A Feminine Approach to Ethics & Moral Education*, Berkeley: University of California Press.=1997 立山善康ほか訳『ケアリング――倫理と道徳の教育―女性の観点から』晃洋書房
Nohl, H., 1982(1935) *Die pädagogische Bewegung in Deutschland und ihre Theorie*, Neunte, unveränderte Auflage, Frankfurt am Main: G. Schulte-Bulmke.=1987 平野正久・山本雅弘・大久保智訳『ドイツの新教育運動』明治図書
Nussbaum, M. C., 1997 "Kant and Cosmopolitanism," *Perpetual Peace: Essays on Kant's Cosmopolitan Ideal* (*Studies in Contemporary German Social Thought*), edited by Bohman, J. & Lutz-Bachmann, M., Cambridge: The MIT Press.=2006 田辺俊明訳「カントと世界市民主義」『カントと永遠平和――世界市民という理念について』未来社
――― 2006 *Frontiers of Justice: Disability, Nationality, Species Membership*, Cambridge, Mass.: The Belknap Press of Harvard University Press.=2012 神島裕子訳『正義のフロンティア――障碍者・外国人・動物という境界を越えて』法政大学出版局
Osler, A. & Starkey, H., 2005 *Changing Citizenship: Democracy and Inclusion in Education*, Maidenhead: Open University Press.=2009 清田夏代・関　芽訳『シティズンシップと教育――変容する世界と市民性』勁草書房
Parmentier, M., 2012 *Museumspädagogik : Das Museum als Bildungsort.*=2012 眞壁宏幹訳『ミュージアム・エデュケーション――感性と知性を拓く想起空間』慶應義塾大学出版会
Pascal, B., *Pensées.*(「写本」を底本とする)=2015 塩川徹也訳『パンセ』上巻、岩波書店
Patocka, J., 2014 *Sebrané komeniologické studie Jana Patocky.*=2014 相馬伸一編訳・宮坂和男・矢田部順二訳『ヤン・パトチカのコメニウス研究――世界を教育の相のもとに』九州大学出版会
Pestalozzi, J. H., 1799 "Über dem Aufenthalt in Stans. Brief Pestalozzis an einen Freund," *Sämtliche Werke*, Bd.13, Kritische Ausgabe, Begründet von A. Buchenau; E. Spranger; H. Stettbacher, Berlin und Leipzig: De Gruyter.=1980 長尾十三二・福田　弘・山岸雅夫訳『シュタンツ便り他』明治図書
Rousseau, J.-J., 1755 *Discours sur l'origine et les fondements de l'inégalité parmi les hommes*, C. E. Vaughan, *The Political Writings of Jean-Jacques Rousseau*, 1915,

reprinted 1962, Cambridge: Cambridge University Press.=1972 本田喜代治・平岡　昇訳『人間不平等起源論』岩波書店

——— 1969(1762), *Émile ou de l'éducation, Jean-Jacques Rousseau;Œuvres Complètes*, Bibliothèque de la Pléiade, N. R. F., édition publiée sous la direction de Bernard Gagnebin et Marcel Raymond, 4//ab, Paris: Éditions Gallimard.=2007 今野一雄訳『エミール』上巻、岩波書店

Sarthou-Lajus, N., 2012 *Éloge de la dette*, Paris: Presses universitaires de France.=2014 高野　優監訳・小林重裕訳『借りの哲学』太田出版

Scheler, M., 1928 *Die Stellung des Menschen im Kosmos*, Darmstadt: Otto Reichl Verlag.=1977 亀井　裕・山本　達訳『宇宙における人間の地位』『シェーラー著作集』第 13 巻、白水社

Schivelbusch, W., 2003 *The Culture of Defeat: On National Trauma, Mourning, and Recovery*, New York: Metropolitan Books.=2007 福本義憲ほか訳『敗北の文化——敗戦トラウマ・回復・再生』法政大学出版局

Schmitt, C., 1963 *Theorie des Partisanen: Zwischenbemerkung zum Begriff des Politischen*, Berlin: Duncker & Humblot.=1995 新田邦夫訳『パルチザンの理論——政治的なものの概念についての中間所見』筑摩書房

Sebastiani, S., 2017 「啓蒙の時代の論争におけるオランウータン——グローバルな知の歴史の一事例？」羽田 正編『グローバル・ヒストリーの可能性』山川出版社

Sendak, M., 1963 *Where the Wild Things are*, New York: Haper Collins Children's Books.=1975 じんぐうてるお訳『かいじゅうたちのいるところ』冨山房

Serres, M., 1990 *Le contrat naturel*, Paris: F. Bourin.=1994 及川　馥・米山親能訳『自然契約』法政大学出版局

——— 2008 *La guerre mondiale*, Paris: Éditions le Pommier.=2015 秋枝茂夫訳『世界戦争』法政大学出版局

Simmel, G., 1896 "Das Geld in der modernen Kultur," *Zeitschrift des Oberschlesischen Berg- und Hüttenmännischen Vereins*, 35.=1999 「近代文化における貨幣」北川東子編訳・鈴木　直訳『ジンメル・コレクション』筑摩書房

——— 1920(1917) *Grundfragen der Soziologie: Individuum und Gesellschaft*, Berlin und Leipzig: Walter de Gruyter.=1979 清水幾太郎訳『社会学の根本問題——個人と社会』岩波書店

——— 1922(1900) *Philosophie des Geldes*, 4. unveränderte Aufl. Berlin: Duncker & Humblot.=1999 居安　正訳『貨幣の哲学（新訳版）』白水社

Singer, P., 1975 *Animal Liberation: A New Ethics for Our Treatment of Animals*, New York: Harper Collins.=2011(1988) 戸田　清訳『動物の解放』人文書院

Steiner, G., 2003 *Lessons of the Masters*, Cambridge: Harvard University Press.=2011 高田康成訳『師弟のまじわり』岩波書店

Thoreau, H. D., 1854 *Walden: or, the Life in the Woods*, Scudder, H. E. et al., eds., *The Writings of Henry David Thoreau*, vol. II, New York: Houghton Mifflin.=1991 佐渡谷重信訳『森の生活——ウォールデン』講談社

Tillich, P., 1952 *The Courage to Be*, New Haven; London: Yale University Press.=1995 大木英夫訳『生きる勇気』平凡社

Uexküll, J. v., 1921 *Umwelt und Innenwelt der Tiere*, Berlin: Julius Springer.=2012 前野佳彦訳『動物の環境と内的世界』みすず書房

Uexküll, J. v. & Kriszat, G., 1970(1934) *Streifzüge durch die Umwelten von Tieren und Menschen: Bedeutungslehre*, Frankfurt am Main: S. Fischer Verlag.=1973 日高敏隆・野田保之訳『生物から見た世界』思索社

UNESCO 2014 Global Citizenship Education: Preparing Learners for the Challenges of the Twenty-First Century. http://unesdoc.unesco.org/images/0022/002277/227729E.pdf (2017年12月6日取得)

Veblen, Th., 1899 *The Theory of the Leisure Class: An Economic Study in the Evolution of Institutions*, New York: Macmillan.=1998 高　哲男訳『有閑階級の理論——制度の進化に関する経済学的研究』筑摩書房

White, H., 1973 *Metahistory: The Historical Imagination in Nineteenth-Century Europe*, Baltimore: The Johns Hopkins University Press.

Willis, P., 1977 *Learning to Labour: How Working Class Kids Get Working Class Jobs*, Farnborough: Saxon House.=1985 熊沢　誠・山田　潤訳『ハマータウンの野郎ども——学校への反抗・労働への順応』筑摩書房

Wulf. C. (Hrsg.), 1997 *Vom Menschen. Handbuch Historische Anthropologie*, Weinheim und Basel: Beltz Verlag.=2008 藤川信夫監訳『歴史的人間学事典』全3巻、勉誠出版

——— 2001 *Einführung in die Anthropologie der Erziehung*, Weinheim und Basel: Beltz Verlag.=2015 今井康雄・高松みどり訳『教育人間学へのいざない』東京大学出版会